근현대 인도의 여성

근현대 인도의 여성

초판 1쇄 발행 2023년 12월 13일

옮긴이 구하원

펴낸곳 서울대학교출판문화원
주소 08826 서울 관악구 관악로 1
도서주문 02-889-4424, 02-880-7995
홈페이지 www.snupress.com
페이스북 @snupress1947
인스타그램 @snupress
이메일 snubook@snu.ac.kr
출판등록 제15-3호

ISBN 978-89-521-3157-7 93910

이 연구는 2021년 서울대학교 기초학문 저술지원사업 연구비를
지원받아 수행되었음(100-20210075).

근현대 인도의 여성

제럴딘 포브스 지음 | 구하원 옮김

서울대학교출판문화원

나의 생을 풍요롭게 해준 인도 여성들에게 이 책을 바칩니다.

이들로 인해 나는 지나간 역사를 생생하게 경험할 수 있었습니다.

락슈미 사흐갈 "대위"

라띠까 고쉬 "대령"

깔야니 바따차랴

까말라데비 차또빠드예

끄리슈나바이 라우 님브까르

꿀숨 사야니

마니벤 까라

만모히니 주뜨시 사흐갈

레누까 라이

로몰라 신하

슈다 마줌다르

암부잠말 여사

감사의 말

이 책의 연구는 미국인도학회American Institute of Indian Studies, 전미인문학기금National Endowment for the Humanities, 뉴욕주립대학교State University of New York의 지원으로 이루어졌다. 미국과 영국, 인도의 도서관을 이용했으며, 특히 런던 인도성India Office(現 영국도서관British Library)과 포셋도서관Fawcett Library, 인도의 국립도서관National Library, 네루기념도서관Nehru Memorial Library, 아시아학회Asiatic Society, 전인도여성학회도서관All-India Women's Conference Library, 인도국립문헌보관소Indian National Archives, 서벵골과 마하라슈뜨라, 따밀나두의 주립문헌보관소State Archives, 미국의 스미스대학 도서관Smith College Library, 국회도서관Library of Congress, 레겐스틴도서관Regenstein Library에서 큰 도움을 받았다. 수년간 책과 문서를 찾을 때마다 여러 사서의 헌신적인 노력으로 큰 도움을 받았다.

캠브리지 총서 편집자 고든 존슨Gordon Johnson과 크리스 베일리Chris Bayly, 존 리처즈John Richards에게 감사를 드린다. 그들은 내가 이 책을 쓸 수 있으리라 믿어 주었고 마감일 연장을 요청했을 때도 인내심을 가지고 기다려 주었다. 편집과정 중 늘 나를 격려하고 도와준 훌륭한 편집자 마리골드 애클랜드Marigold Akland와 부지런하게 교정해 준 프랜시스 뉴전트Frances Nugent에게도 감사를 드린다. 게일 미노Gail Minault와 바버라

래머색Barbara Ramusack은 원고를 꼼꼼하게 읽은 후 조언을 해주었고 이는 초안 수정에 큰 도움을 주었다. 이 책을 쓰면서 나는 많은 동료의 의견을 물었고 이를 존중했다. 특히 락슈미C. S. Lakshmi, 니라 데사이Neera Desai, 죠야 찰리하Joya Chaliha, 실비아 바뚝Sylvia Vatuk, 비나 탈와르 올든버그Veena Talwar Oldenburg, 므리날리니 신하Mrinalini Sinha, 다그마르 엥겔스Dagmar Engels에게 감사드린다. 나는 이들뿐 아니라 수많은 학자의 훌륭한 연구와 생각을 받아들였으며, 이 책의 일부를 읽고 자신의 미간행 논문과 원고를 건네준 동료들로부터 많은 도움을 받았다.

나의 연구에 도움을 준 친구와 동료들 또한 헤아릴 수 없다. 인도에서는 마이뜨레이 끄리슈나라즈Maitreyi Krishnaraj, 또따 미뜨라Tota Mitra, 조이 찰리하Joey Chaliha, 파블로 바르톨로뮤Pablo Bartholomew, 따룬 미뜨라Tarun Mitra, 아디띠 센Aditi Sen, 바라띠 라이Bharati Ray, 라나와 마니샤 베할Rana and Manisha Behal을 언급하고 싶다. 영국에서는 따빤 라이차우두리Tapan Raychaudhuri, 리처드 빙글Richard Bingle, 로즈메리 세턴Rosemary Seton이 여러 제언을 해주었다. 미국에서는 뉴욕주립대학교 오스웨고SUNY Oswego와 시러큐스대학교Syracuse University의 친구들이 책과 논문을 빌려주었고 나의 불만을 들어 주었으며 정신 차리고 마무리하도록 격려하기도 했다.

이 책에 사용한 사진은 개인 소장품을 포함해 여러 컬렉션에서 모을 수 있었다. 사진을 찍었던 이들을 찾기 위해 노력했으나 성공하지 못한 경우도 있다. 스미스대학과 영국도서관 외에 사진을 제공한 마흐땁 박사Dr. P. C. Mahtab, 슈다 마줌다르Shudha Mazumdar, 끄리슈나바이 님브까르Krishnabai Nimbkar, 미탄 람Mithan Lam, 세바띠 미뜨라Sevati Mitra, 레누까 라이Renuka Ray 등 여러 분에게 감사를 드린다. 또한 파블로 바르톨로뮤의 사진을 싣기 위한 허가도 받았다.

이 책을 쓰는 동안 남편 시드니 “스킵” 그린블랫Sidney “Skip” Greenblatt은 내가 초안을 소리 내어 읽을 때마다 늘 들어 주고 제안도 하면서 마무리 짓도록 격려했다. 이제 완성되었으니 몇 챕터씩 원고를 챙기지 않고도 휴가를 갈 수 있을 듯하다.

한국어판 서문

나는 1970년대 초반, 여성사가 아직 새로운 분야였을 때 인도 여성들의 인생을 연구하기 시작했다. 막 일어나고 있던 분야에 특별히 훈련도 받지 않은 연구자로서, 식민 통치하 인도 여성사에 대한 나의 이해는 선교사나 식민지 관료, 인도인 개혁가 등 여성들의 주체성을 무시했던 이들이 그려 냈던 고통에 한정되어 있었다. 그러나 당시 70대의 슈다 마줌다르와 만나면서 내가 읽었던 어린 신부들의 이야기를 다시 생각하게 되었다. 마줌다르는 11세에 결혼했으나 사회복지사로 자원해 활동하며 다양한 여성문제에 관심을 가지고 자신의 어린 시절에 대해 자서전까지 남겼던 여성이었다.

나는 슈다 마줌다르의 자서전을 편집하면서 가정에 안주하던 인도 중산층 여성들이 사회 개혁과 정치에까지 진출한 놀라운 변화에 관심을 갖게 되었다. 도서관과 문헌은 내가 가진 의문들에 적절한 답을 제시하지 못한다는 것을 깨닫고 사람들에게 도움을 요청하기 시작했다. 19세기 말과 20세기 초에 태어난 인도 여성들이 개인적인 사료를 모았을 가능성은 작을 것이라고 수없이 들었지만, 나는 의외로 많은 이들이 자료를 갖고 있음을 발견했다. 이들이 모은 자료는 정치활동과 여성단체의 회의록이나 기타 문서, 여행일지, 가족 행사에 대한 이야기, 사진 등이었으며 내가 하려는 이야기를 만드는 데 중요한 역할을 했다. 이들과 일하면서 더 많은 여성을 소개받았고 또 다른 자료들을 발견하면서 독립투사 만모히니 주뜨시 사흐갈Manmohini Zutshi Sahgal과 초기 여성 의사 헤마바띠 센Haimabati Sen에 대한 자서전도 쓰게 되었다. 이 여성들이 내게 제공한 자료는 현재 영국도서관의 포브스문서Forbes Papers에 소장되어 있다.

『근현대 인도의 여성』 출간 이후 여성사는 내가 처음 연구를 시작했을 때는 상상할 수 없을 정도로 발전하고 확장되었다. 초기에는 인도 외 다른 지역을 대상으로 삼은 연구나, 다른 분야 학자들이 쓴 글을 반드시 읽어야만 했다. 학제간 연구가 널리 퍼지며 요즈음 출간되는 역사는 다양한 이론과 방법론으로 풍요로와진 것을 볼 수 있다. 결과적으로 현재 여성사는 여성들이 역사적으로 중요한 사건에 어떻게 참여했는지 찾아내고, 그들의 실제 삶에 관심을 기울이고 역사에 젠더 이데올로기가 어떻게 영향을 끼쳤는지 탐구하며 현재를 과거와 연결하고 있다. 이와 같이 큰 걸음을 내디뎠음에도 불구하고 아직도 답을 찾아야 할 질문과 발굴해 내야 할 기록들은 여전히 남아 있다.

이 책에 관심을 가진 이들이 여전히 있다는 사실도 고무적이며, 한국어로 번역된다니 매우 반가운 일이다. 독립 이전 인도 여성들의 행동주의를 연구하면서 나는 아시아 여성들이 서로의 운동에 얼마나 관심을 가졌는지 알게 되었다. 서구 여성들은 스스로를 페미니스트 의식과 행동의 모델로 여겼던 반면, 자국의 제국주의적 사업에 깊이 관여했고 때로 아시아 여성을 업신여기기도 했다. 반면, 인도 여성들은 터키나 이란과 같은 나라 여성들의 노력에 관심을 가졌고, 여행하면서 아시아 다른 나라 여성들의 일에 대해서도 기록을 남겼다. 한국 여성들과 마찬가지로, 그들은 스스로의 가부장제뿐 아니라 제국주의적 가부장제가 군림하는 세계에 살고 있었다. 한국인 독자들이 이러한 여성들의 이야기를 담은 이 책을 통해 한국사에서도 여성들의 이야기에 더 깊이 파고들기를 바란다.

2023년 8월

제럴딘 포브스

차례

그림 차례

약어 목록

ABP	『아므리따 바자르 빠뜨리까』*Amrita Bazar Patrika* [아므리따 바자르 회보]
AIWC	전인도여성협의회All-India Women's Conference
BC	『봄베이 크로니클』*Bombay Chronicle*
BPWC	봄베이지역여성위원회Bombay Presidency Women's Council
BVA	봄베이경계협회Bombay Vigilance Association
CPI	인도공산당Communist Party of India
CS Papers	코넬리아 소랍지 문서Cornelia Sorabji Papers (IOOLC, London)
CWMG	『마하뜨마 간디 전집』*Collected Works of Mahatma Gandhi*
DNB	『국가인명사전』*Dictionary of National Biography*
DRP	레디 박사 문서Dr. Reddy Papers (NMML, New Delhi)
DSS	국가여성봉사단Desh Sevika Sangha
EPW	『이코노믹 앤드 폴리티컬 위클리』*Economic and Political Weekly*
FC	포셋 문고Fawcett Collection (Fawcett Library, London)
GOI	인도 정부Government of India
IAR	『인도연보』*Indian Annual Register*
IESHR	『인도 경제사회사 리뷰』*Indian Economic and Social History Review*
ILM	『인디언 레이디스 매거진』*Indian Ladies' Magazine*
INC	인도국민회의Indian National Congress
IOOLC	인도성 동양도서관 문고Indian Office and Oriental Library Collection (London)
ISR	『인디언 소셜 리포머』*Indian Social Reformer*
JBC	조세핀 버틀러 문고Josephine Butler Collection (Fawcett Library, London)
JN	자와할랄 네루 문서Jawaharlal Nehru Papers (NMML, New Delhi)
JWH	『여성사』*Journal of Women's History*
MR	『모던 리뷰』*Modern Review*

MRS	여성국가단Mahila Rashtriya Sangha
NCWI	인도여성민족위원회National Council of Women in India
NFIW	전국인도여성연맹체National Federation of Indian Women
NI	『뉴 인디아』*New India*
NMML	네루기념박물관 및 도서관Nehru Museum and Memorial Library (New Delhi)
NSS	여성사뜨야그라하협회Nari Satyagraha Samiti
RP	래스본 문서Rathbone Papers (Fawcett Library, London)
RSS	국가여성단Rashtriya Stree Sangha
RWC	루스 우드스몰 문고Ruth Woodsmall Collection (Smith College, Northampton, Mass.)
SPL	사회순수연맹Social Purity League
WBA	서벵골문헌보관소West Bengal Archives (Kolkata)
WIA	여성인도협회Women's Indian Conference
WSIQ	『여성학국제포럼』*Women's Studies International Forum* (前 *Women's Studies International Quarterly*)

일러두기

1. 원서의 각주는 미주로 바꾸었으며, 필요한 경우 역자주를 각주로 삽입했다.
2. 인도 이름은 표기 방식이 통일되지 않은 경우가 많아 본문에서는 가장 널리 사용하는 방식으로 표기했으나 미주에서는 원서의 표기를 따랐다.
3. 인도의 다양한 언어를 한국어로 표기하면서 가능한 한 소리 나는 대로 표기하는 원칙에 따르고자 했다. 다만 네루Nehru(네흐루)와 같이 우리나라 독자들에게 이미 잘 알려진 이름은 널리 쓰이는 대로 표기했다.
4. 식민 통치하 지명을 표기하는 경우 당시 통용되었던 표기를 따랐으며, 현재 지명이 다른 경우 괄호 안에 표기했다.

서론

인도 여성에 대한 역사적 서술은 19세기부터 나타나며 식민 통치라는 경험의 산물이었다. 고대에는 인도에서도 여성이 존중받았다는 이야기에서 시작해 그 이후 장기간에 걸쳐 여성의 지위가 하락했다는 것이다. 그리고 유럽인들이 등장했다. 이와 같은 줄거리에 따르면 외국인 지배자들이 여성의 역할과 능력에 대한 새로운 관점을 소개했으며, 개화된 인도인들은 이를 받아들였다. 최근까지도 영령 인도英領 印度: British India 여성사는 이런 식으로 장기간 정체와 쇠퇴기를 거쳐 '근대성modernity'을 향한 느리고도 진보적인 행보를 한 것으로 그려졌다. 영국인 선교사들과 함께 인도 사회를 비판할 기회를 반긴 인도인 개혁가들도 '황금기' 이후 수 세기 동안 변질과 배신이 이어졌다는 가설을 세웠다. 그리고 유럽식 통치와 기술, 가치 등이 구원이라는 미명하에 수용되었다. 마치 특정 목표를 향한 단선적인 움직임처럼 과거를 서술하는 것은 유럽 역사의 전형적인 서술 방식이었다.

유럽의 영향을 받아 서술된 역사서와 그들이 인용한 인도 문헌은 여성이 남성과 다른 특성을 지닌다는 믿음을 모두 공유했다. 인도의 문헌들은 여성의 본질을 헌신적이면서 자기 희생적인, 그러나 때로 반항적이고 위험한 것으로 간주했다. 종교와 법, 정치, 교육에 대한 텍스트는 카스트와 계층, 나이, 종교에 따라 남성들에게 각각 다른 내용을 제시했다. 그러나 여성들 사이의 차이는 여성이라는 생물학적 특성과 그들의 운명으로 규정된 종속적이고 보조적인 역할만 부각한 채 무시되었다. 역사학자들 역시 인도 여성을 본질주의적으로 서술했다. 때로 인도 문헌이나 역사 서술에서 한 명의 여성을 집중적으로 거론하는 경우도 있었으나, 이는 그 여성의 업적이 남성을 평가하는 기준에서도 탁월했기 때문이었다. 살림과 농업기술, 종교의례와 정서적 활동, 출산과 가족의 규모, 가구·장신구·의복, 상속과 소유권, 결혼과 이혼 등 여성의 생애와 밀접한 주제들은 대부분 간과되었다.

1970년대 유엔United Nations은 세계 각국에 여성의 지위에 주목하도록 요구했다. 회원국들은 이 주제에 대해 통계 자료를 모으고 보고서를 작성할 위원회를 조직했다. 인도를 포함해 여러 국가에서 여성의 지위를 연구하기 위해 위원회를 조직하자, 유엔은 1975년을 세계 여성의 해로, 1975년에서 1985년까지를 유엔 세계 여성 10년으로 선포했다.

서구와 마찬가지로 인도에서 이미 확고한 신념을 가지고 여성의 지위에 대한 문제를 검토하던 몇몇 학자는 이러한 국제적 결의를 환영했다. 역사학자들은 정치적으로 중요한 사건들에서 누락된 여성들의 이야기에 먼저 관심을 기울였고, 이후 특정 여성 집단에 두드러지는 주제들을 연구하기 시작했다.

여성의 과거를 체계적으로 연구하면서 역사학도들은 혁명을 목격하고 있음을 깨달았다. 미국의 여성사 연구 선도자이자 최초의 여성사 교수인 거다 러너Gerda Lerner는 다음과 같이 말했다. "여성도 역사를 지닌다. 역사에는 여성도 존재한다." 그의 선언으로 젠더에 접근하는 새로운 방식이 탄생했다. 역사학자와 사회과학자들은 여성의 정체성을 천성이자 본질적인 것으로 받아들이는 대신, 이를 구성된 것으로 다루기 시작했다. 이러한 진보적인 가설은 곧 여성의 불평등한 지위에 대한 문제 제기로 이어졌다.

서구는 여성사에 대해 세 가지 방식으로 접근해 왔다. 초기에는 사료를 재검토해 여성들이 기여한 바와 역할을 찾아내고 서술하는 첨가의 역사additive history였다. 두 번째로 페미니즘의 시각에서 사관을 재검토하고 젠더의 차이를 통해 사회 관계를 분석하는 젠더화된 역사genderized history가 있었다. 세 번째 공헌의 역사contributory history는 여성의 주체성을 우선시하면서 가부장제가 여성의 행위를 가로막고 있음을 보여 준다.

인도 여성사를 기술하는 데에는 식민지 상황이라는 추가적인 문제도 따랐다. 식민사colonial history는 영국인들이 문명화라는 사명에 따라 인도의 문화와 사회에서 인도 여성을 구원한 것으로 서술한다. [인도 정치학과 인류학 연구자로 잘 알려진] 빠르타 채떠르지Partha Chatterjee에 따르면, 19세기 말까지 민족주의 담론은 인도의 '여성 문제woman question'에 사로잡혀 있었으며 이를 스스로 해결했다고 믿었다.[1] 5장에서 필자가 주장한 바와 같이 간디M. K. Gandhi가 '여성 문제'를 다시금 제기했을 때에도 민족주의 역사학자들은 간디가 여성들을 공적 생활public life로 이끌어 내고 자신들의 문제를 해결할 도구를 제공했다고 결론 내렸다. 그러나 이것은 너무 단순한 결론이고, 간디가 등장하기 전에 이미 존재한 여성들의 역사를 무시하는 주장이다. 그리고 이제 여성사 기술은 캘커타Calcutta[現 꼴까따Kolkata]에서 유래한 서벌턴 학파와 일상적인 저항에 관심을 지닌 학자들로부터 새로운 도전을 받고 있다.

『서벌턴 연구』*Subaltern Studies* 첫 호는 1982년에 출간되어 식민 통치하 비非엘리트 주체의 역사를 다루는 새로운 움직임을 이끌었다. 여기에 참여한 역사학자들은 안토니오 그람시Antonio Gramsci로부터 '서벌턴' 이라는 용어를 빌리면서 영국 통치 200년 동안 일어난 강요와 합의의 상호작용을 밝히고자 했다.• 서벌턴 역사학자들은 헤게모니가 일어나는 과정을 설명하기 위해 억압받은 자들의 이야기를 발굴하고 연결하고자 했다. 이들은 여성에 대해서도 관심을 보였으나, 여성의 서벌턴성subalternity은 충분히 다루지 못했다.

그러나 이와 같은 서벌턴 프로젝트로 인해 [문학 연구자] 가야뜨리 스삐박Gayatri Spivak은 「서벌턴은 말할 수 있는가?」라는 도전적인 글을 쓰게 되었다.[2] 이 논문에서 그는 식민 통치하의 여성사를 서술할 때 일어나는 문제를 밝히고 있다.

> 이데올로기를 기반으로 젠더를 구축하면 남성이 식민사관의 대상이자 반란insurgency의 주체로서 주도적인 지위를 유지하게 된다. 식민 통치하 지식의 생산이라는 맥락에서 서벌턴들이 역사도 없고 말도 할 수 없다면, 여성으로서 서벌턴은 더더욱 음지에 있을 수밖에 없다.[3]

스삐박은 역사학자들이 "억압받은 자들의 구체적인 경험"에 무비판적으로 가치를 부여하는 함정에 빠지지 않도록 주의해야 한다고 경고한다.[4] 이런 방식으로 서술한 역사는 결국 식민주의와 가부장제라는 이중적인 억압에 서구 학문이라는 추가적 억압을 충분히 인식하지 않은, 자율적 주체를 상정하기 때문이다.[5] 그는 이와 함께 페미니스트 지식인

• 서벌턴 연구는 1980년대 역사학자 라나지뜨 구하를 중심으로 남아시아의 엘리트를 비판하면서, 비엘리트층 연구를 통해 식민 통치와 독립에 대한 민족주의적·마르크스주의적 해석에서 벗어나려고 한 연구 경향이다.

들에게 자신의 의무를 엄중히 여기도록 경고하면서 글을 끝맺는다.[6]

동남아시아에서 다양한 일상적 저항의 방식을 보여 준 제임스 스콧James Scott의 연구에 힘입어[7] 역사학자 더글러스 헤인스Douglas Haynes와 갼 쁘라까쉬Gyan Prakash도 남아시아의 일상적 저항을 젠더 문제로까지 확장해 연구하기 시작했다. 그들의 목표는 "집단 저항이라는 특별한 순간"에서 벗어나 "직접적인 대결을 피하는non-confrontational 저항과 견제적인contestatory 행동"이 얼마나 다양한지 보여 주는 것이었다.[8] 여성사에서 이러한 접근은 여성들이 억압적인 가부장제에 속해 이에 가담했다고 하더라도 주체성을 지녔음을 검증하는 길이 될 것이다.[9]

영령 인도를 연구하는 역사학자들은 이제 여성이 식민 지배를 어떤 방식으로 경험했고, 이러한 지배가 여성의 삶에 어떤 영향을 끼쳤는지와 더불어 여성과 '여성 문제'가 식민정치에 어떤 영향을 끼쳤는지에 대한 심도 있는 연구물을 내고 있다.

이 외에도 젠더에 대한 서술 방식으로 여성의 삶을 통제하는 식민지의 지배구조에 대한 집중조명이나, 지배 담론에서 여성을 구성한 방식을 보여 주는 사료 분석을 꼽을 수 있다. 이러한 연구는 헤게모니의 과정이 어떻게 작용하는지에 대한 이해의 폭을 넓혔다. 또한 여성의 삶과 행위뿐 아니라 여성이 상상되고 표상表象된 방식, 그리고 이로 인해 여성들이 자신을 인식하고 행동하게 된 방식도 연구주제로 삼는다. 새로운 이론적 틀은 권력 관계나 언어, 관찰자의 시선, 실증주의적 개념의 우위 등에 의문을 제기하면서 젠더를 매우 흥미진진한 주제로 삼기 시작했다. 이러한 연구에 페미니즘적인 시각이 더해진다면, 여성사 연구에 크게 이바지할 것이다.

이 책은 여성사에 속하며, 이에 기여하고자 한다. 몇몇 사료에 대한 해석과 달리, 인도 여성들은 침묵하지 않았음을 보이기 위하여 필자는 여성들이 남긴 자료를 최대한 참고했다.

오늘날 우리에게 익숙한 여성사가 처음 등장했을 때, 여성학자 미리엄 슈나이어Miriam Schneir는 『페미니즘: 핵심 사료』*Feminism: The Essential Historical Writings*(1972)에서 다음과 같이 선언했다. "힌두 빠르다*purdah*•나 모슬렘 하렘*harem*••에서는 페미니즘적인 글feminist writing이 나오지 않았다. 수 세기 동안 노예로 지낸 삶은 지적인 발전이나 자기 표현에 필요한 비옥한 토양을 제공하지 못했다."[10] 식민지배자들의 상상력은 베일을 쓰고 노예화된 여성의 이미지를 구축하면서 결국 '문명화의 사명'이라는 미명하에 노골적인 수탈을 정당화했다. 1930년대와 1940년대 영국의 페미니스트들은 '[식민지의] 여동생들'을 돕는 데 적극적이었으나 제국의 지배는 자비로울 것이라 여전히 믿었다. 식민지들이 독립하고 냉전이 시작되면서 메리 달리Mary Daly와 같은 페미니스트들은 문학을 통해 자신들의 가부장제도 비판했으나, 제3세계 남성들을 마치 '파키-부수기Paki-bashing'•••하듯 격렬하게 공격했다.[11] 그러나 인도인들이 정숙함이나 품위에 대해 어느 정도 비슷한 생각을 공유했더라도 모든 인도 여성이 베일을 쓰지 않는다는 점을 가장 먼저 지적해야 할 것이다. 또한 여성들의 세계가 여성의 주체성을 완전히 억압한다는 주장도 잘못되었다고 할 수 있다. 게다가 남녀가 격리되든 격리되지 않든 간에, 인도 여성들은 목소리가 없다고 선포한 것 역시 그들의 목소리를 또다시

• '커튼'을 뜻하며 종교·문화적인 이유로 여성을 격리하는 관습을 뜻한다.

•• '성스러운 장소' 혹은 '가정의 여성들'이라는 의미로 무슬림 가정에서 여성을 위한 공간을 뜻한다.

••• 1970년대 영국의 젊은 백인 남성을 중심으로 남아시아 및 아시아 이민자들을 폭행했던 인종주의적 공격.

억누른 것이라고 할 수 있다.

최근 여성 연구는 여성사나 사료에 대한 문제를 새롭게 제기하는 등 여성들의 글이나 유물을 찾아내고 보존하려는 기록보관자들과 역사학자들의 참여로 더욱 활발해지고 있다. 필자가 인도에서 여성사에 관심을 갖기 시작한 1970년에는 관련 사료를 찾기 어려울 것이라는 충고를 받았었다. 사반세기가 흐른 지금 상황이 얼마나 많이 나아졌는지, 그리고 아직 할 일이 얼마나 남았는지 알 듯하다. 1970년대 초만 해도 여성에 대한 기록은 도서관이나 문헌보관소가 아니라 개개인의 가정과 기억에서만 찾을 수 있었다. 당시 우리는 여성의 생활을 연구하며 여성들이 남긴 개인 기록이나 문서, 일기, 잡지, 문학 작품, 자서전, 편지, 사진, 팸플릿 등을 발굴해 냈다. 무엇보다도 우리는 자신의 구술사를 남기고자 하는 여성들을 만났다. 연구자들은 노래와 민담, 예술 작품을 수집했고, 젠더에 대한 새로운 감수성을 가지고 남성중심적인 문서들을 다시 읽었다. 연구 기관과 기록보관소들은 사라져 버릴지도 모를 문서와 책들을 보존하는 임무를 맡았다. 뉴델리 네루기념도서관Nehru Memorial Library[●]은 기존 도서관들이 간과해 왔던 여성들의 개인 문서를 수집하고 중요한 구술사 컬렉션을 확장하는 데 힘을 쏟았다. 불행히도 작은 도서관이나 지방의 기록보관소들은 여성들의 기록을 모은 귀중한 컬렉션을 보존하지 못했고, 몇몇 중요한 개인 컬렉션은 사라져 버렸다. 최근 봄베이Bombay[現 뭄바이Mumbai]에 여성연구시청각자료보관소Sound and Picture Archives for Research on Women, SPARROW가 설립되어 사진이나

● 네루기념박물관 및 도서관은 2023년 총리박물관 및 도서관Prime Ministers' Museum and Library으로 이름을 바꾸었다.

영화, 녹음 자료 등 여성 관련 자료를 보존하기 위해 많은 노력을 기울이고 있다.[12] 그러나 아직도 여성들의 물질문화 유물을 보존하는 데 전념하는 보관소나 박물관은 없다.

이 책을 쓰면서 필자는 인도에서 수년간 여성사를 연구하는 동안 기록한 노트와 페미니스트 학자들이 남긴 다양한 자료들을 이용했다. 여성들의 기록을 찾아내고 보존하는 활동에 적극적으로 참여했으며, 안타깝게도 지금은 사라졌을 듯한 개인 컬렉션들도 조사했다. 이 책은 여성들이 참여하고 목격한 활동에 대해 직접 남긴 기록을 최대한 참조했다는 점에서 특별하다고 할 수 있다. 물론 여성 자신의 언어를 우선시함으로써 그들의 운명이 자업자득의 결과였다고 주장할 위험이 있다는 것도 알고 있다. 독자에게 여성들을 둘러싼 제약에 대해 알리려고 했으나, 필자 역시 여성들이 주체로서 스스로 갖는 인식에 영향을 받았다. 역사학자는 개인들의 이야기를 역사적 맥락에 배치할 의무를 지닌 동시에, 이들 역시 주체적 행위자로서 자신들을 만들어 나갔음을 인식하는 것도 중요하다.

여성 자신의 이야기를 우선시하다 보니, 필자는 피치 못하게 이 책의 대부분을 읽고 쓸 줄 아는 여성들에 대해 할애할 수밖에 없었다. 읽고 쓸 줄 아는 여성이 적었기 때문에 이들은 '엘리트'가 된다. 불행히도 '엘리트'라는 용어는 글을 깨치기 위해 투쟁한 여성들을 분류하고 또 무시하는 데 사용되었다. 예를 들어 아난디바이 조시Anandibai Joshi는 9세에 결혼해 굶주림과 학대, 사회적 따돌림을 겪는 어려운 삶을 살았다. 그러나 그는 마침내 미국에 건너가 필라델피아 여성의학칼리지Philadelphia Women's Medical College에서 공부해 인도 최초의 유학생 출신 여성 의사가 되었다. 헤마바띠 센Haimabati Sen은 어린 나이에 남편을 잃은 후 남편의 집에서도 쫓겨나고 오빠의 집에서도 버림받았다. 그는 결국 일상어[•]로 교육과 훈련을 받아 의사가 되었으며, 자기 삶을 구체적으로 담은 자서전을 남겼다. 고등교육을 받았으며 직업을 갖고 자신의 일생을 기록했다는 점에서 그를 엘리트라고 부를 수 있다. 그러나 이는, 헤마바띠 센이나 아난디바이 조시가 엘리트 계층이라서 가능했던 것이 아니었다. 그들은 오로지 자기 의지만으로 이를 이루어냈다. 자아를 찾아 기록으로 남긴 여성 중 대다수는 특권층이 아니었다. 그들은 가부장제 사회에서 살아가며 활동했으나 이로 인해 꺾이지 않았다. 필자는 또한 구술사, 여성들의 일기와 편지, 노래, 팸플릿, 문학, 사진 등의 비전통적인 자료를 이용해 엘리트 계층을 넘어서는 인도의 복합성과 다양성을 전달하고자 했다.

이 책은 19세기 인도 남성 개혁가들의 이야기에서 시작된다. 가부장제라는 환경에서는 남성들이 때가 되었다고 결정하기 전까지 여성들에게 제공되는 기회가 거의 없기 때문이다. 필자는 영국인들이 변화를 촉발했다고 본다. 그들이 제안한 대부분의 개혁은 인도 사회의 절박한 요구들과 그다지 관련이 없었다. 그러나 인도 남성 개혁가들이 내세운 의제들 중 교육은 여성 해방에 큰 기여를 했다. 물론, 이 중 일부 교육제도는 여성들을 이전보다 더 의존적이고 순종적으로 만들도록 기획되었기 때문에 좋은 것만은 아니었다. 특히 여성들은 교육받으면서 가정 내의 전통적인 동맹으로부터 고립되기도 했다. 그러나 교육

• 인도의 현대 언어는 지역에 따라 문자가 다른 경우가 많으나 대부분 고전어인 산스끄리뜨어에서 비롯되었다. 이 책에서는 이와 같은 인도의 언어들을 '일상어vernacular'라고 번역했으며, 19세기 초반 이후 영어 대신 이러한 일상어를 이용한 교육을 지지하는 영국인이 증가하는 모습을 볼 수 있다(제1장, 빤디뜨 비드야사가르에 대한 내용 참조).

은 뜻밖의 결과를 가져 오기도 했다.

교육받은 여성들은 자신들의 문제를 규명하기 시작했다. 그리고 여성단체들이 성장할 때쯤 남성들은 권력정치power politics에 관심을 돌리기 시작했다. 민족주의자들은 여성 문제를 해결했다고 생각했지만 이는 그들의 주장일 뿐, 여성 문제에 대한 여성들의 담론은 여전히 생생하게 남아 있었다.

민족주의 운동이 여성들을 끌어들이기 전부터 여성들은 여성의 권리를 요구했기 때문에, 이 책에서는 민족주의 운동보다 여성운동을 먼저 논했다. 여성운동에 참여한 인도 여성들은 사회적 페미니즘의 이데올로기를 통해 자신들의 새로운 역할을 정당화하면서, 여성의 권리를 전통적인 역할을 제대로 수행하고 가족의 필요를 충족하는 여성의 의무와 결부시켰다. 일반적으로 간디가 인도 여성들의 공적 생활을 가능하게 만들었다고 알려져 있지만, 필자는 이미 여성들이 이를 행하고 있었다고 주장하고 싶다. 간디는 그들에게 행동의 청사진을 제공했을 뿐이다. 즉, 정치적으로 활동하는 여성이라도 가족에게는 반항하지 않으리라는 믿음을 그들의 남편과 아버지들에게 심어 주었다. 민족주의 운동에 더 많은 여성이 참여했음에도 불구하고, 남녀평등이라는 페미니즘의 요구는 민족주의적 계획에 전적으로 수용된 적이 없었다.

이 책 중 한 장[제6장]은 식민 통치의 경제가 여성들에게 어떤 영향을 끼쳤는지 평가하는 데 할애했다. 자료가 부족해 분석이 어려웠으나, 앞으로 이 분야에 대한 연구는 더 이루어져야 할 것이다. 연구자에게는 어려운 주제겠지만 광업이나 운송 등 새로운 직종을 비롯해 플랜테이션이나 가사노동, 농업 등에 종사한 수많은 여성들의 일생에 대해 반드시 재조명할 필요가 있다.

제7장에서는 1930년대 말에서 1950년대 초까지 여성들의 활동, 특히 여성들의 행동주의를 다루었다. 1940년대에 이르면 여성들은 보수나 진보 가리지 않고 모든 운동에 참여했고, 스스로에 대한 인식도 변화하기 시작했다. 그들은 갈수록 사회적 페미니즘의 한계를 깨달으며 마르크스주의나 그에서 파생된 이론 등 보다 급진적인 이데올로기의 틀을 빌리고자 했다. 그리고 1947년 독립을 이루면서 모든 여성을 대변한다고 주장한 여성단체들의 헤게모니는 붕괴되었다.

마지막 장은 독립 이후 여성들의 정치적 참여와 경제적 역할, 현대 여성운동 등 몇 가지 주제를 다룬다. 필자는 독립 후 인도 정부가 여성의 지위를 조사하기 위해 위탁한 연구 보고서 『평등을 향하여』*Towards Equality*가 현대 여성운동에 중대한 영향을 끼쳤다고 생각한다. 이 보고서의 저자들은 독립운동[●] 중에 제시된 약속들이 실상 법이나 규정, 정책 자료에만 반영되었음을 환기시켜 주었다. 물론 이것 자체도 미미한 업적이 아니었으나, 간디의 약속이나 여성들의 희망에는 전혀 미치지 못했다. 역사학자로서 필자는 『평등을 향하여』가 1974년, 즉 독립 후 27년만에 출간되었음을 상기시키고자 한다. 이러한 보고서가 출간되었다는 것 자체가 그때까지 운동의 성과라고 할 수 있다. 식민 통치를 경험했거나, 혹은 경험하지 않은 다른 많은 국가들 중 여성들이 이만큼 이루지 못한 나라도 많았다. 모든 인도 여성이 헌법에 포함된 약속에 따라 혜택받은 것은 아니지만, 여성들이 권리를 위해 여전히 싸우고 있다는 사실이 중요하다.

● 이 책을 비롯한 인도 관련 자료들은 일반적으로 자유운동freedom movement이라는 용어를 사용하고 있으나 맥락상 '(반영反英) 독립운동'으로 번역했다.

현대 인도의 페미니즘 운동은 여전히 건재하지만, 1980년대에 다양한 세력으로 분열되어 이룩한 바를 위협하는 모습이다. 우파 운동과 함께 그 내부의 여성 조직이 성장한 것은 민족주의 운동이 여성들을 동원한 역사적 양상과 유사하다. 가정 밖의 활동에 여성들을 참여시킴으로써 인도 여성이 정치나 정치 활동에서 배제되지 않고 있다는 주장 역시 과거와 유사하다. 그러나 이는 여성 평등을 위한 운동이 아니다. 이와 같은 여성들의 정치 참여는 파시즘적 의제에 기여하고 적대감을 부추기는 이들에게만 힘을 실어 주고 있다.

필자는 [식민 통치하 여성 운동가였던] 사로지니 나이두Sarojini Naidu나 [역사학자로서 인도 여성을 위한 잡지 『마누시』 창간 멤버였던] 마두 끼슈와르Madhu Kishwar 등이 최근에도 "나는 페미니스트가 아니다"라고 선포한 사실을 알고 있음에도 '페미니즘'이라는 용어를 사용했다.[13] 우리는 각자 다른 방식으로 페미니즘을 정의할 수 있으며, 필자는 사랄라데비 차우두라니Saraladevi Chaudhurani나 사로지니 나이두의 연설, 닥터 헤마바띠 센과 마두 끼슈와르의 글에서도 발견되는 광의의 페미니즘을 선호한다. 페미니즘은 여성에게 동등한 권리를 부여하는 것을 지지하며 가부장제 사회가 이들을 억압한다고 믿는다. 필자는 페미니스트라는 용어를 사용하면서 [여성학자] 비나 올든버그Veena Oldenburg가 남긴 말을 인용하고자 한다.

> 페미니즘은 긴 역사를 지니고 있으며 더 이상 획일적이지 않다. 다양한 페미니즘이 존재하며, 가부장제에 대한 분석에서 찾아볼 수 있듯이 페미니즘은 여러 가지 방식으로 구분할 수 있다. 나는 가장 단순한 정치적 의미로 페미니스트를 정의한다. 즉, 페미니스트는 어떠한 역사적·사회적·문화적 맥락에서든 권력과 젠더의 관계를 이해하는 분석적인 시각을 지

닌 사람이다(여성일 수도, 아닐 수도 있다). 페미니스트라는 용어를 사용하지 말자는 주장은 나에게는 설득력이 없다. 왜냐하면 마르크스주의나 사회주의, 프로이트주의, 후기구조주의 등 서구에서 일어난 용어나 이론들에 대해서는 이러한 반감을 찾을 수 없고, 사실상 인도 학자들도 인도 사회를 분석하는 기준으로 이를 (과도할 정도로) 사용하고 있기 때문이다.[14]

필자는 정치와 사회가 급변하는 시기에 이 책을 썼다. 냉전의 종식과 소비에트연방의 해체는 민족주의나 민주주의, 진보, 저항, 이의제기 등의 진보적 이상이 공격받는 새로운 분위기로 이어졌다. 사람들은 기존의 서사에 대한 도전과 함께 지금 어떤 일이 일어나고 있는지 설명하거나 자신들의 주장을 정당화하기 위해 역사를 돌아보고 있다. '여성사'라는 분야에서는 또 다른 논쟁도 일어나고 있다. 우리의 삶에 서로 모순적인 '학파'들과 새로운 자료들이 추가되면서, 진지한 역사학자의 책임이 막중해지고 있다. 역사를 완전히 포기하고 싶어질 수도 있으나, [탈식민주의 역사학자] 디뻬쉬 차끄라바르띠Dipesh Chakrabarty 등은 "근대성에 수반되는 양가성과 모순, 무력의 사용과 이에 따른 비극과 아이러니까지 근대의 역사 안에 포함해 쓰도록" 권하고 있다.[15] 이 책을 통해 필자는 새로운 역사를 쓰기보다는 우리에게 주어진 사료를 의식하면서 이해하고자 했으며, '적합하지 않은' 증거들에 대해 고민하면서 결론 내리는 데 조심스러웠던, 최고의 학자들을 본받으려고 노력했다. 이 작업은 나에게 큰 즐거움이었으며, 이를 통해 다른 이들도 역사 서술에 뛰어들거나 자신의 개념 틀에 젠더를 포함하게 되기를, 그렇지 않다고 하더라도 여성들이 이룬 것을 기꺼이 칭찬하며 기꺼이 받아들일 수 있기를 바랄 뿐이다.

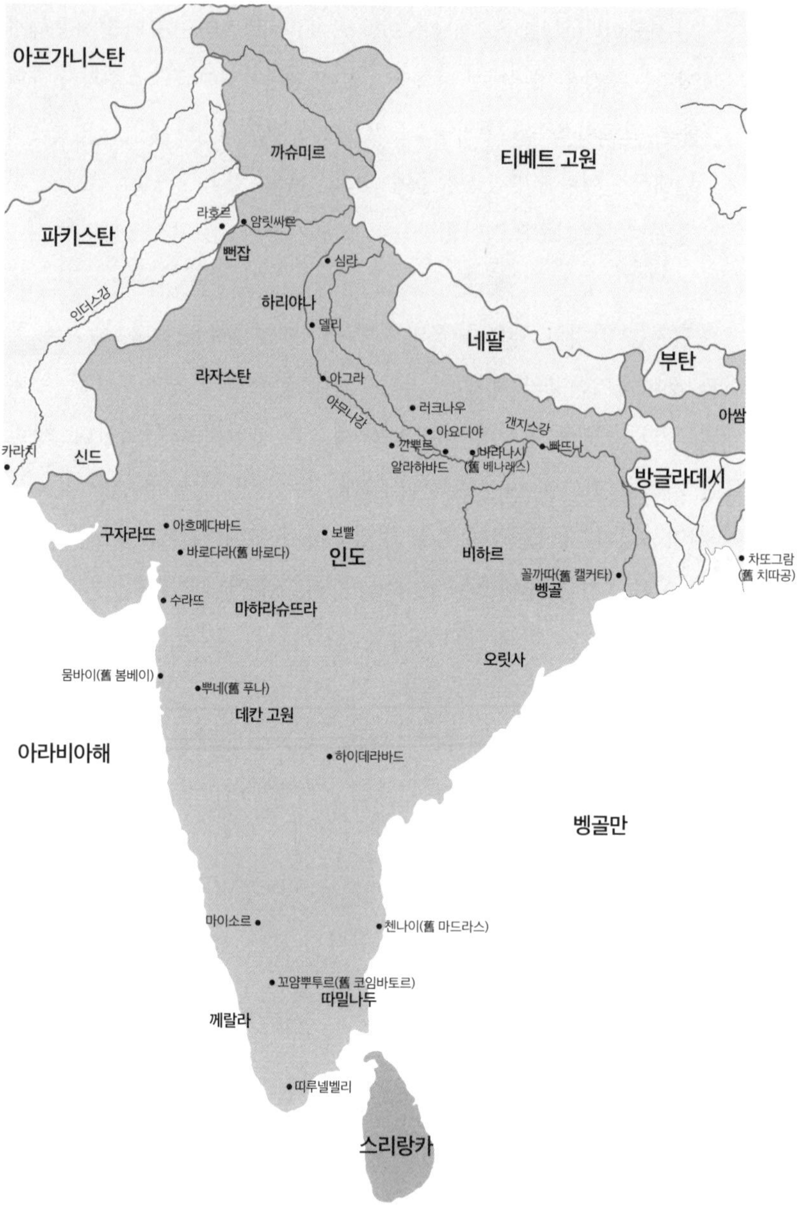

[지도] 인도아대륙Indian Subcontinent의 주요 지명

제1장

19세기의 개혁

19세기에 여성 지위를 개선하는 데 큰 관심을 가졌던 개혁가로 람모훈 로이Rammohun Roy(1772-1833)를 가장 먼저 꼽는다. 역사학자들은 로이를 '근대 인도의 아버지'나 '여성 권리의 옹호자', 그리고 페미니스트라고 부른다. 그러나 그는 여성들과 이상적인 관계를 유지하지 못했다. 그는 9, 10, 21세 세 차례에 걸쳐 결혼했으며, 그의 첫 아내는 결혼 후 곧 사망했고, 두 번째 아내는 1826년에 사망했다. 마지막 아내는 로이보다 오래 살았다. 그가 아내들로부터 동료애를 기대했다는 기록은 찾아볼 수 없으며, 입양한 아들 라자람Rajaram이 로이의 무슬림 연인의 아이라는 소문까지 있었다.[1] 로이는 아버지가 돌아가신 후 어머니 따리니 데비Tarini Devi와 크게 다투고 화를 내며 아내들과 자식들을 데리고 집을 나갔다. 따리니 데비는 조카를 부추겨 로이의 재산상속권에 법적 이의를 제기하도록 했으며, 이로 인해 모자 관계는 더 나빠졌다. 소송은 1817년에 시작되었다. 법원 기록에는 당시 로이가 재판정에서 발표하려고 준비한 문서가 남아 있는데, 어머니가 자신을 혐오했고 자신이 하는 일에 실패하기를 바라며, 심지어 "나의 죽음도 반겼을 것"이라는 주장이 있다. 로이는 법원이 어머니를 증인으로 채택할 경우 어머니에게 물어볼 질문도 준비했다. 즉, 자기가 어머니의 우상idol에 대한 경배를 거부한 데 분노해 스스로 선서했음에도 불구하고 아들을 파멸시키기 위한 거짓말을 할 것인지 질문할 계획이었다.[2] 로이는 어머니의 의지력과 자립성을 존경한다고 인정했으나 공적 자리에서 굴욕감을 주고자 했다.[3] 이러한 관점에서 로이를 이상적인 여권 옹호자로 보기는 힘들다. 그렇다면 여성들의 목소리는 어디에서 찾아볼 수 있을까?

불행히도 따리니 데비는 자신의 이야기를 남기지 않았다. 그와 아들의 다툼은 종교 때문이었는지, 재산 때문이었는지, 아니면 단순히 그가 아들의 불복종을 견디지 못하는 성미 고약한 노인이기 때문이었는지 알 수 없다. 따리니 데비는 1822년에 사망했으며, 당시 대부분의 여성과 마찬가지로 아들의 글을 통해서만 그의 모습을 알 수 있다.

벵골 여성 라쑨다리 데비Rashsundari Devi(1809-?)●는 1868년 『나의 일생』*Amar Jiban*이라는 자서전을 출판했다.[4] 이 자세한 회고록은 가정주부이자 어머니로서 자신의 일상적인 경험을 그리고 있다. 그는 글을 너무나도 읽고 싶어 아들에게서 책 한 쪽과 종이 한 장을 훔쳐 부엌에 숨겨 놓고 몰래 공부했다. 그의 글은 벵골어로 쓴 최초의 자서전으로, 개혁가들이 여성들의 인생을 바꾸고자 노력한 시기를 매우 구체적으로 묘사하고 있다. 라쑨다리 데비는 마침내 글을 쓸 수 있게 되었을 때, 너무나 쉬운 글을 읽기 위해 기울여야만 했던 인고의 노력에 대해 다음과 같이 언급했다. "요즘은 무남독녀를 가진 부모들이 딸을 교육시키기 위해 많은 관심을 기울인다. 그러나 우리는 너무나 분투해야 했다."[5]

오늘날 인도 페미니스트 학자 중 잘 알려진 비나 마줌다르Vina Ma-

● 원서에서 Rassundari로도 표기해 한국어판에서는 '라쑨다리'로 통일하여 표기했다.

zumdar 박사에 따르면, 그의 고조할머니 중 한 분이 사띠*sati*를 감행한 일이 있었다. 사띠는 남편이 죽으면 아내가 남편의 시신과 함께 불에 태워져 순사殉死하는 관습으로, 당시 정부는 이를 금지했다. 가족들의 기록에 따르면, 아들과 손자들 역시 반대했으나 그는 스스로 사띠를 행하기로 결정했다. 그러나 손자며느리 중 한 명이 사띠를 앞둔 시할머니의 축복을 받는 것을 거부했다. 비나 마줌다르의 가족이 기억하기로, 당시 저항한 며느리는 강하고 활기찬 성격을 지녔던 여성이었다.[6]

이처럼 19세기 초에 살았던 여성들은 기억이나 후대에 쓴 자서전, 다른 이들이 기록한 내용을 통해 알 수 있을 뿐이고, 남아 있는 기록 역시 오해의 소지가 크다. 우리가 19세기의 사회개혁에 관심을 가진 덕분에 따리니 데비나 비나 마줌다르의 조상에 대해서도 알게 된 것이다. 람모훈 로이는 당대 가장 위대한 개혁가로 알려졌으므로 그의 일생에 대한 구체적인 기록들을 다수 볼 수 있다. 로이는 사띠에 동의하는 여성을 열녀로 선포하는 관습에 강하게 반대했다. 마줌다르는 가족 중 사띠 이야기가 있는 수많은 인도인 중 한 명일 뿐이다. 단지 19세기 초에는 사회 변화—영국식으로 말하면 '사회개혁'—가 중요한 의제였기 때문에 당시 사띠와 조혼, '과부살이widowhood', 일부다처제, 여성에 대한 교육 금지 등의 문제를 통해 인도 여성을 논할 수 있다. 그러나 당시의 서사가 이러한 문제들에 집중되면서 여성의 노동이나 직업, 가치관, 감정, 건강, 신체적 안녕 등의 주제는 묻혀 버렸다. [사띠에 대해 연구했던 여성학자] 라따 마니Lata Mani가 적절하게 지적한 바와 같이 사회문제에 대한 논쟁은 여성을 피해자 혹은 영웅으로 설정함으로써 그에게 복합적인 인격과 주체성을 부여하는 것을 막았다. 마니는 다음과 같이 말했다. "사람들은 전통에 따른 여성의 지위를 논하지 않았다. 오히려 반대로, 여성은 전통에 대해 논쟁하고 이를 재설정하는 장場이 되었다."[7]

식민지 인도의 '여성 문제'

19세기에는 '여성 문제'가 가장 큰 화두였다. 이는 "여성들이 무엇을 원하는가?"가 아니라 "여성들을 어떻게 근대화시킬 것인가?"라는 문제였다. 영국 지배자들이 인도 사회에서도 특별히 여성 문제에 관심을 기울이면서 이는 19세기 영령 인도에서 가장 중요한 문제가 되었다. 영향력을 지닌 영국 작가들은 '문명화의 사명'에 심취해 여성을 대상으로 삼는 규정과 관습을 통해 인도의 종교와 문화, 사회를 비난했다.

영국인들은 인도와 완전히 다른 문화적 전통을 지닌 정복자들 중 최초는 아니었다. 수 세기 전, 무슬림 왕조들이 아대륙 북서부로 진입해 새로운 종교뿐 아니라 권력 관계를 정립하는 방식도 새로 도입했다. 그러나 일반인의 생애에까지 영향을 끼친 변화는 영국의 통치와 함께 시작되었다. 전통적인 힌두 사회는 '탈중심적'이었으며 외국의 침입자들은 이를 용인했다. 근대 이전 왕조들은 세금을 걷고 복종을 요구했으나 사회 구조에는 간섭하지 않았다. 무슬림 지배도 이러한 구조를 크게 변화시키지 않았다. 그러나 영국인들은 상업적 이익을 추구하면서 새로운 관계를 도입했고, 자신들의 행위를 다음과 같은 세계관 안에서 설명했다. "명확하고 정확하며, 도구적이고 기술적이며, 과학적이고 효율적이며, 진실하고 무엇보다도 이를 접하는 이들에게 유익한 것"이라고.[8]

19세기는 유럽에서도 정치적·사회적·과학적 격변기였다. 영국인들은 자신들이 도덕적으로 우월했기에 인도 아대륙을 장악할 수 있었다고 여겼다. 그리고 인도 식민지를 가장 잘 지배할 방법을 찾으면서 남성과 여성 간의 이상적인 관계에 대한 논쟁이 이어졌다.[9] [존 스튜어트 밀의 아버지이자 동인도회사의 직원] 제임스 밀James Mill은 그의 저서 중 영향력이 컸던 『영령 인도사』*History of British India*(1826년 초판)에서 여성의 지위로 사회의 진보 정도를 알 수 있다고 주장했다. 그의 논리는 간단했다. "야만인들은 여성을 비하하며, 문명인은 여성을 숭상한다." 밀은 사회가 발전할수록 "약한 성性의 상황이 점차 개선되고, 마침내 남성과 동등한 입장에서 어울리며 자발적이고 유용한 보좌 역할을 하게 된다"고 설명했다. 『마누법전』을 편역한 할헤드Halhed의 『젠투[힌두]법전』*Code of Gentoo Laws*과 몇몇 경전, 그리고 여행자들과 선교사들의 글만으로 힌두 사회를 접한 밀은 "힌두[인도인]들이 자기 나라의 여성을 상습적으로 경멸하는 것을 능가할 수 없으며 (……) [여성들은] 결국 극단적 비하를 당하게 된다"[10]고 결론 내렸다.

선교사들도 동의했다. 1848년 인도에 도착한 스토로우E. Storrow 목사는 인도가 분열된 이유로 여성의 낮은 지위를 꼽았다. 스토로우가 꼽은 강국, 즉 이스라엘이나 로마, 서유럽의 여러 나라는 모두 여성에게 높은 지위를 부여한 용기와 미덕 덕분에 강국이 될 수 있었다.[11] 영국인들은 군사력과 여성의 지위를 연관지음으로써 자신들의 인도 지배는 자연스럽고 피할 수 없는 일이라고 결론지었다.[12]

19세기 후반 영국 통치를 정당화하는 과정이 이어지면서 [총독부 관료이자 민족지학자로 활동했던] 허버트 호프 리즐리 경Sir Herbert Hope Risley은 인도 지식인들이 지적이고 정치적 사상에 관심을 가졌으나, 사회개혁에는 무관심하다고 서술했다. 리즐리는 개혁이 이루어지지 않는 한 인도가 발전할 가능성은 비관적이라고 서술했다.

> 역사상 더럽고 타락한 환경에서도 민족을 위한 열정이 불붙을 수 있다는 믿음은 실현된 적이 없습니다. 여성이 지적으로 무기력하고 도덕적으로 침체된 상황을 자연스러운 것으로 받아들이는 사회는 국가nation를 세우는 데 필요한 용기와 헌신, 자기 희생과 같은 고귀한 자질을 키울 수 없습니다.[13]

인도를 지배하는 영국인들 사이에는 박애주의humanitarianism와 공리주의utilitarianism, 사회적 다윈주의social Darwinism, 민족주의nationalism 등의 사상이 퍼져 있었다.[14] 실증철학positivism과 사회적 다윈주의 이론에 따라 종교와 문화에 순위를 매기면서 인도는 중동이나 서유럽보다 진화가 덜 된 곳으로 꼽혔다. 인도는 서구의 사상과 제도를 받아들여야만 희망이 있었다. 그러나 인도 사회를 비판하는 서구인들은 완전한 회생이 가능하다고 믿지 않았다. 어쨌든 새로운 젠더 이데올로기와 함께 여성에 대한 실제 처우가 달라져야만 긍정적인 변화가 따를 것이었다.

인도인의 대응

식민 통치로 여러 가지 변화가 일어나면서 인도인들은 사회적·문화적 환경에 맞추어 서구로부터 들여온 사상과 제도를 개조해 나갔다. 역사학자 라자뜨 라이Rajat K. Ray는 이렇게 수입된 사상이 자신들의 과거를 재발견하고 새로운 지적 활동과 벵골 르네상스Bengal Renaissance를 이끌었던 인도 동부 지식인들에게 끼친 영향을 다음과 같이 묘사했다. "[벵골인들이] 각종 요소를 소화하고 빌리며 물려받으면서 이룩한 새로운 문화는 진부한 모방이라기보다는 진실로 인도의 고유한 산물이 되었다."[15] 젠더 관계를 재정립하며 등장한 이데올로기는 새로운 외래사상과 인도 고유의 개념, 그리고 자신들과 공존하는 외국인들에 대한 인도인 남성과 여성의 반응이 혼합된 산물이었다.

그러나 모든 인도인이 젠더 관계를 바꿔야 한다는 데 동의한 것은 아니었다. 몇몇 인도 지식인은 자신들의 문화가 여성을 대우한 방식을 칭송하거나[16] 유럽 여성과 인도 여성의 상황을 비교하며 양쪽 여성 모두 고통을 겪고 있다고 결론 짓기도 했다.[17] 여성이 억압받는 상황 때문에 사회악이 발생한다는 생각을 받아들인 이들은 진보를 위한 첫 발걸음으로 여성교육과 여성해방을 꼽았다.[18] 그러나 [전통적인] 젠더 관계를 칭송하건 개혁이 필요하다고 믿건, 양자 모두 가정을 [공적] 세계와 분리해야 한다는 이데올로기를 공유했으며, 이는 후에 민족주의 프로젝트로 이어졌다. 빠르타 채떠르지에 따르면, 인도인들은 과학과 기술, 합리적 경제, 서구 정치 형태 등을 추구하는 동시에 가정은 변화의 대상이 아닌, 보호받고 더 튼튼하게 만들어야 하는 "참된 정체성"의 근원으로 보았다.[19]

1890년대에 이르면 개혁을 추구하는 이데올로기가 주목받으면서 여성에 대한 새로운 인식도 같이 등장했고, 이는 20세기 내내 유지되었다. 무엇보다도 인도 여성은 동정의 대상이었다. 1839년 마헤시 춘드라 뎁Mahesh Chundra Deb은 '일반상식 습득을 위한 협회Society for the

Acquisition of General Knowledge'에서 어린 기혼 여성의 일상을 다음과 같이 묘사했다.

> 힌두 여성을 주의 깊게 관찰한 사람이라면 누구라도 그들이 처한 미개하고 비참한 상황을 동정할 수밖에 없을 것입니다. 그들은 남편을 향한 상냥한 관심이나 신실하고 공손한 행동, 순종적인 태도에도 불구하고 수시로 가혹한 힐책을 당하며 때로 근거 없는 질투나 포악한 변덕으로 잔혹한 처벌을 받기도 합니다.[20]

뎁과 같이 인도 여성의 고통을 이야기한 사례는 인도 사회에 대한 서구의 비판을 재생산하며 19세기 내내 연설이나 글에 등장했다. 그러나 이러한 인도주의적 입장 외에도 다양한 사상이 개혁을 촉구하는 데 이용되었다. 서구 사상으로부터 영감과 영향을 받은 개혁가들은 자신들의 전통에도 정통했다. 람모훈 로이와 빤디뜨 비드야사가르Pandit Vidyasagar, 스와미 다야난다 사라스와띠Swami Dayananda Saraswati 등 수많은 인도인은 힌두 고전을 교육받았으며, 인도가 암흑기에서 벗어나고 있다고 생각했다. 그들의 주장에 따르면, [인도에도] 여성이 귀한 대접을 받고 높은 지위를 차지한 '황금기'가 있었다. 그들은 서구의 인도학자들이 [인도의 전통적인 경전인] 베다Veda에서 찾은 과거에 대한 인식을 받아들였으며, 이러한 생각은 제임스 밀이 묘사한 인도의 모습을 부인하는 데 큰 도움을 주었다.[21] 이에 따르면 인도 '황금기'의 여성은 교육을 받고 성년에 이른 후에 결혼했으며 자유롭게 활동하고 당대 사회와 정치에 참여했다. 이런 주장 때문에 최근까지도 인도사에서 여성의 생활에 대한 진지한 연구가 꽃피지 못했을 가능성도 있다. 여성학자 우마 차끄라바르띠Uma Chakravarti에 따르면, 과거에 대한 이러한 인식에서 "인도 여성의 이미지는 굴레인 동시에 수사적 기교에 불과했으나 역사적 진실로 받아들여지는 좁고 제한적인 상황"으로 이어졌다.[22]

황금기의 개념은 널리 받아들여졌으나 그 '쇠락'에 대한 원인은 다양하게 제기되었다. 어떤 개혁가는 전쟁과 침략을 원인으로 꼽으며 정치적 불안정으로 여성의 교육과 운신의 폭이 좁아질 수밖에 없었다고 주장했다. 몇몇 개혁가는 스므리띠*smriti*, 즉 『마누법전』*Manusmriti*과 같은 법전이나 주해서, 인도의 전통적인 대서사시, 특히 『마하바라따』*Mahabharata*와 『라마야나』*Ramayana*와 같은 뿌라나*purana*, 즉 신들의 이야기가 지어지던 시기에 이러한 쇠락이 일어났다면서, 이러한 문헌에서 여성 지위의 쇠락을 추적할 수 있다고 주장했다.[23] 그러나 대다수 개혁가는 무슬림 지배를 쇠락의 원인으로 꼽았다. [무굴제국의 세 번째 황제] 악바르Akbar와 같은 무슬림 지배자들이 사띠를 철폐하려고 했다는 역사적 사실이나, 힌두법보다 무슬림법에 따르는 경우 여성의 지위가 높았다는 사실 등을 무시한 채 이들 개혁가는 조혼이나 과부 재혼에 대한 금지, 여성의 격리seclusion, 여성교육에 대한 금지 등이 무슬림의 위협으로부터 여성을 안전하게 지키기 위한 것이었다고 주장했다.[24]

역사학자들은 '황금기'나 '암흑기'라는 개념을 둘 다 문제시하지만, 둘 다 사회개혁을 정당화하는 이데올로기의 발전에 도움을 주었다. 여성 문제를 해결하는 것이 시급하다는 것을 강조하기 위해 마헤시 춘드라 뎁은 다음과 같이 말했다. "어떤 이유로든 간에, 힌두 여성의 신체적 혹은 정신적 상태가 그야말로 수치스러울 정도로 끔찍하다는 것을 알게 될 것이다."[25] 인도인들은 지금이 '암흑기'라는 전제 조건이 있었기 때문에 이러한 자아비판을 받아들일 수 있었다.

이미 지나간 과거는 어떻게 할 수 없으나 사회의 잃어버린 활력을 되찾기 위해서는 변화와 개혁이 필요했다. 개혁가들은 복고주의자들의 목소리가 아닌, 도덕적 권위를 인정받을 수 있는 방식으로 당대 식민통치자에게 호소했다. 식민지 관료들은 인도인에게 종교가 가장 중요하고, 인도인들이 종교에 예속되어 있으며, 사띠(및 다른 여러 관습) 역시 종교적 행위라는 사실에 동의했다. 영국인이 인도인과 달리 군사적으로 성공한 이유를 비교 분석하면서 무역 양상이나 기술적 혁신, 전쟁의 기술과 방식, 왕조의 몰락 등 다양한 요소를 배제하고 결국 젠더 관계의 차이로 인한 승리라는 결론에 이른 것은 놀랍지만, 사실이었다.[26]

황금기라는 개념과 쇠락으로 이어진 실책을 찾아냄으로써 인도인들은 변화를 추진할 수 있게 되었다. 여성의 고통을 이해하고 상황을 호전시킬 수 있는 수단을 깨닫자, 개혁은 이제 의지의 문제가 되었다. 빤디뜨 비드야사가르는 다음과 같이 촉구했다.

> 동포여! 언제까지 환영에 이끌려 고통받을 것인가? 이제 눈을 떠라—그리고 미덕의 땅이었던 인도가 간통과 태아 살해의 물결로 뒤덮이는 것을 보아라. 슬프게도 당신들이 빠진 나락은 너무나 깊다. 당신들의 경전에 담긴 정신을 찾아 따르라—그러면 조국의 얼굴에 묻은 얼룩을 지울 수 있을 것이다.[27]

대다수 사회개혁가는 개혁을 사실상 과거로의 회귀로 여겼으며, 이는 자연법과 이성의 요구에 모두 부합했다. 조혼이나 일부다처제 같은 '악습'은 자연과 조화를 이루지 못한 것이었다. 람모훈 로이는 남편과 함께 죽기 위해 "밧줄에 묶여" "화장터 장작더미에 끌려 올라간" 여성에 대한 글을 썼다. 비드야사가르는 "[여성들의] 능력 계발을 방해하는" 관습에 대해 서술했으며, 까르베D. K. Karve는 "동물적인 욕망의 피해자가 된" 높은 카스트의 과부에 대한 글을 남겼다.[28] 개혁가들에 따르면 이러한 관습은 무지와 두려움으로 일어난 비정상적이며 왜곡된 행위로, 상식적이지 않았다. 서구식 교육을 처음 받은 젊은 남성들은 이성을 모든 생각과 행동의 기준으로 꼽았다. 이들은 후에 사회개혁을 옹호하면서 인도의 황금기를 합리주의와 결부했다. 스와미 비베까난다Swami Vivekananda는 서구의 분석적인 접근 방식을 "종교라는 학문"에 적용하는 데 아무 망설임이 없어야 한다고 주장했다. 스와미 다야난다 역시 다른 종교의 오류를 밝힌 것처럼 힌두교의 "거짓"을 옹호하지 않을 것이며 이를 스스로 드러내 보이겠다고 했다.[29] 개혁가들에 따르면 황금기에도 존재했던 사회 제도들은 이러한 이성의 시험도 통과할 것이었다.

여성의 삶을 바꾸다

이러한 변화가 일어나기 직전, 여성의 삶에 대해 어떠한 사실들이 알려져 있는가? 물론 (이미 언급한 예들과 같이) 개혁가들의 기록도 남아 있으나, 이들은 이미 [여성 문제에 대한] 논쟁의 영향을 받았다고 할 수 있다. 최근 페미니스트 학자들의 연구로 과거에 대한 우리의 인식이 확장되었으나, 여전히 식민 통치 이전 여성의 삶이 어땠는지 알기 어렵다. 영국 지배 이전의 기록으로 규범적 내용은 다수 찾을 수 있지만 실제 여성들의 삶을 보여 주는 예는 드물다. 여성의 의무를 서술한 작품 중 남아 있는 예로는 마라타Maratha● 왕조의 재상이었던 뜨리얌바까야즈반Tryambakayajvan이 지은 『여성의 종교적 지위와 의무에 대한 안내』*Stridharmapaddhati*만을 꼽을 수 있다. 줄리아 레슬리Julia Leslie의 번역에 따르면, 이 글은 여러 개혁 운동이 일어나기 이전인 18세기에 지어졌으며, 지주 집단 중 높은 계층에 속하는 여성의 삶을 묘사하고 있다. 아쉽게도 "여성 농민이나 상인 혹은 궁정 밖에서 살며 일하는 수많은 여성은 전혀 언급되지 않는다."[30]

이에 따르면 높은 카스트에 속하는 여아는 결혼을 준비하며 어린 시절을 보냈다. 부모가 그의 결혼 상대를 결정하며, 같은 카스트 혹은 더 높은 지위를 가진 남성과의 결혼이 이상적이었다. 결혼식 후에는 남편의 집으로 보내졌으며, 그들의 관습에 적응하도록 요구받았다. 그는 남편을 "모든 신 중에서 가장 위대한 신"으로 받들어야 하며, 이에 걸맞은 대접을 해야 했다. 축복받은 여성은 아들들을 낳았으며 자식이 없거나 딸만 낳은 여성은 업신여김을 당했다. 여성은 나이 들면서 자식들이 성인이 되고 결혼하는 것을 지켜보며 시어머니와 할머니라는 새로운 역할을 받아들였다. 남편이 먼저 죽으면 금욕적인 자세로 죽은 남편을 기억하며 인생을 바쳐야 했지만, [남편보다 오래 살아남았다는] 불결함은 지워지지 않았으며 어느 무엇보다도 부정한 존재로써 생애를 마감해야 했다.[31] 여성은 의무를 신실하게 수행함으로써 우주의 질서를 유지하는 데 기여했다.

● 현재 인도 서부 마하라슈뜨라 지역에서 마라티어Marathi를 사용하는 이들을 일컫는다. 17세기 이후 인도 서부를 중심으로 여러 개의 마라타 왕조가 맹위를 떨쳤다.

역사적으로 여성들은 종교와 카스트, 계층, 나이, 가족 위계질서에서의 위치, 그리고 우연한 행운 등에 따라 이러한 규범과 가르침을 달리 경험했다. 이상에 부응한 여성도 있었으나 규범에 저항한 여성도 있었다. 역사 기록에 따르면 여성이 종교와 학문, 때로는 정치적 행위를 통해 전통적인 역할에서 탈출하기도 했다.[32] 어떤 여성들은 가부장 중심의 집안에서 벗어나 기녀courtesan●로서 새로운 지위를 얻기도 했다.[33] 그러나 특별한 재능이 있거나 자기 삶에 만족하지 않는 여성이라도 주어지는 기회는 매우 한정되어 있었다. 남아 있는 기록에 의하면 소수의 여성은 교육받고 명성을 얻거나 군대를 지휘하기도 했으나, 대부분의 여성은 지식과 재산, 사회적 지위를 얻을 기회를 남성들로부터 박탈당했다.

19세기 후반에 이르면 영령 인도 각지에 개혁 단체들이 설립되었다. 그들은 사띠와 여아 살해, 일부다처제, 조혼, 빼르다(격리), 여성교육 금지, 데바다시*devadasi*(신과 결혼한 사원의 무희), 부계 중심의 공동가족 제도에 관심을 집중했다. 그들의 활동은 다른 곳에서 개혁을 지지하는 이들에게도 자극이자 격려가 되었으며, 결국 전 인도적인 정체성을 지닌 개혁 단체들이 일어나기 시작했다.

● 대표적인 예로 음악이나 춤에 뛰어나며 교양 등을 갖추고 높은 신분의 남성들을 접대했던 여성을 꼽을 수 있다.

남성 개혁가들

여성을 위해 큰 노력을 기울인 개혁가들은 인도 전역에서 찾을 수 있다. 벵골에서는 이쓰와르 찬드라 비드야사가르Iswar Chandra Vidyasagar(빤디뜨 비드야사가르)가 여성의 교육을 위해 싸우며 과부 재혼을 합법화하기 위한 캠페인을 이끌었으며, 브라흐모 사마즈[34]의 께슙 찬드라 센Keshub Chandra Sen은 학교와 기도 모임, 실험적인 생활 방식 등을 통해 여성들에게 새로운 역할을 부여하고자 했다. 20세기에 접어들면서 활동적인 힌두 수행 종파를 이끌던 스와미 비베까난다도 여성들이 [인도를] 회생시키는 데 큰 힘이 될 것이라고 주장했다. 아리야 사마즈Arya Samaj(고귀한 협회)[35]를 창설한 스와미 다야난다 사라스와띠는 북인도에서 여성교육을 촉구하며 나이 차이가 큰 남녀의 결혼이나 지참금, 일부다처제 등 여성에게 모멸감을 준다고 본 관습을 비난했다. 동시대 [1861년 인도 북부에서 새로 일어났던] 라다소아미Radhasoami 신앙을 따르던 라이 살릭 람Rai Salig Ram(후주르 마하라즈Huzur Maharaj로도 알려져 있다)도 그의 산문집 『사랑의 편지』*Prem Patra*를 통해 여성해방을 지지했다. 무슬림으로는 콰자 알타프 후세인 할리Khwaja Altaf Husain Hali와 샤이크 무함마드 압둘라Shaikh Muhammad Abdullah가 소녀들에게 교육을 제공했다. 서인도에서는 마하데브 고빈드 라나데Mahadev Govind Ranade가 민족사회협의회National Social Conference를 설립해 사회개혁에 관심을 끌고자 했다. 동시에 파르시Parsi● 언론인 베흐람지 말라바리Behramji Malabari는 『더 타임스』*The Times*에 조혼의 해악과 과부 생활을 강요받는 젊은 여성들의 비극에 대한 글을 기고해 영국인 독자들을 사로잡았다. 돈도 께샤브 까르베Dhondo Keshav Karve는 젊은 과부들을 교육해 여학교의 교사가 될 수 있도록 [인도 서북부] 푸나Poona[現 뿌네Pune]에 교육 기관을 설립하는 실용적 대안을 제시했다. 남인도에서 벤까따 라뜨남 나이두R. Venkata Ratnam Naidu는 데바다시 제도를 반대했으며, 비라살링감 빤뚤루K. Virasalingam Pantulu는 혼인 개혁을 위해 노력했다. 둘 다 여성교육의 기회를 확대하고자 모색했다. 개혁가들은 인도 전역 모든 집단에서 찾을 수 있었으며, 결혼이나 여성교육의 중요성 등 여러 문제를 다루었다.

특히 19세기 개혁가들의 행동주의가 흥미롭다. 이들은 개인의 경험을 토대로 젠더에 대해 인식하고, 평생 같이 살거나 같이 일하는 사람들을 변화시키려고 애썼다. 그들에게 이러한 문제는 매우 현실적이었기 때문에 단순히 영국인의 압력에 굴복한 것이 아니라 열정적으로 대응했다.

남성 개혁가들의 노력을 보여 주기 위해, 벵골 출신의 빤디뜨 이쓰와르 찬드라 비드야사가르와 인도 남동부 마드라스Madras[現 첸나이 Chennai] 관구에서 뗄루구어Telugu로 글을 남긴 비라살링감 빤뚤루, 봄베이 출신의 마하데브 고빈드 라나데 판사의 일화를 들고자 한다. 이 세 남성은 19세기 초반에 태어나 높은 수준의 교육을 받았으며, 힌두 사회에서 여성의 고통에 대해 반추하게끔 한 개인적 경험을 갖고 있었다.

1828년 당시 8세의 이쓰와르 찬드라 비드야사가르(1820-1891)는 영어로 가르치는 학교에 입학하기 위해 아버지와 함께 고향인 벵골 서부 미드나뿌르Midnapur의 비르싱하Birsingha 마을에서 캘커타까지 걸어갔

● 파르시는 7세기 이후 페르시아(現 이란)에서 인도아대륙으로 이주한 이를 일컫는다. 이들은 조로아스터교를 믿거나 이슬람으로 개종하기도 했으며 식민 통치하 서구 문명을 빠르게 받아들여 언론과 법조계 등 전문직 및 상업활동으로 많은 부를 축적하기도 했다.

다. 당시 [최초의 영어교육 기관 중 하나였던] 힌두칼리지Hindu College의 학비는 그의 아버지가 부담하기에 너무 비쌌기에 비드야사가르는 [전통적인 힌두문화를 가르치던] 산스끄리뜨칼리지Sanskrit College에 등록했다. 비드야사가르는 캘커타에서 공부하면서 친구 집에 머물렀는데, 어린 과부였던 친구의 여동생을 보고 관습으로 인한 여성의 어려움을 처음으로 실감하게 되었다. 얼마 후 그의 늙은 구루(스승)가 어린 소녀와 결혼하기로 하자, 비드야사가르는 구루의 초대를 거부함으로써 분노를 표현했다. 결혼한 지 1년도 지나지 않아서 구루는 세상을 떠났고, 의지할 데도 생계도 꾸릴 수 없는 어린 과부만 남겨졌다.[36] 비드야사가르는 이때 힌두 과부들의 지위를 향상하고 재혼을 권장하는 데 일생을 바치겠다고 결심했다고 한다.[37]

이쓰와르 찬드라 비드야사가르는 또한 여성교육을 열정적으로 지원하며 일부다처제를 반대했다. 그는 경전이나 역사적 사실을 인용해 자신의 주장을 뒷받침하는 긴 글을 수없이 작성했고, 종교의 쇠락으로 오늘날 악습이 횡행하게 되었다고 주장했다. 이에 반대하는 사람들이 항의하자 비드야사가르는 그들이 경전을 잘못 이해하고 있다면서 산스끄리뜨어를 능수능란하게 이용해 그들의 무지를 지적했다.

과부 재혼에 대한 첫 소책자(1855)에서 비드야사가르는 자신들이 살고 있는 깔리 유가*Kali Yuga*(암흑기)에는 이러한 관행이 허용된다고 주장했다. 이 소책자는 발행된 첫 주에만 2,000부가 팔렸으며, 재판 3,000부에 이어 3판 역시 10,000부 모두 팔렸다.[38] 그러나 모든 사람이 그의 주장을 받아들인 것은 아니었다. 비드야사가르는 캘커타 길거리에서 모욕을 당하고 욕설을 들었으며 심지어 살해 협박도 받았다.[39] 그럼에도 불구하고 그는 물러서지 않았으며 영국인들에게 힌두 과부의 재혼을 허가하는 법률을 제정하도록 촉구했다. 이러한 요구를 뒷받침하기 위해 비드야사가르는 1,000명에 가까운 사람들의 찬성 서명을 받아 인도 입법심의회Indian Legislative Council에 진정서를 제출했다. 물론 이를 반대하는 측에서도 수천 명 이상 서명을 받아 제출했으나, 심의회는 결국 '계몽된 소수'의 의견을 지지하기로 결정했다. 힌두 과부 재혼법은 1856년에 제정되었다. 이 법으로 여성의 삶이 실제로 향상되었는지에 대한 의문도 제기되었으나, 보다 인도주의적인 사회를 만들기 위한 비드야사가르의 열정은 부인할 수 없을 것이다.

그러나 재혼법은 과부들의 지위를 바꾸지 못했다. 높은 카스트의 과부는 남편의 죽음에 대한 책임까지 뒤집어쓴 채 장신구를 포기하고 소박한 음식으로 연명해야 했다. 남성들은 젊은 과부를 정부情婦로 삼거나 도시의 사창가에 넘기기도 했다. 연인이 생겨 임신한 과부에게는 재앙만 있을 뿐이었다. 1881년 서인도 수라뜨Surat의 법원은 아비가 없는 자신의 아기를 죽인 젊은 브라흐민 과부 비자야락슈미Vijayalakshmi에 대한 재판을 진행했다. 첫 재판의 결과 비자야락슈미는 교수형을 선고받았으나 항소 후 종신유형으로 바뀌었다가 후에 5년 징역형으로 감형되었다. 이 재판에 분노한 젊은 마라타 주부 따라바이 신데Tarabai Shinde(c.1850-1910)는 『여자와 남자의 비교』*Stri-purusha-tulana*라는 글을 남겼다. 비자야락슈미의 재판은 과부들의 불운과 과부 재혼 문제에 대해 격렬한 논쟁을 불러일으켰다. 신데에게 이 재판은 여성에 대한 일상적인 학대를 드러낸 것일 뿐이었다. 신데는 다음과 같이 적었다. "여성의 몸에만 무모함과 악이 깃드는 것인가? 아니면 남성도 여성과 똑같은 결점들을 지니고 있는가?" 과부들에 대해서도 신데는 다음과 같이 말했다. "남편이 죽는 순간, 여자가 당할 일은 개조차 견디지 못할 것이다."[40] 그러나 개혁가들은 여성을 도와주기를 원할 뿐, 평등을 외친 신데와 같이 여성에게 동등한 지위를 부여하는 데는 관심을 가지지 않았다.

비드야사가르가 활동하던 시기, 결혼에 대해 엄격한 규정을 따르던 높은 계층의 꿀린 브라흐민*kulin* brahmin 남성들은 신랑감으로 큰 인기를 누렸으며, 원하는 만큼 많은 여성과 결혼할 수 있었다. 비드야사가르는 이러한 관습을 조사하면서 그 심각성에 큰 충격을 받았다. 일례로 벵골 후글리 지역Hooghly District의 꿀린 브라흐민 중 133명을 조사한 결과, 일부다처제에 따른 학대를 밝혀낼 수 있었다. 50세의 한 남성은 107번 결혼했으며, 55세의 볼라나트 반도빠드야야는 아내가 80명이었고, 64세의 바가반 차또빠드야야는 72명의 아내가 있었으며, 이와 유사한 예를 수없이 볼 수 있었다. 비드야사가르는 꿀린의 관습이 비인간적이라고 주장하면서 일부다처제를 법적으로 금지하도록 2,500명이 서명한 진정서를 정부에 제출했다. 그러나 아무런 변화가 없었으며, 10년 후 그는 2만 1,000명의 서명을 받은 진정서를 다시 제출했다. 1857년의 대봉기● 이후 사회개혁에 대해 지나치게 조심스러운 태도를 보이던 식민정부는 아무런 행동을 취하지 않았다. 비드야사가르는 캠페인을 계속했으며 1871년과 1873년 반-일부다처제 소책자를 출간했다. 그러나 이 문제는 사실상 종결된 것이나 마찬가지였다.[41]

비드야사가르의 세 번째 캠페인은 소년과 소녀들을 위한 대중교육에 집중했다. 그는 후글리와 미드나뿌르, 부르드완Burdwan, 나디아Nadia

● '세포이의 항쟁'이라고도 불리던 이 사건은 영국의 지배와 착취에 저항하며 일어났다. 북인도 전역에서 무장 봉기와 저항이 이어졌으나 결국 1858년 영국군에 의해 진압되었다.

지역의 특별장학관Special Inspector of Schools으로 임명되었고, 이러한 영향력을 이용해 벵골에 40개의 여학교를 설립하고 일상어 교육 제도를 구축했다. 총독위원회Governor-General's Council의 일원이었던 베튠J. E. D. Bethune도 1849년 여학교를 세웠으며, 비드야사가르는 어려운 시기에 이를 맡아 1869년까지 이끌어 나갔다.[42]

위대한 인물들의 노력에도 불구하고 과부 재혼은 사회적 승인을 받지 못했으며, 일부다처제 역시 폐지되지 않았고 여성교육을 위한 투쟁도 겨우 시작되었을 뿐이었다. 여성권리의 측면에서 새로운 법은 오히려 나쁜 결과를 초래했다. 전통적으로 재혼을 행하던 카스트 출신의 여성들은 이제 재혼 시 정당한 상속권을 박탈당했고,[43] 이들의 카스트는 낮은 카스트로 폄하되기 시작했다.[44] 엘리트들은 과부의 금욕을 품위의 지표로 칭송했다.[45] 비드야사가르의 전기에는 그가 추구한 목표가 얼마나 이루기 어려운지, 그럼에도 불구하고 식민 통치라는 맥락에서 그가 꿈꾼 근본적인 개혁이 무엇인지 쓰여 있다. 그의 제안들은 많은 동시대인에게 너무나 급진적인 것이었으며, 식민정부 역시 인도 관습을 비판하면서도 변화를 이끌고자 한 그의 노력을 지원할 생각이 없었다. 비드야사가르는 사회개혁을 주장하면서 "적극적인 행동에 대한 불굴의 의지"[46]를 보여 준 19세기의 대표적인 사회개혁가로 꼽을 수 있다.

비라살링감 빤뚤루(1848-1919)는 마드라스 관구에서 뗄루구어를 사용하는 고다바리 지역Godavari District의 수도 라자문드리Rajahmundry에서 태어났다. 비라살링감 빤뚤루는 고전 뗄루구어를 배운 브라흐민 출신으로, 근대 교육과 소통에서 뗄루구어의 사용을 촉진하기 위한 운동을 평생 펼쳤다. 칼리지 졸업 시험 후 정부학교에 교사로 임용되었으며,

후에 다발레스와람Dhavaleswaram 소재 영어-일상어 학교의 교장이 되었다. 그는 브라흐모 사마즈와 쁘라르타나 사마즈Prarthana Samaj(기도협회)[47]의 일원으로 사회개혁을 이끌어내기 위해 『비께까 바르다니』*Vikeka Vardhani*(계몽을 촉구하는 잡지)를 출간했다. 특히 잘못된 관습을 반대하고 그릇된 행위를 중단시켜 종교를 정화할 필요가 있다고 믿었다. 비라살링감 빤뚤루에 따르면, 악습을 제거하고 재건한 사회는 순수한 종교, 사회개혁, 일상어 교육이라는 세 기둥을 지녔다.[48]

비라살링감 빤뚤루는 사회 변화를 위한 운동의 핵심으로 과부 재혼과 여성교육을 꼽았다. 그는 1874년 첫 여학교를 설립했으며, 1878년에는 사회개혁협회Society for Social Reform를 창립했다. 첫 회의에서 협회원들은 행사에 무희nautch를 부르는 관습을 없애기 위한 반反나우치 운동anti-nautch movement에 대해 토론했고, 1879년에는 비라살링감 빤뚤루의 추천에 따라 과부 재혼을 주요 의제로 삼았다. 1881년에는 라자문드리에서 그의 주례로 과부가 처음으로 재혼했다. 라자문드리 주민들은 이에 적대적이었으나 비라살링감 빤뚤루는 과부 재혼을 꾸준히 추진했으며 머지않아 재혼 부부들이 작은 공동체를 이루기도 했다. 비라살링감 빤뚤루는 공공 인식이 바뀌어야 한다는 내용의 사설을 다수 쓰면서 이에 적합한 후보를 끊임없이 찾았다. 1891년에는 과부재혼협회가 설립되었으며, 30개의 브라흐민 가구들이 재혼 의례와 잔치에 참석하겠다고 서약했다.[49] 결국 라자문드리의 유력 가문들은 대부분 비라살링감 빤뚤루의 협회에 참여하게 되었다.

비라살링감 빤뚤루는 여성교육에도 큰 영향을 끼쳤다. 인도 남동부 라자문드리의 개혁주의자들과 보수주의자들이 여성교육에 대해 토론한 문제들은 식민 권력의 존재가 두드러진 캘커타나 봄베이와는 그

양상이 달랐다. 이들은 주로 뗄루구어로 논쟁했으며, 이들의 주장 역시 인도 사회에 대한 식민통치자들의 비판과는 거리가 있었다. 이에 따라 인도 남동부에서는 여성을 위한 개혁이 서구화와 동일시되지 않았다. 이러한 움직임은 매우 중요한 결과를 가져 왔으며, 역사학자 레너드Leonard 등에 따르면,

> 이 지역 사람들이 처음 서구식 교육을 받은 후 사회와 종교, 정치 개혁을 감행하도록 이끈 기폭제는 바로 과부 결혼 운동이었다. 과부 결혼 운동은 여성의 지위를 향상시키기 위한 상징적인 운동으로, 여성에 대한 인식과 가정과 사회에서 그들에게 주어진 역할에 근본적으로 도전하는 것이었다. 이 운동은 사상적으로 근대 뗄루구 문학의 발달과 안드라 지역의 민족주의 운동에 매우 큰 영향을 끼쳤다.[50]

마하데브 고빈드 라나데(1842-1901) 판사는 봄베이의 엘핀스톤칼리지Elphinstone College를 졸업한 후 교사와 언론인으로 활동했다. 그 세대의 수많은 젊은이처럼 그 역시 사회의 관습과 믿음에 의문을 던졌다. 1869년 라나데는 과부결혼협회에 가입했고, 1870년에는 쁘라르타나 사마즈의 일원이 되었다. 그와 그의 동료들은 처음에는 "이성적 사고로는 받아들일 수 없는 피상적 믿음에 지적으로 저항"하고자 했으나, 시간이 갈수록 사회적 행동에 더 관심을 보였다.[51]

1871년 라나데는 푸나에서 판사로 임명되면서 실제 변화를 이끌고자 하는 사회개혁가들과 행동을 같이하기 시작했다. 임명 직후 거의 20여 년을 함께한 아내가 세상을 떠나자 사회개혁가 동료들은 그가 과부와 결혼하리라 기대했다. 그러나 라나데의 아버지는 이 재앙

을 막기 위해 당시 31세의 라나데를 11세의 소녀와 급히 결혼시키려고 했다. 라나데는 이에 대해 반대했으나 거부하지 않았다. 라나데는 라마바이Ramabai와 결혼한 후, 남편이자 스승으로서 인도의 가장 중요한 사회개혁가가 될 아내를 이끌었다.[52]

그 후 몇 년간 라나데는 전통사회에서 개혁적인 의제를 중재하는 역할을 맡고자 했다. 그는 과부 재혼과 여성교육을 권장하고 조혼을 반대했으나, 그의 개인사는 전통과 근대 사이에서 도덕적 양가성투성이였다. 다른 개혁가들은 이를 탐탁지 않게 생각했지만 그를 보다 급진적인 방향으로 변화시키지는 못했다.

사회개혁가로서 라나데의 명성은 [당시 인도에서] 가장 중요한 사회개혁 단체인 민족사회협의회(1887)를 설립한 것과 사회 변화에 대한 그의 철학에서 기인한다. 라나데는 인도 여성이 높은 지위를 누린 황금기의 존재를 주장하며 쇠락의 원인으로 스므리띠, 즉 법전과 서사시, 뿌라나와 같은 사서 등 '기억된 바' 종교 문학●을 꼽았다. 그러나 과격하거나 고통스러운 변화 없는 점진적 개혁만이 황금기를 복구할 수 있었다. 라나데는 자연스러운 진화가 본질적으로 인도적인Indian 것이라며, 외부의 힘은 자극제 역할을 할 수 있으나 실제 변화를 위한 참된 추동력은 "사회 자체의 내적 자원"에 있다고 주장했다.[53]

라나데는 이상적인 사회를 "억압에서 자유로, 맹신에서 믿음으로, 산만함에서 체계적인 모습으로, 편견에서 포용으로, 맹목적인 체념에서 인간의 운명에 대한 신념"으로 바뀌는 것이라고 묘사했다.[54] 그리

● 전통적으로 인도의 종교 경전은 신들로부터 '들은(혹은 계시받은) 바*shruti*'와 '(사람에 의해) 기억된 바*smriti*'로 나뉘며, 들은 바 경전을 더 신성하게 여긴다.

고 자신을 비판하는 자들에게 변화를 방관하거나 막는다면 인도 사회의 쇠퇴와 더 나아가 절멸만이 있을 것이라고 경고했다.

매년 개혁가들은 개인적으로 혹은 지방 단체를 통해 민족사회협의회에 참석해 아대륙 전역에서 시행되는 계획들을 접했다. 라나데는 창시자이자 대표로서 사회 변화를 이끌기 위한 네 가지 방법을 추천했다. 그가 가장 선호한 방법은 토론이었으며, 특히 과거 전통의 예를 인용해 많은 악습이 인도의 참된 문화라기보다 단순히 축적된 관습에 불과함을 증명하는 것이었다. 역사를 통한 호소가 통하지 않는 경우에는 개혁가에게 도덕적 논쟁을 하도록 제안했다. 사람들을 설득하지 못한 경우에만 법률 제정을 고려했고, 모든 방도가 실패했을 때 사회적인 저항을 시도했다. 1889년 개최된 2차 연례 민족사회협의회에서는 500명 이상의 참가자가 과부 재혼과 여성교육을 지지하며, 조혼과 지참금을 주고받는 일을 하지 않겠다고 엄숙히 맹세했다. 라나데에 따르면, 이는 전 인도적 시각에서 여성에게 필요한 개혁을 파악한 중요 성과였다.

라나데 판사가 세상을 떠난 후, 아내 라마바이는 자신의 어린 시절과 결혼, 남편의 교육과 1901년 그가 세상을 뜰 때까지의 생활에 대한 이야기를 자서전으로 남겼다. 20세기 초에 출간된 이 자서전에는 라마바이의 어린 시절뿐 아니라 1873년 11세에 결혼한 이야기도 담겨 있다. 라마바이가 회상하는 어린 시절은 공포와 불안감으로 가득하지 않았다. 어렸을 때부터 조혼을 당연하게 여기도록 교육받은 라마바이는 오히려 친구들과 함께 결혼식에 따르는 여러 의례를 기대했다고 썼다. 남편 집안의 여성들로부터 책을 읽는다고 놀림받을 때도 평온을 유지하며 교육을 거의 받지 못한 여성들에게는 책 읽는 모습이 얼마나 꼴불견으로 보일지 인정했다.[55] 그의 글에 따르면, 라마바이는 여성의 일반적인 일과는 다른 '의무'를 행했으나 여전히 남편에게 순종적인 아내였다.

이러한 개혁가들은 여성을 토론이나 사회 활동, 교육, 법안으로 변화시킬 수 있는 대상이라고 생각했다. 역사학자 수미뜨 사르까르Sumit Sarkar에 따르면, 개혁가들은 자신들의 가족 관계를 재구축하며 가족 일원 중 여성들의 "제한적이고 통제된 해방"[56]에 관심을 두었다. 여성들을 갱생하려는 계획들을 보면 여성은 동료가 아니며, 오히려 자신들의 해방을 반대하는 모습으로 그려졌다. 여성이 남긴 1인칭 시점의 기록이 없는 현 상황에서, 남편이나 아버지들이 이끄는 변화를 꺼리는 모습은 페미니스트적 저항의 초기 현상이나 그들의 참된 관심사를 반영한 것이라는 유의미한 해석도 가능하다. 또는 어떠한 변화도 반대하는 단순한 태도로도 볼 수 있다. 슈다 마줌다르Shudha Mazumdar(1899-1994)는 자신이 성 테레사여학교 기숙사에 들어가는 것을 어머니가 반대했다고 회고했다.

> [어머니는] 내가 기숙사에 들어가면 복잡한 일이 많아질 것이고, 때가 되었을 때 나를 결혼시키는 것이 어려워지거나 불가능해질 수 있다고 생각했다. (……) 내가 나이 들어서도 오빠들에게 의존해 가족의 영원한 골칫거리가 되는 것을 막기 위해 어머니는 나의 경제적 독립을 보장해 주어야 한다고 생각했다. 그래서 아버지의 재산 중 일부 상속권을 미리 확정하도록 증서를 준비하는 것이 가장 중요하다고 이야기했다.[57]

그러나 마줌다르의 아버지와 같은 개혁가들은 가부장제의 권력을 내놓거나 재산을 재분배할 생각이 없었다. 그들은 여성이 교육받고 조혼이나 사띠, 일부다처제 등 사회 악습으로부터 자유로운 동시에 이러한 신여성들new women이 가정과 가족에게 헌신하는 세계를 꿈꾸었다.

19세기 말의 '신여성'

19세기 여성의 삶 자체에 변화가 생기면서 무엇보다도 '완벽한 아내'에 대한 개념이 재정의되었다. 첫째로 여성의 일생 중 단계마다 적절한 행동에 대한 인식이 바뀌었다. 둘째로 여성의 활동 범위가 확장되었으며, 셋째로 개인주의를 새롭게 받아들이는 모습을 볼 수 있다.

영국이 인도를 정복하면서 일어난 변화로 인해 19세기 말에는 교육받고 자신의 의사를 명료하게 표현하며 자유롭게 활동하면서 공적 행위에 참여하는 여성이 점차 등장하기 시작했다. 농촌에서의 생활은 남성이나 여성이나 여전히 가정을 중심으로 이루어졌다. 그러나 도시화가 진전되면서 식민 통치에 따른 새로운 직종이 생겨났고, 노동과 가정이 분리되기 시작했다. 이와 함께 새로운 교육 기관이나 종교 기관, 사회 기관이 설립되었다. 가족이 고향 마을에서 도시로 이주하면서 '외국인'과의 교류가 점차 증가했고 전통적인 가사활동 역시 사라지게 되었다. 몇몇 소녀는 이전 세대의 소년들처럼 학교를 다니며 가족과는 무관한 사회 행사에 참여하고 새로운 종교의례에도 참석했다. 소위 '신여성'이라 불린 이들은 남녀평등의 젠더 관계를 지향한 근대적 운동의 소산이었다.[58]

몇몇 인도 남성은 자기 일생에 대해 쓰면서 아버지나 할아버지와는 다른 점을 부각하기도 했다. 예를 들어 브라젠드라 나트 데Brajendra Nath De(1852-1932)는 집에서 교육받다가 영어를 가르치는 새로운 학교에 다니게 되었다. 그는 영국에서 공부할 수 있는 장학금을 받았고 마침내 공무원 시험에 통과해 금의환향했다. 그는 인도공무원조직Indian Civil Service, ICS에 임명된 최초의 인도인 8명 중 1명으로, 고향을 떠나서 직장 경력을 쌓아야 했다.[59] 브라젠드라 나트 데는 인도의 '근대적인' 전문 직업인의 대표적인 예로 꼽혔으나 매우 어린 아내와 결혼했고 수많은 식솔과 의무를 지닌 거대한 공동가족에 깊은 애정을 갖고 있었다. 그러나 그는 딸들의 교육을 고집했으며, 그중 사로즈 날리니 더뜨Saroj Nalini Dutt는 제1차 세계대전 직후 농촌의 여성 조직을 만드는 데 앞장서기도 했다.

'신여성'은 대부분 집에서 교육받은 후 여학교를 다녔다. 여성교육에 찬성하는 부모는 딸의 결혼을 늦추거나 때로 결혼한 젊은 여성이 계속 교육받도록 허락했다. 나이가 들어 결혼한 여성은 아이도 더 늦게 낳았고 결과적으로 자식 교육에서도 더 큰 역할을 했다.[60] 그들은 스스로 결정할 수 있는 일이 많아지면서 이전 세대보다 훨씬 덜 의존적인 상태가 되었다.

여성이 할 수 있는 일에도 상당한 변화가 생기면서 사적 공간에서 공적 공간으로 이동하는 모습이 나타났다. 그러나 이는 인도 사회의 맥락을 단순화한 것으로, 실제보다 지나치게 극적인 해석이다. 이러한 변화는 급작스럽거나 지속적인 것이 아니었고, 여전히 많은 여성은 학교를 잠시 다니거나 '남녀 공동' 행사에 참여하기 위해 빠르다에서 나왔다가 다시 가정으로 돌아가는 전통적인 방식으로 생활했다.

여성이 개성을 표현할 기회도 늘었다. 이전 세대의 여성도 균질적인 집단은 아니었으나, 그들 생애에 대한 기록이 충분하지 않기 때문에 일반화할 수밖에 없다. 정규교육이 이루어지고 여성이 여성을 위해 쓴 출간물이 등장하면서 여성들에게 목소리가 주어졌다. 이 시기(1850년경-제1차 세계대전)의 문헌은 열거하기 어려울 만큼 많으며, 아직 찾지 못한 자료도 많다. 그러나 이미 우리는 벵골 여성들이 시부터 소설, 자서전 등 400편에 가까운 작품을 남겼으며 21종의 잡지를 출간했음을 알 수 있다.[61] 이러한 글을 통해 그들은 서로 소통하며 새로운 사회망을 개발했다.

벵골의 유명한 타고르 가문 여성인 사랄라데비 차우두라니(1872-1945)는 대표적인 '신여성'으로 꼽힌다. 그의 어머니 스와르나꾸마리 데비Swarnakumari Devi는 소설가이자 여성잡지의 편집자였다. 차우두라니는 부富나 명성, 당대 대표적인 문화 활동에 대한 기여 등 여러 면모로 대단한 가문에서 태어났다. 차우두라니는 개인교사에게 교육받은 후 1890년 우등으로 베튠칼리지Bethune College 영문과를 졸업했다. 프랑스어, 페르시아어, 그리고 산스끄리뜨어까지 공부를 계속하며 석사 시험을 준비했고, 집에서 음악을 공부하고 작곡을 했으며, 어머니가 발간하는 잡지에 기고했다. 그의 업적 중 가장 대담한 일은 집을 떠나 [남인도의 부유한 왕국] 마이소르Mysore[現 마이수르Mysuru]에 있는 마하라니학교Maharani's School의 교사가 된 것이다. 차우두라니는 32세가 되어서야 결혼하는 데 동의했으며, 이 역시 어머니가 돌아가시기 전 마지막 소원이라는 명목하에 이루어졌다. 1905년에 그는 라호르Lahore 출신의 뻔잡Punjab 민족주의자이자 아리야 사마즈의 일원이었던 람부즈 더뜨Rambhuj Dutt와 결혼했다. 아들 하나를 낳은 후에도 차우두라니는 교육자이자 애국자, 페미니스트로 계속 일했다.[62]

사랄라데비 차우두라니는 당대 특별한 여성이었고, 그 외에 알려지지 않은 수많은 여성은 그보다 덜 자유로웠음에도 교육받을 기회를 활용해 자기 삶을 스스로 관리하는 첫걸음을 떼기 시작했다.

결론

남성 개혁가들의 목표는 진보였다. 여성의 지위를 현저하게 개선시키는 사회개혁이 이루어지지 않고서는 인도의 회생이 불가능해 보였다. 19세기 말의 인도 남성들은 식민 통치를 받는 지위에 굴욕감을 느끼며 힘과 권력의 문제에 집착했다. 그들은 패배의 원인으로 자신들의 심약함을 설명할 방도와 힘을 키우는 방법에 대한 답이 필요했다. 강력하고 높은 수준의 문명에서는 여성의 지위가 반드시 높을 것이라는 19세기 유럽의 이론이나, 인도의 관습은 여성을 비하한다는 유럽인들의 결론을 받아들인다면, 자신들이 패망한 이유와 개혁에 필요한 처방을 얻을 수 있었다. 반낌 찬드라 차또빠드야야Bankim Chandra Chattopadhyaya의 애국 소설 『행복의 사원』*Anandamath*(1882)에서는 어머니 여신이 구타당하고 버림받은 모습을 목격한 후에 민족주의자들이 탄생한다. 그들은 어머니의 회생에 일생을 바치면서 "어머니(모국) 만세*Bande Mataram*"라는 슬로건을 외친다. 위대한 개혁가 비베까난다는 근대적 남성의 세 가지 맹세로 여신 숭배, 모국에 대한 공경, 그리고 여성교육과 여성 지위 향상에 헌신할 것을 꼽았다.[63] 그러나 비베까난다는 동시대인들의 사회개혁 운동이 "민족적 재건"이라는 위대한 과업을 이루는 데 부족하다고 여겼다. 변화는 반드시 필요했으나, 힌두교의 악습을 끊임없이 비판하거나 서구나 영어로 교육받은 지식인들의 계도만으로 바뀌지 않는다고 생각했다. 변화는 지식인들의 주도와 교육으로, 그리고 대중으로부터 일어나야만 했다.[64]

이후 성관계에 대한 동의를 구할 수 있는 연령을 10세에서 12세로 올리고자 한 성관계 동의 연령법(1891) 논쟁은 인도 여성의 성을 통제하기 위한 진흙탕 싸움으로 변했다. 19세기 말에 이르러 가장 훌륭한 교육을 받은 영향력 있는 남성들은 민족주의 운동에 뛰어들었으며, 교육받은 인도인들과 영국 지배자들은 더 이상 '여성 문제'에 합의할 수 없게 되었다.[65] 그러나 '신여성'은 스스로 조직을 만들고 사회개혁에 필요한 문제를 검토하면서 재고하기 시작했다. 그들이 보기에 남성 개혁가들이 제안한 변화로는 '여성 문제'를 해결할 수 없었다. 남성 개혁가들은 자기 가족 외에는 여성의 삶에 대한 이해가 부족했다. 또한 대다수는 새로운 법률이 시행될 때도 법적 조치의 영향력에 회의를 품었다. 여성학자 자나끼 나이르Janaki Nair는 인도 여성사 관련 서평에서 "'근대화'라는 패러다임이 얼마나 제한적으로 운용되었는지" 언급했다. 나이르는 다음과 같이 쓰고 있다. "식민통치자들과 민족주의자들이 모두 주장했던 '근대화'라는 목표는 인도 사회 전반에 변화를 일으키지 않았고, 그렇게 만들 능력도 없었다."[66] 그럼에도 불구하고 좋은 교육을 받은 훌륭한 남성들의 노력으로 근대화라는 목표와 여성의 지위 향상이라는 두 가지 목표가 만날 수 있었다. 그들의 캠페인이야말로 새로운 세대의 여성 지도자를 지원할 기관을 설립하는 데 견인차 역할을 했다.

제2장

여성교육

19세기 가장 이른 시기에 쓰인 여성의 자서전 중에는 글을 배우려는 열렬한 의지에 대한 이야기가 있다. 1809년경 태어난 라쑨다리 데비는 가사와 열두 아이를 돌보는 와중에 귀중한 시간을 쪼개 스스로 글을 깨쳤다. 후에 그는 학문에 대한 갈증을 다음과 같이 묘사했다.

> 나는 넘치는 집안일에 매몰되어 밤낮으로 무엇을 하는지 알 수 없을 정도로 바빴다. 어느 정도 시간이 지나자 글을 읽고 싶다는 마음이 너무 커졌다. 나는 책을 읽고 싶어하는 자신을 스스로 질책했다. 여자아이들은 글을 읽지 않았다.(……) 이는 낡은 제도의 나쁜 점 중 하나다. 다른 것들은 그렇게까지 나쁘지는 않았다. 사람들은 배운 여자를 경멸하곤 했다. (……) 사실 나이 많은 여성들은 여자가 손에 종이만 쥐고 있어도 언짢아했다. 그렇지만 나는 이를 받아들일 수 없었다.[1]

라쑨다리는 느리게나마 읽고 쓰는 법을 배웠으며 마침내 자신의 경험을 쓸 수 있게 되었다.

반세기 정도 후에 태어난 헤마바띠 센(c.1866-1932)은 동벵골 쿨나Khulna 지역에서의 어린 시절을 다음과 같이 회고했다.

나는 사랑채로 도망쳐 거기서 온 시간을 다 보냈다. 낮에는 교실에 머물렀다. 선생님은 나를 매우 아꼈으며, 나도 수업 듣는 것을 매우 좋아했다. 그러나 나는 교육받을 권리가 없었다. 나는 모든 면에서 남자아이처럼 살았지만, 교육에 관한 한 여성으로 남았다. 우리나라에서는 여성이 교육받으면 과부가 된다는 대중적인 미신이 있었기 때문에, 내가 교육을 받는다는 것은 절대로 불가능했다. 그러나 나는 신이 내 마음에 심어 준 간절한 소망을 지니고 있었다.[2]

부장학관이 학교를 방문한 날 헤마바띠는 오빠들이 놓친 질문에 운 좋게 답했으며, 부장학관은 이를 목격하고 아버지와 이야기를 나누어 헤마바띠를 정규 학생으로 받아들이게 했다.

빤디따 라마바이 사라스와띠Pandita Ramabai Saraswati(1858-1922)의 '빤디따Pandita(학자)'●라는 칭호는 그의 뛰어난 학식을 기린 것이다. 라마바이의 첫 스승은 어머니였다. 라마바이의 아버지 아난뜨 빠드마나바 동그레Anant Padmanabha Dongre는 주변 사람들의 반대에 불구하고 아내의 교육을 결정한 위대한 베다 학자였다. 라마바이는 8세부터 엄격한 교육을 받기 시작했고, 이는 14세까지 이어졌다. 그는 힌두교의 중요한 경전인 『바가바따 뿌라나』*Bhagavata Purana*와 『바가바드 기따』*Bhagavad Gita*를 암기했고 산스끄리뜨어 문법과 어휘를 공부했다. 또한 가족들과 함께 순례지를 여행하면서 다양한 종파가 힌두교를 따르는 방법들을 몸소 체험했다.[3]

이 세 가지 일화만으로 여성들이 배우고자 한 욕망을 일반화하기

● 남성학자에게는 일반적으로 빤디뜨Pandit라는 경칭을 사용했다.

는 어렵다. 그러나 당시 여성교육이 부적절하다는, 심지어 위험하다는 일반적인 인식을 고려했을 때, 위의 세 여성처럼 의지가 강한 이는 소수였을 것임이 틀림없다. [선교사 출신으로 인도 언어와 문화를 배운 후 사회개혁 운동에도 참여했던] 윌리엄 애덤William Adam은 『벵골 교육의 현황 보고』*Report on the State of Education in Bengal*(1836)에 다음과 같이 쓰고 있다. "대부분의 힌두 가정의 여성들 사이에는 여아가 글을 읽고 쓸 줄 알면 결혼 후 금방 과부가 된다는 믿음이 퍼져 있고, 남성들도 이를 반박하지 않는 것으로 알려져 있다." 또한 여성이 "문자를 알면" 그들끼리 암투가 더할 것이라는 힌두나 무슬림들의 공통적인 우려도 지적하고 있다.[4] 힌두 여성은 아버지와 남편, 그리고 마지막으로 아들에게 전적으로 의존했기 때문에, 이들의 장수를 위해 기도하고 의례를 행했다. 그러니 만약 글을 배우는 것이 남편의 죽음을 가져온다면, 지식을 추구하는 것은 자살행위나 마찬가지였다. 결과적으로 세상은 성별에 따라 구분되었으며, 남성과 여성은 서로 다른 일을 하고 서로 다른 공간에 살았다. 여성은 주로 여성들과 상호 소통했으며 여성교육을 금지한 이들 역시 여성이었다. 1870년대 이전에 글을 배웠던 여성은 대부분 자신이 어떤 일을 성취했는지 다른 여성들에게 숨긴 사실을 기록했다. 어머니는 딸에게 관대할 수 있었지만, 시어머니나 시가의 다른 여성은 그런 경우가 드물었다. 그들이 어떤 이유로 교육을 맹렬하게 반대했는지 알기는 어렵지만, 가혹한 부계 가부장제 사회의 일원으로서 기존의 규범을 반대할 처지는 아니었을 것이다. 그들은 현상을 유지해야만 생존할 수 있었고, 교육받은 이방인은 위협적일 수밖에 없었다. 배우고자 하는 열망을 지닌 소녀들은 그들의 삶을 통제하는 남성들에게 기댈 수밖에 없었다.

[그림 2-1]
변화하는 여성의 역할에 대한 풍자화,
〈남편을 때리는 아내〉,
니바란 찬드라 고쉬Nibaran Chandra Ghosh,
깔리가뜨Kaligat,* 1900년경

최초의 여학교는 선교사들이 설립했으나, 곧 인도인 개혁가들이 이를 따르는 모습을 보였다. 그러나 부단한 노력에도 불구하고 19세기 후반 정부가 재정을 지원할 때까지도 여성교육에는 큰 진전이 없었다.

여학교를 활성화하려는 노력은 여전히 미미했으나 도시의 엘리트 전문가 계층이 개혁가들을 도와 여성들의 정규교육을 지원하면서 사정이 조금씩 나아졌다. 19세기 말에 이르면 교육 기관의 수와 함께 교육받은 여성도 꾸준히 늘었다. 그리고 논쟁의 주제는 여성에게 가장

* 캘커타의 깔리 여신 사원 근처 깔리가뜨에서는 화가들이 힌두 신들을 그린 민화를 순례자들에게 판매했다. 19세기 이후에는 도시의 일상생활이나 서구화된 상류층을 풍자하는 그림을 볼 수 있다.

적합한 교육이 무엇인지로 옮겨 갔다. 20세기에 들어서기 전까지는 몇몇 여성만이 여성교육에 대한 생각을 내세웠으나, 20세기부터는 여성들이 여성을 위한 새로운 교과과정을 만들고 학교를 세울 준비가 되어 있었다.

전통적인 교육

인도의 전통적인 교육은 신성한 문헌을 읽도록 배우는 것을 의미한다. 힌두교도 중 사제 카스트인 브라흐민은 모든 분야의 신성한 지식을 배웠으며, 다른 재생족twice-born castes●은 이러한 교육은 상대적으로 적게 받았으나 실용적인 기술도 배웠다. 슈드라와 대다수 여성은 신성한 문헌을 익히지 못했지만, 여성 중 일부는 글을 배우기도 했다. 힌두교도들 중 비슈누파의 상류층 여성은 뿌라나purana 문헌을 읽도록 교육받기도 했다.[5] 무슬림 소녀들은 일반적으로 꾸란Quran이나 회계 기술을 배웠으나, 상류층 가정은 엄격한 격리 규정에 따라 학교에 다니는 것을 금지했다. 결과적으로 그들은 가정, 즉 가족이나 가정교사로부터 한정된 종교적인 내용만 배웠다.[6] 20세기에 들어설 무렵에 무슬림 여성을 위한 꾸란 학교는 벵골에 11곳뿐이었으며, 학생은 142명이었다.[7]

19세기 초반에 여성 문해율은 남성 문해율에 비해 상대적으로 매우 낮았다. 남성 문해율도 벵골 지역의 6%에서 데칸 지역의 20%까지

● 전통적인 카스트 체계에 따르면, 상위 세 개 계층인 브라흐민과 끄샤뜨리야, 바이샤는 '두 번 태어난 이들'로, 재생의례 이후 베다를 배울 수 있는 권리를 가졌다.

편차가 컸으나, 서구 국가나 일본에 비해서 낮은 편이었다. 게다가 인도인이 설립한 남학교도 쇠락하고 있었다.[8] 남학교에는 기초적인 읽기와 계산을 배우는 마을의 작은 학교나 힌두교도들 중에서도 주로 브라흐민을 위해 산스끄리뜨어 문법과 사전학, 문학을 가르치는 학교, 그리고 무슬림을 위해 페르시아어나 아랍어로 교육하는 학교 등 세 유형이 있었다. 이러한 학교가 인도 전역에 얼마나 있었는지는 알 수 없으나, 벵골의 경우 지역마다 100군데 가량의 전통적인 교육 기관에서 총 1만 800명의 학생을 가르치고 있었다. 1820년대 푸나에는 힌두 학교가 164군데 있었다. 역사학자 아빠르나 바수Aparna Basu에 따르면 "힌두교도와 무슬림의 고등교육은 인쇄술이 등장하기 이전 유럽의 교육과 유사했다."[9]

여성교육은 비공식적으로 이루어졌으며, 대개 실용적인 내용에 치중되어 있었다. 존경받는 가문의 여성들은 "신심 깊은 소일거리"로 고전문학이나 일상어 문학을 배웠으며, 부유한 가정의 소녀들은 기초적인 회계교육을 받기도 했다.[10] 그러나 여성 대부분은 가사만을 배웠다.

인도의 영어교육

동인도회사를 위해 일할 서기와 통역사가 필요하자 영국인들은 인도에 영어교육을 도입했다. 동인도회사는 1813년부터 교육을 위한 예산을 배정했고, 1833년에 동인도회사 특허장을 갱신한 후 페르시아어 대신 영어를 공식적인 행정 언어로 선언했다. 1844년에 총독 하딩 경Lord Hardinge은 정부 직책에 영어교육을 받은 인도인을 우선적으로 임명하겠다고 발표했다. 자유무역주의자들은 영국에 충성하는 인도인을 양성할 수 있을 것이라면서 이러한 정책을 반겼으며, 선교사들 역시 동의했다. 선교사들은 영향력 있는 가문의 인도인들이 영어를 배워 전문직에 진출하게 된다면 개종이 쉬워질 것이라고 생각했다. 영국 진보주의자들은 서구 철학과 문학으로 인도인들을 개화할 수 있다고 믿었다. 19세기 말에야 이들은 교육의 위험한 일면, 즉 민족주의와 정치적 불안정을 야기할 수 있다는 사실을 직시하게 되었다. 그러자 정부는 교육을 통제하고 심지어 제한하려고도 했다.[11]

정부가 영어교육의 지원을 결정하기 훨씬 전에 이미 인도의 신사● 들은 캘커타에 힌두칼리지Hindu College를 설립했다. 1816년에 문을 연 힌두칼리지는 이름과 달리 인도 젊은이들이 동인도회사에 취업하는 데 도움이 되도록 교과과정을 설계했다. 20세기 초반부터 30여 년 동안 힌두칼리지나 영령 인도의 유사한 학교들은 부유한 인도인들의 후원을 받으며 산스끄리뜨어와 페르시아어, 아랍어를 가르치는 전통적인 학교들과 경쟁했다. 그러나 경제 구조가 변화하면서 전통적인 학교에 대한 후원은 점차 사라졌고, 젊고 똑똑한 남성들은 영어를 배우기 시작했다.[12]

남학교에 쏟아진 후원과 달리 소녀들의 교육에 관심을 가진 이는 거의 없었다. 식민정부는 선교사들과 진보주의자들의 압력에도 불구하고 여성교육에 무관심했다. 선교사들은 인도 남성들이 개종한 후 신

● 영국 식민 통치하에서 서구식 교육을 받고 행정관료로 진출한 벵골의 부유한 고위 카스트 출신 남성을 일반적으로 바드랄록*bhadralok*이라 불렀는데, 이는 '예의 바른 자'라는 의미로 영어의 gentleman과 혼용되었다.

앙을 유지하기 위해서는 여성들을 포섭해야 한다고 주장하면서 여성교육과 여학교에 관심을 기울였다. 그러나 남성이 모든 결정을 내리는 상황에서 여성교육은 부수적일 뿐이었다.[13]

1840년대에 인도로 온 독신 여성 선교사들은 여성이나 아이들을 대상으로 한 활동을 맡았다. 교육을 받고 자신의 능력을 입증하고픈 여성 선교사들은 기혼 인도 여성을 기독교로 개종하는 데 집중했다.[14] 그들은 가정교사로 일하면서 책을 읽어주고 바느질을 가르치며 학생들을 예수에게로 이끌고자 했다. 이들이 개종에 성공하는 경우는 극히 드물었다. 제나나*zenana*• 선교 활동이 비생산적임이 드러나자 선교단체들은 여학교 설립에 매진했다. 그리고 여성 선교사들이 가르친 학생들, 즉 기독교 집안의 인도 여성이 이후 새로 설립되는 여학교에서 교사로 일하게 되었다.[15]

초기의 여학교

1816년 힌두칼리지 개교 이후 여성교육을 촉진하기 위해 캘커타학교협회Calcutta School Society가 곧 설립되었다. 이 협회의 총무 라다 깐따 뎁Radha Kanta Deb은 여성교육 후원자로, 1819년 침례교회 소속 캘커타여성아동협회Calcutta Female Juvenile Society의 설립도 도왔다. 1821년에 캘커타학교협회는 메리 앤 쿡 양Miss Mary Anne Cooke(1784-1868)••을 캘커타로 초청

• 페르시아어로 '여성의'라는 의미로 가정에서 여성들의 공간을 의미한다. 일반적으로 상류층 여성들은 제나나에서 지내며 빠르다를 지켰다.

[그림 2-2]
포먼여학교Forman Girls' School 입구, 라호르, 퍼거H. R. Ferger 사진, 1936년

했으나, 개교 자금을 모으지 못하는 상황에 직면했다.

이에 교회선교협회Church Missionary Society는 쿡을 고용하고 '훌륭한' 힌두 소녀들을 위한 학교를 30곳에 열었다. 이 학교들은 힌두 남성들의 후원을 받으며 브라흐민 빤디뜨들을 고용했으나, 높은 카스트의 소녀들을 끌어들이지 못했다. 명망 있는 가문의 소녀들은 교과과정에 포함되었던 기독교 교육 때문에 입학을 단념했으며, 대신 낮은 카스트나 기독교 집안의 학생들이 의복이나 다른 물품을 받기 위해 모여들었다.

●● 인도로 파견된 최초의 영국인 독신 여성 선교사.

교회선교협회는 오히려 남인도에서 성공적인 활동을 펼쳤는데, 1821년에는 현 따밀나두주 띠루넬벨리Tirunelveli에 최초의 기숙 여학교를 설립하기도 했다. 스코틀랜드교회협회Scottish Church Society는 1840년경 학교 6곳을 운영하며 힌두 소녀 200여 명을 가르쳤다. 19세기 중반 마드라스의 선교사들은 주간 학교와 기숙학교를 통틀어 거의 8,000여 명에 이르는 여학생을 가르쳤으며, 이들은 대부분 기독교도였다.[16]

1849년 총독위원회 위원이자 교육위원회장인 베튠이 캘커타에 설립한 힌두여학교Hindu Balika Vidyalaya를 가장 중요한 여학교의 예로 꼽을 수 있다. 힌두여학교는 종교와 거리를 두었으며 벵골어로 수업을 진행했다. 학생들은 "딸의 교육은 아버지의 신성한 의무"라는 산스끄리뜨 어구가 새겨진 마차로 등하교했다. 빤디뜨 이쓰와르 비드야사가르가 학교 총무로 임명되었으며, 베튠은 여러 명망가를 설득해 이 실험에 참여하도록 했다. 결과적으로 1850년에는 80명의 학생이 다녔으나 베튠이 1851년 사망한 후 학교에 대한 후원이 줄기 시작했다. 1863년 등록된 5세에서 7세 사이의 학생 93명 중 4분의 3이 "가장 낮은 카스트"의 학생이었고, 이는 여성교육에 대한 높은 카스트의 편견이 여전했음을 보여 준다.[17]

영국 정부의 여성교육 후원

1848년부터 1856년까지 인도 총독으로 재임한 달하우지 경Lord Dalhousie은 어떠한 변화보다도 여성교육이 중요하고 이로운 결과를 가져올 것이라고 선포했다.[18] 1853년에서 1855년 사이에 영령 인도와 동인도회사의 활동을 조정하는 기관이었던 관제위원회Board of Control를 이끈 찰스 우드 경Sir Charles Wood은 1854년 교육공문을 통해 앞으로 인도 교육은 엘리트를 위한 고등교육에서 일상어를 이용한 대중교육으로 전환할 것이라고 발표했다. 이러한 종합적인 교육체계는 양성兩性 모두 포함하는 것이었다. 공문은 다음과 같이 밝히고 있다.

> 인도 여성교육의 중요성은 아무리 강조해도 지나치지 않는다. 우리는 딸들에게 좋은 교육을 제공하려는 인도인의 의지가 높아지고 있다는 사실을 기쁘게 받아들인다. 남성보다 여성에 대한 교육이 교육적이고 도덕적인 분위기에 훨씬 더 큰 영향을 끼칠 것이다.[19]

여성교육의 확산을 위해서는 식민 권력의 도덕적·재정적 지원이 절실했으나, 이를 받는다 해도 여학교를 세우는 것은 여전히 어려운 일이었다. 남성을 위한 교육과 달리, 여성교육은 가족의 명예나 재정에 직접적인 도움을 주지 않았다. 오히려 반대의 경우가 더 많았다.

인도의 규범과 사회관습으로 인해 영국식 교육 모델을 따르는 것은 어렵거나 거의 불가능했다. 어떤 지역은 성별에 따른 완벽한 분리를 일상적으로 여길 만큼 격리가 생활화되어 있었기 때문에, 소녀들이 학교를 다닌다면 따로 분리된 기관에서 여성 교사에게 교육받아야 했다. 어린 나이에 결혼하는 것이 이상적이라는 생각이 널리 퍼져 있어 여성들의 학업 기간도 제한되었다. 또한 음식을 만들거나 아이들을 돌보아야 하는 의무 때문에 수업을 듣거나 공부할 시간이 부족했다.

여성교육에 따른 세 번째 문제는 교육이 기관에서 이루어진다는 것이었다. 인도인들은 딸을 '학교'에 보내는 것이 낯설었으나 이 외에는 실용적인 방법이 없었다. 가정에서 이루어지는 제나나 교육은 비용이 많이 들었으며 번거롭고 대개 효과가 없었다. 학교가 필요했으나, 어떤 학교를 설립해 누가 어떤 과목을 가르치게 할지 결정해야 했다. 또한 어떤 가정에서 딸들을 얼마나 오랫동안 학교에 보낼지 예측하기도 어려웠다. 이차성징이 나타나기도 전에 결혼한 여성은 기혼 상태로 계속 교육받을 수 있을 것인가? 인도 사회의 지도자들은 도덕적·물질적 지원보다도 훨씬 어려운 문제들을 해결해야만 했다.

개혁적인 힌두교와 여성교육

베튠의 학교와 같은 정부 학교나 개혁적인 종교 기관에서 후원해 설립된 학교들이 이러한 문제에 돌파구를 제공했다. 브라흐모 사마즈부터 쁘라르타나 사마즈, 아리야 사마즈, 신지학회Theosophical Society 등이 모두 여성교육을 지지했다.

1854년에는 약 626개의 여학교(벵골 288개교, 마드라스 256개교, 봄베이 65개교, 서북변경직할령과 오우드 17개교)가 있었으며 총 21,755명이 재학했다.[20] 이러한 학교들은 대개 규모가 매우 작았고, 전체 인구에 비해 교육받는 여아의 수도 극히 적었다. 그러나 여성교육에 대한 태도에 변화가 일어나고 있었다.

인도인들은 사회적·종교적 개혁, 또는 사회적·경제적 계층 이동, 혹은 양자를 모두 원했기에 여성교육을 지지했다. 힌두칼리지 등 초기 남학교를 설립한 이들은 자신이 속한 계층에게 주어지는 기회를 늘리고자 했다. 여성교육을 초기부터 지지했던 이들은 교육받은 아내를 얻으려는 수요가 증가하면서 교육을 통해 계층 이동이 일어날 수 있음을 포착했다. 또한 그들은 남성뿐 아니라 여성도 교육받아야만 이루어질 수 있는 사회개혁을 원했다. 서구식 교육을 받은 벵골 신사계층 다수는 음란하고 저속한 대중문화의 면면으로부터 "자신들의 아내와 딸들을 격리하고자" 했다. 그러나 이는 '신여성'과 교육을 받지 못한 여성 사이의 간극을 넓혔고, 결국 거리 공연이나 대중음악 등 여성들이 일상적으로 이용할 수 있던 저항의 도구도 교육받은 중산층 여성들에게서 앗아가는 결과를 가져 왔다.[21] 결국 남성들은 개인으로서의 여성이 아니라 남성의 동반자이자 '과학적인' 양육자, 그리고 문명사회의 일원으로서 여성의 발전을 원했다.

벵골에서는 개혁단체 브라흐모 사마즈의 회원들이 여성교육과 양성평등 운동을 펼쳤다. 브라흐모의 지도자 께숍 찬드라 센은 1861년 여성교육의 중요성에 대해 강연하고, 다음 해 여성을 위한 개혁을 지지하는 남성을 대상으로 협회를 설립했다. 1865년에 브라흐모 사마즈는 여성들이 종교교육과 바느질, 그리고 사회 문제를 토론할 수 있는 첫 조직을 후원했다.[22]

그러나 브라흐모 사마즈는 1866년 여성교육에 대한 문제로 양분되었다. 그해 께숍 센은 브라흐모 사마즈를 탈퇴하고 "새로운 방향*nav-abidhan*"을 선포하며● 캘커타에서 교육가이자 사회개혁가로 활동하던 영국 여성 메리 카펜터Mary Carpenter를 영입했다. 카펜터는 여성교육

● 인도 중심의 민족주의를 고집한 브라흐모 사마즈 창시자 데벤드라나트 타고르Debendranath Tagore와 달리 께숍 센은 보편주의를 주장하며 새로운 브라흐모 사마즈를 조직했고, 벵골과 인도 전역의 개혁적인 힌두교도들은 이를 열렬히 환영했다. 께숍 센은 이후 이러한 사상을 동서 종교를 융합하는 새로운 움직임으로 발전시키고자 했다.

[그림 2-3]
브라흐모 사마즈의 소녀들,
뿌자리N. B. Pujary 사진,
1904년경

을 고무하기에 적절한 교사가 부족하다는 사실을 깨달았다.[23] 그는 이를 공개적으로 지적하며 총독에게 제안서를 보냈고, 인도인들과 영국인들 사이의 상호 이해를 돕기 위한 민족인도협회National Indian Association를 설립하는 데 기여했다. 1872년에 카펜터와 께슙 센, 영국 여성 아네트 애크로이드Annette Akroyd는 일반 학교를 설립했고,[24] 이후 애크로이드는 께슙과 결별하고 브라흐모 사마즈의 다른 조직과 함께 힌두여학교Hindu Mahila Vidyalaya를 설립했다. 1878년에 이 학교는 이전의 베튠여학교와 합쳐지고 캘커타대학교와 제휴하며 베튠칼리지가 되었다.• 그리고 1883년 까담비니 바수Kadambini Basu와 찬드라무키 바수Chandramukhi Basu가

베튠칼리지를 졸업하면서 대영제국에서 학사학위를 받은 최초의 인도 여성이 되었다.[25]

마드라스에서는 신지학회가 여성교육을 촉진했다. 신지학 학회장으로 인도에서 오랜 기간 활동했던 애니 베산트Annie Besant(1847-1933)에 따르면, 고대 힌두 여성은 교육을 받았고 사회 활동도 자유로웠다. 그는 이러한 '황금기'로 회귀할 것을 촉구했다. 베산트는 영국에서 1874년 여성참정권 운동에 대한 강연을 펼친 후 여성해방운동의 대표 주자로 자리 잡았다.[26] 영국에서 여러 운동에 참여하던 중 1889년 그는 블라바츠키 여사Madame Blavatsky의 『비경』秘經, *Secret Doctrine*을 읽고 신지학에 빠져 새로운 활동지로 인도를 찾았다. 신지학회를 설립한 블라바츠키는 힌두교 교리가 왜곡되어 조혼과 어린 과부, 사띠가 일어난다고 보았다.[27] 1893년 인도에서의 첫 연설에서 베산트는 인도의 과거는 위대했으며 이를 회복해야 한다고 주장했다. 이후 여러 문제에 집중했고, 1901년에는 『인디언 레이디스 매거진』*Indian Ladies Magazine*에 '여성교육'에 대한 글을 기고했다. 베산트는 여성이 교육받지 못하면 인도의 운명을 변화시킬 수 없을 것이라 경고했다. 그러나 베산트에 따르면, 여성을 '무성화unsex'시키는 서구식 교육은 답이 아니었다. 인도인들은 힌두교의 강력한 여신 두르가Durga와 같이 자신들의 이상적인 여성상을 지향해야 했다.[28] 베산트는 이러한 개혁을 결의하며 이를 원칙으로 삼는 여성 칼리지를 설립했다.[29]

● 인도에서는 1854년 대학법이 제정되면서 1857년에 캘커타대학교Calcutta University가 최초로 설립되었다. 인도 대학교들은 당시 신설된 런던대학교의 모델에 따라 이미 운영 중인 칼리지들과 제휴해 칼리지 졸업시험을 실시하고 이를 통과한 학생들을 교육해 학사학위를 수여했다.

북인도의 여성교육은 스와미 다야난다 사라스와띠의 가르침을 따르는 개혁적인 힌두종파 아리야 사마즈의 지원으로 확산되었다. 19세기 말에 이르러 진보적인 아리야 사마즈 회원들은 사회개혁에 여성을 참여시키는 것이 얼마나 중요한지 인식했으며, 뻔잡 지역에서 사회개혁을 주도하던 줄룬다르 사마즈Jullundar Samaj와 같은 단체는 1890년 여성교장이 이끄는 아리야여학교Arya Kanya Pathshala를 설립했다.[30]

줄룬다르 사마즈의 여자고등학교Kanya Mahavidyalaya도 곧이어 설립되었으며, 이 두 학교는 랄라 데브라즈Lala Devraj의 노력 덕분에 1892년경 자리 잡을 수 있었다. 데브라즈는 자택에 소녀들을 위한 학교를 처음 열고, '폐지'를 팔아 이를 지원했다. 그리고 교사들의 급여는 그의 어머니가 요리한 음식으로 일부 대신하기도 했다. 여성교육에 대한 인식이 사회적으로 받아들여지면서 학교에 등록하는 학생 수도 증가했다. 머지않아 교육 경험을 지닌 여성 교사와 학교 행정가들이 새로운 교과 자료도 설계했다. 이 학교는 지역에서도 중요한 기관이 되었으며, "뻔잡 여성들에게 일어난 여러 변화의 기폭제"가 되었다.[31]

여성교육의 성장

베튠의 힌두여학교가 설립된 1849년부터 인도 교육이 얼마나 진척되었는지 검토한 인도교육위원회Indian Education Commission(이후 '헌터위원회Hunter Commission'로 약칭)가 열린 1882년까지 소녀들을 위한 초등학교나 교사를 양성하는 기관을 세우기 위해 다양한 노력이 진지하게 이루어졌다. 그러나 여성을 위한 고등교육이나 남녀공학은 여전히 논쟁의 대

[그림 2-4] 마드라스 학교의 인도 소녀들, 벤끼아 형제R. Venkiah Bros. 사진, 1930년경

상이 되었다.[32]

헌터위원회는 학령 소녀의 98%가 등교하지 않는다는 사실에 따라 남학교보다 여학교를 위한 지정 보조금이나 소녀들을 위한 특별 장학금과 상을 더 지원하도록 권고했다. 이후 20여 년 동안 여성교육이 빠르게 확대되었으며, 1881-1882년 대학을 다니는 인도 여성이 6명뿐이었던 것에 비해 1900년에는 264명으로 늘었다. 같은 시기에 중등교육을 받는 소녀 역시 2,054명에서 4만 1,582명으로 크게 증가했다.[33]

헌터위원회 이후 20세기 초까지의 여성교육을 논하기 위해서는 봄베이와 푸나의 '지혜의 집Sharada Sadan'(1889)을 설립한 빤디따 라마바이 사라스와띠와 캘커타의 마하깔리학교Mahakali Pathshala(1893)를 설립한

마따지 마하라니 따빠스위니Mataji Maharani Tapaswini, 푸나에서 과부들을 위한 학교(1896)를 시작한 까르베 등 세 명의 개척적인 교육가들을 살펴봐야 한다. 이들은 종교개혁 단체와는 무관한 여학교를 설립하려는 노력 때문에 중요한 인물로 꼽힌다. 물론 이러한 학교들은 현대적 의미에서 세속적인 공립학교라고 할 수 없으며, 모두 일정 카스트나 계층, 공동체에 기반을 두었다. 그러나 여성이 여성교육을 일으켜 세우고 정의하는 데 참여한 모습을 보여 준다는 점에서 이들의 활동에 특히 관심을 가져야 할 것이다.

빤디따 라마바이

빤디따 라마바이는 여성교육의 개척자이자 여성 권리를 위해 싸운 반항아라고 할 수 있다. 라마바이의 아버지는 딸을 교육시키면서 결혼하지 않아도 된다고 허락했다. 부모가 세상을 떠났을 때 그의 나이는 16세였고, 아직 결혼하지 않았으며 산스끄리뜨어를 읽을 줄 알았다. 그는 오빠와 함께 인도 전역을 여행하며 여성교육과 사회개혁에 대해 강연했다. 캘커타의 엘리트들은 그에게 매혹되어 지혜의 여신 '사라스와띠'라는 이름을 붙여 주었으며, 브라흐민 빤디뜨와 견줄 정도로 학식이 있다고 하여 그를 '빤디따'라고 불렀다. 반면 어떤 이들은 라마바이가 말만 꺼내도 극노해 야유하고 조롱했다.[34]

오빠가 캘커타에서 세상을 떠난 후 라마바이는 오빠의 친한 친구이자 슈드라 출신인 비뻰 베하리 다스 메다비Bipen Behari Das Medhavi와 결혼했다. 라마바이는 일 년 후 23세에 딸을 낳았으나, 불행히도 남편은 다음 해 세상을 떠났다.

푸나로 돌아와서 라마바이는 아리야여성협회Arya Mahila Samaj를 통해 개혁가들과 함께 여성교육에 힘쓰기 시작했다.[35] 푸나에 있는 동안 헌터위원회에 증인으로 출석해 여성 의사와 교사가 긴급하게 필요함을 역설했다. 라마바이는 영어를 배우고 의학을 공부하겠다는 일념으로 영국 옥스퍼드 원티지Wantage에 모원母院을 둔 성마리아 앵글로가톨릭공동체Anglo-Catholic Community of St. Mary the Virgin에 도움을 청했다. 그들의 후원으로 라마바이는 여성도 자기 삶을 스스로 책임져야 한다는 내용을 담은 『여성의 도덕』*Stri Dharma Neeti*을 출간하고, 이 책을 판매한 수익금으로 모자라는 유학 비용을 충당했다. 1883년에 라마바이와 어린 딸, 그리고 여행 동반자 아난디바이 바가뜨Anandibai Bhagat 3명은 영국으로 떠났다. 원티지에 정착한 후 라마바이는 기독교로 개종할 수 없다고 선언했으나, 몇 달 후, 기록이 다소 모호하지만 아난디바이가 자살하면서 큰 충격을 받았다고 한다.

라마바이는 불과 25세의 나이에 부모와 오빠, 남편, 그리고 가장 친한 친구의 죽음까지 지켜보아야 했다. 당시 낯선 나라에서 홀로 딸을 키워야 했던 라마바이는 결국 세례를 받기로 결심했다.[36] 그는 1886년까지 계속 공부하다가 사촌 아난디바이 조시Anandibai Joshi의 졸업식에 참석하기 위해 미국으로의 항해를 결심했다.

이 여행에 필요한 자금을 마련하고 자신의 목표를 널리 알리기 위해 라마바이는 『높은 카스트의 힌두 여성』*The High Caste Hindu Woman*이라는 책을 집필했다. 미국으로 떠나기 전까지 이 책은 1만 부 이상 팔렸다. 그의 팬들은 1887년 보스턴에서 라마바이협회를 설립해 그가 인도에서 할 일을 지원하고자 했다. 라마바이는 교육 기관과 자선단체에 대해 배우고 다양한 단체에서 강연하면서 미국과 캐나다를 여행했다. 1888년 5월에 그는 라마바이협회의 이름으로 3만 달러 이상을 모금했다.[37]

빤디따 라마바이는 인도에 돌아와 봄베이에 과부들을 위한 학교인 지혜의 집(1889)을 설립했다. 지혜의 집은 특정 종파를 따르지 않았으나 브라흐민의 카스트 규범을 엄격하게 지켰다. 고두바이Godubai(까르베와 결혼한 후 아난디바이로 개명함)●와 같은 높은 카스트의 힌두 과부도 몇몇 입학했으나, 힌두 사회는 여전히 라마바이에 대한 의심을 풀지 않았다.

라마바이는 학교의 운영위원회에 독실한 힌두교도로 알려진 개혁가들을 임명해 이러한 의심을 피하고자 했다. 그러나 별 효과가 없었으며, 1년도 되지 않아 봄베이의 신문들은 라마바이와 그의 학교에 대해 비판적인 기사를 실었다. 재정 문제로 학교를 푸나로 이전하게 되자 일간지 『께사리』*Kesari*●●는 라마바이가 과부들을 기독교로 개종시키고 있다고 주장했다. 라마바이는 자신의 사적인 기도 모임에 과부들의 참석을 허락한 사실만 인정했다. 1893년에는 25명의 소녀가 자퇴했으나, 쉼터가 필요한 과부는 늘 있었으므로 라마바이는 곧 새로운 학생들을 맞이했다. 1900년에 지혜의 집은 스스로 교사나 간호사로서 생계를 유지할 수 있는 여성을 80명이나 배출했다.[38]

라마바이의 두 번째 학교 '해탈학교Mukti'는 1897년 대기근 후에 푸나에서 30마일 정도 떨어진 께드가온Kedgaon에 설립되었다. 라마바

● 제2장(73쪽), '돈도 께샤브 까르베'절 참조.

●● 인도 독립운동가로 잘 알려진 힌두 민족주의자 띨락B. G. Tilak이 1881년에 창간한 마라티어 신문.

이는 대기근의 피해를 입은 여성과 아이들을 받아들여 먹이고 입히고 지혜의 집에서 교육시켰다. 그러나 정부는 당시 유행한 페스트의 확산을 막기 위해 사람들의 이동을 제한했으며, 푸나의 치안판사는 전염병을 이유로 들어 지혜의 집 정원도 제한했다. 기근 때문에 받아들인 이들을 푸나에서 더 이상 수용할 수 없게 되자, 라마바이는 100에이커의 땅을 구입한 께드가온에 이들을 데려갔다. 1900년 께드가온의 해탈학교는 2,000명의 여성과 아이들이 교육받으면서 기술과 생산 훈련을 받는 대규모 기관으로 성장했다. 해탈학교의 운영 예산은 라마바이의 계획을 전적으로 지지하는 미국인 위원회가 책임졌다.[39]

전권이 주어진 라마바이는 입학생들에게 기독교도가 되도록 설득했고, 그들에게 맞는 독특한 교육 프로그램을 개발했다. 그의 가르침에 따른 절충적 기독교는 원티지의 수녀들과 로마가톨릭교도, 유대교도, 인도인 기독교도 친구들로부터 배운 이상을 조합한 것이었다. 라마바이는 힌두 사회의 가장 큰 결점으로 카스트를 꼽았으며, 인도인들이 이 때문에 지성은 높이 평가하는 반면 신체 노동을 폄훼하게 되었다고 믿었다. 또한 카스트에 따른 유대는 사리사욕을 채우고 민주적 사고의 발전을 저해할 것이었다.

라마바이는 이를 고치기 위한 교과과정을 설계했다. 도덕규범을 강조하는 문학 작품을 선정해 학생들에게 읽힘으로써 배려하는 마음을 키우고자 했으며, 학생들에게 자기 몸과 자기가 살고 있는 물질계를 가르치기 위해 생리학과 식물학을 과목에 포함했다. 농사일과 원예뿐 아니라 인쇄술과 목수일, 재단, 석공술, 목공예, 방직, 바느질 등 산업기술도 교과에 넣었다. 카스트의 장벽을 깨고 공통 관심사에 기반을 둔 단결심을 새로 불러일으키기 위해 모든 학생을 금주동맹Temperance

Union이나 기독면려회Christian Endeavor Society와 같은 '조합'이나 협회에 참여하도록 했다. 학생들은 이러한 협회의 일원으로 간단한 규정을 배우고 본인의 일에 스스로 책임지도록 격려받았다.[40]

당대 사람들은 라마바이의 교육 활동에 깊은 인상을 받았으나, 여성교육에 대한 그의 기여는 기독교와의 연관성 때문에 제대로 평가받지 못했다. 매일매일 식민통치자들에 대한 증오가 일던 시기에 기독교도로 알려진 라마바이의 활동은 인도 서부에서 막강한 세력을 지닌 남성들의 분노를 샀다. 라마바이는 제자 중 다수가 높은 카스트 출신이라는 사실 때문에 남성들이 분노했다고 믿었다. 낮은 카스트의 여성들만을 대상으로 교육했다면, 이들 남성들이 개의치 않았을 것이라고 주장했다.[41]

라마바이는 여러 문제에 대한 날카로운 논평으로 다수의 논쟁을 촉발했다. 루크마바이Rukhmabai 사건 이후 라마바이는 인도인 남성뿐 아니라 영국인 남성도 맹렬하게 비난했다. 루크마바이는 어린 나이에 결혼한 후 남편과의 부부관계를 거부했다는 이유로 재판을 받고 구금을 선고받았다(그러나 투옥되지는 않았다. 루크마바이 사건에 대해서는 제3장 참조). 라마바이는 다음과 같이 썼다.

> 루크마바이는 전능한 힌두법과 강력한 영국 정부, 1억 2,900만 명의 인도 남성, 그리고 3억 3,000만 힌두 신들에 의해 하찮은 존재로 짓밟혔다. 그럼에도 불구하고 무방비 상태의 여성으로서 그가 감히 목소리를 낼 수 있었다는 사실이 놀라울 뿐이다. 우리는 영국 정부가 힘없는 여성을 보호하지 않는다고 비판할 수 없다. — 영국 남성들은 인도 남성들과 합의한 바를 따를 뿐이다.[42]

그러나 라마바이의 가장 큰 업적은 무엇보다도 인도에서 최초로 과부들을 가르치기 위해 노력했고, 그의 일을 이어받을 수 있는 제자들을 남긴 것이다.

마따지 마하라니 따빠스위니

벵골의 마하깔리학교는 선교사들의 교류와 해외 지원이 있었던 빤디따 라마바이의 학교들과 상당히 대조적이었다. 후에 힌두 성인으로 추존받은 마따지 마하라니 따빠스위니가 1893년 캘커타에 설립한 학교와 그 분교들은 여성교육을 발전시키고자 한 "진정한 인도인의 시도"로 꼽힌다.[43] 이 학교는 외국인들로부터 어떠한 재정적 지원도 받지 않았으며, 외국인 교사도 고용하지 않았다. 학교 설립자들은 여성교육을 위해 '학교'라는 모델을 도입했으나, 남녀가 같이 다니거나 동일한 교과과정을 배우는 것에 반대했다. 그들의 목표는 "소녀들이 힌두 사회를 재건하도록 무엇보다도 민족주의적인" 교육을 제공하는 것이었다. 이러한 목표는 민족주의적 '복고주의자revivalists'들과 같았으나, 역사학자 따니까 사르까르Tanika Sarkar에 따르면, 이들은 "식민정부의 지식에 저항한다는 명목하에" 개혁을 무조건 거부하지는 않았다.[44] 진보적인 개혁가들과의 차이에도 불구하고, 이들 역시 여성교육이 진보와 깊은 관계가 있음을 믿었고 인도 여성이 나랏일에 더 큰 역할을 하는 미래를 기대했다.

강가바이Gangabai(이후 마따지 마하라니 따빠스위니)는 데칸 출신으로 산스끄리뜨어와 경전을 배운 브라흐민 여성이었으며, 학생 30명을 데리고 첫 학교를 설립했다.[45] 그는 힌두교의 종교적·도덕적 원칙과 조화로운 여성교육을 추구하기 위해 캘커타에 왔다. 빤디따 라마바이와 달리 강가바이는 힌두 사회가 내부로부터 다시 새로워질 수 있다고 믿었다. 강가바이에 따르면, 이상적인 여성교육은 경전과 역사에 대한 지식, 딸과 아내, 며느리, 어머니의 의무에 대한 신화와 전설의 이해, 요리와 바느질과 같은 실용적인 기술 등의 내용이 교과과정에 포함되어야 했다.[46] 젊은 힌두 여성들이 교육받음으로써 "사기가 저하되고 민족성마저 잃고 있다"라고 믿었던 "중산층 힌두 신사들"은 이러한 교과과정을 높이 평가했다.[47] 소녀들이 교육받으면 부엌을 꺼린다는 당시의 일반적인 믿음 때문에 요리 수업은 특히 인기가 높았다. 이 학교에 대한 재정적 지원은 빠르게 늘었으며, 10년 안에 분교 23개가 설립되어 학생 450명을 수용하게 되었다. 학교가 성장하면서 벵골어와 산스끄리뜨어 교재도 자체 제작되었다. 벵골에서 가장 큰 지주인 다르방가의 마하라자Maharaja of Darbhanga●가 이끄는 저명한 이사진이 실제 행정을 맡으면서 강가바이는 점차 감독 역할에 집중했다.

학교는 엄청난 인기를 끌었다. 후원자들은 종교적 금기와 가사가 포함된 교과과정, 빠르다를 엄격하게 지키는 것을 높이 평가했다. 초기의 공식적인 교과과정에는 읽기와 쓰기가 거의 포함되지 않았으나, 이는 점차 변화했다. 마하깔리학교는 1948년에야 캘커타대학교와 제휴

● 인도아대륙을 식민지화하면서 영국총독부는 직할령 외에 인도인 군주들이 지배하는 간접통치도 일부 도입했다. 마하라자나 니잠Nizam 등이 다스리는 왕국Princely state들은 외교와 군사를 제외하고 기존 권리를 대부분 유지했으나 영국인 주재관을 두는 경우가 많았다. 대표적인 왕국으로 바로다Baroda(現 바로다라Vadodara)나 마이소르Mysore 등이 있었으며, 이러한 군주 중 일부는 서구식 교육을 받고 개혁적 정치를 펼치기도 했다.

했는데, 원래의 교과과정 중 뿌자*puja*(종교의례) 수행만이 당시까지 남아 있었다.[48] 20세기 초반 이 학교의 존재와 인기는 벵골의 보수적인 사회도 최소한 여성교육의 필요성을 받아들였다는 증거로 꼽힌다.[49]

돈도 께샤브 까르베

1890년대 돈도 께샤브 까르베는 푸나에 다수의 여학교를 설립했다. 그는 자서전 『되돌아보며』*Looking Back*에서 자기 경험을 설명하며 1896년 과부를 위한 학교를 세운 이유를 밝혔다. 또한 까르베의 두 번째 아내가 된 어린 과부 고두바이 조시Godubai Joshi(이후 아난디바이라고도 불렸다)에 대한 일화도 들어 있다. 고두바이는 빤디따 라마바이의 첫 학생이 된 후부터 과부들을 위한 보금자리를 세우는 것을 꿈꾸었다. 두 사람이 평생 지닌 꿈은 '까르베의 집'을 통해 이루어졌다. 아난디바이는 노년에 다음과 같은 농담을 남겼다.

> 사람들이 [나의 남편] 까르베를 마하리시(위대한 수행자)라고 부를 때, 나는 그에게 그게 내 덕이라고 가끔 농담을 한다. 내가 집안일을 담당했기 때문에 그가 공적 활동을 자유롭게 할 수 있었으니, 내가 없었다면 그도 그만큼 이루지 못했을 것이다.[50]

까르베와 개혁운동의 인연은 칼리지 시절까지 거슬러 올라간다. 그는 엘핀스톤칼리지를 졸업한 후 봄베이 고등학교 세 군데에서 수학을 가르치다가 푸나의 퍼거슨칼리지Fergusson College에 자리를 잡았다. 또한 퍼거슨칼리지에서 데칸교육협회Deccan Educational Society의 평생회원으로 선출되었다.[51] 첫 아내가 세상을 뜬 후 과부와 결혼하겠다고 결심했고, 칼리지 친구의 동생이었던 22세의 고두바이를 선택했다. 고향 사람들은 까르베를 파문했고 그의 어머니를 박해했다. 이에 충격받은 까르베는 재혼으로 어린 과부를 도울 수 있다는 생각에 의문을 품으며 대신 과부들이 재정적으로 독립하는 것을 돕고자 교육에 관심을 갖기 시작했다. 그리고 1896년 과부들의 쉼터를 설립했으며, 이는 곧 학교로 발전했다.

이 학교의 교과과정은 어린 과부들이 직업을 갖고 자급자족할 수 있도록 설계되었다. 여학교가 드물었기 때문에, 사람들은 결혼하지 않은 소녀도 입학할 수 있는지 문의했다. 이들을 받아들이기 위해 까르베는 여학교Mahilya Vidyalaya도 설립해 "좋은 아내, 좋은 어머니, 좋은 이웃"을 키우고자 했다. 과부들의 경우 "경제적으로 독립하고 스스로 생각하도록 만드는" 교육이 필요하지만[52] 결혼하지 않은 소녀들은 의존성을 키우는 교육이 더 필요하다고 믿었다.

아난디바이의 여동생 빠르바띠바이 아타발리Parvatibai Athavali도 과부였으며, 까르베의 학교들이 성장하고 확장하는 데 중요한 역할을 했다. 빠르바띠바이는 11세에 결혼해 20세에 과부가 되었으며, 자매 중 세 번째로 남편을 잃었다. 빠르바띠바이는 재혼 제안을 모두 거부한 채 공부해 "무언가 의미 있는 일을 하고 싶다"는 포부를 밝혔다.[53] 까르베의 학교에서 교육받은 후 빠르바띠바이는 교사가 되었고, 또한 관리인 역할도 했다. 스스로 삭발하고 교리에 따라 음식을 취한 빠르바띠바이는 과부 재혼을 공공연하게 반대했다.[54] 재혼 후 급진주의자로 여겨졌던 까르베는 빠르바띠바이의 존재 덕분에 보수적인 힌두교도들로부터 신뢰를 회복했다. 빠르바띠바이는 강연을 통해 여성의 일생에서 가장 중요한 임무는 결혼하는 것이라고 주장했다. 그는 일상어로 가르치고 보육과 가사를 강조하는 까르베의 학교 교과과정을 지지했다. 여성들은 전통적으로 이러한 일들을 집안의 나이 든 여성으로부터 배웠으나, 집안일이 점차 복잡해지면서 학교 교육이 필요해졌다.[55] 빠르바띠바이는 여성들에게 스스로 지닌 '자연스러운 역할'을 거부하고 압제적인 세상으로 나아가는 것에 대해 경고했다. 그러나 그가 남긴 글에 따르면, 그 역시 이러한 세상에 자발적으로 나아갔다. 그는 자신의 삶에 대해 다음과 같은 글을 남겼다.

> 한 명 또는 두 명의 아이를 낳고 가정생활의 행복을 실제로 느껴 본 과부의 경우, 무언가 의미 있는 일을 하게 된다면 결혼 생활의 의무로 다시 돌아가고픈 생각을 하지 않을 것이라고 느꼈다. 이에 따라 나 역시 나에게 이상적인 삶의 방식을 결정했다.[56]

빠르바띠바이는 여성에게 이상적인 교육과 이상적인 일생을 이야기하면서, 스스로의 삶에서 배운 점을 잊은 듯하다. 까르베와 마찬가지로, 그 역시 여성의 공적 역할을 일반적인 것이라기보다 일탈로 여겼다.

까르베는 대부분의 재산을 학교에 쏟아부었으며, 심지어 쉼터를 세우기 위한 돈을 모으기 위해 자신의 생명보험금 5,000루삐도 사용했다. 그의 자식을 낳은 아난디바이는 만약 까르베가 죽는다면 자기가 가사노동으로도 돈을 벌 수 없다는 사실을 알았기에 걱정이 많았다. 브라흐민 과부 중 상당수는 요리사나 하녀로 일할 수 있었지만, 재혼한 경우에는 불결하다고 여겨져 이마저도 불가능했다. 까르베는 그들이 하루하루 필요한 것에도 신경 쓰지 않았다. 아난디바이는 "울기도 하고 그와 싸우고 폭언도 했으나" 그의 마음을 돌릴 수 없었다. 마침내 아난디바이는 생존을 위해 자신도 일을 찾아야 함을 깨달았다. 그는 산파일을 할 수 있도록 교육받았고, 이 일을 통해 집안을 유지할 만큼 돈을 벌 수 있었다.[57]

까르베는 여성을 위한 세 번째 기관으로 1916년 여자대학교를 설립했다. 그는 일본의 여자대학교에 대한 이야기를 듣고 이 모델이 서구의 남녀공학보다 인도에 더 적합할 것이라고 결론지었다. 1915년에는 민족사회협의회의 회장으로서 다음과 같이 말했다. "우리는 국가나 사회의 경제를 위해 여성들이 자신만의 직종에 종사해야 함을 인식해야 한다. (……) 이러한 일은 남성의 일과 동등하지만 다른 것으로, 어쩌면 더 중요한 일일 것이다."[58] 여자대학교의 강의는 모두 인도 언어로 진행되었으며, 가정과학과 같은 특별한 과목도 포함되어 "여학생들이 수학이나 자연과학처럼 어려운 과목들을 피할 수 있었다."[59] 이 기관은 설립 후 몇 년간 고전했으나, 1920년 [봄베이의 경영인이자 인도국민회의에도 참여한] 비탈다스 태커시 경Sir Vithaldas Thackersey이 어머니의 이름을 붙이는 조건으로 150만 루삐를 기부하고 봄베이로 이전하면서 성장하기 시작했다(이후 슈리마띠 나티바이 다모다르 태커시 인도 여자대학교Shreemati Nathibai Damodar Thackersey Indian Women's University, 혹은 SNDT여자대학교로 불리고 있다).[60]

20세기 초반

20세기에 접어들면서 여학교와 여학생의 수도 급증했다. 제1차 세계대전이 끝날 때쯤 여성을 위한 교육 기관이 전국으로 퍼졌으며, 초중등 교육을 받는 여성은 3배로, 대학교는 4배로 증가했다.[61] 부모들은 이제 교육 기관의 종류나 교육과정, 심지어 교육 언어까지 선택할 수 있게 되었다. 이러한 대안들은 보수파와 진보파, 신실한 이들과 그렇지 않은 이들, 급진적 변화를 꾀하는 이들이나 전통주의자들, 친영파 혹은 반영파 모두의 감정을 누그러뜨렸다. 까르베와 같이 학교를 설립한 이들은 여성교육을 통해 전통에서 근대로 이행하는 데 발생하는 문제들을 해결할 수 있다고 주장했고, 그의 후계자들은 이러한 주장을 이어받았다.

> 앞을 내다보는 야심 찬 남성의 눈에는, 아마추어 아내보다 아내로서의 직업에 걸맞은 훈련을 받은 여성이 훨씬 더 바람직한 동반자로 보일 것이다. 인도의 소녀들이 집에서 어머니로부터 받는 훈련도 훌륭하겠지만, 현대의 생활은 체계적인 정규교육으로만 다룰 수 있는 복잡한 일이 많아졌다.[62]

마하라니 따빠스위니와 까르베는 근대 사회에서 보수적인 집안의 젊은 여성을 교육시킴으로써 보다 훌륭한 아내와 어머니가 되도록 만든다는 주장을 펼쳤다. 그들은 보수적인 공동체의 지지를 얻기 위해 가정과학과 종교적 전통에 치중한 교육과정을 개발했다. 그리고 그들의 발언 역시 교육과정과 일치시켰다. 까르베는 젊은 과부들은 자립하도록 교육했으나 결혼하지 않은 학생들은 좋은 아내와 어머니가 되도록 교육하는 것이 중요하다고 밝혔다. 마하라니 따빠스위니는 취업을 위한 교육에는 전혀 관심을 두지 않았다.

빤디따 라마바이는 두 교육가와 대조적이었다. 그는 자신이 속한 사회를 비판했으며, 기독교도가 되기 위해 힌두교를 포기했다. 라마바이의 학교는 학생 수로 보았을 때 성공적이었으나, 해외 선교사들에게 재정적·심리적인 지원을 의존했다. 지역 사회가 라마바이를 배척할 때 외국 선교사들은 지원금을 보내며 그를 칭송했다. 라마바이는 여성의 자립을 가능하게 만들고자 했다. 그가 낮은 카스트 여성만을 대상으로 삼았다면 이는 성공할 수도 있었다. 왜냐하면 높은 계층과 카스트의 가문들은 아내와 딸들이 경제적으로 자립하는 것을 고려할 생각이 없었기 때문이다.

1900년에서 1920년 사이에는 이와 같은 '신여성', 즉 19세기의 사회개혁과 교육의 수혜자였던 여성들이 스스로 학교를 설립하기 시작했다. 그들 역시 여성교육에 대한 태도가 보수적이라는 것을 인식했으나, 상황이 상당히 달라졌음도 알고 있었다. 여성교육에 대한 수요는 꾸준히 증가했으나, 부모들은 무엇보다도 학교가 '전통적인' 관습을 유지하기를 원하는 듯했다. 이러한 변화를 보여 주기 위해 다음 절에서는 베굼 로께야 사카와뜨 호세인Begum Rokeya Sakhawat Hossein과 숩바락슈미 자매Sister Subbalakshmi가 교육을 위해 노력한 바를 이야기하고자 한다.

베굼 로께야 사카와뜨 호세인

1909년 베굼● 로께야 사카와뜨 호세인(1880-1932)은 [인도 동부] 비하르

Bihar의 바갈뿌르Bhagalpur시에 무슬림 소녀들을 위한 학교를 설립했다. 그는 남편이 세상을 떠난 후 학교를 세웠으나 남편의 친척들이 이를 불쾌하게 여겨 결국 의붓딸에 의해 집에서 쫓겨났다. 베굼 로께야는 학교를 폐쇄하고 캘커타로 옮겨 와 1911년 사카와뜨 기념여학교Sakhawat Memorial Girls' School를 새로 설립했다. 로께야는 무슬림 여학교를 세운 최초의 무슬림 여성은 아니었으나, 무슬림 여성교육을 위해 체계적이고 의연한 헌신을 보여 준 이 분야의 개척자로 꼽힌다. 로께야는 공식적으로 빠르다의 해악에 대해 강연하고 글을 남겼으나 학교 수업은 우르두어를 사용했으며, 빠르다를 지키는 학생들을 고려해 모든 과정을 설계하고 운영했다.[63]

그가 남긴 글에서도 언급되듯이, 베굼 로께야는 교육에 대한 관심을 지지해 준 오빠와 남편이 있었다는 점에서 운이 좋았다. 그의 언니 까리문네싸Karimunnessa에게는 이러한 운이 따르지 않았다. 까리문네싸는 영어를 배운 사실이 알려진 후, 중매결혼이 성사될 때까지 할머니에게 보내져 감시받으며 살아야 했다. 로께야에게 이러한 일이 일어나는 것을 피하고자 오빠는 한밤중에 영어 읽는 법을 가르쳐주었다. 로께야의 남편 스예드 사카와뜨 호세인Syed Sakhawat Hossain은 서구에서 교육받은 홀아비였다. 그는 어린 아내를 동반자로 보았으며, 결혼식 이후 아내 로께야에게 영어를 가르치면서 글을 쓰도록 용기를 북돋웠다. 결혼 후 3년이 지나지 않은 21세의 나이에 로께야는 여성들이 처한 상황에 대한 쓴 글을 출판했다. 수년간 그는 잡지 기고문과 단편소설, 소설

● 베굼은 인도에서 높은 지위를 가진 무슬림 남성의 아내를 부르는 경칭이다. 보통 성보다 이름을 붙이는 것이 일반적이었으므로, 이 책에서도 '베굼 로께야'로 번역했다.

을 통해 여성이 억압에서 깨어날 필요성과 이 과정에서 교육의 역할에 대한 생각을 발전시켰다.

「[인류의] 절반인 여성」*Ardhangi*, 「가정」*Griha*, 「보르까」*Borka*● 등 세 편의 글을 통해 로께야는 여성이 처한 불평등한 상황이나 경제적 수단의 부재, 남성의 명예를 지키기 위한 감금 등을 지적했다. 「이상적인 가정 주부」*Sugrihini*에서는 여성들이 교육받아 전통적인 역할을 지혜롭고 전문적으로 수행하면 결국 국가의 발전에 기여할 것이라고 주장했다. 또한 교육은 남성들과 함께 여성들이 성장하고 발전할 수 있게 만들 것이라고 주장했다.

베굼 로께야의 학교는 교과과정이나 빠르다라는 제약 등 여러 가지 면에서 뻰잡이나 연합주United Provinces의 무슬림 여학교들과 유사했다.[64] 글을 읽고 쓸 줄 아는 능력과 함께 수공예나 가정과학, 원예 등의 실용적인 과목도 강조했다. 로께야의 학교는 교과과정에 체육도 포함했다. 그러나 이를 제외하고는 좋은 아내와 어머니, 즉 남편에게는 동반자이자 협력자이면서 자녀에게는 교사 노릇을 할 수 있는 여성을 양성하기 위한 교육적 프로그램을 만드는 것이 가장 중요했다.

여학생들은 통학할 때 격리 관습을 엄격하게 지켜야 했으며, 어린 학생들이 토하거나 기절할 정도가 아니라면 덥고 답답한 마차 안에서도 격리 관습을 예외로 두지 않았다(이런 경우에는 예를 들어 마차의 덧문을 커튼으로 교체했다).[65] 학교 안에서 소녀들은 머리만 가렸다. 부르카를 입어야 하는 바깥도, 집 안도 아닌 새로운 공간에서는 근대화된 여성을 위해 새로운 의복이 필요했다. 이와 같은 새로운 머리 가리개는 정숙

● 부르카*burqa*라고도 하며, 얼굴 부분의 그물망을 제외하고 온몸을 가리는 여성의 옷을 가리킨다.

함과 근대성을 둘 다 의식한 것임을 알 수 있다.

베굼 로께야의 학생들은 여성 격리의 규칙을 지켰으나, 로께야는 이 관습을 신랄하게 비판했다. 그는 부르카에 대한 글 외에도 여성들이 세상을 다스리고 남성들이 집 안에 숨어 살아야 하는 내용의 단편소설 『술타나의 꿈』*Sultana's Dream*(1929)을 썼고, 「격리된 이들」*Avarodhbasim*(1929)을 통해 빠르다의 관습을 기록한 보고서 47편을 연재했다. 여성 격리에 대한 풍자 글은 빠르다의 참상에 무지한 대중에게 이를 알리기 위함이었다(로께야의 고모도 기차 사고가 났을 때 소리 내어 도움을 청하지 못해 사망했다). 로께야에 의하면 격리는 "벌어진 상처처럼 고통스럽지 않다. 오히려 일산화탄소와 같이 사람을 조용히 죽인다."[66] 그는 이러한 관습이 꾸란이나 무슬림 종교법인 샤리아Shari'ah에 근거를 둔 것이 아니라고 주장했다.

로께야의 운동은 평판이 좋지 않았다. 친기독교적이고 친유럽적이라는 비판을 받았던 로께야는 캐서린 메이오Katherine Mayo의 『어머니 인도』*Mother India*를 공개적으로 지지하면서 더욱더 큰 적개심에 맞닥뜨렸다.● 그러나 그의 학교는 여전히 좋은 가문의 무슬림 소녀들을 끌어들이며 유지되었다. 여성교육을 방관한다면 결국 이슬람 문화까지 위협받을 것이라는 주장이 통한 것으로 보인다.

● 메이오 관련 논쟁에 대해서는 제3장 참조.

숩바락슈미 자매

베굼 로께야가 캘커타에 무슬림 여학교를 설립한 것과 거의 같은 시기에 숩바락슈미(1886-1969)는 마드라스에 높은 카스트 출신의 어린 과부를 위한 학교를 설립했다. 숩바락슈미는 사회에서 버림받은 어린 과부들을 염려해, 불행하고 상서롭지 못한 이 여성들을 사회에 유용하고 가치 있는 일원으로 만들고자 했다.[67]

그 역시 11세에 결혼하기 전까지 4년 반 동안 정규교육을 받았다. 결혼식 후 곧 남편이 사망하면서 그는 인도 남동부 딴조르 지역의 리시이유르Rishiyiyur에 있는 부모의 집으로 돌아갔다. 부모는 그에게 과부라는 제약을 씌우지 않고 그를 학교에 보내고자 했다. 그러나 지역공동체가 너무나도 극렬하게 반대해 숩바락슈미의 아버지 수브라마니야 아예르Subramania Iyer는 이사를 결심했다. 마드라스로 이사한 후, 수브라마니야 아예르는 집에서 딸에게 영어를 가르친 후 수녀원 부속학교에 보냈다. 수녀들의 헌신에 감명받은 숩바락슈미는 과부들을 교육하는 데 일생을 바치기로 결심했다. 그는 기독교로 개종하지 않았으나, 많은 사람이 그가 헌신한 일을 기리며 애정을 담아 그를 '숩바락슈미 자매'라 불렀다.

숩바락슈미는 졸업 후 마드라스대학교와 제휴한 프레지던시칼리지Presidency College에 입학했다. 학사학위를 따기 위해 마드라스에서 공부한 최초의 힌두 과부였던 그는 파문시키겠다는 위협을 받았고, 길에서 괴롭힘을 당했으며, 교실에서도 배척당했다. 그러나 1911년 그는 학사학위를 받고 평생의 일을 시작할 준비를 했다. 그는 마드라스 교외에 있는 아버지의 집에 첫 학교를 열고 4명의 브라흐민 과부를 학생으로 받았다.

과부들을 돕겠다는 숩바락슈미의 목표는 코임바토르Coimbatore[現 꼬얌뿌투르Koyamputhur]의 장학관으로 파견되었던 아일랜드 출신의 페미니스트 크리스티나 린치 양Miss Christina Lynch(후의 드리스데일 부인Mrs. Drysdale)에게도 알려졌다. 린치는 '적절한'(즉, 높은 카스트의) 교사를 구하느라 크게 고민하고 있었다. 더구나 그는 마드라스에 5세에서 15세 사이의 어린 과부가 2만 2,000명이 넘으며, 그중 대다수가 브라흐민이라는 것을 알고 있었다. 린치는 숩바락슈미의 아버지와 만나 정부에서 어린 브라흐민 과부들을 교사로 양성하기 위해 시설을 지원할 계획 중이라고 설명했다. 당시 숩바락슈미도 친구와 친척들과 함께 같은 계획을 구상하고 있었다. 1912년 여성동호회로 조직된 사라다여성조합Sarada Ladies Union은 회원들에게 강연을 제공하고 새로운 이야기를 나누며, 브라흐민 여학교를 설립하기 위한 자금을 모으기 시작했다.

1912년에 정부는 교사를 양성하기 위한 기숙학교를 지원하는 데 동의했다. 정부가 임대료와 함께 여학생 3명에게 장학금을 지급하는 대신, 나머지 운영비는 기부금과 수업료로 충당해야 했다. 힌두 과부의 교육에 비판적인 이들이 이러한 계획을 받아들이도록 하기 위해, 린치는 [영국인들 중심의] 진보적인 마드라스보다 정통 힌두교가 우세한 트리플리케인Triplicane[現 티루발리께니Thiruvallikeni]으로 학교를 옮기도록 제안했다. 이에 따라 숩바락슈미는 과부들을 위한 '집'을 찾아야 했다. 수많은 곳을 둘러본 후 마침내 한때 보스턴에서 수입한 얼음을 해변에 보관하기 위해 지어진 아이스하우스Ice House를 선택했다.● 숩바락슈미와 합류한 35명의 여학생에게 아이스하우스는 점차 살 만한 곳이 되었다. 숩바락슈미에 따르면, 남자의 보호 없이 이곳에 머무르는 수많은 어린 과부와 여성 교직원에 대해 "많은 구설수와 악담"이 오갔다. 상서롭지 못한 여성들이 너무 많이 돌아다니게 되자 주민들은 심지어 일상을 바꾸기도 했다. 숩바락슈미는 다음과 같은 글을 남겼다.

> 부유한 정통 힌두교도 집안의 어르신들은 결혼식을 준비하면서 학교에 가는 과부들과 마주치지 않으려고 신랑 행렬 시간을 오전 9시 이전이나 오전 10시 이후로 잡기도 했다.[68]

학교 교과과정은 정부가 결정했다. 학교의 설립 목적은 이 여성들을 교사로 양성하는 것이었으므로, 학생들은 일반 수업을 받은 후에 졸업을 위한 교과과정을 마치고 마침내 퀸메리칼리지Queen Mary College(마드라스 최초의 여성 칼리지로 1914년에 설립되었다)에 진학했다. 1922년에는 교사 훈련을 위한 레이디윌링던 교육칼리지와 실습학교Lady Willingdon Training College and Practice School가 설립되었으며, 숩바락슈미가 이곳의 교장으로 취임했다. 숩바락슈미는 이 기관에서 자신의 교육관을 일부 시험해 볼 수 있었다. 칼리지는 세 과정을 제공했는데, 졸업 후 고등학교 교사를 위한 훈련 과정과 8학년까지 가르칠 교사를 훈련하는 과정, 그리고 초등교육을 담당할 교사를 위한 훈련 과정이었다. 영어를 아는 교사에 대한 수요가 높았기 때문에 영어교육이 중시되었다. 또한 손수 일하는 것을 가르치기 위해 직업 교육도 일부 이루어졌다. 체육을 가르치는 훈련 과정도 인기가 있었으며, 힌두교와 기독교 사제들이 도덕

● 1842년에 지어진 얼음 창고는 1880년 무너진 후 저택으로 재건되고도 아이스하우스라 불렸으며, 이후 마드라스 정부에 매입되어 숩바락슈미의 학교로 사용되었다.

과 종교적인 교육을 제공했다. 머지않아 숩바락슈미는 성인 과부들을 위한 고등학교 겸 기숙사인 사라다학교Sarada Vidyalaya를 열어야 했다. 결혼 연령이 점차 높아지고 과부 교사가 사회적으로 받아들여지고 있음에도 불구하고, 아이스하우스는 18세 이상의 과부를 허용하지 않았기 때문에 이러한 새로운 교육 기관이 필요했다.

기숙학교는 정통 힌두 관습을 엄격하게 지키면서 운영되었다. 학교 설립 초기에 숩바락슈미는 과부 재혼에 대한 반대 의사를 밝혔다. 학교를 방문한 사람의 기록에 따르면, 숩바락슈미의 고모 중 과부였던 발람발 암말V. S. Valambal Ammal은 "흉한 모습으로 [머리를 깎은 채]" 흰색 사리sari를 입고 전통적인 뿌자를 올리고 있었다. 드리스데일 부인은 시찰 여행 중 높은 카스트의 과부를 찾아서 보내 주었고 때로는 학교가 어떻게 운영되고 있는지 직접 보려는 아버지들에게 기차삯까지 내주었다.[69]

숩바락슈미는 과부들을 위한 기숙학교를 운영하면서 정통 힌두교의 관습과 카스트 규범에 따르는 것이 얼마나 중요한지 알았다. 그러나 동시에 자신은 평생토록 과부의 역할에 저항했다. 그는 아이스하우스 근방에 어부들을 위한 학교를 설립해 카스트의 규범에도 저항했다. 식민정부로부터 공무원 자격을 받았기 때문에 여성인도협회Women's Indian Association에 가입할 수 없다는 경고를 받은 후에도 공개적인 연례 모임을 피하면서 지회에는 지속적으로 참석했다. 여성인도협회와 전인도여성협의회All-India Women's Conference가 조혼 금지법을 지지하는 운동을 벌일 때는 이 관습에 반대하는 강연을 했고, 어린 나이의 결혼이 가져오는 악영향에 대해 조시위원회Joshi Committee●에 증언했다. 이러한 행동으로 보아 그는 이상주의자였으나 상황 파악이 빨랐으며, 장기적인 목표를 위해서라면 타협할 용의도 있었다.

숩바락슈미는 영적으로 스와미 비베까난다와 라마끄리슈나 미션Ramakrishna Mission에 끌렸던 것으로 보인다. 그는 라마끄리슈나와 그의 제자 비베까난다가 여성문제에 대해 깊이 우려한 최초의 종교개혁가들이라고 믿었다. 어린 시절에는 가톨릭 수녀의 모델에 이끌렸으나, 어른이 된 후에는 개혁 힌두교로부터 영적인 자양분과 행동 철학을 찾았다.

결론

여러 사례를 통해 교육받은 인도 여성들의 노력이 여성교육의 다양한 실험을 성공시키는 데 얼마나 중요한 역할을 했는지 알 수 있다. 물론 이 중 많은 학교는 지역적으로 한정되었고, 종교와 카스트를 구분했다. 또한 여성 교사가 여학생만을 가르쳤고, 교과과정도 성별에 따른 사회화를 지향했다.

그러나 1910년대까지 여성교육과 그 산물을 통해 여성교육을 장려한 세 집단, 즉 영국 지배자와 인도인 남성 개혁가, 그리고 교육받은 인도 여성이 희망한 결과가 얼마나 이루어졌는지 알 수 있다.

영국인들은 자기들을 위해 일하는 공무원들이 교육받은 여성과 결혼함으로써 더욱 충성할 것이라고 믿었다. 교육받지 않은 아내(혹은 일상어로 전통 교육만 받은 아내)가 있는 가정은 두 세계로 나뉠 수밖에 없었다. 영국인들은 자신들이 접근할 수 없는 제나나에서 반체제적 음모

● 조시위원회와 사르다법에 대해서는 제3장 참조.

가 싹트고 자라난다고 믿었으며, 반대로 영국식 교육을 받은 인도 여성은 자식들을 영국 예찬자로 키울 것이라고 믿었다. 이러한 희망에도 불구하고 공무원과 결혼한 일부 여성을 제외하고 대부분의 인도 여성은 교육에 따른 충성심을 더 보이지는 않았다. 공무원 남편의 동반자가 된 여성 중에도 저항하는 이들이 있었으며, 많은 여성이 영국의 인도 정책을 비판했다.

개혁 성향의 인도 남성들은 진보된 사회를 구현하는 데 관심을 두었다. 만약 여성이 교육을 받는다면 인도 사회는 더 이상 퇴폐적이고 낙후된 곳이라 할 수 없었다. 이러한 남성들은 개인적으로 경력을 쌓고 발전해 가면서 교육받은 여성이 제공하는 동료애와 지원을 갈망했다. 그들은 자신의 공동체에서 여성이 불운한 이들을 돕는 역할을 해주기를 원했다. 그리고 민족 차원에서 남성이 정치를 하는 동안 여성이 사회개혁을 담당할 것을 희망했다.

교육받은 여성들은 공무원으로 배치받아 고향을 떠난 남편과 함께 학교를 설립하고 치안판사들을 접대했다. 영어를 할 줄 아는 정숙하고 교육받은 아내와 함께라면 이인삼각의 부부 생활이 가능했다. 또한 남성들이 정치 활동에 매달리기 시작하면서 사회개혁 운동이 대중동원과 상충할까 걱정할 때에 여성들이 사회개혁의 임무를 책임지기 시작했다. 교육을 통해 여성들이 '지나치게 앞서 나갈지' 걱정하던 남성들에게 여성 교육가들은 '전문적인 가정주부'를 양성하겠다고 약속했다. 교육 제도는 이처럼 지나칠 정도로 보수적이었으나, 여성의 교육은 기대하지 않은 예상 밖의 결과도 가져 왔다.

교육받은 1세대 여성들은 스스로 제 목소리를 찾았다. 그들은 자신의 생애와 여성의 상황에 대해 글을 남겼다. 2세대 여성들은 행동했

[그림 2-5] 동반자로서의 아내, 승마복을 입은 슈다 마줌다르, 다질링Darjeeling, 1933년경

다. 그들은 여성에게 필요한 것을 밝히고 인도 사회와 외국 지배자들을 비판했으며, 자기들만의 교육 기관을 발전시켰다. 여성이 세운 기관들이 남성이 세운 기관만큼 보수적이었다는 사실만으로 여성들이 현상을 유지하려고만 했다고 할 수 없다. 이는 오히려 당시 여성들이 자신의 종속적 지위를 매우 잘 알고 있었다는 증거로 볼 수 있다.

여성들은 교육 기관을 발전시키고자 노력하면서 자신들이 가진 힘의 한계를 깨닫게 되었다. 일탈적 행위는 엄한 징벌을 받았으며, 교육을 받고자 한 소녀들은 집에서 놀림받고 외면당했다. 학교에 다니는 여학생들은 길에서 돌팔매질을 당했으며, 남학교에 같이 다니는 경우에는 교실에서 소외되었고, 직업을 가지려고 해도 괴롭힘을 당했다. 그러나 새로운 삶을 찾기 위해 애쓴 이러한 '신여성'은 자신에게 드리워진 한계와 스스로 얼마나 나아갈 수 있는지도 알게 되었다. 당시는 역동적인 시기였다. 여성은 교육받고 스스로 교육가가 되면서 변모했다. 19세기 초의 여러 제약은 20세기 초반에 상당히 풀렸고, 한 세대 전에는 일탈로 여긴 행위도 그다음 세대에서는 받아들여졌다. 무엇보다 중요한 변화로, 20세기 초에는 인도 여성들이 자신의 미래를 그리는 데 직접 참여하기 시작했다는 것을 꼽을 수 있다.

제3장

여성단체의 등장

19세기 말 20세기 초에 이루어진 여러 교육적 시도의 결과, 가정을 넘어서는 관심사를 지닌 '신여성'이 탄생했다. 예를 들어 [인도 독립운동가이자 독립 후 정치인으로 활동했던] 만모히니 주뜨시 사흐갈Manmohini Zutshi Sahgal의 어머니인 라도 라니 주뜨시Lado Rani Zutshi는 집에서 가정교사들에게 교육받았다. 만모히니는 어머니에 대해 다음과 같이 썼다.

> 어머니는 딸들의 교육을 위해 1917년 라호르에 정착했고 (……) 본인 역시 영어와 그림 수업을 계속 받기 위해 YWCA에 등록했다. 저녁에는 자전거를 타고 수업을 들으러 갔다. 라호르에서 비슷한 지위를 가진 인도인 숙녀lady 중 누구도 그렇게 할 용기가 없었다. (……) 라호르에서 어머니는 숙녀들을 위한 동호회를 시작해 회장이 되었다.[1]

인도 역사상 처음으로 여성들이 가족이나 지역공동체 밖의 여성들과 교류하기 시작했다. 영어를 공용어로 사용하는 소수의 여성들은 언어의 장벽을 넘어 소통했으며, 다른 한편으로는 일상어를 읽고 쓸 줄 아는 여성이 늘어남에 따라 이들이 새로 창간한 여성 잡지를 통해 여성 관련 쟁점들을 서로 접하게 되었다. 전통적인 사회에서 소외되어

[그림 3-1] 라자 인드라 찬드라 싱 레이디스 단체Raja Indra Chandra Singh Ladies' Group, 날짜 미상

온 이 두 집단은 모두 자신과 비슷한 이들과의 교유를 추구했다. 남성 보호자들은 '시대 조류에 맞춰 행동하도록' 이들을 격려했고 여성들은 새로운 여성전용 클럽이나 협회에 가입했다. 작은 지역 클럽부터 인도 국민회의Indian National Congress 및 민족사회협의회 내 여성조직까지 여성의 관심을 반영하는 다양한 조직과 협회가 등장했다. 1947년 독립 당시에는 인도 전역 여성단체의 연합체가 인도에서 [인도국민회의 다음으로] 두 번째로 대표성을 띠는 단체라고 말할 수 있을 정도였다.

이러한 단체들은 '여성의 의견'을 대변하면서 이후 정치 또는 사회 기관에서 지도자 임무를 수행할 여성을 양성했다. 그리고 해당 기관들은 인도라는 국가를 건설하는 데 중요한 역할을 했다.

이 단체들은 서구 기관을 모방한 것이었으며, 여성과 여성의 시민적 책임이라는 인식 역시 전적으로 서구에서 들어온 것이었다. 그럼에도 인도의 독특한 맥락에서 이 단체들은 남성의 동반자이자 조력자, 이상적인 어머니, 나라를 자랑스럽게 만드는 여성으로서의 '신여성'을 그려 나가며 발전했다.

남성이 설립한 여성단체

여성을 위한 최초의 단체는 개혁적인 종교단체에 소속된 남성들이 설립했다. 벵골에서는 브라흐모 사마즈의 카리스마 넘치는 지도자 께숍 찬드라 센이 교육과정을 개발하고 여성 잡지 발간과 기도 모임을 주도했으며 여러 가족이 함께 모여 살면서 영국 중산층의 생활방식을 모방하는 바라뜨 아슈람Bharat Ashram(인도의 은둔처)을 시작했다. 그러나 사마즈의 다른 회원들은 곧 께숍 찬드라 센이 너무 보수적이라고 주장하며 사다란(보편) 브라흐모 사마즈Sadharan Brahmo Samaj를 따로 설립했다.[2] 사다란 브라흐모 사마즈의 회원들은 남녀평등의 이상에 따라 여성 가족 구성원들을 위한 새로운 협회도 설립했다.

봄베이에서는 쁘라르트타나 사마즈가 유사한 활동을 벌였다. 처음부터 사마즈에 깊이 관여했던 남성들, 특히 쁘라르트타나 삼총사로 알려진 반다바르까르G. R. Bandavarkar와 나라얀 찬다바르꺼르Narayan Ganesh Chandavarker, 라나데는 사회개혁의 여러 의제 중에서도 여성의 지위 향상에 집중했다. 빤디따 라마바이 사라스와띠는 1882년 인도 서부에 정착했을 때, 라나데 판사와 그 친구들의 도움을 받아 여성들의 보편적인 지위 향상과 계몽을 위한 아리야여성협회Arya Mahila Samaj(고귀한 여성협회)를

설립했다.[3]

라나데 판사의 아내 라마바이는 이 단체의 핵심 인물이었다. 라마바이는 매주 강연을 열고 여성들이 만나 친구가 될 수 있는 '집 모임'을 운영하며 사마즈가 새롭게 교육받은 여성에게 든든한 지원군이 되기를 희망했다. 라마바이는 이 여성들이 자신감을 갖게 되면 교육받은 여성의 역할을 규정해 나갈 것이라고 믿었다. 아리야여성협회가 생각한 이상적인 여성은 홍수나 기근, 질병 같은 비상시에 공적 영역에 참여하며 힘이 될 수 있는 유능한 가정주부였다.[4]

여성들은 또한 여러 개혁협의회의 여성 지부에서도 서로 만났다. 그중 가장 잘 알려진 것은 민족사회협의회에 속한 인도여성사회협의회Bharata Mahila Parishad였다. 민족사회협의회는 사회문제를 토론하기 위해 1887년 인도국민회의의 세 번째 회의에서 설립되었으나, 인도여성사회협의회는 1905년에야 설립되었다. 민족사회협의회의 총회에 참석했던 여성들은 남성 동료들이 여성문제를 심각하게 받아들이지 않는다고 생각했다.[5]

인도여성사회협의회의 첫 회의는 여성이 주최하고 200여 명의 여성이 참석했으며, 남성의 참석은 금지되었다. 그들은 [이 지역에서 널리 사용되었던] 마라티어와 구자라띠어Gujarati 기도로 회의를 시작했고 회장인 레이디 발찬드라Lady Bhalchandra의 개회사가 이어졌다. 남편을 잃은 지 얼마 되지 않았던 라마바이 라나데는 첫 발표자 중 한 명으로서 여성들이 민족의 회생을 위해 남성들과 같이 일하도록 격려했다. 그는 여성들이 남는 시간을 자원봉사에 바쳐 고아들을 가르치거나 여학교를 감독하고, 과부들이 품위를 지킬 수 있는 직업을 찾도록 도울 것을 제안했다.[6] 뒤를 이어 압바스 뜨얍지 부인Mrs. Abbas Tyabji이 무슬림 여성의 교육에 대한 글을 낭독했고 자선사업에 대한 강연이 이어졌다. 일반 토론에서는 의료구호와 가정생활, 조혼, 아동복지 등 여러 문제를 다루었다.[7]

이후의 연례회의에는 보통 300여 명, 때로는 700명이 넘는 여성이 참석했다. 주최 측은 민족사회협의회 회의와 논제 및 연설의 내용이 유사하더라도 여성들이 남성들과 분리되어 독립적인 만남을 가질 필요가 있다고 믿었다. 중요한 주제로는 조혼이나 지참금, 과부 방치 등 '사악한' 관습을 폐지해야 할 필요성과 여성의 교육이 꼽혔다. 여성들이 이러한 상황을 바꾸는 데 어떠한 역할을 할지에 대한 논의는 아직 잠정적인 수준에 머물렀으며, 이 회의에 참석한 여성들은 대체로 이러한 문제에 대해 우선 스스로 알아야겠다는 생각을 갖고 있었다.[8]

파르시 공동체의 중요한 여성활동 조직은 파르시여성위원회Stri Zarthosti Mandal였는데, 이는 [봄베이 출신의 기업가] 나오로지 파툭Naoroji Patuck의 가족이 시작했던 페스트 구호 활동에서 유래했다.● 여성들이 겪는 고통을 깊이 체감한 파툭은 일을 배울 수 있는 교실을 그의 집에서 운영하기 시작했다. 1903년에는 50여 명의 여성이 이 교실에 등록했고, 그의 가족은 다른 여성들에게도 새로운 단체를 설립하는 데 동참할 것을 권했다. 세렌마이 커셋지 양Miss Serenmai M. Cursetjee이 파르시여성위원회의 초대 회장이 되었으며 이후 36년간 이 단체를 이끌었다. 이들은 의료와 교육으로까지 의제를 확장했고 부유한 파르시 자선사업가 라딴 따따 경Sir Ratan Tata으로부터 지원을 받는 데에도 성공했다.[9]

● 1896년 봄베이에 처음 출현한 페스트는 공장노동자와 빈민가를 중심으로 크게 유행하여 수만 명의 목숨을 앗아갔다. 이후 봄베이의 도시 정화작업이 시작되었다.

또한 이 단체는 1920년대와 1930년대에 다양한 활동과 단체에서 활약한 여성들에게 일종의 훈련장과 같은 역할을 했다는 데서 의의를 찾을 수 있다.

여러 협회가 주목을 받으면서 여성을 위한 단체가 더 많이 설립되기 시작했다. 이후 전국의 여성단체들에서 큰 영향력을 미쳤던 베굼 자하나라 샤흐 나와즈Begum Jahan Ara Shah Nawaz가 처음 가입했던 여성단체는 [변호사로 활동하며 인도인으로서는 라호르 최초의 판사로 임명되었던] 삼촌 미언 샤흐 딘Mian Shah Din이 설립한 단체였다. 샤흐 딘은 여성 2,000명이 돈을 모아 여자고등학교를 세운 시크교 협의회에 대해 읽은 뒤, 무슬림 여성들이 시대에 뒤떨어질 것을 걱정하며 미언 가문의 여성들에게 한 달에 두 번씩 만나 여성교육과 사회개혁에 대해 토론하도록 명령했다. 그들은 이러한 주제에 대해 글을 쓰고, 만날 때마다 발표하며, 주변 마을의 가난한 여성들과 '사회활동'을 시작해야 했다. 여성들은 가족 사이의 경험을 기반으로 더 큰 조직을 만들기 시작했고, 베굼 자하나라의 어머니 아미르운니싸(그는 미언 가문의 팬커스트 부인Mrs. Pankurst●이라 불렸다)는 뻔잡에 있는 무슬림여성협회Anjuman-e-Khawatin-e-Islam의 창립회원이 되었다. 1915년에 이르렀을 때 미언 가문의 여성들은 전인도무슬림여성협의회에서 주도적인 역할을 하게 되었다.[10]

남성의 지원을 받거나 남성이 이끈 여성 조직은 여성교육이나 여성들이 처음 공적 활동을 시작하는 데 도움을 주었으나, 동시에 제약도 가했다. 특히 남성 개혁가들은 여성의 주된 관심과 근본적인 활동

● 아미르운니싸의 별명은 당시 영국 여성참정권 운동을 이끌던 여성 사회활동가 에멜린 팬커스트에서 비롯되었다.

무대를 가정으로 한정했다. 그들은 과학적인 위생 관리 및 육아 기술을 체득한 근대적인 여성이 이끄는 가정을 원했다. 남성들은 재난이 닥쳤을 때 아내가 불운한 이들을 돕거나 구호하는 등의 사회활동에 참여하기를 원했다. 그들의 아내는 정치적 소요가 아닌, 사회관습 때문에 일어나는 최악의 상황들을 개선할 기관을 설립하고 운영함으로써 국가 건설에 기여할 수 있었다. 여성단체들은 또한 젊은 신부들을 동반자이자 조력자로 변모시키는 데에도 효과적이었다. 젊은 여성들은 이러한 회의에 참석함으로써 일시적으로라도 나이 든 집안 여성들의 영향력과 지배에서 벗어나 교육을 이어 나갈 수 있었고, 다른 교육받은 여성과 우정을 쌓으면서 함께 자선사업에 참여했다.

그러나 여성들이 스스로 뭔가를 시도하려고 할 때마다 남성의 지원과 지도에 수반되는 제약들이 드러나기 시작했다. 개혁적인 종교단체나 각 종교에 기반을 둔 협의회들은 남성이 정의한 여성문제만을 다루었다. 남성 후원자들은 여성들이 제기한 문제까지 다루려 하지 않았다. 벵골 출신의 어린 과부 헤마바띠 미뜨라Haimabati Mitra가 브라흐모 사마즈의 지도자들에게 공부를 할 수 있게 도와달라고 탄원했을 때, 그들은 오히려 신랑감을 찾아주었다. 헤마바띠는 친구였던 사로지니Sarojini에게 자신이 하고 싶은 것은 오로지 공부뿐이라고 했지만 사로지니는 "결혼한 후에 공부하라"고 반박했다. 이미 브라흐모 사마즈의 대응에 상당히 실망했던 헤마바띠는 다음과 같이 말했다. "당연히 나의 앞날은 신의 뜻에 달려 있을 뿐이고 내 소망 따위는 중요하지 않아."[11] 봄베이의 파르시 빤차야뜨●도 가족법에 대한 여성들의 생각에 관심을 보였으나, 정작 상속법상 성별 차이를 두지 말자는 바이 딘하이 파툭Bai

Dinhai F. S. Patuck의 제안은 철저히 무시되었다.[12]

여성교육에 대한 영국의 지원 역시 여성의 자율성을 보장하는 데까지 이르지 않았다. 오히려 널리 알려진 루크마바이 사건(실제로는 1884년에서 1888년 사이에 이루어진 여러 차례의 재판)에서 볼 수 있듯이, 가장 고통스러운 가부장적 관습에 대한 여성들의 복종을 강요하는 데 영국법이 이용되기도 했다. 루크마바이는 11세에 다다지 비까지Dadaji Bhikaji와 결혼한 후에도 친정에 머무르며 공부를 계속했고, 대학 입학시험까지 통과했다. 다다지가 동거를 강요하자 루크마바이는 거부했고, 결국 다다지는 부부 동거권conjugal rights을 회복하겠다는 명분으로 소송을 청구했다. 첫 번째 재판에서는 루크마바이가 승소했으나 다다지가 항소한 결과, 재판정은 그에게 남편과 같이 살거나 감옥에 가도록 명령했다.[13] 당시 민족주의자 띨락Tilak은 영국의 인도 지배를 노골적으로 반대했음에도 영국 법정의 판결에 동의하며, 영국법이 다르마샤스뜨라*dharmashastra*(도덕과 법, 인간행위에 대한 규범을 담은 경전들)를 따른 것이라고 주장했다. 라나데와 다른 개혁가들은 일반 대중에게 이 사건을 알리기 위해 루크마바이변호위원회를 구성했으며, 빤디따 라마바이 역시 격노했다. 빤디따 라마바이는 식민정부가 여성교육과 여성해방을 장려하면서도 여성이 "노예 되기"를 거부하면 "그들의 법을 쇠사슬 삼아 옥죄면서 루크마바이의 영혼을 파괴하려고 한다"고 썼다.[14] 1888년에 양측이 타협한 결과 루크마바이는 구금을 면할 수 있었고, 그는 이후 영국에서 의학을 공부하고 인도에 돌아와 푸나의 힌두병원을 이끌었다.[15] 이

● 빤차야뜨는 본래 '5명의 모임'이라는 의미로 마을이나 카스트 내 규범과 질서를 유지하는 전통적인 조직을 뜻했다.

사건으로 여성들은 식민통치자들이 여성교육을 장려하는 것과는 달리 여성이 가부장제에 저항할 때에는 자신들을 보호해 주지 않을 수 있음을 깨달았다.

여성들이 설립한 초기의 여성단체

스스로 단체를 설립한 이후에야 여성들은 자신들의 관심사를 찾고 해결책을 제안하며 행동을 취하기 시작했다. 19세기 말과 20세기 초 인도 전역에서 다양한 이름의 여성단체가 등장했다. 대부분 해당 지역에서만 활동했으나 여성문제를 논의하기 위해 모인다는 목표를 공유했다. 민족사회협의회와 연계된 여성 모임을 비판했던 사랄라데비 차우두라니는 인도 여성을 위한 상임기구 설립을 제창했다. 이에 여성들이 동조하자 차우두라니는 첫 회의를 준비하기 시작했다. 남성 동료들이 그를 비판할 때 그는 남성들이 여성을 가르치려 든다고 비난했다. 그에 따르면 남성들은 "스스로 연약한 여성의 대변자로서 남녀의 동등한 기회, 여성교육, 여성해방을 옹호한다고 말하면서 (……) 연례행사에서 이를 단골 주제로 써먹기만 한다."[16] 그리고 그는 이러한 남성들이 "마누Manu의 그늘"●에 머무르며 여성이 독립적인 활동을 하는 것을 원치 않는다고 주장했다. 차우두라니가 설립한 인도여성대위원회Bharat Stree Mahamandal는 1910년 알라하바드Allahabad에서 첫 모임을 가졌다.[17]

● 인도 신화에 따르면 마누는 최초의 인간으로서 인도의 전통적인 법전인 『마누법전』을 서술한 것으로 알려진 남성이다.

인도여성대위원회는 여성교육을 촉진하기 위해 인도 전역에 지부를 설립하고자 했다. 위원회는 라호르, 알라하바드, 델리Delhi, 카라치Karachi, 암릿싸르Amritsar, 하이데라바드Hyderabad, 깐뿌르Kanpur, 반꾸라Bankura, 하자리바그Hazaribagh, 미드나뿌르, 캘커타 등지에 지부를 만들어 "인도 여성의 도덕적·물질적 진보라는 공통된 목표를 위해 모든 인종, 종교, 계층, 정당의 여성을 모으고자" 했다.[18] 대위원회 지도자들은 여성교육을 대중화하는 데 뻐르다가 가장 큰 걸림돌이 된다고 보고, 이 관습에 맞서고자 교사들을 가정에 직접 파견해 읽기와 쓰기, 음악, 바느질과 자수를 가르치게 했다.[19] 차우두라니는 여성들이 남성의 지배에서 벗어나는 것을 중요하게 여겼기 때문에 여성만 회원으로 받았다. 회원 대다수는 이미 남성이 주도하는 여성단체에서 일한 경험이 있었고, 남성 개혁가들이 선호하는 것과 유사한 프로젝트를 기획한 경험도 있었다.

초기 단체에 관해 남아 있는 소수의 기록에서 당시 여성들이 스스로 필요한 것을 찾아내고 지도자 역할을 취하는 모습을 볼 수 있다. 그들은 어머니나 할머니가 살았던 때와는 시대가 달라졌음을 인식했고 새로운 역할에 필요한 언어와 사회적 기술을 습득하고자 했다. 대부분 어린 나이에 결혼했으므로 추가적인 교육이 필요하다고 생각했다. 여성협의회mahila samities 중 일부는 수학이나 지리학 같은 기초 과목도 가르쳤으나 다른 곳에서는 영어 수업만 운영했다. 특히 이때는 '근대'와 '과학'이 동일시되는 시대였기 때문에 건강과 육아, 위생, 영양에 대한 강연이나 수업이 인기를 끌었다. 가정 밖에서 주어지는 기회가 늘면서 여성 역시 예의 바른 화법, 차를 대접하는 법, 대중 연설 같은 새로운 사회적 기술을 배워야 했다.

여성 지도자들은 여성교육이나 조혼, 빠르다, 가족 내 여성의 지위 등으로 여성문제를 규정해 나가기 시작했다. 이들 중 상당수는 모든 여성이 같은 문제에 직면하고 있다고 믿었다. 그들은 분명히 특정 계층의 시각을 반영하고 있었지만 당시 사회는 전반적으로 여성교육에 상당한 편견을 지녔고 조혼을 선호했으며 어엿한 가문에서는 과부 재혼에 대한 말을 꺼낼 수도 없었다. 여성 격리와 남녀 분리도 일상적이었다. 그러나 엄격한 빠르다는 사실 인도에서도 일부 지역에서만 이루어지는 관행이었다. 모든 여성이 시가媤家와 갈등할 것이라는 생각은 그들의 개인적 경험에 기반한 것이었고, 가정 내 여성의 지위를 평가할 때도 그들은 자기가 아는 법률 지식이나 개인적인 관찰을 근거로 삼았다. 이러한 생각을 증명하라고 한다면, 대부분은 자기 친척이나 하인, 그리고 많은 지인에게서 들은 경험담을 이야기했을 것이다. 그들은 모든 여성이 공유하는 많은 문제를 제한적으로 이해할 수밖에 없었다. 그러나 무엇보다도 그들은 자신들이 대변한다고 주장하는 여성들과 동일한 경제적 기반을 공유하지 않았다. 그리하여 그들이 생각한 문제의 해결책은 그들과 비슷한 여성에게만 적용되는 경우가 많았다. 그들은 자신들과 같은 계층의 여성만을 대상으로 삼는 여학교와 과부 쉼터, 수공예 훈련원 등을 세웠다. 가난한 농촌에서는 여성교육에 찬성하더라도 딸들을 학교에 보낼 수 없었을 것이다. 존경받는 집안 출신으로 [남편을 잃고] 돈을 벌어야 하는 여성이라면 과부들의 쉼터가 도움이 되었겠지만 이러한 쉼터는 대부분 브라흐민 과부들만 받아들였다. 바느질이나 자수 등으로 수공예품을 만드는 것 역시 고객층이 확보되고 살 곳과 일할 공간이 있는 일부 높은 카스트 여성에게만 생계유지의 수단이 될 수 있었다. 1898년에 28세의 나이로 두 명의 자식을 둔 과부가 된 자이지 람Jaijee Lam은 사리에 수를 놓아 생계를 유지했다. 그는 당시 여성패션에서 엄청난 인기를 끌던 중국풍 자수로 이름을 날리며 자신과 아이들을 거뜬히 먹여 살릴 수 있었다. 그러나 그의 가족이 이런 수준으로 살 수 있었던 것은 그의 벌이뿐 아니라 이미 남편이 물려준 재산이 있었기 때문이었다. 초기 여성단체의 창립자들은 여성들의 문제를 밝히고 적절한 해결책을 논의할 때 대개 자이지 람 같은 여성을 이상적인 사례로 제시했다. 결과적으로 이들은 자신이 속한 계층의 불우한 여성 일부 외에는 큰 도움을 주지 못했다.

전국적인 여성단체

제1차 세계대전 이후 전국적인 규모의 여성단체가 설립되었다. 이 중 대표적인 세 개의 단체, 즉 여성인도협회Women's Indian Association, 인도전국여성위원회National Council of Women in India, 전인도여성협의회All-India Women's Conference는 1917년에서 1927년 사이에 출현했다.

① 여성인도협회(이하 WIA)

WIA는 조촐하게 시작되었다. 아일랜드의 페미니스트이자 신지론자, 음악가였던 마거릿 커즌스Margaret Cousins는 1915년 인도에 도착했다. 곧 [마드라스 남부] 아드야르Adyar 신지학회의 이사 중 한 명이 인도 여성 몇 명을 초대해 커즌스와 만나도록 주선했다. 이 만남 이후 커즌스는 실론 출신의 존경받는 신지론자 지나라자다사C. Jinarajadasa와 결혼한 아일랜드 페미니스트 도로시 지나라자다사Dorothy Jinarajadasa와 여성단체를 설립하는 일을 의논했다. 당시 만남에 참여했던 인도 여성 중 상당수는 이미 [인도 남동부 지역의] 따밀여성협회Tamil Madar Sangam에 가입한 상태였고 여성교육, 특히 영어교육과 수공예 강습을 장려하기 위해 영국 여성들과 함께 설립한 전국인도협회National Indian Association에서 활동하고 있었다.[20] 두 집단은 점점 자유롭게 교류하기 시작했고, 티파티와 배드민턴, 테니스 경기를 후원하기 위한 여성레크리에이션클럽Ladies' Recreational Club을 같이 설립하게 되었다. 이때 커즌스와 도로시 지나라자다사는 교육과 공예, 체육을 아우를 새로운 단체 설립을 제안했다.[21]

WIA가 설립된 후, 지나라자다사는 지부의 단체 설립을 장려하는 데 열성을 다했다. 그는 마드라스 직할령의 신지학관Theosophical Lodge 총무들에게 편지를 써서 WIA의 지부가 인도의 회생에 얼마나 핵심적인 역할을 할지 설명했다.[22] 이러한 편지에 대한 답신들은 너무나 긍정적이어서 지나라자다사는 다음과 같이 썼다. "힌두 남성들은 여성이 정말 원하는 것은 무엇이든지 전혀 반대하지 않는다."[23]

설립자들이 이 단체를 여성인도협회Women's Indian Association라 부른 이유는 인도인뿐 아니라 유럽인들에게도 회원 자격이 주어졌기 때문이다. [여성운동가이자 교육가로 활동했던] 애니 베산트가 초대 회장이 되었으며 마거릿 커즌스, 도로시 지나라자다사, 말라띠 빠뜨와르단 부인Mrs. Malati Patwardhan, 암무 스와미나탄 부인Mrs. Ammu Swaminathan, 다다보이 부인Mrs. Dadhabhoy, 암부잠말 여사가 명예 총무를 맡았다. 1년 만에 33개의 지부가 생겼으며 5년 만에 43개의 지부와 20개의 센터, 2,300명의 회원을 자랑하게 되었다. 모든 지부는 협회의 중심 목표를 받아들였으나 자치단체의 성격을 지녔다. 이로써 지부들을 통해 여성들의 의사를 표현하는 것이 가능해졌다.[24]

WIA는 신지학회와 인연이 있어 이에 의존하기도 했으나 모든 인종과 문화, 종교의 여성을 포용하고 대변한다고 선포했다. 각 지부는 종교와 교육, 정치, 자선 등 네 개 주요 사업의 목표를 세우고 따랐다. WIA는 여성이 '태생적으로' 종교적이기 때문에 [힌두나 무슬림, 기독교 등] 어떤 종교를 따르더라도 종교 활동을 장려했다. 그러나 무엇보다도 교육이 가장 중요한 사업이었으며 각 지부는 글과 바느질, 응급처치를 배울 수 있는 성인 강습을 운영하도록 장려되었다. WIA는 설립 직후인 1917년에 여성선거권을 요구하는 대표단을 몬터규Montague 인도성印度省 장관에게 보내면서 초기부터 정치적 활동에 참여했다. 그리고 네 번째로 자선사업을 통해 가난한 이들을 먹이고 과부들을 위한 쉼터를 설립하며 재난 피해자들을 구호하는 일을 담당했다.[25] WIA의 월간지 『스뜨리 다르마』*Stri Dharma*(여성의 의무)는 영어로 출간되었으나 힌디어와 따밀어Tamil 기사도 실었으며, 여성들이 관심을 가질 사건이나 각 지부의 보고서, 여성의 현황에 대한 글을 실었다.

그러나 WIA의 초기 임원들은 지부 설립에 필요한 회원을 모으는 것이 매우 어렵다는 것을 곧 깨달았다. [인도 남동부의 도시] 살렘Salem 지부 총무는 다음과 같이 불평했다. "주저하는 자매들을 부엌에서 끌어내어 회의에 정기적으로 참석하도록 설득하는 것은 막노동이나 다름없었다."[26] 지부의 성공에는 대개 여성 한두 명의 끈질긴 노력이 있었다. 수라뜨의 까누벤 메흐따Kanuben C. Mehta는 남편에게 자신이 지부를 설립하고 싶다는 내용을 담은 영문 편지를 써서 도로시 지나라자다사에게 보내 달라고 부탁했다.[27] 까누벤의 첫 모임에는 30명이 참석했으며 이들은 수공예 수업을 시작하기 위한 모금을 했다. 이후 이들은 (각각 소녀 15명이 참석한) 영어 수업과 회화 수업, 그리고 성인 여성이 책을 읽고 토론하는 주간 회의를 개설했다. 참석률이 떨어질 때마다 까누벤은 회원들의 집을 방문해 다시 회의에 참석하도록 권했다. 이 모임은 얼마 안 되어 '여성의 의견'을 묻는 본부의 요청이 있을 때마다 빠르게 응답하는 결속력이 강한 모임이 되었다. 까누벤은 곧 영어를 배워 본부와 직접 교신하기 시작했으며, 1921년 말에는 선거권과 위생, 아동복지 등에 대한 강연을 조직했다.[28]

WIA는 마드라스에서 설립되어 성장했기 때문에 여성들의 관심을 두고 남인도의 자존운동self-respect movement[●]과 경쟁할 수밖에 없었다. 자존운동은 여성의 권리보다 더 큰 의제를 추구했는데, 사제 계급의 지배에서 벗어나 모든 인간이 정의와 평등을 누리는 사회를 만드는 것이었다. 자존운동은 기존의 젠더 관계나 여성을 종속적인 지위로 묶어두는 종교의 역할에 대해서도 급진적이고 비판적인 태도를 지녔으나 재산 소유권과 카스트의 특혜, 성 차별 등 많은 문제와 동시다발적으로 싸우는 것은 버거운 일이었다. 결국 자존운동은 브라흐만적인 신조를 거부하면서도 여성의 역할에 대한 제한적 태도를 그대로 유지했다.[29] WIA가 높은 카스트 여성들에게만 호응받게 된 데는 자존운동의 영향도 있다.

② 인도여성민족위원회(이하 NCWI)

다음으로 설립된 전국적인 여성단체는 NCWI였다. 1925년경 봄베이와 캘커타, 마드라스의 여성들은 전쟁 구호 활동을 통해 만들어진 네

● 남인도의 지역적 정체성을 살리고자 한 운동으로, 당시 반영 독립운동의 중심 세력을 이루었던 북인도의 힌디어-벵골어 사용자들이 주도했던 운동들과 경쟁했다.

트워크로 다양한 클럽과 협의회를 연결해 새로운 위원회를 조직했다.[30] [이들의 활동을 촉발했던] 국제여성위원회International Council of Women•는 1888년 여성의 사회적·경제적·정치적 권리를 증진하기 위해 워싱턴 D.C.에서 처음 모였다.[31] 1922년에서 1936년 사이에 국제여성위원회장이었던 애버딘 후작부인The Marchioness of Aberdeen은 인도의 새로운 위원회 소식을 전해 듣고 국제위원회에 참가하도록 초청했으며,[32] 1925년에 국제여성위원회의 인도 지부로 인도여성민족위원회NCWI가 설립되었다.

위원회의 발전에 큰 역할을 했던 이는 봄베이의 초대 위원장을 맡았던 메흐리바이 따따Mehribai Tata(도랍 따따 경Sir Dorab Tata의 아내)••였다. 메흐리바이는 방갈로르Bangalore(現 벵갈루루Bengaluru)의 작은 파르시 공동체 출신이었다. 교육자로 유명했던 아버지 바바H. J. Bhabha는 딸의 교육을 감독했으며 자신의 유럽인 친구들에게도 딸을 소개했다. 유럽인 또는 인도인과 사귀는 것에 모두 익숙했던 메흐리바이는 따따산업Tata Industries의 설립자 잠셋지 따따Jamsetjee Tata의 장남 도랍에게 매우 적합한 신붓감이었다. 둘은 1898년 결혼했고 메흐리바이는 인도에서 가장 유력한 산업가 집안의 일원이 되었다.

1904년 유럽 여행 중 메흐리바이는 영국 여성들이 사회문제에 헌신하는 것을 보고 깊이 감동했다. 그는 인도에서 영국 여성들이 인도의 자매들을 돕는 일이 충분치 않다고 비판했다.[33] 메흐리바이는 수동적인 자선사업, 예를 들어 고아원을 설립하기 위한 기부 등을 반대하

• 미국 여성참정권 운동을 주도한 여성들이 성평등을 위해 설립한 최초의 국제적인 여성단체다.

•• 도랍 따따가 1910년 작위를 받아 메흐리바이를 '레이디 따따'라 칭하기도 한다.

며 중산층 여성들에게 빈민가를 직접 방문해 주민들과 "자선사업에 기대는 것이 얼마나 망신스러운지"와 "긍지를 갖고 정직하게 노동할 필요성"에 대해 이야기하도록 적극적으로 권유했다.[34]

메흐리바이는 여성들이 빠르다와 카스트의 차이, 교육의 부재 때문에 사회를 바꾸지 못한다고 믿었다. 그는 우선 여성교육을 지지하고 여성에게 운신의 자유를 주도록 남성들을 촉구했다.[35] 메흐리바이 따따의 부유함과 사회적 지위, 품위로 인해 인도뿐 아니라 국제적으로도 많은 이들이 귀를 기울였다. 기록에 따르면 그는 유럽이나 미국에서 연설할 때마다 '전통 복장'을 입고 '멋진 진주를 엮은 목걸이'나 세계에서 개인이 소장한 가장 큰 다이아몬드를 목에 걸고 등장해 눈길을 끌었다.

메흐리바이에게 동조한 인도 여성들은 영국 상류층 여성들의 자선사업 방식을 채택하는 동시에 인도 남성들이 추구하던 전략에도 동참했다. 특히 봄베이에서는 대부분 산업이나 은행업에 종사하던 부유한 남성과 결혼한 여성들이 활동했다. 그들의 남편이 영국 지배자들이 선호할 만한 자선사업을 후원해 기부한 것처럼, 새롭게 해방된 여성들도 인도의 영국 관료와 영국의 정책 입안자들이 '계몽된 것'으로 여길 만한 공적 활동에 몸담았다.[36]

메흐리바이 따따와 같은 여성들이 NCWI의 이념을 세우는 데 영향을 끼쳤음에도 불구하고 결국 위원회의 사업은 개인 회원들의 관심사에 따라 결정되었다. 예술과 노동, 법률 제정, 언론 등을 다루기 위해 분과위원회가 만들어졌고, 이들은 일반적으로 정보를 모으고 제안서를 준비해 적절한 당국 부서에 제출했다.[37] 이 중 여성의 지위를 향상하는 법률 제정에 대한 위원회가 가장 활발한 활동을 보였다. 이는 인도 여성으로서는 최초로 변호사 시험을 통과하고 법률 업무를 수행했던 미탄 따따 람Mithan Tata Lam●이 큰 역할을 했기 때문이었으나, 동시에 이러한 '사회사업'은 체면을 잃을 염려 없이 할 수 있기 때문이라는 이유도 있었다. 여러 가지 자선사업이 진행되었으나 빈민가나 촐*chawl*(노동자 숙소)을 방문하는 계획은 NCWI의 회원들에게 결국 받아들여지지 않았다. 대신 이 여성들은 청원 정치petition politics라는 새로운 장에 관심을 쏟기 시작했다.

NCWI는 엘리트적인 성격 때문에 전국적인 주요 단체로 성장하지 못했다. 연회비는 15루삐였으며 평생회원은 500루삐, 후원자가 되기 위해서는 1,000루삐를 내야 했다. 처음 설립했을 때 NCWI의 평생 후원자는 보빨 왕의 미망인Dowager Begum Saheb of Bhopal과 바로다의 왕비Maharani Saheb of Baroda,●● 레이디 메흐리바이 따따 세 명이었다. 1928년 설립 초기 회장이었던 바로다의 왕비는 이후 1930-1934년, 1936-1937년 사이에도 회장을 역임했다. 1938년에서 1944년 사이에는 [인도 남서부] 뜨라반꼬르의 왕비 세뚜 빠르바띠 바이Maharani Setu Parvati Bayi of Travancore가 회장을 맡았다. 운영위원회에서 중요한 역할을 맡은 이들로 메흐리바이와 인도의 첫 법정 변호사barrister인 코넬리아 소랍지 양Miss Cornelia Sorabji,[38] 부유한 은행가의 아내였던 따라바이 쁘렘찬드 부인Mrs. Tarabai Premchand, 봄베이 무슬림 명망가의 일원이었던 샤피 뜨얍지 부인Mrs. Shaffi Tyabji, 그리고 께숍 찬드라 센의 딸로 [인도 동북부 오디샤 지역을 다스리던]

● 미탄 따따는 헤라바이Herabai와 아르데시르 따따Ardeshir Tata의 딸이다. 제4장 참조.

●● '마하라니Maharani'는 '왕비'라는 의미다. 보빨이나 바로다는 영령 인도에서 간접통치를 받던 인도 왕국 중 규모도 크고 부유했던 왕국들로, 당시 보빨에서는 왕이 죽은 후 왕비가 오랫동안 섭정을 맡았으며 바로다의 마하라자는 매우 개혁적인 군주였다.

무르반즈의 왕비가 되었던 수차루 데비Maharani Sucharu Devi of Mourbhanj를 꼽을 수 있다. 이들은 모두 부유하고 지위가 높은 여성들로 NCWI의 지도자에게 요구되었던 비싼 여행을 감당할 수 있으며 위원회 사무실을 둘 공간을 제공할 수 있었다. 많은 여성이 이 조직에 가입할 여력이 되지 않거나 이처럼 부유하고 작위가 있는 여성들과 한자리에 있는 것조차 편치 않았을 것이다. 그러나 따라바이 쁘렘찬드에 따르면 NCWI는 이런 이유만으로 '시류를 타지 못한' 것이 아니었다. NCWI의 위원회들은 정치적·사회적으로 보수적이었다. 영국과의 관계뿐 아니라 주 회원들의 지위나 재산으로 인해 NCWI는 독립을 위한 투쟁과는 거리를 두었으며, 사회적으로도 현상 유지를 지향했다. 1928년까지도 NCWI의 벵골 지부는 캘커타에 여성 보호관찰관을 임명해 달라는 결의안을 통과시키면서 영국 여성을 임명할 것을 추천했다. 그들은 이런 일이 인도 여성에게는 지나치게 '진보적'이며 당분간 인도 여성을 임명하는 것을 지양해야 한다고 주장했다.[39] 이들은 촌락을 대상으로 하는 사업은 어렵고 불결하며, 촌락 사람들 역시 믿을 수 없고 적대적이라고 여겼다.[40] 자신들이 촌락을 대하는 방식을 재평가하거나 수정하는 대신, NCWI의 회원들은 촌락 사업을 위한 조건이 개선되어야 한다고 요구했다.

NCWI의 회원들은 자신들이 원하는 변화를 정부가 이끌어 주기를 기대했다. 그들은 실제로 문제 상황에 처한 사람들과는 유리되어 있었지만 스스로 인도 여성의 문제와 그 해결책을 완벽하게 이해한다고 자신하면서 정부에 복지문제에 대한 제언을 했다. 그들에게 이는 어려운 일이 아니었으며 가족이나 결혼, 사회적 교류를 통해 확보한 지인들은 이들이 가진 경험이나 인원을 훨씬 뛰어넘는 신뢰성을 그들에게 부여했다. 무엇보다도 그들에게는 인도가 국제적인 수준, 즉 다른 곳에서 볼 수 있는 최소한의 건강 및 복지 수준에 '부합하는 것'이 중요했다. 그리고 권력을 쥐고 있던 영국 남성이나 인도 남성 역시 당연히 이러한 목표를 이루는 데 관심이 있었다.

NCWI의 회원들은 빈민가를 방문하라는 메흐리바이 따따의 조언을 귓등으로 흘렸으나 이를 따른 여성도 있었다. 대표적인 예로 사회복지사로 일하다가 노동조합 운동을 이끌었던 마니벤 까라Maniben Kara(1905-1979)를 꼽을 수 있다.[41] 마니벤은 어렸을 때 몇몇 외국인 친구들과 함께 촐을 몰래 방문했다. 그는 이때 너무나 다른 세계가 존재한다는 것을 전혀 모르고 있었다는 사실에 충격을 받고, 이에 너무 가까이 살고 있어서 부끄러웠다고 회고했다. 마니벤은 사회사업을 공부하기 위해 영국으로 떠났다가 1929년 인도에 돌아왔다. 그는 봄베이에 돌아와 봉사위원회Seva Mandir를 조직해 가난한 이들과 함께 일했다. 마니벤의 회고에 따르면 공산주의자들은 그가 혁명을 위한 작업을 게을리한다고 비난했으며 빈민가의 여성들은 그에게 할 일이 없는지, 시간이 남아돌아서 여기 와 있는지 물었다고 한다.[42] 돕고자 한 이들로부터 이런 책망을 들은 마니벤은 로이M. N. Roy가 이끄는 급진적 인본주의자 단체에 가입해 노동자들을 조직하는 데 힘을 쏟기 시작했다. 그러나 그는 결국 여성들을 노동조합에 끌어들이지 못했는데 이는 가사노동과 여성으로서의 적절한 행동에 대한 그들의 인식 때문이었다. 그는 NCWI의 사업에 관심이 없었으며, NCWI 역시 마니벤의 일은 너무 '급진적'이라고 여겼다.

③ **전인도여성협의회**(이하 AIWC)

세 여성단체 중 가장 중요하고 사실상 가장 인도印度스러운 단체는 마지막에 설립되었다. AIWC[43]는 마거릿 커즌스와 WIA 소속 회원들의 6개월이 넘는 엄청난 준비 끝에 1927년 1월 푸나에서 처음 만났다. 당시 벵골 교육부의 책임자였던 오튼E.F. Oaten은 인도 여성들에게 여성교육을 어떻게 하는 것이 좋을지 결정하고 "무엇을 원하는지 한목소리로 말하고, 원하는 것을 이룰 때까지 계속 정부에 요구하도록" 촉구했다. 『스뜨리 다르마』는 이러한 도전에 답하는 기사를 냈고 결국 여성들은 협의회를 설립하기 위한 계획을 세우게 되었다.[44]

마거릿 커즌스는 우선 인도 전역의 여성 지도자들에게 회보回報를 보내 교육문제를 의논할 지역 협의회 조직을 제안했다. 각 위원회는 푸나에서 열릴 전인도 회의에서 발표할 여성교육에 대한 제안서를 준비하게 될 것이었다.

첫 협의회에는 주최 측 위원회에서 87명, 58개 지역 협의회 대표단과 남녀 참관자 2,000여 명이 참가했다. [봄베이 근처의 미리티 왕조였던] 상글리Sangli의 왕비Rani Saheb가 개회사를 읽으며 초대 회장으로 바로다의 왕비 침나바이 사헵 개끄와드Maharani Chimnabai Saheb Gaekwad of Baroda를 소개했다. 개회사에서 상글리의 왕비는 여성에게는 특별한 교육이 필요하다고 주장했다. 즉, 남녀 간 적대감이 함의된 페미니스트적 교육이 아니라, 여성이 남성을 '보조하는' 지위라는 것을 이해하도록 도와주는 교육이 필요하다는 주장이었다. 바로다의 왕비는 빠르다나 조혼과 같이 여성 문해율 증진을 저해하는 사회관습을 지적했다. 그는 여성들이 정치에 관심을 새롭게 가지기 시작했음을 언급하며 지금이 여성들이 깨어날 시기라고 했으나, 역시 '여성들의 천성'에 부합하는 교육을 주장했다.

협의회에 참석한 대표단에는 다수의 교육전문가뿐 아니라 사회 개혁가, 민족주의 운동에 참여한 여성, 부유하거나 작위가 있는 여성도 포함되었다. 여성에게 가장 적합한 교육을 서술한 제안서는 여전히 여성의 사회적 역할에 대한 근본적인 편견을 지니고 있었다. 대표단은 개인의 숨겨진 능력을 최대한 발달시키는 교육 제도를 원한다고 결의했으나 동시에 모든 소녀에게 이상적인 모성과 가정을 아름답게 꾸미는 법, 남을 돕는 법을 가르치고자 했다. 또한 구체적인 제안에서 도덕과 체육 교육의 중요성을 강조하고 조혼에 대해 개탄하며 빠르다를 지키는 여성을 교육하기 위한 특별한 제도를 만들어야 한다고 주장했다.[45]

물론 AIWC는 모든 여성을 위한 대중적인 교육을 지지하거나 모든 중산층과 상류층 여성이 남성과 동등한 교육을 받는 세상을 꿈꾼 것은 아니었다.[46] 협의회에 참석한 여성 대부분은 교육의 가장 중요한 목표로 교육받은 아내와 어머니를 육성하는 것을 꼽았으나 동시에 여성 의사와 교수, 변호사의 필요성도 언급했다. 그러나 가정과학과 자연과학 중 어느 쪽을 강조하건 교육은 젠더 역할에 부합해야 한다는 의견이 지배적이었다.

협의회의 대표단은 여성교육을 논의하면서 여성의 역할을 역사적인 관점에서 논평했다. 그들은 고대 인도의 여성이 남성과 동등한 교육과 정치권력, 부를 누렸다고 주장했다. 그러나 외세의 침략으로 조혼과 빠르다 같은 사회관습이 생겨나 여성이 교육받지 못하게 되었다는 것이었다. AIWC와 그 사업은 위대한 과거에 이어진 암흑기라는 역사적 해석으로 정당화될 수 있었다. 그러나 무슬림들에게 여성의 지위

악화에 대한 책임을 전가하는 역사적 해석은 그들의 영향력도 제한했다. '황금기' 이론을 받아들인 것은 결국 다른 종교공동체나 계층의 여성들을 끌어들이는 데 걸림돌이 되었고 급진적인 페미니스트로서의 사회 비판을 저해했다.

1928년에 이르면 AIWC의 교육개혁위원회는 사회적 악습을 철폐하지 않는 이상 교육이 진전하기 어려울 것임을 받아들였다. 이듬해 AIWC는 교육을 포함해 사회복지까지 논의하기 시작했고 가장 중요한 활동으로 이에 관한 여론을 조성하는 것을 꼽았다. 1930년대 시민불복종 운동이 시작되었으나 AIWC는 비정치적인 태도를 견지했다. AIWC는 이러한 결정을 통해 [정치적인 활동을 지양하고] 청원하는 조직으로서의 정체성을 유지하고자 했다.

사회문제가 증가하고 다양해지면서 AIWC는 교육부터 조혼과 빠르다 등 여성교육을 저해하는 사회관습까지로 시야를 더욱 넓히기 시작했다. 1930년대 중반에 이르면 각 분과위원회는 노동, 농촌 재건, 인도의 산업, 교과서, 아편, 그리고 사르다법Sarda Act까지 다루게 된다.● 동시에 이들은 영화 검열을 지지하는 내용부터 산아제한을 위한 대중교육을 촉구하는 것까지 다양한 결의안을 발표했다. 지도자들은 이러한 사업이 여성에게 도움을 주는 것과 전체 민족을 위한 것이라는 서로 다른 두 방향으로 갈라지고 있음을 인식하고 있었다. 여성을 위한 사업은 점차 여성의 법적 무자격legal disabilities에 집중했던 반면, 민족의 안녕을 위한 사업은 간디의 국가 재건과 사회운동으로 이어졌다. 여성의 법적 지위를 개선하기 위해 이들은 영국 관료 및 입법 기관과 협조

● 사르다법에 대해서는 이 장의 '조혼 개혁'절 참조.

해야만 했으나 농촌이나 불가촉민 생활 개선에 대한 간디의 접근은 풀뿌리 운동에의 동참과 사회 변화의 역학관계에 대한 전혀 다른 해석을 요구했다.

1936년에는 이러한 모순이 자명해졌다. 그해 마거릿 커즌스는 회장 연설에서 AIWC의 탄생과 발전을 회고했다. 커즌스에 따르면 지식인들의 입장을 대변했던 첫 회의와 달리, 1936년의 AIWC에는 왕비부터 불가촉민(하리잔harijan)까지 "자매들의 연대"가 있었다. AIWC의 사업을 통해 "단결한 여성들의 명예와 존엄성, 영향력, 힘, 능력을 키웠고 대중은 여성의 능력과 시민권의 정당성을 새로, 그리고 깊이 인정하게 되었다." 커즌스는 앞으로 나아갈 길을 이야기하면서 AIWC가 '근본적인 원인'을 묻지 않고 '피상적인' 사업만 한다는 네루의 비판을 유념하도록 여성 동지들을 촉구했다. 사회문제에 대한 철저한 조사와 연구가 이루어져야 하며, 결국 개혁을 위한 노력은 인도의 회생을 위한 더 큰 계획[즉 영국으로부터의 독립]이라는 목표를 따라야 했다. 그러나 결론에서 커즌스는 모든 방면에서의 활동을 지속하도록 다음과 같은 말로 AIWC 회원들을 격려했다. "정치적 독립을 먼저 이룬 후, 외부뿐 아니라 내부의 종속에서도 벗어나도록, 그리고 이러한 위대한 임무와 함께 우리가 이미 밝힌 이상과 개혁을 이루기 위해 같이 노력합시다."[47]

자매들의 연대에 대한 마거릿 커즌스의 낙관적인 태도는 이미 조직 내에 깊이 자리 잡은 문제들을 무시한 것이었다. 심지어 커즌스를 명예회장으로 추대한 것에 대해서도 뒷말이 많았다. 그가 단체 설립을 도왔다는 것은 모두가 인정하는 바였으나, 몇몇 여성은 회장으로 영국 여성을 추대하기를 원치 않았다.[48]

1930년대 말과 1940년대 초 AIWC는 모든 여성을 대표하고 대

[그림 3-2] [회의에서 발언하는] 전인도여성협의회 회장 레누까 라이Renuka Ray와 두 명의 임원, 1952년

변한다는 주장에 대한 도전들에 직면했다. 간디의 헌신적인 추종자 중 한 명이었던 아므리뜨 까우르Amrit Kaur는 AIWC가 여성을 위한 정치세력으로 성장하기를 원했으나, 이러한 제안은 부결되었다. 당시 AIWC는 여성들에게는 [종교와 무관하게] 포괄적인 법률안이 적절하다는 의사를 밝혔다. 그러나 이러한 입장은 꾸란을 근간으로 삼은 무슬림법을 수정할 수 없다는 믿음을 지닌 무슬림 여성들에게 지지받지 못했다. 또한 이들은 연회비를 4안나anna●로 낮추었으나 낮은 계층의 농촌 여성이나 도시 여성을 조직에 끌어들일 사업을 개발할 생각은 하지 못했다. 이러한 문제들은 전 인도 단위에서 전혀 해결되지 않았다.

그럼에도 불구하고 AIWC는 1940년대에 여성을 대변하는 대표적

● 식민 통치 시절 1안나는 16분의 1루삐에 해당했으며 당시 가장 낮은 화폐 단위였다.

인 조직으로 자리 잡았다. 1939년에는 회의장에서 결의안을 제시하는 기존의 방식을 회의 전에 각 분과에서 결의안을 제출하는 방식으로 바꾸었다. 1941년에는 AIWC의 계간지 『로슈니』*Roshni*(빛)가 창간되었으며, 1946년에는 상주 직원이 있는 본부 사무실도 열 수 있었다. 이러한 조직 정비를 통해 그들은 여성문제 홍보와 선전, 그리고 인도 여성에 대한 데이터베이스를 제공하기 위한 연구라는 두 가지 일에 역량을 집중할 수 있었다.

AIWC 지부들은 전쟁 동안 새로운 활력을 띠게 되었다. 그중 일부는 지역 안건들을 맹렬히 다루며 소작농 운동을 지원하거나 불가촉민을 가르치고 정치적 참여를 독려했다. 그들은 중앙의 본부가 관심을 가지지 않은 여성들에게도 손을 뻗었다. 그러나 디나 아사나 부인Mrs. Dina Asana은 명예총무 꿀숨 사야니Kulsum Sayani에게 보낸 보고서에서 성인 여성을 교육하는 데 실패했음을 다음과 같이 고백했다.

> 어떤 지역에서는 여성들이 배우고자 해도 너무나 가난해서 끝도 없는 빈곤과 고통에서 벗어날 수 있는 시간도, 방법도 없다. 다른 지역에서는 여성들이 배우려는 의지와 시간이 있어도 남자들이 그들을 단념하게 만들고, 심지어 수업에 가는 것을 막기까지 한다. 우리 중 몇몇은 우리 하녀들만을 가르칠 수 있었다.[49]

동시에, AIWC 지부 중 일부는 지위와 영향력을 두고 서로 다투는 조직이 되면서 같은 계층의 여성이나 억압받는 여성을 위해서는 거의 아무것도 성취하지 못했다.[50]

조혼 개혁

인도의 다양한 전국적인 여성단체와 이들이 서로 협력하기 위해 노력한 방식, 이들이 인도 남성이나 영국 관료, 영국 여성과 맺은 관계를 이해하기 위해서는 1920년대 후반에 일어난 조혼 문제를 살펴봐야 한다. 조혼은 여성단체들이 이에 반대하는 논리를 개발하면서 처음으로 정치적 청원을 이끌어 냈던 사회개혁 문제라는 점에서 큰 의의가 있다. 조혼 금지법을 통과시키기 위해 여성들은 다양한 의제를 조정하고 자신들을 지지하는 것처럼 보이는 이들과 협조하는 방식을 배웠다. 동시에 그들은 효과적인 청원과 효과적인 행동을 구분하기 시작했다. 조혼 금지를 위한 여러 노력은 여성단체들이 모든 행위에 정치적 의미가 부여되는 세계에 진입했음을 보여 준다.

조혼은 오랫동안 영령 인도에서 민감한 문제로 인식되고 있었다.[51] 영국 선교사들과 관료들은 사춘기 이전에 맺어지는 결혼에 경악을 금치 못했으나 많은 인도인은 결혼의 첫 의례와 별도로 부부가 2차 성징을 맞이한 후에야 첫날밤*garbhadhan*을 치르는 것이라 설명했다. 1860년 제정된 형사법에 따르면 결혼 여부와 무관하게 소녀의 성관계 동의 연령은 10세였다. 이 문제는 1880년대에 다시 제기되어 1891년에는 형사법상 동의 연령이 12세로 높아졌으며,[52] 이제 신부가 신방에 들었을 때의 나이를 공개적으로 밝히도록 요구할 수 있게 되었다. 이러한 변화는 영국인들이 인도에서 '문명화의 사명'을 행하고 있다는 증거로 꼽혔다. 그러나 이 법에 따라 유죄판결을 받은 사례는 제정 후 30년이 지나서야 처음 나타났다. 그리고 이때 인도에서 결혼 연령을 재검토할 이유들이 새로 등장했다.

[그림 3-3] 결혼사진, 사헤람 바수 Sahayram Basu(20세)와 그의 신부 라누Ranu(8세), 1907년

결혼 연령과 동의 연령에 대한 관심이 다시 일어나게 된 것은 국제연맹League of Nations의 토론 때문이었다. 여성과 소녀의 매매에 대한 우려는 동의 연령의 재고로 이어졌으며 결국 인도 의회가 제안서를 제출하게 되었다.[53] 이 문제를 다룬 법률안은 이전에도 다수 제기되었으나 1927년 [입법회의에 선출되어 활동하고 있던] 라이 사힙 하르빌라스 사르다 Rai Sahib Harbilas Sarda가 힌두 조혼 법률안Hindu Child Marriage Bill을 제출하기 전까지 모두 부결되었다. 그리고 몇 달 뒤, 스캔들을 주로 다루던 미국 언론인 캐서린 메이오[54]가 인도인과 인도의 관습에 대해 신랄하게 공격한 저서 『어머니 인도』를 출간했다.[55] 이는 병원 자료와 공식 기록,

[그림 3-4] 결혼사진, 로넨Ronen 과 빠드미니 센 굽따Padmini Sen Gupta, 1938년

개인 면담 등을 끌어모아 '돈벌이만을 노리고 쓴 책'으로, 미국과 영국의 대중에게 충격과 성적 자극을 던졌다. 메이오는 나이 많은 남편에게 '강간당한' 어린 신부들의 이야기와 성적인 행위들을 집중적으로 조명하며 모든 여성을 대하는 인도인들의 태도를 비난했다. 그는 이 사회관습이 인도인들의 유약함을 보여 준다고 결론을 내리며 이들이 '스스로 통치의 고삐를 쥘' 준비가 되지 않았다고 단언했다.[56] 인도 남성 중 일부는 이를 악랄한 공격이라고 비판했고, 다른 이들은 영국 관료들 때문에 이러한 사회악을 제거하지 못했다고 주장했다.[57] 책임을 회피하고자 정부 관료들은 의회와 '전 세계에' 자신들도 사회적으로 유익

한 입법을 지지하고 있다고 주장하기 시작했다.[58]

인도 의회는 10인의 위원회에 사르다의 법안을 위임하고 [브라흐민 출신으로 사회개혁과 정치에 활발하게 참여했던] 모로판뜨 비슈바나트 조시 경Sir Morophant Visavanath Joshi을 위원장으로 임명했다. 이 위원회에 여성은 WIA에서 추천한 라메슈와리 네루 부인Mrs. Rameshwari Nehru 단 한 명만이 포함되었다.[59] 조사위원회는 임명되자마자 여론을 파악하기 위해 재빠르게 움직였으며, 설문지 8,000장을 배포하고 다양한 증인들을 만나기 위한 시찰을 발표했다.[60]

여성단체들은 모든 입법과정에서 이를 지지했다. 그들은 조혼에 반대하는 선전활동을 시작했고 입법안에 대해 논평했으며 청원을 올리고 조사위원회와 만나 조혼 금지법 통과를 위한 로비를 했다. 법률이 통과된 후에는 유의미한 결과를 도출하기 위해 추가적으로 출생 및 결혼 등록 등 다양한 법들이 제정되도록 노력했다.

AIWC 지부는 전국적으로 여성들의 의견을 모을 수 있는 회의를 개최했다. 여성들은 발표에서 조혼만 논의하는 것을 거부했다. 이는 "여성의 인격을 억압하고 이들의 육체와 정신이 교육으로 발달할 수 있음을 부인"하는 수많은 관습 중 하나일 뿐이었다.[61] 베굼 샤리파 하미드 알리Begum Sharifah Hamid Ali는 사르다법을 지지하기 위한 특별 캠페인을 조직했다. 그는 [現 파키스탄 남부] 신드Sind의 무슬림 여성들에게 자기도 일곱 딸이 있으며 그중 두 명은 '이 관습의 피해자'가 될 수밖에 없었다고 말했다. 이런 개인적인 경험을 통해 그는 다른 딸들이 성숙하고 교육을 받을 때까지 그들의 결혼을 미루기로 결정했다. 25세까지 결혼하지 않았던 베굼 샤리파는 여성의 결혼 최소연령이 18세여야 한다고 믿었다.[62] 디완 부인Mrs. Diwan은 구자라뜨의 여성 회의에서 여성의 의식을 바꿀 필요성에 대해 다음과 같이 이야기했다.

> 여성들의 의식이 근본적으로 바뀌는 것이 정말 필요하다. 오늘날도 여성들은 어떤 일은 옳고 다른 일들은 옳지 않다고 믿으며 (……) 독신인 채로 남는 것이 위험하다고 믿는다. 이러한 열등감을 없애야 한다.[63]

조혼을 반대하는 여성들은 체제를 비판하며 자신들이 사회화되는 전체 구조까지 지적하기 시작했다. 그러나 정부 관료들에게 전달된 신중한 청원이나 결의안에는 이러한 급진적인 연설 내용이 포함되는 경우가 드물었다.

AIWC의 회원들은 조사위원회와 만나면서 반대파의 주장을 무너뜨리고자 애썼다. 그들은 여성들이 어린 나이에 결혼하길 원한다거나 늦게 결혼하면 부도덕한 일들이 일어날 것이라거나, 모든 남성이 조혼을 지지한다거나 조혼이 베다의 종교적 전통이라는 주장을 부정했다.[64] 그러나 그들은 단 한 번도 결혼 여부나 결혼 대상, 시기를 결정하는 것은 각 개인의 권리라고 주장하지 않았다. 오히려 그들은 더 늦은 시기에 결혼함으로써 여성들이 생물학적으로 해야 할 일을 준비할 시간이 주어진다는 점을 강조하며 이를 지지했다.

조사위원회는 결혼 최소연령을 15세로, 동의 연령은 21세로 제안했다. 인도와 영국의 입법자들이 세계적인 여론의 영향을 받았음은 분명하다. 미국과 영국에서는 마치 입법 결과에 따라 캐서린 메이오의 결론이 정당한지 아닌지 정해지는 것처럼 입법 과정에 끊임없는 관심을 쏟았다.[65] 영국 관료들의 개인적인 서신에서는 이 법안을 지지하는 것 외에 다른 선택의 여지가 없다는 그들의 생각이 드러난다. 이 법안을 지지하지 않는다면 외국인들의 통치가 사회개혁을 방해하고 있다는 인도 개혁가 및 민족주의자들의 비난이 정당성을 얻을 것이기 때문이었다. 그러나 결국 여성과 남성의 결혼 최소연령은 각각 14세와 18세로 하고 동의 연령은 언급하지 않는 최종 법안으로 타협이 이루어졌다. 1929년 10월 초에 통과된 법안은 1930년 4월부터 효력이 발생했다.

사르다법이 통과되면서 여성단체들은 기쁨의 환호성을 올렸다. 이 중 NWCI는 가장 조심스러운 모습을 보이면서 이는 '승리'가 아니며 단지 사회악에 저항하는 최초의 캠페인일 뿐이라는 인사를 전했다.[66] WIA는 이에 비해 주저함이 없었고 라이 사힙 하르빌라스 사르다의 업적을 축하하기 위한 회의를 당장 소집했다. 그들의 견해에 따르면 사르다법은 1929년의 대표적인 성과였다.[67] AIWC는 가장 적극적으로 반응하며 사르다법이 "위대한 성과"이며 "개인적인 승리"라고 주장했다.[68] 그러나 기쁨은 일순간이었다. 반대의견을 조사하는 과정에서 정부 관료들은 무슬림 공동체의 반대가 심하다는 결론을 내렸고 결국 이를 엄격하게 집행하는 모습을 찾기 어려워졌다. 무슬림 지도자들은 법안이 통과되기 전부터 이에 대해 "만만치 않은 반대"를 할 것이라고 위협했다.[69] 통과 후 그들은 간디와 인도국민회의의 반정부 운동에 연대함으로써 정부가 시행하는 사르다법과 "다른 법들"까지 지키지 않겠다고 위협했다.[70] 영국인들은 이런 위협이 실제 이루어질지 시험해 볼 생각이 없었다.

무슬림 지도자들은 무슬림에게는 적용되지 않도록 법안 개정을 요청했다.[71] 여성단체들은 여러 방식으로 이러한 움직임을 막으려고 했다. 모든 인도 여성을 대변한다고 주장했던 AIWC[72]의 무슬림 여성 회원들은 사르다법을 지지하는 진정서를 총독에게 제출했다.

인도의 무슬림 여성을 대변해 말씀드립니다. 각하께 접근해 사르다법으로부터 면제받기를 요청하는 무슬림 남성은 전체의 극소수임을 단언할 수 있습니다. 이 법은 남성보다 소녀들과 여성들에게 끼치는 영향이 훨씬 지대하므로, 우리는 그들이 우리를 대변해 말할 권리가 없음을 선언합니다.[73]

정부는 결국 사르다법을 개정하거나 철회하지 않았다. 그러나 이는 여성단체들이 방심하지 않고 감시했기 때문이 아니라 세계 여론이나 정치적 일관성을 의식했기 때문이었다. 영국 관료들은 법 개정이 곧 약한 모습을 보이는 것임을 알고 있었다. 또한 이는 "국제연맹이 관심을 가지고 주의 깊게 보는" 주제였다. 가장 좋은 대처는 사르다법이 이미 사문화되었다는 일반적인 견해에 따라 이를 내버려 두는 것이었다.[74]

법에 따른 집행은 사실상 전무했다. 고발하는 것도 어려웠고 유죄판결을 받는 것도 어려웠다. 게다가 유죄판결을 받은 이들도 대부분 사면받았다. 법이 제정되기 전에 결혼을 서두르느라 오히려 조혼 수도 급증했다.[75] 정부는 개혁적인 인도인들이 스스로도 법을 지키지 않고 일반 대중에게도 조혼의 해악을 더 이상 가르치려 애쓰지 않는다며 책임을 돌렸고,[76] 인도 개혁가들은 정부에 책임을 돌렸다.

조혼 금지법은 여성단체들에 큰 영향을 끼쳤다. 이는 모든 단체가 합의할 수 있는 주제로, 서로 다른 지역이나 공동체의 여성들이 힘을 모으거나 세 개의 단체가 전국적으로 협력할 수 있게 했다. 조사위원회는 인도 전역을 다니며 수많은 여성으로부터 조혼에 대한 반대의견을 들었다. 이러한 여성들의 활동이 알려지면서 인도에도 자기 나라의 문제를 깨닫고 해결책을 강구하려는 교육받고 명석한 여성이 충분히 존재한다는 인식이 생겨났다.

그러나 여성들의 입장이 지지받으면서 인도의 여성문제와 이를 제기하는 여성들이 진지한 고려의 대상이 되고 있다는 오해도 일어났다. 조혼을 금지하는 법이 통과되었기 때문에 많은 사람은 조혼 문제가 해결되었다고 여겼다. 그러나 여성단체들과 몇몇 남성 개혁가들은 여전히 법의 집행 문제로 속을 태웠다. 결국 이런 경험은 이 운동에 참여했던 여성들이 스스로 얼마나 취약한 지위에 있는지 새삼 깨닫게 만들었다.

결론

여성단체들은 제2차 세계대전 중에 당시 가장 중요한 민족 문제와 국제적인 문제에 대응할 수 있는 단체로 완전히 성장했다. 그들의 헤게모니는 짧았으나 덕분에 그들은 인도의 미래를 논의하는 대부분의 주요 위원회나 기획단에 동참할 수 있었다. 그들은 전쟁에 대한 입장을 밝혔으며, 기근으로 고통받는 벵골과 다른 지역들의 상황을 개선하려고 노력했다. 그들은 별도의 여성정당을 만들지 않기로 결정했으나, 여성의 권리를 인정하는 새로운 민법 제정을 위해 지속적으로 노력했다.

여성단체의 변화를 살펴보면서 그들이 실제로 어떤 진보를 가져왔는지 의문을 품을 수도 있다. 회원 수는 늘었으나 대부분 그 범위는 도시 중산층에 머물렀다. 그들은 인도의 여성을 대변할 권리를 얻었으나 여전히 예의범절의 문제를 논의하거나 집행되지 않을 법 제정을 추진했다.

그들의 요구는 사회적 페미니즘에 사상적 기반을 두고 있었으며, 이로 인해 성공과 실패를 모두 경험했다. 여성단체에 참여한 다수의 회원은 '페미니즘'이라는 용어를 매도하며 이를 남성혐오와 참정권을 위한 폭력과 동일시했으나, 동시에 여성에게 더 많은 자유가 주어지기를 원했다. 그들은 여성으로서 가정과 민족을 위한 사회적 의무를 다하고자 교육이나 투표, 사회악의 개선을 요구하는 청원을 올렸다. 그들은 여성이 존중받고 공경받는 가족 질서를 원했다. 여성단체의 회원 중 몇몇은 여성에게 적용되는 이중 잣대에 문제를 제기하며 여성에게 완전한 자주권을 부여할 것을 요구했다. 그러나 이러한 관점은 다수의 입장보다 경시되었다. 여성들이 급진적인 이데올로기를 받아들이지 않은 이유는 쉽게 이해할 수 있다. 이러한 여성단체는 남성의 지지를 통해 성장할 수 있었고 남성중심적인 민족정당과 동반자적 관계를 유지하며 융성했다. 여성들의 요구를 우선시하는 것은 모성적이고 자기희생적인 인도 여성의 이미지에 상반되는 것이었다. 게다가 민족주의와 페미니즘 둘 중 하나를 선택해야 하는 입장에 처할 수 있었다. 사회적 페미니즘의 이데올로기는 페미니즘과 민족주의의 평화로운 공존을 가능하게 만들었으며, [이슬람 세계의 페미니즘을 연구한 여성학자] 마고 바드란Margot Badran의 표현으로 '페미니스트 민족주의'라는 새로운 개념을 가능케 했다.[77]

결국 여성단체로부터 가장 큰 혜택을 받은 이들은 조직에서 일하는 경험을 얻은 다수의 중산층 여성이었다. 그들은 정치 세계의 역학 관계를 몸소 체험했으며 이를 다른 여성들과의 관계에서도 체득했다. 그러나 단체들이 중앙집권화되면서 많은 여성이 단체의 목적에 좌절감을 느끼고 보다 주변부의 조직에서 일하기 위해 떠났다. 단체에 남은 이들은 청원 정치를 통해 새롭게 얻은 지혜를 이용해 여성의 선거권과 법적 권리를 위해 싸웠다. 당시 사회규범을 따르지 않는 여성에게는 특히나 잔혹했던 환경에서도 사회현실을 바꾸고자 한 여성들의 시도들이 이어졌다는 사실을 잊으면 안 된다. 마니벤 까라 같은 여성은 사회활동에 실망해 노동조합운동을 선택하면서 큰 대가를 치러야 했다. 그가 깨달은 것 중 가장 중요한 것은 노동조합 지도자로서 가부장제를 바꾸거나 여성들을 조합으로 끌어들일 수 없다는 것이었다. 그러므로 이러한 사회단체의 역사는 주목할 만한 성과에도 불구하고 극심한 한계들로 점철되어 있다고 할 수 있다.

제4장

여성의 권리를 위한 운동

1917년 인도성 장관 에드윈 몬터규는 영국 정부의 인도 통치에 더 많은 인도인이 참여하도록 만들겠다고 발표했다. 그리고 몬터규와 인도 총독 쳄스퍼드 자작은 인도 시찰을 통해 인도인과 유럽인, 개인과 단체의 의견을 듣기로 했다. 이들의 시찰 계획을 듣고 사랄라데비 차우두라니는 여성교육의 필요성을 피력하고자 인도여성대위원회의 회원들과 총독 면담을 신청했다.[1] 마드라스에 새로 설립한 WIA 회원들도 면담을 신청했다. 행정부 직원들은 양측 모두에 정치적 주제만 논할 수 있다고 답신했고 마거릿 커즌스는 이에 맞춰 새로운 신청서를 제출했다. 그는 여성들의 정치적 요구를 제시하겠다면서 면담을 요청했다. 결국 1917년 12월 15일에 시인이자 인도국민회의에서 오랫동안 일했던 사로지니 나이두(1879-1949)가 인도 전역의 유명 여성들로 구성된 대표단을 이끌고 몬터규와 쳄스퍼드를 만났다. 이 대표단은 인도 여성이 자신들의 공적 책무를 깨달은 역사적 과정에 대해 발표했다. 그들은 대영제국에 속한 자치정부의 여성이 '인간'으로서의 지위를 얻기 소망했다.[2] 이 대표단과 함께 인도 여성들은 정치권과 시민권을 획득하기 위한 투쟁을 시작했다.

이들은 참정권을 요구하면서 자신들이 모든 여성을 대변한다고 주장했다. 영국 관료들이 '인도 여성'에 대한 우려를 표했던 19세기만 해도 이와 같은 인도 여성들의 주장은 환영받았을 것이다. 그러나 이제 영국인들은 '문명화의 사명'을 새롭게 정의하고 있었다. 제1차 세계대전 이후 인도 사회를 비판하는 영국인들은 인도 중산층이 농민들의 관습이나 전통에 공감하지 않는다고 불평했다.[3] 이전에는 '인도 여성'을 보호해야 했다면, 이제는 '가난한 여성'을 지켜야 했다.[4] 여성[단체]들은 영국 정부가 자기들의 청원이나 진정서를 환영하리라 생각했으나 오히려 인도의 대부분 여성을 무시하고 있다는 비판을 받았다.

저명한 민족주의자들 역시 여성들의 요구를 수상쩍게 생각하기 시작했으나, 그 이유는 달랐다. 여성교육이나 사회단체 설립을 장려하던 인도 남성들도 여성이 가부장제의 폐해에 관해 이야기하는 것을 들으려 하지 않았다. 침묵하는 여성은 무지하고 종속적이라는 편견에 시달린 반면, 인도 여성의 고통에 대해 솔직하게 이야기하면 자기 문화에 불충하다는 딱지가 붙었다. 이때 참정권이나 시민권에 대한 논의는 예민한 사회적·문화적 문제를 건드리지 않고도 가능했기 때문에 여성들이 추구하기에 이상적인 주제였다. 그럼에도 이러한 운동에 몸을 던진 여성들은 식민 통치의 체제 안에서 여성권리를 추구하는 것이 얼마나 어려운 일인지 몸소 체험하게 되었다.

최초의 여성참정권 요구

몬터규와 쳄스퍼드를 만난 인도 여성 대표단은 남성과 동등한 참정권을 요구했다. 그들은 이러한 요구를 관철하기 위해 여성 모임을 조직하고 인도국민회의와 여러 정치단체에 도움을 요청했다. 1918년 봄베이와 마드라스 지부는 참정권 개혁안에서 성별에 따른 결격 사유를 삭제하라는 결의안을 통과시켰다. 안드라 지부와 봄베이특별국민회의, 인도자치연맹India Home Rule League과 무슬림연맹에서도 유사한 결의안을 통과시켰다.

1918년 8월 사로지니 나이두는 봄베이에서 개최된 인도국민회의 특별회의에서 여성참정권을 지지하는 발언을 했다. 나이두는 여성에게 참정권을 부여하는 것은 이성적이며 과학적·정치적으로 타당하고 전통에도 부합하며 인간의 권리와 일맥상통한다고 설득했다. 정치가 여성들을 덜 여성적으로 만들 것이라는 반대의견에 대해 그는 다음과 같이 약속했다.

> 절대로, 절대로 그럴 리가 없다. 우리는 남성과 여성이 서로 다른 목표와 운명을 지니고 있음을 알고 있으며, 남성이 여성의 책임이나 운명을 절대 짊어질 수 없듯이 여성도 남성의 책임을 대신할 수 없음을 알고 있다. (……) 우리는 투표권을 원하는 것이지, 남성의 공적인 역할이나 시민으로서의 의무, 공적 지위와 권력을 저해하고자 하는 것이 아니다. 오히려 우리는 품에 보듬은 아이들의 영혼에 민족의식의 기반을 마련해 민족적 삶의 이상을 심어 주고자 하는 것이다.[5]

대표단 5,000명이 이 특별회의에 참석했으며, 75%의 찬성으로 결의안이 통과되었다.

1918년 12월, 33번째 인도국민회의 정기회의가 소집되었을 때는 사랄라데비 차우두라니가 여성 투표권을 지지하는 결의안을 발표했다. 차우두라니는 인권과 정의, 자유와 자결self-determination의 시대에 여성도 남성과 마찬가지로 자신의 운명을 이끌어 갈 권리가 있다고 주장했다. 그에 따르면 세상은 이미 "남성의 지성, 여성의 감정이라는 상상 속의 영역 구별" 같은 생각과 결별했다. 차우두라니는 사로지니 나이두의 주장에 더해 "여성의 영역"은 "인생이라는 혼전混戰에서 남성들과 동지로 활동하는 것, 그리고 정치와 여러 다른 영역에서 남성의 동반자가 되는 것"을 포함한다고 주장했다.[6]

이 회의 이후 인도 전역에서 인도국민회의 지부와 지역 모임, 여성단체들이 여성참정권을 지지하기 위해 모였다. 인도 여성들과 몇몇 영국 여성, 특히 도로시 지나라자다사와 마거릿 커즌스는 막후에서 자신들의 주장이 정당함을 입증하기 위해 성심껏 일했다. 이때만 해도 정부의 관심을 끌 유일한 방법은 청원 정치뿐인 듯했다. 특히 영국의 여성참정권론자들은 이런 전략이 유효할 것이라고 조언했다. 몬터규도 영국 여성참정권 단체의 오랜 회원이었던 밀리센트 포셋Millicent Fawcett에게 인도 여성들이 참정권위원회에 자신들 요구의 정당성을 강하게 주장해야 한다고 조언했다. 포셋은 인도에 있는 친구들에게 이를 전달했고, 이러한 내용은 WIA 지부에 보낸 편지에도 인용되었다. 그는 편지를 통해 참정권에 관심을 가진 여성들은 참정권위원회의 의장에게 서면으로 면담을 요청하도록 권했다.[7]

사우스버러참정권위원회●는 정보를 모으기 위해 1918년에 인도를 시찰했다. 그들은 여성들의 청원을 받았으나 면담은 벵골과 뻰잡

● 1918-1919년 사이에 인도 참정권 문제를 결정하려고 조직한 위원회로, 위원장 사우스버러 경의 이름을 따서 사우스버러위원회라 불리기도 했다.

두 지역에서만 이루어졌다.[8] 결국 최종보고서는 여성에게 참정권을 부여하는 것은 시기상조라는 결론을 내렸다. 사우스버러는 인도 여성들이 투표권을 원하지 않으며 그들이 원한다 하더라도 사회관습 때문에 실행하기 어려울 것이라고 판단했다.[9]

참정권을 위해 투쟁했던 인도 여성들은 분노했다. 사우스버러위원회는 인도 여성들의 결의안과 청원을 무시했으며 여성들이 이미 지역 의회나 다른 기구에서 일하고 있다는 사실도 간과했다. WIA는 바로 행동에 돌입했으며, 애니 베산트와 사로지니 나이두는 공동특별위원회Joint Select Committee에 근거를 제출하기 위해 잉글랜드로 출국했다. WIA의 지부들은 모임을 열어 결의안을 통과시켰으며 자신들의 논평을 런던에 전달했다.[10] 여성들은 봄베이에서도 항의 집회를 열고 의원들에게 편지와 전보를 보냈다. 봄베이여성참정권위원회Bombay Women's Committee for Women's Suffrage의 의장 자이지 제한기르 쁘띠뜨 부인Mrs. Jaiji Jehangir Petit은 다음과 같은 전보를 런던에 보냈다. "여성들은 호의를 구하는 것이 아니라 권리와 정의를 요구하는 것이다. 만약 투표권이 주어지지 않는다면 이는 인도 여성의 진보에 심각한 위해가 될 것이다."[11]

사우스버러위원회의 일원 중 [입법부 소속] 맬컴 호그Malcolm Hogg와 [총독의 집행위원회에서 유일한 인도 위원이었던] 상까란 나이르 경Sir C. Sankaran Nair 두 사람만이 여성에게 참정권을 부여하는 데 찬성했다. 위원회가 보고서를 출간한 후, 상까란 나이르는 봄베이여성참정권위원회와 만나 공동특별위원회에 대표단을 보내 증언을 하도록 조언했다. 봄베이여성참정권위원회는 여성참정권을 논의하기 위해 상까란 나이르와 함께 헤라바이 따따 부인Mrs. Herabai A. Tata과 그의 딸 미탄 따따(결혼 후 미탄 람Mithan Lam이 되었다)를 잉글랜드로 파견했다.[12]

[그림 4-1] 헤라바이 따따와 미탄 따따, 런던, 1919년

헤라바이가 페미니즘에 관심을 갖고 활동하는 데 도움을 준 이는 소피 둘립 싱 공주Princess Sophie Duleep Singh였다. 소피 공주는 1799년부터 1839년 세상을 뜰 때까지 뻔잡을 다스렸던 [시크교도 군주] 란짓 싱의 손녀였다. 소피 공주는 잉글랜드에 살았으나 까슈미르에서 휴가를 자주 보냈으며 여기서 헤라바이를 만났다. 소피 공주는 '여성에게 투표권을Votes for women'이라는 배지를 달고 헤라바이에게 여성참정권 운동을 설명했다. 그의 지도하에 헤라바이는 "여성참정권의 당위성을 확고하게 받아들여 추진"하기 시작했다. 봄베이여성참정권위원회가 잉글랜드에

대표를 보내기로 결정했을 때 헤라바이는 적극적인 의사를 보였고, 헤라바이의 남편도 이에 동의하고 그를 지지했다. 그들의 딸 미탄 역시 여성권리에 관심이 많아 어머니와 함께 런던으로 향했다.[13]

헤라바이는 여성참정권을 위해 자신이 어떠한 노력을 했는지 자세한 기록을 남겼다. 애니 베산트와 사로지니 나이두도 WIA의 대표로 런던에 갔으나 실제 이 운동에서 가장 큰 역할을 한 이는 헤라바이였다. 그는 편지를 쓰고 영향력 있는 인사들에게 제안서를 보내며 다양한 조직에 지지를 요청했고, 그를 초청한 모든 단체를 찾아가 발표했다. 헤라바이와 미탄은 여성참정권에 대한 사항을 모두 조사하고 그들의 주장을 뒷받침하는 데 필요한 보고서를 충실히 준비했다. 따따산업은 봄베이여성참정권위원회에 기부해 이들의 일을 지원했다.● 헤라바이는 경비 대부분을 이로 충당했으며, 그 외 비용은 그의 남편이 지불했다.[14]

애니 베산트 역시 공동특별위원회가 여성들의 요구를 무시하는 실수를 저질렀다고 경고했다. 그에 따르면 인도의 정치단체들은 여성을 포함해 왔으나 영국인들이 여성에 걸맞은 자리에 대한 생각을 강요하면서부터 이러한 모습을 보기 어려워졌다. 베산트는 영국인들이 계속 인도 여성들을 배제한다면 그들이 정치적 시위에 참여하게 될 것이라고 예상했다. 이는 심각한 결과를 초래할 것이었다. "경찰이 여성들의 일에 개입"하려고 한다면 인도 남성들은 이를 불허할 것이고, 결국 영국 정부는 여성들의 시위를 제압하기 위한 어떠한 행동도 취하지 못

● 헤라바이의 남편 아르데시르 베존지 따따는 당시 도랍 따따 경 등 산업가 따따 집안과 먼 친척 관계였던 것으로 보인다.

할 것이라는 주장이었다.[15] 베산트는 제나나, 즉 숨겨져 있으며 식민지화하지 못한 위험한 곳으로부터의 반역에 대한 공포를 불러일으킨 것이었다.

공동특별위원회의 발표에서 사로지니 나이두는 스스로 정통 힌두교도와 무슬림 여성까지 포함하는 모든 인도 여성을 대표한다고 했다. 그는 참정권을 지닌 여성들이 진보를 추진하는 데 강력한 힘이 될 것이라고 주장했으며, 빠르다를 지키면서 투표하기가 어려울 것이라는 반대의견을 모두 무시했다. 그는 몇몇 '상류층' 여성만이 빠르다를 지키며, 자신도 "여성이 빠르다 때문에 하고 싶은 일을 하지 못한 경우"는 한 번도 보지 못했다고 위원회에 증언했다.[16] 아쉽게도 위원회는 헤라바이 따따와 만날 시간이 없었으며 대신 그에게 진술서를 제출하도록 요청했다. 애니 베산트와 사로지니 나이두, 헤라바이 따따 세 명의 여성 모두 최근의 교육적·사회적 기회로 인해 인도 여성들이 이전의 능력과 영향력을 되찾았다고 주장했다. 그들의 주장에 따르면 인도 여성은 강하며 단결을 통해 사회를 개혁할 준비가 되어 있었다.

대부분의 영국 남성은 회의적이었다. 그들은 인도 여성 대다수가 교육받지 못하고 격리되어 살고 있다고 믿었으며 그들이 인도에 대해 들은 이야기들은 이러한 인식을 재확인해 주었다. 옥스퍼드에서 법학을 공부하고 1894년 인도에 귀국해 여성을 위한 변호사로 활동했던 코넬리아 소랍지(1866-1954)는 남녀 불문하고 민족주의 개혁가들의 일을 반대했다. 코넬리아의 아버지 소랍지 까르셋지 목사Reverend Sorabji Karsedji는 조로아스터교에서 기독교로 개종했으며 역시 힌두교에서 기독교로 개종했던 프란시나Francina와 결혼했다. 소랍지 가족은 푸나에서 교육과 사회개혁 방면에 헌신적인 이들로 잘 알려져 있었다. 그러나 인도에서 법률 활동을 할 수 있는 유일한 길인 영국 변호사 시험 응시를 거부당한 후[17] 코넬리아는 사나드*sanad*(변호를 할 수 있는 특별허가)를 받아 어렵게 활동을 시작했으며 후에는 피보호자 재판소Court of Wards의 일원으로 임명되어 격리된 여성들*purdahnashin*의 재판을 담당했다.[18] 그는 [당시 여성으로서] 대단한 활동을 했으며 인도 여성을 돕기 위해 모든 전통을 파괴한 전문직 여성으로 전 세계에 알려졌다. 그러나 그는 민족주의와 페미니즘을 모두 거부했고, 인도의 정치적 지형에서 이미 일부를 차지하고 있는 교육받은 여성을 비판하던 영국인들에게 힘을 실어 주는 중요한 역할을 했다. 결과적으로 역사학자들은 그녀의 성과를 도외시한 경우가 많았다.

코넬리아 소랍지는 영향력을 가진 사람들과 어울렸으며 영국 친구들에게 '인도의' 관점을 제시할 기회도 많았다.[19] 그에 따르면 인도 여성은 두 부류로 나뉘었다. 그가 '진보파'라고 부른 이들은 오래된 관습으로부터 해방된 소수의 교육받은 여성으로 전체 인구의 10% 정도라고 할 수 있었다. 나머지 90%는 문맹이었고 격리된 채 사는 이들이었다. 코넬리아에 따르면 여성의 고통을 경감하는 방안은 주로 '진보파'에만 혜택을 주며 대부분의 여성에게는 전혀 도움이 되지 못했다.[20] 게다가 진보파는 여성 대다수가 겪는 문제를 이해하려는 노력을 전혀 하지 않았다.

코넬리아 소랍지는 영국 정부에 몬터규-첼스퍼드 개혁안에 대한 의견을 비밀리에 제출하면서 서구의 이상적인 통치가 운명론적이고 미신적인 [인도] 사회에 어울리지 않을 것이라고 경고했다. 그의 주장에 따르면 의회민주주의는 핵가족과 교육 기관, 정부 모두 계층 이동과 개인의 권리 및 행동을 장려하는 나라에서만 성공할 수 있었다. 인도인의 윤리와 제도는 정반대였으며, 교육으로 인도의 체제와 인도인의 태도를 개선하지 않는 한, 서구의 정치적 제도는 쓸모가 없을 것이었다.[21] 지금으로서는 [영국] 정부가 대중을 보호하는 의무를 계속해야 했다.

여성참정권이라는 주제에 대해 코넬리아는 다음과 같이 썼다. "우리(인도 여성)들은 평등한 시민권과 평등한 기회를 달라고 아직 말할 수 없다. 우리 역사는 이를 금하고 있다." 진보파 여성들은 고도화된 문명을 달성했으나, 대다수 여성은 아직 문맹이며 무지하다. 그는 이처럼 "뒤처진 이들"에게 투표권을 부여하는 것은 "위험한 일"이라고 주장하면서, 모든 여성이 교육받기 전까지 이 나라의 정치적인 개혁은 "실제로 도움이 되거나 지속적인 도움을 줄 수 없을 것"이라고 했다.[22]

코넬리아 소랍지의 조언이 어느 정도 영향을 끼쳤는지 결정적인 증거는 남아 있지 않으나, 결국 영국 하원은 인도의 여성단체들과 인도국민회의, 인도자치연맹, 무슬림연맹, 영국의 여성단체에서 제시한 참정권 찬성안을 무시했다. 몬터규에 따르면 여성참정권에 대한 보수파의 반대는 거의 '맹신적일' 정도였다. 몬터규는 종교적인 [인도] 남성들을 도발하는 것은 위험하니 하원에서 인도법안을 수정하지 않고 통과시킬 것을 촉구했다. 필요한 경우, 단서 조항을 붙여 지역 입법부가 유권자 명단에 여성들을 추가하는 것을 허용할 수 있었다.[23]

인도 여성들은 배신감을 느꼈다. 그들은 대단한 것을 요구한 것이 아니라, 남성에게 주어진 자격요건에 부합하는 여성에게도 참정권이 주어지기를 바랐을 뿐이었다. 인도법India Act에서 여성을 제외하는 것은 여성에 대한 남성의 지배를 사실상 인정하는 것처럼 보였다.[24] 특히 빼르다는 '인도 여성에게 참정권을 부여하는 것을 저지하기 위한 무기'로 반대파에 이용되었다. 약자[식민지인]의 권리를 보호하겠다는 영국 정부의 약속은 남성만 뜻하는 것임이 분명했다. 여성의 경우에는 오히려 소수 여성이 빠르다를 지켰기 때문에 다수 여성의 권리가 부정되었다. 사로지니 나이두는 이러한 모순적인 상황에서 왜 모든 여성에게 참정권을 부여한 후 빠르다를 행하는 소수의 권리를 지키기 위한 단서 조항을 만들지 않는지 영국인들에게 물을 수밖에 없었다.[25]

민족주의적 의제와 여성의 권리

민족주의 지도자들도 여성권리 운동가들에게 제동을 걸었다. 런던정경대학교에서 공부하며 법학원에 등록했던 미탄 따따는 1920년에 헤라바이와 함께 파리에 가서 비까지 까마 여사Madame Bhikaji Cama(1861-1936)를 만났다. 까마는 봄베이에서 태어나 교육받았고, 1885년 상당히 보수적인 남성과 결혼한 후 1920년대 즈음에는 유럽에서 살고 있었다. 그는 1902년 치료차 런던에 갔다가 그곳에 거주하는 독립운동가들을 만나 그들과 어울렸고 파리로 이주한 후 30년 가까이 살고 있었다.[26] 그는 헤라바이와 미탄을 만나 다소 애석한 태도로 고개를 저으며 말했다. "인도의 자유와 독립을 위해 일하세요. 인도가 독립하면 여성들은 투표권뿐 아니라 다른 모든 권리를 갖게 될 거예요."[27] 간디도 유사한 방식으로 대응했다. 여성에 대해 처음 언급한 『영 인디아』*Young India*의 기고문에서 간디는 여성들이 제자리, 즉 남성의 옆자리를 찾길 바란다는 의견을 개진했으며 '여성에게 투표권을' 운동을 지지하지 않겠다고 했다. 그에 따르면 시기가 적절치 않았다. 인도인들은 영국인들을 상대로 투쟁해야 하며, 참정권 운동은 에너지 낭비를 가져올 뿐이었다. 여성은 "공동의 적에 맞서 자기 편 남성들이 싸우는 것을 돕는 데" 에너지를 써야 했다. 간디는 여성들에게 "이 사회에 내려진 저주 중 가장 큰 사회악, 즉 현재 영국 정부의 손아귀"에서 자신들과 남성들을 해방시키는 데 매진하도록 조언했다.[28]

주 입법부와 여성의 투표권

민족주의 지도자들의 조언도 참정권을 원하는 여성들의 투쟁을 막지 못했다. 봄베이와 마드라스는 1921년 최초로 [일부] 여성에게도 참정권을 부여했으며, 1923년에는 연합주United Provinces, 1926년에는 뻰잡과 벵골, 1930년에는 아쌈Assam과 중앙주Central Provinces, 비하르, 오릿사Orissa가 그 뒤를 따랐다.

여성들이 참정권을 획득한 방식에 대한 구체적인 기록은 몇몇 주에만 남아 있다. 벵골의 여성들은 여성들이 정치에 '특별한' 기여를 했다고 주장했다. 여성이 투표하는 것에 찬성하는 남성들은 이를 민주적 권리의 자연스러운 확장이라고 주장했으나 반대하는 이들은 여성의 열등함과 공무에서의 무능함을 언급했다. 어떤 이들은 여성이 투표하게 되면 남편과 아이들을 방임할 것이 분명하다고 한탄했다. 한 남성은 심지어 여성이 정치활동을 하게 되면 모유 수유가 불가능해질 것이라고 주장했다. 1926년 벵골에서 이러한 법안이 통과된 것은 여성참정권에 대한 지지가 늘어서라기보다는 스와라지당Swaraj Party●이 정치활동을 재개하고 의원을 다수 배출하면서 벵골 입법부의 구성이 달라졌기 때문이었다. 스와라지당은 독립을 위해 당장 협력할 수 있도록 힌두교도들과 무슬림들을 결속시켰으며, 결과적으로 "열광적인 민족주의의 파도를 타고 여성참정권 결의안도 승리했다."[29]

투표할 자격이 있는 여성의 숫자가 사람들이 우려할 정도로 늘어났던 적은 한 번도 없었다. 인도 전역에 주어진 여성참정권은 미미하여 마드라스에서는 전체 유권자의 8.46%, 봄베이는 5.03%, 연합주와 벵골에서는 3.0%, 그리고 뻔잡에서는 2.5%에 불과했다. 중앙 입법부에서도 여성 유권자는 전체의 4.36%를 이루었다.[30] 결국 원칙이 중요했을 뿐, 실제로 여성들이 입법부를 좌지우지할 가능성은 없었다. 다음으로 여성들은 입법부에 선출될 권리를 요구했다. 마찬가지로 그들의 참여에 대한 지지와 반대의견이 제기되었고 결국 모든 주에서 이 권리를 여성들에게 부여했다.

여성의 정치 참여를 반대하는 이들은 여러 이유를 제시했다. 그들은 전통적인 성 역할이 무너지고 전이될 가능성을 경고했다. 빅토리아 시대 [영국의] 여성참정권 반대파와 마찬가지로 이들은 정치활동이 여성의 정신 및 신체 건강에 끼칠 나쁜 영향을 염려했다. 그러나 이들은 무엇보다도 자기들이 극도로 혐오하는 서구 여성을 인도 여성들이 모방할까 두려워했다.[31] 이들에 따르면 투표는 전통적으로 부여받은, 오랜 세월 경외와 존중을 받은 아내와 어머니라는 여성의 자연스러운 역할을 혼란스럽게 할 가능성이 있었다.

여성참정권을 지지하는 남성들은 여성이 정치에 기여한 업적을

● 1922년 인도국민회의 개최 후 모띨랄 네루Motilal Nehru 등이 1923년에 조직한 정당으로, 스와라지Swaraj는 '자주'를 의미한다.

들면서 이러한 주장을 반대했다. 여성참정권에 우호적이었던 『모던 리뷰 오브 캘커타』*Modern Review of Calcutta*는 "인도 여성은 투표권으로 무엇을 할 것인가?"라고 물었다. 그들은 지혜Wisdom와 건강Wellness, 부Wealth라는 세 개의 'W'를 이용해 인도의 무지Ignorance, 질병Illness, 빈곤Indigence이라는 세 개의 'I'를 타파할 것이라고 답했다.[32] 다른 이들은 여성에게 참정권을 부여하는 것은 인도가 다른 서구 국가만큼이나 진보했음을 보여 줄 기회라고 주장했다. 입법부 회의에서 봄베이 대표 두마시아N. M. Dumasia는 자랑스레 다음과 같이 말했다.

> 여성을 물건 취급한다는 비난을 받는 나라지만 오히려 여성이 정치적으로 잉글랜드보다 진보했으며, 남녀 간 전쟁이나 잉글랜드에서 여성참정권이 주어지기 전에 일어났던 난장판도 없었다는 사실은 매우 흐뭇한 일이다.[33]

여성들이 기여한 업적에 대해 발표한 여성들과 함께, 다른 이들은 권력구조 자체에 도전장을 던졌다. 까말라바이 암말V. Kamalabai Ammal은 총독에게 청원을 올리며 비하르와 오릿사에서 여성 차별적인 법령을 삭제하는 작업이 늦어지고 있다고 항의했다. 그는 여성도 "남성과 마찬가지로 인도의 자식"임을 상기시켰다. 입법부가 이러한 문제에 대한 투표를 허가해야 하는 것조차 "남성들이 특혜를 독점하면서 다른 이들(여성들)에게 자선처럼 베푼다는 사실"을 인정하는 것이라고 했다.[34] 벵골의 여성참정권 운동가였던 므리날리니 센Mrinalini Sen은 정부가 여성들을 제멋대로 대하고 있다고 호소했다. 영국 여성참정권 운동가를 연상시키는 격렬한 기고문을 통해 므리날리니는 여성들이 "영국 정부가 행하는 모든 법과 규칙들"을 따라야 했고 재산을 소유하는 경우 세금도 내야 했지만 투표는 할 수 없었다고 썼다. 마치 영국인들이 여성들에게 법정보다 집에서 정의를 찾으라고 이야기하는 듯했다.[35] 이러한 므리날리니의 글은 여성뿐 아니라 남성까지도 "법정에 더 이상 의지하지 말고" 독립을 위한 투쟁에 참여할 것을 촉구하는 비협조 운동의 전야에 큰 반향을 일으켰다.

최초의 여성 의원

최초의 여성 의원 무투락슈미 레디Muthulakshmi Reddy[36]는 1927년 마드라스 입법부에 임명되었다. 무투락슈미의 회고에 따르면, 이후 그는 사회적 학대를 없애고 도덕적 기준에서 평등을 추구하며 여성을 위한 '균형을 잡기' 위해 평생 노력하게 되었다.[37]

무투락슈미는 1886년 [인도 남동부] 뿌두꼬따 왕국에서 태어났다. 그의 아버지[나라야나사미S. Narayanasami]는 브라흐민이자 [뿌두꼬따의] 마하라자[가 설립한]칼리지의 교장이었으며, 어머니 찬드람말Chandrammal은 사원에서 춤추고 노래하는 이세 베랄라 카스트Isai Velala caste 출신이었다.[38] 무투락슈미의 아버지는 전통에서 벗어나 그를 학교에 보냈다. 선생님들은 배움에 대한 열정이 너무 컸던 무투락슈미에게 아버지가 승인한 과목 외에 다른 과목도 가르치기 시작했다. 나이가 들면서 그는 학교를 떠나야 했으나 집에서 계속 교육을 받았다. 찬드람말은 딸을 위해 신랑감을 구하려고 했으나 무투락슈미는 다른 뜻이 있었다. 그는 회고록에 다음과 같이 썼다. "그때 이미 나는 더 높은 것을 열망했고 보통 사람과는 다른 여성이 되고 싶었다." 그는 남성에게 종속된 여성을 가여워했으며 소년들만 교육이 필요하다는 말을 들을 때마다 마음속으로 반항했다.

시험을 통과한 후 무투락슈미가 마하라자칼리지에 지원했을 때 당시 교장이나 다른 학생들의 부모는 그의 입학을 원치 않았다. 그의 젠더뿐 아니라 집안배경도 문제가 되었으며, 교장은 그가 남학생들의 '사기를 꺾을 것'이라고 생각했다. 당시 조금 계몽되어 있던 뿌두꼬따의 마하라자는 이러한 반대를 무시하고 칼리지에 무투락슈미를 입학시켰고 장학금도 지급했다.[39] 아버지는 그에게 학교 선생님이 될 것을 제안했으나, 그는 더 높은 꿈이 있었다. 무투락슈미는 실제로 고등교육을 받은 여성을 만난 적이 없었으나, 잡지를 통해 여성이 학사학위와 석사학위를 받았다는 이야기를 읽은 적이 있었다.

아버지의 제자 중 한 명이 의학을 공부해 보라고 제안했을 때 무투락슈미와 아버지는 심각하게 고민했다. 그는 늘 건강이 좋지 않은 편이었는데 전통 의술이나 약초치료는 그다지 도움이 되지 않았다. 어머니가 장티푸스에 걸렸던 경험도 개인적인 동기가 되었다. 또한 그는 결혼에 대한 어머니의 집착에서 벗어나기 위해 집을 떠나고 싶었다. 무투락슈미는 마드라스의학칼리지에 입학해 1912년 수료했고, 마드라스 정부여성아동병원Government Hospital for Women and Children의 연수외과의가 되었다.[40]

무투락슈미는 칼리지를 다니면서 사로지니 나이두를 만나 여성모임에 참석하기 시작했다. 그는 자신과 고민을 공유하면서 이를 여성권리의 측면에서 다루려는 이들과 만날 수 있었다. 그리고 그는 졸업할 때까지 결혼 이야기를 거부했다. 잡지와 신문을 통해 그가 상을 받고 학위를 받았다는 소식들이 전해지면서 개혁적인 생각을 지닌 젊은 남성들의 청혼이 이어졌다. 무투락슈미의 아버지는 이 중에서 딸에 관한 잡지 기사를 읽었던 닥터 산다라 레디Dr. D. T. Sandara Reddy를 주목했다. 무투락슈미는 "결혼이라는 짐을 지고 그가 누구든 간에 남성에 종속되는 것"을 원치 않았으나 마지못해 그의 청혼을 고려하겠다고 했다.[41] 닥터 레디의 '성취와 행실'을 검토하고 아버지의 긍정적인 평가를 들은 후, 무투락슈미는 남편이 "항상 나를 동등한 존재로 존중하며 나의 뜻을 거부하지 않을 것"을 조건으로 결혼을 받아들였다. 1914년 28세의 나이로 무투락슈미는 인도결혼법Native Marriage Act(1872년 제정)에 따라 식을 올렸다.[42]

무투락슈미 레디는 결혼하고도 가정을 꾸리는 동시에 의사로 활동했다. 이는 힘든 일이었으며 그는 의사가 되길 원하는 여성들에게 경고했다. "의료계의 여성은 이 직업을 정말로 사랑한다면, 그리고 의사로 개업하고자 한다면 결혼을 생각하지 말아야 한다. 왜냐하면 동시에 두 가지 역할을 수행할 수 없기 때문이다."[43] 그러나 자신은 어떻게든 경력과 결혼생활을 함께 꾸려 나가기 위해 애썼으며, 공부를 더 하기 위해 잉글랜드에서 유학하고 여성단체의 일에도 참여했다. 이 당시 그는 영국의 통치가 억압받은 이들, 특히 여성과 최하층민에게는 도움이 될 것이라고 믿었다. 그는 여성들이 여성만의 특별한 관심사와 특별한 능력을 발휘해 정치적 활동을 해야 한다고 생각했다.

무투락슈미 레디는 WIA가 입법심의회에 제출한 유명 사회사업가 명단에도 포함되었다. 그는 처음에는 의사 일만으로도 버겁고 경험이 부족하다면서 이를 사양했다. 그는 스스로 "나는 정치가도 아니었고 여성의 일생에 직접적으로 관련된 것 외에는 정치에도 관심이 없었다"고 말했다. 그러나 1926년 마드라스 입법심의회에 지명되었을 때 무투락슈미는 "심의회에서 자매들의 대의大義를" 대변하기 위해 이를 수락했다.[44] 심의회 동료들은 그의 의료 및 교육 활동에 찬사를 보냈으나 데바다시[45]와 불가촉민을 위한 그의 노력이나 여성에게 법적 권리를 부여하기 위해 벌인 운동에는 반대했다.[46] 무투락슈미는 팸플릿이나 잡지 편집인들에게 보낼 편지를 쓰면서 자신의 주장을 대중에게 전달하고 여성 모임을 소집했다. 그는 개인적인 비판을 무시하며 교육받은 여성으로서 '우리의 성별을 위해' 발언하는 것을 자신의 의무라고 보았다.

여성참정권을 위한 두 번째 운동

1927년 임명된 사이먼위원회Simon Commission는 새로운 인도법을 제정하기 위한 첫걸음으로 꼽히며, 여성참정권을 위한 두 번째 투쟁의 장을 열었다. 1935년에 통과된 인도법은 여성의 요구를 다소 대변했으나 여성단체들이 기대했던 정도는 아니었다. 이때 일어난 두 번째 참정권 운동 과정에서 인도 여성들은 영국인과의 협업이 갖는 한계뿐 아니라 여성권리를 민족주의 운동과 연계함으로써 일어나는 문제를 깨닫게 되었다.

사이먼위원회 소집이 발표되었을 때, 당시 유일하게 여성참정권 운동에 전념했던 전국 여성단체였던 WIA는 협조할 의사가 있음을 밝히며 여성도 위원으로 포함할 것을 요청했다. 그러나 1929년 2월 '7명의 백인 남성' 위원이 인도에 도착하자 WIA는 이를 반대하는 민족주의적 보이콧에 동참했다. AIWC도 이후 참정권소위원회를 구성했으며,

1930년대에는 여성이 '족쇄'[47]에서 벗어나기 위한 첫걸음은 정치적 해방이라고 결론 내렸다. 그들 역시 사이먼위원회를 보이콧했다. 그러나 이러한 큰 단체들과 무관하게 교육받은 여성 중 몇몇은 위원회와 만나 글을 읽을 줄 아는 여성에게 투표권을 주거나 여성에게 자리를 할당하도록 제안했다.[48]

1929년 10월 말 당시 총독이었던 어윈 경Lord Irwin은 영국 정부가 앞으로 인도에 자치령 지위dominion status를 부여할 방식을 논의할 원탁회의를 소집할 것이라고 발표했다. WIA는 즉시 사로지니 나이두와 무투락슈미 레디, 라메슈와리 네루 세 명의 여성을 원탁회의에 포함하도록 추천했다.[49] 그러나 인도국민회의는 어윈이 자치령을 '시행'하는 것이 아니라 '논의'하겠다고 발표했기 때문에 이를 보이콧했다. 민족주의적 의제를 굳건히 따르고 있던 WIA 역시 협조를 중단할 수밖에 없었다. 이는 WIA의 회원들에게는 매우 어려운 결정이었다. 참정권을 위해 오랫동안 공들여 일해 온 결과 헌법적 조치에 영향력을 끼칠 수 있는 기회가 겨우 주어졌는데 이를 스스로 저버린 셈이 된 것이었다.[50]

런던 원탁회의는 1930년 11월에 시작되었으며 인도 여성도 포함되었으나 주요 여성단체에서 선발한 여성들은 아니었다. 베굼 자하나라 샤흐 나와즈는 그의 아버지 무함마드 샤피 경Sir Muhammad Shafi의 개인비서 자격으로 원탁회의에 참석했다. 또 다른 여성 대표 라다바이 숩바라얀 부인Mrs. Radhabai Subbarayan은 옥스퍼드의 소머빌칼리지Somerville College를 다녔으며 영국 여성참정권 운동가들에게 잘 알려져 있었다. 베굼 자하나라와 숩바라얀은 둘 다 여성단체에서 오랫동안 활동했으나 영국인들은 이런 단체의 의사를 묻지 않고 그들을 임명했다.

원탁회의에서 베굼 자하나라와 숩바라얀은 여성의 '자각'에 대해 이야기하면서 인도 여성들이 사회 변화를 촉진하는 데 주도적 역할을 했음을 언급했다. 그들은 영국인들이 빠르다에 지나친 관심을 보인다는 것을 의식해 인도 여성들이 투표권을 지니게 되면 이러한 관습 역시 줄어들 것이라고 주장했다. 성인 보통선거권이 가장 이상적이지만, 그들은 임시 조치로 특별조항을 받아들일 여지도 충분히 있다고 발표했다.[51]

인도의 여성단체들은 이 의견에 반대했다. WIA의 마거릿 커즌스와 무투락슈미 레디, AIWC의 베굼 샤리파 하미드 알리와 라니 라즈와데Rani Rajwade, NCWI의 따라바이 쁘렘찬드 등은 사로지니 나이두와 함께 성인 보통선거권을 지지하는 공동제안서를 발표했다. 처음에는 임명이나 할당제를 지지했던 여성들도 점차 '특혜받지 않는 평등'과 '공평무사함'을 요구하는 데 목소리를 모으기 시작했다.[52] 이는 여성의 투표가 얼마나 중요한지에 대한 시각이 바뀐 것이 아니라, 우선시하는 사안이 달라진 것이었다. 그들은 더 많은 여성에게 참정권을 주는 것보다 민족주의적 입장, 즉 영국이 통치를 끝내겠다는 약속을 하지 않는 한 협조할 수 없다는 태도를 우선시하기로 했다.[53]

1931년 간디-어윈 협정에 따라 인도국민회의는 일부 권력 이양을 위한 연방제와 책임통치를 시행하는 데 필요한 계획을 세우고자 두 번째 원탁회의 참석에 동의했다. 여성단체들은 국민회의를 따라 참석하기로 결정하고 사로지니 나이두를 대표로 파견했다. 국민회의의 유일한 대표는 간디였으며, 영국 측은 또다시 베굼 자하나라와 라다바이 숩바라얀을 지명했다. 이때에 이르면 베굼 자하나라는 마음을 바꾸어 성인 보통선거권을 요구하는 국민회의의 입장을 강력하게 지지했다. 그러나 숩바라얀은 WIA 동료들의 압력에도 할당제를 지지하는 입장

을 철회하지 않았다.[54]

두 번째 원탁회의가 끝나갈 때쯤 여성참정권을 늘리도록 권고하는 백서가 양원에 제출되었다. 로티안 경Lord Lothian이 참정권위원회의 의장을 맡아 구체적인 내용을 준비하게 되었다. 위원회는 1932년 인도를 시찰해 근거와 의견을 모은 후, 구체적으로 다음 인도법안을 제안하도록 계획을 세웠다. 라다바이 숩바라얀과 랭커셔 하원의원 스턴데일 경Lord Sterndale의 딸로 옥스퍼드에서 교육받은 메리 에이다 픽퍼드the Honorable Mary Ada Pickford 두 명의 여성이 로티안위원회에 임명되었다. 1929년부터 하원에서 잉글랜드대학연합Combined English Universities을 대표했던 엘리너 래스본Eleanor Rathbone은 오랫동안 여성 의제에 관심을 갖고 있었으며 캐서린 메이오의 『어머니 인도』를 읽고 인도에 관심을 가지게 되었다. 그의 책 『조혼: 인도의 미노타우로스』*Child Marriage: The Indian Minotaur*는 사르다법이 '장식뿐인 법'이라고 비판하며 일부 인도 여성으로부터 찬사를 받기도 했다. 래스본은 로티안위원회에 임명받지 못해 자존심이 상했음에도 인도를 여행하며 인도 여성들과 만나기로 했다. 그러나 그는 인도 여성의 의견을 청취하기보다 참정권을 위해 어떻게 싸워야 하는지 조언하는 것을 목적으로 삼았다.[55]

로티안위원회는 인도에서 극소수의 여성만 만났으나 1932년 전 인도 여성단체들이 작성한 제안서를 받아들였다. 여성들의 제안서는 참정권에 관한 모든 절차와 방식, 즉 지명, 교육받은 여성에게만 참정권을 부여하는 것, 도시 거주 여성 중 일부만을 위한 참정권 등을 격렬하게 비판했다.[56] 그러나 이러한 공식적인 입장과 달리 실제로는 특별유권자special electorate나 지명의석에 대한 지지도 높았다. 일례로 1932년 비하르와 오릿사 출신으로 AIWC 회원이었던 다쓰 양Miss Dass이 분리선거를 지지하는 여성 모임을 조직하자, 회장이었던 아므리뜨 까우르가 "상임위원회의 위원들은 [원칙에] 충실해야 합니다"라고 꾸짖은 일도 있었다.[57]

인도에 있는 동안 메리 에이다 픽퍼드는 잉글랜드에 있는 언니에게 위원회의 일을 묘사하는 편지들을 보냈다. 픽퍼드는 인도 여성들을 좋아하지 않았다. 그에 따르면 라다바이 숩바라얀은 "지루하고 상상력이 없으며" 마드라스 여성들의 토론은 "난장판"이었다. 위원회는 때때로 차를 빌려 마을을 찾아가 '보통 사람들'을 면담했다. 픽퍼드는 인도를 여행하면서 대개 나쁜 인상을 받았으며, 위원들이 자동차 열 대를 끌고 마을에 쳐들어가 일으키는 소동에 대해서는 전혀 자각하지 못했다. 위원회의 통역가들은 마을에 들어서면 주민들을 불러 질문을 받도록 명령했다. 여성들은 대부분 도망갔으나 한번은 재산을 상속받아 [선거권을 가진] 나이 든 과부가 참석했고, 투표할 때마다 항상 아들에게 어떻게 해야 할지 묻는다는 대답을 했다. 이로 인해 픽퍼드는 인도의 마을 사람들이 뒤처져 있으며 "직접 투표는 어떤 방식이든 적절치 않은" 상황임을 확신하게 되었다.[58] 최종보고서에서 로티안위원회는 인도의 큰 넓이와 많은 인구, 높은 문맹률로 인해 성인 보통선거권이 부적절하다고 결론지었으며, 대신 여성 유권자의 비율을 높여 20:1인 남녀 유권자 비율을 5:1로 조정하도록 권고했다.[59]

그러나 이러한 권고사항에 대응하기도 전에 인도 여성들은 무슬림을 위한 할당석을 마련하기로 확정되었으며 최하층민depressed classes에도 이를 적용할 것이라는 소식을 들었다. 이에 간디도 '불가촉민' 혹은 '하리잔'이라고 불리는 하층민 역시 힌두교도이므로 다른 집단으로 분류하면 안 된다고 주장했다. 그는 이러한 결정에 반대하는 단식을 시작했으며, 결국 절충안으로 제시된 1932년 푸나협약Poona Pact은 전체 힌두교도에 최하층의 할당석까지 포함하게 되었다. 간디를 포함한 국민회의의 지도자들이 이러한 제안을 받아들인 것은 보통선거권을 분명히 포기한 것과 다름없었다. 여성단체들은 푸나협약 등 종교에 따른 분리선거는 여성들을 분열시킬 뿐이라고 맹렬히 비난했다.[60] 그러나 베굼 자하나라와 무슬림 여성 일부는 동의하지 않았다. 그들은 무슬림 남성들이 푸나협약을 지지했으므로 여성단체들에 종교 간 화합을 원한다면 이를 받아들이도록 조언했다.[61]

1933년의 백서는 남녀 유권자 비율을 10:1로 조정하도록 권고했으며, 이는 보통선거권에 가해진 최후의 결정타였다. 보통선거권을 추진했던 여성 중 일부는 여성 비협조 운동을 실시할 것을 주장했다. 실용주의자들은 이에 반대하며 여성이 자신의 정치적 이익을 대변하기 위해 스스로를 소수집단으로 재정의할 것을 촉구했다. 이에 무투락슈미 레디는 다음과 같이 조언했다.

> 우리는 인도 남성들이 결정하고 받아들인 조건들을 거부할 수 없다. 간디지Gandhiji●가 불가촉성의 해악을 타파하기 위해 정부와 협조할 수밖에 없는 것처럼, 여성 사회사업가들과 교육자들은 우리를 위해 최대한 많은 것을 확보하려 노력하고 있으며, 그들 역시 지금 나라의 낙후된 상태를 고려했을 때 비협조 운동을 시도할 수 없다는 것을 제대로 인식하고 있다.[62]

1933년 초, 여성 지도자들은 남녀 유권자 비율을 5:1로 만드는 것

● '지ji'는 남성에게 붙이는 경칭이다.

을 목표로 삼았다. 영국 여성들 역시 이를 지지했으며 투표하고자 하는 교육받은 여성의 수를 뒷받침할 근거를 모으도록 촉구했다. 라다바이 숩바라얀과 도로시 지나라자다사, 베굼 자하나라, 사랄라 라이Sarala Ray 등은 개인과 단체 등에 지지 의사를 표현하도록 요청했다. 그러나 여전히 모든 사람에게 투표권을 부여하는 성인 보통선거권을 요구하는 여성도 있었고,[63] 반면 무슬림 여성들은 종교에 따른 투표권을 지지했다. AIWC의 지도자들은 여성들의 의견이 서로 다르다는 사실을 보고서에서 대체로 누락시켰다.[64] 오랜 논의 후 세 단체는 결국 성인 보통선거권을 요구하면서 분리선거구제나 할당제를 고려한 다양한 제도를 반대한다는 공동제안서를 발표했다. 임시방편으로 그들은 글을 읽을 줄 아는 여성과 도시 거주 여성에게 참정권을 부여하겠다는 제안을 단기적으로 받아들이기로 했다.[65]

엘리너 래스본은 여성단체들이 성인 보통선거권을 요구하면서 '아내 자격'으로 받는 투표권을 거부하면 여성투표권 확대 운동에 치명적인 결과를 낳을 수 있다고 경고했다.● 래스본과 그의 영국인 친구들은 인도인 동료들과는 다른 두 가지 인식을 공유했다. 그들은 여성의 대의권을 증진해 입법부에 더 많은 여성이 들어오게 되면 결국 사회개혁이 이어질 것이므로 이를 찬성했다. 또한 그들은 성인 보통선거권이 불과 몇 년만 지나면 주어질 것이라고 믿고 있었다.[66] 그랬기 때문에 영국 여성들은 인도인 '자매'에게 보통선거권에 대한 요구를 우선 포기

● 재산을 가진 여성과 투표권을 지닌 남성의 아내에 한정되었던 투표권은 1935년 인도법에 따라 21세 이상으로 글을 읽을 줄 아는 여성이나, 재산이 있는 자의 아내나 과부에게까지 확대되었다. 이에 따라 여성 중 유권자 비율이 3%에서 14%로 증가했고 여성 유권자 수 역시 남성의 20분의 1에서 5분의 1로 증가했다.

하고 할당제나 다른 특별제도를 받아들이도록 촉구했다.

무투락슈미 레디와 그의 동료들은 자신들의 위치를 조심스럽게 재고했다. 레디는 처음부터 성인 보통선거권은 불가능하다고 생각했었으나, 더 이상 영국인들의 자비로움을 믿지 않았다. 그는 정치적 편의를 위해 성인 보통선거권을 요구하는 것이 아니라 이를 도덕적인 문제라고 생각했다. "우리의 목표는 정당하며 (……) 결국 승리하고 말 것이다."[67] 그는 래스본에게 인도인 아내들은 영국인 아내들과 다르기 때문에 참정권을 가진 남성의 아내에게만 투표권을 주는 제도가 통하지 않을 것이라고 말했다. 레디는 영국인 아내들은 교육받았을 뿐 아니라 "당신 나라의 법은 일부다처제를 허용하거나 남편에게 아내의 몸과 영혼 모두를 지배할 수 있는 무한정의 권리를 준 적이 없다"고 했다. 레디는 재산을 가진 남성의 아내에게 참정권을 부여하는 것은 결국 "사회의 모든 개혁에 대체로 반대하는" 보수적이고 전통적인 남성의 표만 두 배로 늘릴 것이라고 믿었다. 또한 그는 여성할당석 역시 여성을 정치적 장으로 끌어들이는 데 매력적인 방식이 아니라고 여겼다. 레디도 마드라스위원회에 선출된 것이 아니라 임명된 것이었기 때문에 이를 한때 찬성했으나, 자격이 없는 여성들이 임명되는 것을 보고 충격을 받았다. 그는 결국 "(불특정한) 여성 한 명"이 요직에 앉아 있는 것보다는 "한두 명의 훌륭한 여성이 (……) 각각의 위원회나 의회에서 여성의 관점을 대변"하는 것이 옳다는 뼈아픈 결론에 다다랐다. 레디는 다음과 같이 결론을 내렸다. "우리 여성들은 여전히 공적 업무를 새로 배우고 있으며, 명예롭고 책임감을 지녀야 하는 자리에 인격과 끈기, 용기를 지닌 여성을 선택하지 않는 한, 많은 것을 이룰 수 없을 것이다."[68] 그는 결국 소수의 여성의원직을 확보하기 위해 투쟁하기보다 청원 정치와 대중들의 의견을 드러내는 데 더 치중하기를 원했다.

인도법을 준비하는 마지막 단계에 이르러 린리스고위원회Linlithgow Committee는 인도의 여성단체를 증인으로 선택했다. 아므리뜨 까우르와 무투락슈미 레디, 베굼 샤리파 하미드 알리가 각각 AIWC, WIA, NCWI를 대표했다. 수샤마 센 부인Mrs. Sushama Sen과 무케르지 부인Mrs. L. Mukherjee이 캘커타여성협의회를 대표해 발표했으며, 마드라스에서 라다바이 숩바라얀이 도시와 지역위원회District Boards, [지방 조세 단위 중 하나인] 딸룩위원회Taluk Boards 여성회원 450명의 제안서를 준비하고, 숩바라얀의 여동생 숩바라오 부인Mrs. N. L. Subba Rao이 망갈로르의 유명 여성 인사 100명의 제안서를 준비해 제출했다.[69] 레이디 레이튼Lady Layton과 필립 하톡 경Sir Philip Hartog, 스트래치 부인Mrs. O. Strachey이 인도 여성참정권에 대한 영국위원회British Committee의 입장을 발표했다. 그들은 모두 참정권을 지닌 여성의 수를 늘리는 것이 중요하다고 강조했다.[70]

인도성 장관은 근거가 충분하다고 동의했고, 린리스고위원회는 다음과 같이 논평했다. "여성이 교육받은 시민의 역할을 제대로 수행하지 않는 한, 인도는 스스로 원하는 세계적 지위에 도달할 수 없다." 그러나 그들은 표면상 행정적 어려움을 꼽으며 여성들에게 기회를 주는 것을 거부했다. 지역 행정조직들은 특히 여성 유권자를 포함하면 유권자가 너무 많아져 절차가 쓸데없이 복잡해질 것이라고 불평했다. 또한 그들은 여성 유권자를 늘리기 위한 계획이 너무 번거로우며 실현하기 어렵다고 꼬리표를 붙였다. 마지막 제안은 행정가들을 안심시켰다. 위원회는 여성 유권자 수를 늘리기 위해 몇 가지 다른 방안을 받아들여, 어떤 지역에서는 [남성 유권자의] 아내, 다른 지역에서는 글을 읽을 줄 아는 여성, 또 다른 지역에서는 군 장교의 아내가 투표할 수 있게 되었다. 이 법안은 또한 여성을 위한 특별선거구 제도를 도입했다.[71] 1935년 인도법은 남녀 유권자 비율을 5:1로 고정했으나, 이를 유의미한 승리로 인식한 여성은 드물었다.

많은 여성이 자기 편에게 배신당한 것처럼 이를 받아들였다. 영국 관료들과 행정가들은 여성문제를 현 상황을 유지하는 방식으로 해결하는 데에만 관심을 두었다. 영국 여성들은 도움을 주고자 했으나 [인도 여성을] 아랫사람 다루듯 했으며 영국 통치의 성과에 대한 신뢰가 깊었다. 국민회의를 이끌던 인도 남성들은 여성단체와 아무런 협의 없이 타협안에 동의했다.

여성들의 법적 무자격

여성들은 공공의 장에서 단체활동을 경험하기 시작하면서 자신들이 얼마나 의존적인 상태에 있는지 더 잘 알게 되었다. 또한 법적 변화를 도모하면서 그들의 종속적인 지위도 깨닫게 되었다. 재산이 없는 여성이나 재산을 가진 남성과 결혼하지 않은 여성은 새로운 대의기구에서 제외될 수밖에 없었다. 그러나 교육과 사회사업의 경험, 참정권을 위한 투쟁, 독립운동에 참여하면서 여성들은 사명감과 자신들의 능력에 대한 자신감을 얻었다. 젠더 때문에 남성과 동등한 시민권을 받지 못한다는 사실은 매우 불공평한 것으로 느껴졌다. 나아가 그들은 이러한 권리조차 없다면 앞으로 개혁을 위한 조치를 확보하기조차 어렵다는 사실도 깨달았다. AIWC는 1934년에 사르다법과 새로운 인도법안에 실망하여 정부에 전인도위원회를 임명해 여성의 법적 무자격을 검토하도록 요청했다. 여성들은 특별히 검토해야 할 주제로 상속과 결혼, 자녀에 대한 친권guardianship을 꼽았으며, 궁극적으로 새로운 법이 제정되기를 희망했다.[72] 이러한 요청 내용은 AIWC의 법률 이사였던 레누까 라이가 준비했던 「인도 여성의 법적 무자격: 검토위원회를 위한 요청」이라는 팸플릿에서 비롯되었다.[73] 레누까 라이는 [종교]공동체의 소속과 무관하게 모든 여성을 위한 새로운 법이 필요하다고 주장했다. 그에 따르면 인도 여성의 법적 지위는 "오늘날 세계에서 가장 불공평한 것 중 하나"였다. 법률을 개정해야만 여성 개개인의 고통을 덜고 인도가 근대적이고 진보적인 국가들의 대열에 합류할 수 있을 것이었다. 라이는 새로운 민법과 가족법을 통해 여성이 독립을 이루고 공적 생활에 참여할 수 있는 자격을 갖기를 원했다. AIWC는 대범하게도 "우리는 양성 간 전쟁을 원치 않는다"고 하며, 여성이 나랏일에 제 역할을 할 수 있도록 평등을 요구하는 것이지 '서양식' 평등을 요구하는 것이 아니라고 주장했다.[74]

그러나 1930년대에 상정된 의회법안들은 여성의 지위 향상을 단편적으로만 고려했음을 보여 준다. 1937년에서 1938년 사이에 도입된 조치 중에는 힌두 여성의 재산 소유권 법안과 조혼 금지법 개정안, 카스트 간 결혼 허용 법안, 힌두 여성 이혼권 법안, 무슬림 속인법안, 일부다처제 방지 법안, 무슬림 여성 이혼권 법안 등이 있었다. 지역 의회에서는 지참금 금지 법안과 결혼법, 여성의 상속을 가능하게 만들 법안 등의 제정이 진행되었다.

1937년 선거 이후 새로운 의회가 구성되면서 진보적인 몇몇 남성 의원은 인도의 여성문제를 인식하며 여성들이 민족주의 운동에 기여한 사실을 인정했다. 동시에 국제기구도 인도에 관심을 가지기 시작했다. 의회 개혁가들은 인도가 진보하는 것을 원했지만, 동시에 국제연맹이나 국제노동기구International Labor Organization에서 인도를 어떻게 볼지에 대해 촉각을 곤두세우고 있었다.

여러 법안을 논의하면서 여성의 법적 요구사항에 대한 남성 개혁가들과 여성단체들의 인식이 서로 다르다는 사실이 분명해졌다. 힌두 여성의 소유권 법안을 상정했던 데슈무크G. V. Deshmukh는 "힌두 여성이 겪는 기존의 무자격성"을 없앨 필요가 있다고 했으나, 실제로 그가 제안한 것은 가장이 유언을 남기지 않고 사망한 경우 아내들과 딸들에게 남성 상속인들과 동등한 몫을 나누어 준다는 내용이었다.[75] 여성단체들은 우려가 있었음에도 이 법안을 지지하기로 했다. 봄베이의 여성단체였던 자매협회Bhagini Samaj는 "현대적인 사고방식에 따라 여성도 상속인이 되는"[76] 새로운 상속법을 권고하는 제안서를 정부에 제출했다. 무투락슈미 레디는 상속보다 더 급한 문제로 여성의 자주성을 '인정하지 않는 태도'를 꼽았다. 그는 남성뿐 아니라 여성들도 스스로 자주성을 기졌던 과거의 도덕성으로 회귀해야 한다고 주장했다. 그의 이상향에서는 성인 여성도 혼자 살면서 생계를 유지하고 결혼 여부도 스스로 결정했다.[77] [마하라슈뜨라 동부] 예옷말Yeotmal의 담레 부인Mrs. Damle은 이혼법안에 대해 논평하면서 여성들에게 도움이 되지 않을 것이라고 했다. 그에 따르면 여성들은 이혼이 아니라, 남편이 두 번째 부인을 얻는 것을 막을 수 있는 경제적 독립과 더 많은 힘이 필요했다.[78] 개혁적인 생각을 지닌 여성들은 단편적인 법안을 원한 것이 아니라, 사회적·경제적 변화를 수반한 포괄적인 법률 제정을 원했다.

남성들은 온건한 개혁도 여전히 강력하게 반대했다. 어떤 남성은 종교적인 믿음과 관례의 신성함을 근거로 들어 힌두법에 따른 관습과 행동을 바꿀 수 없다고 반대했다. 다른 이는 법률 제정이 혼란을 가져올 것이라는 우려를 표명했다. 그들은 어느 통치자가 '집안을 엉망으로 만들'고자 하겠느냐고 물었다. 다른 이들은 여성의 본성을 거론하며 힌두 여성이 공적 생활에 적합하지 않다고 했다. 어떤 남성은 스스로 여성들을 대변한다고 자처하면서 자기가 아는 여성들이 현 상황을 행복해하고 있다고 장담했다.

우리는 대다수 여성이 무엇을 원했는지 알 수 없으며, 개혁가들이나 그 반대론자들 역시 이를 알아내려고 노력하지 않았다. 대신 각각의 주장은 '수천 명', 혹은 '교육받은 이들 대부분', '대다수', '전체 인구의 99%'의 찬성을 받는다고 내세웠다. 정부 기록 역시 보수적인 사회적·정치적 의제를 지닌 남성 위주의 협회나 단체로부터만 의견을 구했기 때문에 다른 의견에 대해서는 전혀 알려 주지 않고 있다.

결국 평등한 권리를 추구하는 여성들은 진보적인 법이라면 어떠한 것이든 지지하기로 결정했다. 간디는 여성의 지위 향상이 필요하다는 데 동의했으나 이러한 전략에는 반대했다. 개혁을 위해 어떠한 법안이라도 지지하기보다, 간디는 여성 활동가들에게 마을로 내려가서 지역 관습을 배우는 데 시간을 할애하도록 촉구했다. 그는 여성들이 이를 통해 대다수의 농촌 여성은 법률 개정과 전혀 무관하다는 것을 깨닫기를 바랐던 것이다.

인도국민회의도 마찬가지로 여성들에게 불편한 동지임이 밝혀졌다. 여성의 법적 권리가 우선순위의 의제여야 한다고 동의하는 국민회의 일원은 소수였다. 여성들은 [다음 장에서 서술할 바와 같이] 자신들이 나라를 위해 행진을 하고 시위에 참여하며 감옥에 갔다는 것을 상기시켰다. 이제 그들은 다음과 같이 주장했다. "오늘날 우리 사회의 상황에 맞추어 여성권리에 대한 힌두법을 공평하게 개정하도록 요구하는 것은 우리의 생득권이다."[79] 자와할랄 네루Jawarhalal Nehru는 여성이 공적 생활에 참여하는 것을 지지했으나 가족법 개혁보다는 농지 개혁을 우선시했으며 여성권리 개정을 위해 영국인들과 협조하는 것은 절대 반대했다.[80] 그러나 여성들은 네루나 다른 의원들의 논평에 꺾이지 않았으며 오히려 이러한 태도가 소위 '친구'들이 사실은 여성 지위가 변화하는 것을 고집스럽게 반대한다는 증거라고 생각했다.

이러한 상황에서 중앙입법부의 일원이었던 지나라자 헤드게Jinaraja Hedge가 여성의 법적 무자격을 다룰 위원회를 소집하도록 결의안을 올렸다. 무슬림연맹은 위원회가 힌두법만 조사한다면 반대하지 않겠다고 대답했다. 인도국민회의 일원들은 위원회 소집에는 찬성했으나 "힌두 사회체계의 기반이 되는 틀을 흔들 수 있는" 변화도 일어날 수 있음을 경고했다. 법률위원 시르까르N. N. Sircar는 입법부의 분위기를 감지하고는 거주와 부양 상황에 대해서만 조사하도록 제안했다.[81] 법률 개정을 원하던 여성들은 시르까르를 지지해 일단 얻을 수 있는 것부터 확보하기로 했다.[82]

그사이에 이미 상정되었던 법안들이 하나씩 부결되기 시작했다. 반대파의 고집스러움을 인지하지 못하던 여성 지도자들은 토론장에서 충격을 받았다. 베굼 샤리파는 "전혀 동조하지 않는" 입법부 남성들의 태도에 개탄하며 그들이 토지와 권력, 재산을 반씩 잃어버릴까 "두려워한다"고 결론 내렸다. 물론 법적 개혁으로 모든 여성의 문제가 해결될 수 없었으나, 스스로 생계를 유지하고 아이를 양육할 수 있는 일부 여성을 재정적으로 보호해 줄 수 있었다.[83] 여성들은 이제 여성이 정치에 기여한 바를 호소하기보다 인권의 문제로서 탄원했다. 베굼 샤리파에 따르면 여성들은 "공정하고 인간적인 대우, 그리고 그들만이 지닌 불리한 조건에서 해방되는 것 이상을 바라지 않았다."[84]

정부는 유명 변호사들을 모아 힌두법을 연구하고 법안을 권고할 위원회를 꾸리기로 약속했으나 이는 전쟁과 정치적 불안정으로 인해 1941년까지 실행되지 못했다. 1941년 1월에야 라우 경Sir B. N. Rau이 위원장으로 임명되었으며 힌두 여성의 재산소유권에 대한 법안들을 주의 깊게 검토하도록 요청받았다. 여성단체들의 항의가 이어지자, 위원회는 여성 재산소유권에 대한 모든 문제를 검토하라는 명령을 받았다. 그러나 위원회에 여성을 추가해 달라는 요구는 무시되었다.[85]

여성단체들이 의안議案을 지지하기 위해 이토록 노력한 것은 처음이었다. 여성단체들은 여성참정권을 포함한 여러 문제에 대해 이견을 가졌으나 이제는 라우위원회를 위한 자료를 모으고자 협력했다. 라우위원회가 여성단체에 보낸 질의서는 바로 단체들의 지부로 배포되었고 지역의 지도자들은 가능한 한 빨리 이를 수합해 반송하도록 요청받았다.[86] 이들의 노력은 라우위원회의 위원들이 자료를 세심하게 읽음으로써 보상받았다. 1941년 6월에 제출한 최종보고서는 관련 법률의 성문화와 "종합적이고 근본적이며 실질적인 개정"을 권고했다.[87]

그러나 인도국민회의는 1941년에 입법부를 보이콧하기 시작했다. 그 결과 처음에는 국민회의 의원들만 체포되어 감금되었으나, 봄이 되자 시민 수천 명이 비협조 운동에 참여하기 시작했다. 이는 민족주의자이면서 페미니스트였던 여성들에게 딜레마로 작용했다. 그들은 여성의 권리를 확보하기 위해 라우위원회와 협조할지, 아니면 국민회의의 보이콧을 따를지 결정해야 했다. 이 무렵 국민회의는 국가기획위원회에도 여성으로 이루어진 소위원회를 구성하고 계획 경제 체제와 여성들의 역할에 대한 제안서를 작성하도록 요청했다. 그리고 국민회의는 여성부Women's Department를 설립하기 위한 첫 발걸음을 내디뎠다.[88]

식민정부와 인도국민회의 사이의 난처한 입장에 처한 여성 중 한 명은 국민회의 소속으로 중앙입법부의 의원이었으며 오랜 기간 페미니스트였던 라다바이 숩바라얀이었다. 숩바라얀은 라우위원회에 참여하도록 지명받았으나, 국민회의는 그에게 이를 거절하게끔 했다. 간디는 영국 정부가 실질적인 문제로부터 관심을 돌리기 위한 획책으로 라우위원회를 구성했다고 여겼으나, 여성들에게 라우위원회를 보이콧하라는 이야기까지는 하지 않았다. 간디는 타협안을 제시했다. 라우위원회를 위해 일하고자 하는 여성은 개인적으로는 가능했지만 어떠한 단체의 대변인으로서는 참여할 수 없었다.[89] [구자라뜨 출신의 여성 활동가로 오랜 기간 간디를 따랐던] 므리둘라 사라바이Mridula Sarabhai는 이에 반대하며 여성들도 민족주의적 문제를 우선시해야 한다고 주장했다. 그는 라우위원회의 개혁안이 "하리잔 노동자들에게 사원 입장을 허가하는 법안과 동일"할 정도로 큰 의의를 지녔다고 인정했으나, 여성들이 무엇보다도 비협조 운동을 굳건히 지지하도록 촉구했다.[90] 그러나 사로지니 나이두나 비자야락슈미 빤디뜨Vijayalakshmi Pandit, 아므리뜨 까우르 등 국민회의의 다른 충실한 지지자들은 지속적으로 법률 개혁을 요구했다. 레누까 라이나 라다바이 숩바라얀과 같이 중앙입법부에 진출했던 국민회의 여성들도 라우위원회의 일을 지지하는 발언을 했다.

라우위원회의 보고서가 1941년에 출간되자 AIWC는 지부에 사본을 보내면서 회의를 열어 이를 지지하는 권고안을 준비하도록 요청했다.[91] 1942년 5월 정부는 라우가 상속에 관해 제안한 두 개의 법안을 발표하고 의견 수렴을 위해 이를 유포했다. 이 법안은 입법부에 상정되었으며 논의와 수정을 거쳐 다시 유포되었다. 그 결과 1943년에 결혼 및 상속에 관한 새로운 법안이 각각 등장했다. 여성권리 문제에 대해 우려하던 여성들은 이 전체 과정 내내 지지 의사를 표명했다.[92]

1944년 1월에는 힌두법Hindu law을 제정하기 위한 위원회가 임명되었다. 그들은 2월부터 시작해 같은 해 8월까지 초안을 마련할 예정이었다. 오랜 기간 봄베이자매협회의 회원이었으며 NCWI의 이사였던 따라바이 쁘렘찬드와 함께 두 명의 위원이 라우위원회에 합류하며 다시 모이게 되었다. 1월에서 3월 사이 위원회는 8개 지역을 방문해 121명을 개별적으로 만났으며 그 외에도 102개 단체의 대표와 면담을 진행했다.[93]

위원회는 시작할 때 주로 법조인을 만날 계획이었으나 여성과 정통 힌두교를 대변하는 이들을 면담하기 위해 특별히 노력하겠다고 밝혔다. 실제로 여성이 면담 대상자 중 약 25%를 차지했다. 그러나 면담한 여성의 수보다 더 중요한 것은 그들의 증언에 대한 해석이었다. 이전 위원회에서는 여성들의 증언이 교육받은 엘리트 여성들만 대변한다면서 무시했던 반면, 이번 위원회에서는 정통 힌두교도들의 증언을 묵살하는 경향이 있었다. 벵골의 경우, 면담 대상이었던 여성들이 모두 법률 개혁을 반대하자 위원들은 개혁을 지지하는 여성들이 자신들과 만나지 못하게 방해받았다고 결론 내렸다. 개혁을 반대하는 여성들은 남편의 뜻을 생각 없이 따른다고 무시되었다.[94] 개혁을 원하는 여성들의 의견을 강조하기 위해, 위원회는 보고서 곳곳에 여성들의 관점을 인용했다. 이는 인도 여성들이 법률 개정에 대해 잘 알고 있으며 이를 지지한다는 인상을 주었다.

라우위원회의 최종보고서는 힌두 사회의 두 관점을 능수능란하게 인용했다. 이 보고서는 여성권리 운동을 민족주의와 결부시키면서 고대 힌두 경전에서 가장 훌륭한 요소와 현대사회에 적절한 법적 원칙을 조화롭게 만드는 것이 가능하다고 주장했다. 요컨대 위원회는 힌두 사회를 근대화하겠다는 의지를 내세우지 않고 힌두법을 합리화하자는 제안을 한 것이었다.[95]

보고서는 1946년에 출간되었으나, 제헌의회는 자치정부의회가 될 때까지 이를 검토 대상으로 재상정하지 못했다. 여성의 의견을 제시하기 위해 노력했던 여성들은 이를 승리로 여길 수 없었다. 그들은 이미 여러모로 타협을 한 상황이었고, 이 법안이 통과되기 전까지 또 다른 타협을 요구받을 것임을 깨달았던 것이다.

결론

어떤 연구에서는 시민권을 위해 투쟁한 여성들을 단지 민족주의의 과제를 수행한 꼭두각시로 보는 반면, 다른 연구에서는 이들을 인도 사회를 전혀 이해하지 못하는 영국 예찬론자로 그리기도 한다. 그러나 이들이 주체적으로 문제를 제기하고 전술을 선택했는지, 그리고 만약 그렇다면 이들이 어떻게 동기를 부여받았는지 생각해 볼 필요가 있다.

이러한 여성들은 남성들로부터 교육과 지도를 받았으나 [이들이 다녔던] 캘커타의 마하깔리학교나 베튠칼리지, 푸나의 까르베학교와 빤디따 라마바이의 학교 사이에는 엄청난 간극이 있었다. 교육받은 여성이 참여한 사회단체도 이데올로기나 활동에서 큰 차이를 보였다. 구자라뜨 여성들이 만나 구자라띠어를 사용했던 봄베이의 자매협회는 부유하고 작위나 칭호를 지닌 여성들로 구성되어 영어로 사무를 보았던 NWCI와는 성격이 달랐다. 그리고 이러한 경험의 산물 역시 그 성격이나 헌신 정도에서 차이를 보였다. 여성단체의 서신들을 훑어보기만 해도 여성 지도자들의 강한 개성을 엿볼 수 있다. 그들은 의견을 강력하게 피력했고 입장을 바꾸기도 했는데, 이는 유약함에서 비롯된 것이 아니라 전략적 필요에 따른 것이었다.

여성들은 영국 통치자들에게 청원을 올리면서 참정권과 법률 개정을 포함한 여성 시민권을 확보하고자 노력하기 시작했다. 여성들이 원한 권리는 그들의 아버지나 남편으로부터 받을 수 없는 것이었다. 또한 불과 얼마 전에 참정권을 얻고 여전히 의회에 충분히 진출하지 못하던 영국 여성들 역시 인도 여성들에게 이러한 권리를 부여할 수 없었다. 영국 여성들은 페미니스트 의제로서 인도 여성의 문제 해결을 위해 협조했으나 영국 통치의 성과와 가치에 대한 굳건한 믿음을 지니고 있었다. 물론 그들 역시 인도 여성들을 위한 탄원인이 되었다. 그들은 진심으로 인도 여성도 권리를 갖기를 원했으나 동시에 영국 정부뿐 아니라 자신들도 문명화의 사명을 수행한다고 인정받고 싶어 했다. 모든 것을 고려했을 때, 그들은 결국 영국 통치가 인도 여성들의 이해관계에 도움이 된다고 믿었다.

여성의 정치적 권리나 시민권에 대한 인도국민회의의 태도는 일관성이 없었다. 참정권에 대한 논의가 처음 일어났을 때 국민회의는 여성들의 요구를 지지했다. 결정권이 지방입법부로 일임되었을 때도 국민회의는 여성들을 지원했다. 그러나 두 번째 참정권 논의가 일어났을 때 국민회의는 여성단체들이 자기들의 뜻을 따를 것이라고 당연시했다. 그들은 주요 논의에서 여성을 배제하면서도 여성들과 완전한 연대를 이룰 수 있으리라 믿었다. 여성단체들이 상당한 힘을 지닌 존재로 성장하자 국민회의는 이들을 억누르기 위한 조치를 취했다. 여성들은 [민족의 독립을 위해] 이에 따랐으나 공적인 기록 뒤로 쌓인 불만을 엿볼 수 있다.

참정권과 법적 권리를 위한 운동들은 여성들의 활동가적인 면모를 보여 준다. 그들은 때로 카스트나 계층에서 비롯된 좁은 생각으로 잘못된 선택을 하기도 했으나 꼭두각시는 아니었다. 그들은 결국 민족주의 과제를 지지하는 선택을 할 수밖에 없었으나 자신들의 결정을 분명히 이해하고 있었다. 역사적 기록은 어떠한 복합적인 원인에 따라 여성들이 그러한 결정을 내렸는지 밝히고 있으므로 이러한 차이를 분명하게 인식해야 한다.

여성들은 경험을 통해 권리를 위한 투쟁이 쉽지 않을 것임을 알게 되었다. 매번 그들은 한 조각의 정의를 얻기 위해 각고의 노력을 하고 또한 무엇이든 받아들여야 했다. 참정권에 대한 타협이나 라우위원회의 보고서는 여성단체들의 견해를 충분히 반영하지 못했다. 어떻게 보면 여성들은 인도 사회에서 공평하고 적절하다고 생각하는 것을 얻기 위해 순진하게 노력했다. 그러나 여성들의 목표는 당시의 정치적 격동 속에서 중요하지 않았으며, 여성단체의 일원들은 원했던 것만큼 얻지 못했다. 갈수록 그들은 스스로를 정치적인 경로만으로는 해결할 수 없는 독특한 문제를 지닌 소수집단으로 인식하기 시작했다.

제5장

민족주의 운동의 여성

벵골 독립운동가• 헬레나 더뜨Helena Dutt는 다른 또래 소녀들과 함께 교육과 정치에 뛰어든 과정을 설명하면서 "[우리는] 마치 우리에 갇힌 호랑이 같았다"고 했다.[1] 헬레나나 그의 친구들보다 더 보수적인 여성들조차 "집에 불이 났으니" 뛰어나와 불 끄는 것을 도와야 한다는 말을 들었다.[2] 진보적인 가정이나 보수적인 가정, 도시나 농촌, 결혼 여부, 나이와 무관하게 여성들이 집 밖으로 나와 식민 통치에 대한 저항에 동참했다. 이들의 수는 많지 않았으나 여성들이 참여했다는 사실이 매우 중요했다. 인도 여성의 저항으로 인해 영국 지배가 당연하다는 인식에 의문이 제기되었으며 인도 민족주의 운동이 정당화되었고 일시적으로나마 여성 활동가들도 인도 남성들로부터 인정받았다.

여성단체를 만들어 행동하던 여성들의 목표와 활동은 인도의 정치적 상황에 따라 완전히 바뀌어 버렸다. 교육과 사회개혁, 여성권리는 진보적인 여성 일부에게만 중요한 과제였으나, 외국 지배자들을 내쫓고자 하는 움직임은 계급이나 [종교] 공동체, 사상적 신념을 막론하

• 원문에서는 혁명가revolutionary 혹은 자유투사freedom fighter라고 서술하고 있으나 문맥상 '독립운동가'로 번역했다.

고 큰 호응을 받았다. 민족주의 지도자들은 농민과 노동자, 여성단체들과 관계를 구축해 대중이 자신들의 입장을 얼마나 지지하는지 보여 주고자 했다. 집에서는 아내들이 종교 경전에 따라 완벽하게 행동하기를 원하던 남성들이 여성의 정치활동 참여를 지지하자 여성들은 놀랄 수밖에 없었다. 1930년 라호르에서 구금되었던 독립운동가[이자 네루의 조카였던] 만모히니 주뜨시 사흐갈은 남편이 출근한 사이에 시위에 참여했다가 체포당한 여성에 대해 쓰고 있다. 그의 남편은 그가 석방되더라도 집에 돌아올 수 없다고 전언을 보냈다. 만모히니의 어머니 라도라니 주뜨시가 중재를 하려 했을 때 그 남편은 아내가 체포된 것은 큰 명예이지만 그가 집 밖으로 나가도 된다는 허락을 받지 않은 것이 문제라고 했다.[3] 결국 그는 아내를 다시 받아들였으나 인도국민회의의 일원들은 이 사건을 통해 여성의 정치적 행위가 사회적 반란으로 인식되면 안 된다는 교훈을 받아들이게 되었다.

민족주의 저항에서 여성의 역할은 단순히 행진하거나 피켓을 들라는 명령을 따르는 꼭두각시가 아니었다. 독립운동에서 일정 수준의 역할을 한 여성의 수는 절대적으로는 적었지만 기대치를 훨씬 넘어섰다. 이들이 이룬 성과는 결국 여성들이 스스로를 어떻게 인식하고 국가의 발전에 어떻게 기여할지에 대한 시각을 바꾸는 데 큰 영향을 끼쳤다. 동시에 이들의 참여는 여성들이 스스로를 보는 시각과 자신들의 임무를 형상화하는 데 도움을 주었다.

초기 민족주의 운동에 기여한 여성들

반낌 찬드라 차또빠드야야Bankim Chandra Chattopadhyaya(1838-1894)는 소설 『행복의 사원』*Anandamath*(1882)에서 모국motherland을 위해 목숨을 바치는 운동가들을 그렸다. 반낌의 감동적인 노래 〈반데 마따람〉Bande mataram(어머니 만세)도 인도 전역에서 유명세를 탔다. 그러나 어머니, 즉 모국을 구하자는 이 외침은 여성들을 [독립을 위한] 정치운동에 동참시킨 것이라기보다 오히려 민족주의와 이상적인 여성상을 접목시킨 것이었다. 실제로 1875년에 창간한 여성잡지는 다음과 같이 선언했다. "지금 이 나라 여성들에게 정치는 흥미롭거나 이해할 수 있는 일이 아니므로 우리는 정치적 사건이나 논쟁을 다루지 않을 것이다."[4] 그러나 인도인 법관도 유럽인이 연루된 사건을 담당하도록 허용하는 일버트 법안Ilbert Bill이 1883년 발표되자 벵골 여성들은 이를 지지하는 편지를 총독에게 보냈고 점차 상황이 달라지기 시작했다. 인도국민회의가 설립된 지 4년 후인 1889년에는 열 명의 여성이 연례회의에 참석했다. 1890년에는 여성 소설가 스와르나꾸마리 고살Swarnakumari Ghosal과 대영제국에서 최초로 학사학위를 받고 인도 최초의 여성 의사 중 한 명이 된 까담비니 강굴리Kadambini Ganguly가 대표로 참여했다. 이때부터 여성들은 국민회의의 모든 회의에 때로는 대표 자격으로, 그러나 대부분 참관인으로 참석했다. 아버지나 남편과 함께 참여한 여성들은 장식적인 역할과 함께 상징적인 기여를 했다. 1901년에는 인도 전 지역에서 참석한 소녀 56명이 〈힌두스딴〉Hindustan이라는 노래를 합창했다.• 다음 해에는 구자라뜨 출신의 자매 두 명이 개막식에서 이를 번역해 불렀다. 이와 같이 교육받고 정치적으로도 아는 것이 많은 소녀들과 그 어머니들은 여성의 공적

역할에 대한 인도인들의 인식이 어느 서구 국가만큼이나 진보되었음을 보여 주었다.[5]

1905년에 영국은 벵골 지역을 분할했다. 여성들은 외국 상품을 보이콧하고 스와데시*swadeshi* 상품, 즉 벵골 지역에서 생산된 상품만을 구입하며 남성들과 함께 분할령에 항의했다. 벵골 작가 니랏 차우두리Nirad Chaudhuri는 부모님이 아이들의 외제 옷을 치우고 국산 옷을 사려했던 것을 상기했다.●● 그의 회고에 따르면 스와데시 운동이 일어나면서 1909년 그의 어머니는 집에 있던 유리 물병이 갑자기 보기 싫다면서 아들에게 나가서 깨어 버리라고 명령하기도 했다.[6] 어떤 여성은 모국을 위해 헌신하겠다는 맹세를 하고 매일 쌀을 한 줌씩 모아서 돕기도 했다.[7] 다른 여성은 독립운동단체를 지원했다. 나니발라 데비Nanibala Devi(1888-1967)는 열한 살에 결혼해 열다섯 살에 과부가 되었으며 기독교 선교단체에서 교육을 조금 받았으나 결국 조카 아마렌드라나트 차또빠드예Amarendranath Chattopadhyay의 집에 같이 기거하게 되었다. 차또빠드예는 무력으로 외국 지배자들을 물리치는 데 전념했던 주간따르당Jugantar Party(신세기당)의 지도자였다. 나니발라도 당원이 되어 당 살림을 도맡으며 때로는 독립운동가 중 한 명의 아내로 가장하며 이들의 활동을 도왔다.[8] 이데올로기뿐 아니라 물리적 공간으로도 [남녀의] 공적 역할과 사적 역할이 명료하게 구분되어 있었던 시기에 여성들의 정치 행위는 영국 식민당국의 눈을 피할 수 있었다. 여성들은 집안에서의 역

● 힌두스딴은 원래 '인더스강 너머의 땅'이라는 의미를 지니고 있었으나 북인도의 인더스-갠지스 유역, 그리고 점차 인도 아대륙을 뜻하는 용어로 사용되기 시작했다.

●● 차우두리(1897-1999)는 브라흐모 사마즈에서 활동했던 부모 아래 자랐으며 독립 이후 당시의 마을 생활과 캘커타의 벵골 르네상스, 민족주의 운동의 성장에 대해 회고한 글을 남겼다.

할을 빌미 삼아 무기를 숨기고 도망자들에게 쉼터를 제공했으며 남성들을 격려하는 전복적이고 혁명적인 일들을 수행했다. 스와데시 운동을 지지했던 벵골 여성들의 행동은 인도국민회의에서의 여성의 역할과는 매우 달랐다. 국민회의에 참석했던 여성들은 남성과 동등한 것처럼 보였으나 실제로는 상징적인 의미가 더 컸다. 그들은 어머니 인도를 찬양하는 노래를 부르고 새로이 태어난 '인도 여성'을 대변했다. 벵골 분할령에 대한 저항 운동에서 여성들은 남성들과 다른 방식을 취했다. 그들은 전통적인 역할을 이용해 다양한 정치 행위를 감추었다. 공과 사는 여전히 구분되었으나, 각각의 공간에서 적절한 행동은 새롭게 정의되었고 정치적 의미가 부여되었다.

모한다스 간디의 등장

[후에 마하뜨마, 즉 위대한 영혼이라 불리게 되었던] 모한다스 간디Mohandas K. Gandhi(1869-1948)는 남아프리카 투쟁의 영웅으로, 1915년 인도에 귀국했다. 봄베이 사회에 발 디딘 지 얼마 되지 않아 그는 사회개혁 단체에 속한 여성들을 만나게 되었다. 중산층 여성들로 이루어진 단체는 그를 초청해 민중의 빈곤에 대한 발표를 들었다. 간디는 청중에게 현재 인도는 옛이야기의 여주인공인 시따Sita나 다마얀띠Damayanti, 드라우빠디Draupadi와 같이 "순수하며 확고한 의지를 지니고 자기통제력이 강한" 여성 지도자를 필요로 한다고 말했다. [인도의 대표적인 고대 서사시이자] 위대한 전설 『라마야나』의 여주인공 시따는 추방당한 남편을 따르다가 납치당한 후 정절을 증명하기 위해 불의 시험을 통과해야 했다. [인

도의 또 다른 위대한 대서사시 『마하바라따』에 등장하는] 다마얀띠는 날라Nala 왕의 충실하고 인내심 강한 아내로, [신들의 농간으로] 남편이 흉측한 모습으로 바뀌었어도 알아볼 수 있었다. 『마하바라따』의 주인공인 다섯 빤다바Pandava 형제의 아내 드라우빠디는 남편의 주사위 놀이에서 내기의 대상이 되었고 결국 남편이 패배하면서 상대편에 넘겨졌다. 새로운 주인이 그의 옷을 벗기도록 명령하자 끄리슈나 신이 드라우빠디의 순결과 무죄를 알아보고 이를 막았다. 이들은 남성에 의해 고통받았으나 위엄을 지니고 견뎌낸 여성들이었다. 간디는 이들의 이야기를 통해 여성들이 스스로 남성과 본질적으로 평등하다는 사실을 깨달을 것을 요구했다. 인도 여성들은 자신들의 위대한 여성 선조들의 힘을 받아들여야만 스스로 지닌 자유와 독립에 대한 권리를 이해하게 될 것이었다.[9]

제1차 세계대전이 끝나고 자치에 대한 요구가 높아지면서 [영령 인도] 정부는 1919년 초 공공 시위를 금지하고 시민적 자유를 유예하는 롤렛 법안Rowlatt Acts을 통과시켰다. 간디는 이즈음 여성들을 위한 행동을 계획하고 있었다. 인도 전역에서 파업을 시도하기로 한 날짜인 4월 6일, 간디는 "모든 계층과 공동체에 속한 숙녀들"의 모임에서 남성들이 온전히 참여할 수 있도록 여성들도 사뜨야그라하*satyagraha*(평화로운 저항)에 공조할 것을 요청하는 연설을 했다.[10] 일주일 후 [인도 북부 뻰잡에서 중요한 도시로 꼽히던] 암릿싸르Amritsar 공원에서 평화롭게 시위하던 수백 명이 학살되었다. 수많은 남성과 여성, 어린아이들까지 잔인하게 학살된 사건은 영국이 인도를 지배하면서 주장했던 '문명화의 사명'이 완전히 거짓임을 밝혔다. 간디는 사뜨야그라하 운동을 철회했으나 여성들은 이미 영국에 대한 투쟁에 합류했다. 간디는 그들에게 스와데시를 맹세함으로써 외국산 물품을 포기하고 매일 실을 잣도록 촉구했다. 그

의 설명에 따르면 인도가 가난한 이유는 전통 공예를 무시하고 외국산 물품을 구매했기 때문이었다.[11]

간디는 힌두 여성들에게 정치운동에 참여하도록 요청할 때 특히 『라마야나』와 같은 인도의 성스러운 신화를 언급했다. 뻰잡에서 영국인들이 저지른 만행에 대해 연설하면서 간디는 정의로운 라마 왕의 아내 시따를 납치했던 악마 라바나Ravana를 영국 지배자들과 비교했다. 그에 따르면, 식민 지배 아래 노예화된 이들은 모두 다르마*dharma*(정의로움)에 대한 감각을 잃고 있었으며, 라마의 통치를 회복하려면 여성들이 충실하고 용감한 시따를 따라 남성들과 함께 비도덕적인 지배자에게 저항해야만 했다.[12]

이와 달리 빠뜨나Patna에서 무슬림 지도자 몰라나 쇼캇 알리Maulana Shaukat Ali●와 만나면서 간디는 메시지를 수정해 무슬림 여성들에게 호소했다. [힌두 신화인] 『라마야나』와 『마하바라따』를 언급하는 대신 간디는 여성들에게 실을 잣고 남편들이 운동에 가담하도록 격려할 것을 요청했다.[13] 또 다른 연설에서는 영국 지배가 사탄의 지배와 같다고 말하며 이슬람을 구하기 위해 외국산 직물을 거부하기를 촉구했다.[14]

마드라스 출신으로 간디의 충실한 추종자였던 암부잠말 여사는 간디가 힌두와 무슬림 여성 모두를 감동시킨 방식을 설명했다. 먼저 간디는 독립운동에 여성을 위한 자리가 있다고 설명하며, 또한 그들의 용기를 믿는다고 했다. 여성들은 가정을 떠나거나 가족을 방임하지 않고도 운동을 도울 수 있었다. 간디는 여성들에게 "할 수 있는 것을 하라"면서 아무리 작은 일이라도 모두 도움이 된다고 설득했다.[15] 동시

● 몰라나는 인도 등지에서 이슬람 종교지도자를 부르는 경칭이다.

에 그는 가족들에게도 여성들이 가족의 명예나 위신을 떨어뜨리지 않을 것이라고 재차 확인시켜 주었다. [뻰잡 브라흐모 집안 출신으로 민족운동을 이끌고 독립 후에는 여성 최초로 주총리를 역임하기도 했던] 수체따 끄리빨라니Sucheta Kripalani는 간디가 남성들의 태도에 특별히 신경 쓴 점을 높이 평가하며 다음과 같이 말했다. "간디의 인성으로 인해 여성들뿐 아니라 여성의 보호자인 남편들과 아버지들, 형제들까지도 그를 믿을 수 있었다." 그의 높은 도덕성 덕분에 "여성들이 정치적 장에서 활동하기 위해 [가정 밖으로] 나왔을 때도, 가족들은 그들이 안전하며 보호받고 있다고 믿었다."16

비협조 운동

새로 구성된 위원회에서 위원들이 물러나는 것으로 비협조 운동The Non-Cooperation Movement이 시작되었다. 다음 단계는 법원과 학교를 보이콧하는 것이었다. 인도국민회의는 1920년 8월 20일에 열린 특별회의에서 이를 승인했다. 이는 운동을 추진하던 간디의 승리를 의미했으며, 여성들에게도 스와데시 운동에서보다 더 적극적인 역할이 기대되었다. 국민회의는 1921년 4월 6일부터 13일까지를 사뜨야그라하 주간으로 선포했고 정치에 관심을 둔 여성들은 이에 대한 지지를 표명하기 위한 모임을 가졌다. 사로지니 나이두가 연설한 여러 회의 중 하나에서 여성들은 자신들만의 정치단체를 조직하기로 결정했다. 이렇게 조직된 독립적인 여성단체였던 국가여성단Rashtriya Stree Sangha은 회원들에게 각 지역 국민회의위원회District Congress Committee에 가입하도록 했다. 벵골의 국민회의 지도자 다스C. R. Das의 여동생으로, 남편을 잃었던 우르밀라 데비Urmila Devi는 여성들에게 나라를 위해 8월에 가정을 떠날 마음의 준비를 하기를 촉구했다. 11월에는 봄베이 여성 1,000여 명이 영국 왕세자 웨일스 공의 인도 방문에 반대하는 시위를 벌였다.[17]

벵골에서는 더욱더 극적인 변화가 일어났다. 인도국민회의 지도자 중 동부에서 가장 중요한 인물이었던 다스는 정부의 시위 금지령에 도전하기 위해 국민회의 자원봉사자들에게 캘커타 시내에서 카다르*khaddar*(집에서 짠 천)를 판매하도록 했다. 다스의 아들을 포함한 첫 자원봉사자들은 체포되었고, 다스의 아내 바산띠 데비Basanti Devi와 누이 우르밀라 데비, 조카 수니띠 데비Suniti Devi 역시 거리로 나섰다가 체포되었다. 그들이 체포되었다는 소식이 퍼지자 이 전략이 얼마나 영향력이 있었는지 밝혀졌다. [사회 각 계층과 종교공동체를 아우르는] 수많은 "마르와리Marwari●와 무슬림, 바띠야Battia,●● 시크교도, 막노동꾼(계약노동자들), 방직공, 학생"들이 몰려들어 경찰이 여성들을 풀어줄 때까지 떠나지 않았다. 한 남성은 자기 집안 여성들이 체포된 것처럼 느꼈다고 했다. 다음 날인 1921년 12월 8일에는 온 도시에 야단이 났다. 다스 집안의 여성들에 대해 다음과 같은 기록을 볼 수 있다.

> 그들은 수많은 여성 자원봉사자들, 특히 시크교 여성들과 함께 직물 가게에서 시위하며 카다르 판매를 재개했다. 캘커타의 학생들 역시 수백 명씩 거리로 나와 금지된 자원봉사단에 동참했고, 카다르를 입은 채 시위하며

● 인도 서북부 라자스탄 출신의 힌두 상인들.

●● 비슈누파 상인들.

체포되고자 했다.[18]

그날 하루에만 시위에 가담한 이들 중 170명이 체포되었다.

간디는 시위에 여성들이 참여하는 것이 얼마나 큰 도움이 되는지 빠르게 알아차렸다. 『영 인디아』*Young India*의 기고문을 통해 그는 다른 지역의 여성들에게도 벵골의 용감한 여성들을 따르도록 촉구했다. 점잖은 여성들이 체포되는 것을 보고 부끄러움을 느낀 남성들이 시위에 참여하도록 하는 것은 적절한 전략으로 보였다. 계획했던 바는 아니었지만 여성들이 체포되면서 다른 여성들도 영향을 받았다. 아흐메다바드Ahmedabad에서 열린 전인도여성협의회All-Indian Ladies Conference에서 6,000여 명의 여성이 전인도킬라파트위원회의 지도자였던 몰라나 쇼캇 알리와 무함마드 알리Muhammad Ali의 어머니인 비 암마Bi Amma의 연설을 들었다.● 알리 형제는 간디의 동료였다. 비 암마는 여성들에게 인도국민회의 자원봉사자로 등록하고, 남편이나 남자 식구들이 체포되면 시위에 직접 참여해 "깃발을 계속 날리도록" 촉구했다.[19]

시대가 바뀜에 따라 영령 인도의 모든 지역에서 여성들이 간디의 부름에 응답했다. 마드라스 북쪽의 동고다바리East Godavari에서도 여성들이 간디를 만나 연설을 듣기 위해 모였다. 이 모임에 참여했던 두우리 숩바맘 여사Smt. Duwuri Subbamam는 바로 "독립투쟁에 뛰어들어" 여성들로만 구성된 데바세비까*devasevika*(신에게 헌신하는 시녀들) 간부단을 만들기

● 킬라파트 운동은 '할리파*khalifa*(혹은 칼리프caliph)'로서 이슬람 세계의 수장을 자처하던 오스만튀르크 제국이 제1차 세계대전 이후 유럽 제국에 의해 쪼개지자 그 권위를 재건하고자 한 운동으로, 서아시아와 인도, 동남아시아의 무슬림까지 이르는 큰 파급력을 지녔다.

로 결심했다.[20]

간디의 호소는 '점잖은' 여성을 넘어 중산층 사회로부터 소외된 여성들까지 이르렀다. 그는 여성[의 역할]을 중요하게 생각하며 민족과 스스로를 도울 수 있는 여성의 능력을 믿는 지도자라는 평판을 굳혔다. 1921년 4월 간디가 동고다바리 까끼나다Kakinada를 방문할 예정이라는 소식을 들은 두르가바이Durgabai●는 그와 지역 데바다시들의 만남을 주선하고자 했다. 두르가바이는 대단히 고집스러운 젊은 여성으로서 8세에 결혼했으나 나이가 든 후에도 남편과 살기를 거부하[고 마침내 이혼하기도 하]였다. 사회개혁에 헌신적이었던 그의 부모는 이를 지지했고 두르가바이는 남편이 둘째 부인을 맞이하도록 허락하기도 했다.[21]

간디의 방문에 앞서 두르가바이는 데바다시들을 찾아가 간디에 대해 이야기하고 주최 측에도 만남을 따로 주선할 수 있는지 문의했다. 인도국민회의의 대표들은 농담조로 그가 5,000루삐를 모금할 수 있으면 자리를 만들겠다고 말했다. 데바다시들은 이 돈을 모았고 두르가바이는 학교 단지 안에서 모임을 하도록 허가받았다. 간디가 도착했을 때는 1,000명에 가까운 여성이 그를 기다리고 있었다. 그는 두르가바이의 통역으로 한 시간이 넘는 연설을 했고, 여성들은 그 자리에서 장신구를 빼서 2만 루삐를 더 모았다.

'도덕적으로 부적절한' 벵골 여성들도 간디의 말에 감동받았다. 마나다 데비 무코빠드예Manada Devi Mukhopadhyay는 『교육받은 성매매 여성의 자서전』*Sikshita Patitat Atmarcharit*(1929)에서 자신을 포함한 성매매 여성들

● 민족주의 운동을 이끌면서 변호사와 정치인으로 활동한 여성으로, 독립 후 인도 최초의 재무장관인 친따만 데슈무크와 재혼해 두르가바이 데슈무크가 된다.

이 1922년 인도국민회의를 위한 모금에 참여했으며 1924년에는 따라께스와르 사원Tarakeswar Temple의 음탕하고 부패한 사제*mahant*에 저항하는 다스의 사뜨야그라하에도 참여했음을 기록하고 있다.[22]

간디는 여러 곳을 방문해 연설하면서 여성들이 외국산 직물을 보이콧하고 스스로 실을 자음으로써 영국 법에 저항하는 데 동참하도록 독려했다. 같은 시기에 여성단체들은 참정권을 얻기 위해 영국 정부에 청원을 내고 있었다. 간디는 인도 여성의 불평등한 상황을 잘 알고 있으나, 법이나 종교보다 남성의 정욕 때문에 이러한 상황이 되었다고 말했다. 그는 남녀 모두 새로운 시각으로 남녀 관계를 보아야만 진실로 변화가 이루어질 것이라고 주장했다.[23] 그리고 법률 개정보다 금욕을 지지했다.

그럼에도 불구하고 사랄라데비 차우두라니와 무투락슈미 레디, 아므리뜨 까우르를 비롯해 간디를 따르는 많은 여성은 참정권 문제를 포기하지 않았다. 그들은 간디가 여성에 대해 공감한다는 사실에 감동받았고 그의 이상을 공유했으나, 시민권을 위한 운동을 포기하는 것을 원치 않았다. 간디는 이들의 태도를 받아들였다. 그는 사랄라데비에게 긴 편지를 수차례 보내며 힌디어를 배우고 지도자 역할을 할 준비를 하도록 촉구했다.[24] 사랄라데비가 이러한 조언을 대부분 무시했다는 사실을 알았지만, 자신의 연설을 듣고자 하는 다른 여성을 찾은 간디는 크게 개의치 않는 것처럼 보였다.

1922년 비협조 운동을 중단한 후 1928년 지도부에 복귀할 때까지 간디는 나라의 재건에 전념했다. 6년간 그는 여성 모임에서 건설적인 사업을 언급하며 시따를 이상적인 여성상으로 내세우고 인도와 여성의 문제를 해결하기 위해서는 실을 자아야 한다고 끊임없이 주장했다.[25] 그의 목표 중 하나는 부유한 여성들이 농촌과 가난한 여성들의 현황을 인식하도록 설득하는 것이었다. 그러나 동시에 그는 여성들이 가족을 도외시하지 않도록 주의를 주기도 했다.

여성들은 다양한 이유로 간디를 따랐다. [인도 북부 뻰잡에 위치한] 까뿌르탈라Kapurthala 왕국 아흘루왈리야Ahluwalia 왕족의 공주였던 아므리뜨 까우르(1889-1964)는 정의를 위해 싸우는 간디의 모습을 존경해 16년간 비서 역할을 자처했다.[26] 간디의 말년에 주치의였던 수실라 나야르Sushila Nayar(1914-2001)는 1919년부터 간디를 따르게 되었다고 말했다. 수실라의 어머니는 간디를 '마하뜨마'라 부르며 자녀들에게 그의 이야기를 했다. 수실라에 따르면 "나는 어린아이였을 때부터 간디에 대해 배웠다. 아버지가 안 계셨기 때문에 그는 나에게 아버지와 같았다."[27] 이들은 개인적인 선택으로 간디를 따랐으며 그의 사상을 현명하게 받아들였다.

다른 여성들은 남성 가족 구성원들이 간디를 지도자로 받아들이면서 그를 따르게 되었다. 모띨랄 네루 집안의 여성들 역시 모띨랄과 그의 아들 자와할랄이 간디를 지도자로 받아들이자 그를 따르기 시작했다. 모띨랄의 아내 스와룹 라니Swarup Rani가 정치에 관심을 가졌는지는 알 수 없으나 그는 간디를 가족처럼 받아들였으며 대중 시위에도 참여했다. 모띨랄의 조카며느리였던 라도 라니 주뜨시 역시 인도국민회의의 활동에 참여할 기회가 생기자 적극적으로 뛰어들었다.[28] 남아있는 사적인 기록이 너무나 적기 때문에, 간디주의자라고 스스로 선포했던 여성들이 어떤 이유로 그렇게 결정하고 공적인 역할을 위해 나섰는지는 여전히 추측하기 어렵다.

시민 불복종 운동

간디는 1928년 정계 복귀 후 시민 불복종 운동The Civil Disobedience Campaign을 펼치면서 수많은 여성을 공적 영역으로 이끌었다. 1930년에서 1932년 사이에 일어났던 시민 불복종 운동에 참여한 여성은 1920년대에 비해 수적이나 질적인 면에서 큰 차이가 있었으며 이들의 활동 역시 역사에 길이 남게 되었다.

① 봄베이

1930년에서 1932년 사이에 봄베이에서 일어난 여성들의 피켓 시위와 데모는 다른 어느 지역 여성들의 활동보다 언론의 관심을 많이 받았다. 행진에 참여한 여성은 수천 명에 이르렀고 시위는 조직적이고 효율적이었다. 봄베이의 국제적 성격과 교통망, 그리고 여성교육을 지지했던 파르시와 기독교도들의 활동을 고려할 때 이는 자연스러운 것이었다. 또한 봄베이에 거주했던 많은 구자라뜨인들은 구자라뜨 출신의 간디가 호소하는 바를 적극적으로 받아들였다.

여성들의 정치단체였던 국가여성단은 사로지니 나이두가 회장을, 고시벤 나오로지 캡틴Goshiben Naoroji Captain과 아반띠까바이 고칼레Avantikabai Gokhale가 부회장을 맡았으며, 스와라지와 여성 해방을 목표로 삼고 있었다. 1930년에 이르러 국가여성단의 지도부와 체계가 갖춰지면서 새로운 소조직 국가여성봉사단Desh Sevika Sangha이 설립되었으며 단원들은 행동 개시를 위한 만반의 준비를 한 상태였다.[29]

영국의 소금 독점에 저항하여 간디는 1930년 3월 [구자라뜨에서 가장 중요한 도시이자 자신의 활동 중심지였던] 아흐메다바드에서 서부 해안의

[그림 5-1] 간디를 따르기 위해 훈련 중인 바라뜨 스카우트Bharat Scout(인도 스카우트), 알라하바드, 1929년

단디Dandi까지 [240마일 이상] 걸어가서 이를 만드는 시민 불복종 운동을 시작했다. WIA는 여성들도 [행진에] 참여할 수 있도록 특별히 요청했으나 간디는 영국인들이 인도 남성들을 여성 뒤에 숨는 겁쟁이라 부르는 것을 염려해 이를 거부했다.[30] 그럼에도 여성들은 매우 깊이 관여했으며 간디가 말하는 것을 듣기 위해 그가 머무는 모든 곳에 모여들었다. 경찰은 수천 명의 여성이 모인 집회에 대한 기록을 남겼으며, 한 집회에는 1만 명이 넘는 여성이 참석했을 것으로 추정했다. 간디는 마을 여성들에게 애국적인 의무, 즉 주류 가게 앞에서 피켓을 들거나 세금 붙은 소금을 보이콧하고 물레를 돌리고 카다르를 입는 행위에 대해 연설했다.[31] 그는 여성들의 참을성과 폭력에 대한 반감이 건설적인 일에

특히 적합하다고 강조했다.

간디는 인도 여성이 가진 수동성과 자기희생을 장점으로 해석한 새로운 이상형을 만들고 있었다. 봄베이에 거주하던 구자라뜨 여성들은 수입 직물을 파는 가게들을 폐점시키기 위한 단체를 조직해 활동하는 방식으로 이를 따랐다.[32]

암릿싸르 학살을 기리는 4월 6일이 소금법에 공식적으로 저항하는 날로 선택되었다. [인도 서남부 까르나따까 출신의 독립운동가] 까말라데비 차또빠드예Kamaladevi Chattopadhyay와 아반띠까바이 고칼레 등 두 명의 여성을 포함해 일곱 명으로 이루어진 선발대가 해변으로 나아가 불을 피우고 바닷물을 끓이기 시작했다. 까말라데비는 이날을 다음과 같이 회고했다.

> 근대에 들어 [여성이] 이처럼 공격적인 정치운동에 참여한 것은 처음이었기 때문에 나는 이 사건의 위대함과 내가 선발대에 참여할 수 있었다는 행운에 흥분을 가라앉힐 수 없었다. (……) 이는 내 인생에서, 그리고 우리나라 여성들의 인생에서 너무나 중요한 순간이었다.[33]

어느 누가 예측한 것보다 군중의 규모는 더 컸다. 『봄베이 크로니클』*The Bombay Chronicle*에 따르면 "구자라뜨 여성 수천 명이" [봄베이의] 차우파티Chowpatty 해안에 늘어서서 놋쇠와 구리로 만든 항아리에 바닷물을 담았다.[34] 도심에서는 여성들이 주류 가게 앞에서 시위하며 주인들에게는 가게를 닫도록, 손님들에게는 가게에서 나가도록 요청했다. 다른 여성들은 길에서 소금을 팔았으며, 또 다른 여성들은 집집마다 방문하여 주부들에게 스와데시 물건만 살 것을 당부했다.[35]

[그림 5-2] 시민 불복종 운동 중 봄베이의 빌레 빨레 캠프Vile Parle Camp로 소금물을 가지고 오는 여성들, 1930년

이 운동을 계획하고 주도한 것은 봄베이의 국가여성봉사단(이하 DSS)이었다. 처음에는 수많은 여성이 가입하겠다고 모여들어 회원 수가 560명에 이르렀다. 그러나 이들 중 다수는 활동에 참여하도록 요청받자 관심을 잃은 '장식[에 불과한] 봉사자*sevika*'였음이 드러났다. 실제로 활동에 참여했던 DSS 회원의 수는 300여 명으로 줄어들었다.[36]

'장식 봉사자'들은 번거로운 존재일 뿐이었으나, '잘못된 부류'의 여성들은 심각한 문제를 초래했다. DSS 지도자들은 '바람직하지 않은 여성'들도 [독립운동에] 참여하겠다고 접근해 왔음을 인정했으나, '훌륭한 계층'의 여성만 모집하겠다는 의지를 분명히 밝혔다. 인도국민회의의 창립 회원이자 지도자였던 파르시교도 다다바이 나오로지Dadabhai Naoroji의 손녀 중 옥스퍼드 대학 교육을 받은 고시벤 나오로지 캡틴(1884-1970)은 모든 회원이 흠잡을 데 없는 자격을 갖추어야 한다고 고집했다. 그는 높은 신분의 여성만이 대중으로부터 존경을 받을 것이라고 믿었다. 고시벤은 여성 시위대에 스스로 위엄과 '타고난 단정함'을 지키는 행위만 하도록 주의를 주었다. 이는 '바람직하지 않은' 여성들과 나란히 행진하는 것을 불가능하게 했다. 그는 또한 수입 원단 가게에 들어가는 손님들을 막기 위해 여성들이 가게 문 앞에 누워야 한다는 '좌파적인leftist' 제안도 거부했다.[37]

고시벤의 염려도 근거가 있었다. 실제로 시위하는 여성들이 가게 앞에서 피켓을 들면 성매매 여성과 동일시되어 괴롭힘을 당할 위험이 컸다. [진보적인 여성운동을 반대했던] 코넬리아 소랍지는 『내셔널 리뷰』*National Review*에 기고한 글에서 인도국민회의가 '갱생원rescue homes'(성매매업소에서 '구출한' 여성을 위한 쉼터)의 여성들을 시민 불복종 운동에 참여하도록 끌어내고 있으며, 뻰잡에서 체포된 여성 시위자의 90%가 매춘부였다고 주장했다.[38] 공공장소에서 이루어지는 정치적 역할을 처음으로 수행하는 여성들에게 이러한 혐의는 큰 위협이 되었다. 여성들은 지배적인 젠더 이데올로기에 저항하는 행위로서 정치운동에 참여한 것이 아니라 가족의 승인하에 참여한 것이었다. 정치적으로 활동했던 대부분의 여성은 결국 '타락한' 자매들과 연대하기보다 품위 유지를 선택한 것으로 분석할 수 있다.

봉사단 여성들이 피켓 시위를 진행하던 중, 사로지니 나이두는 [인도국민회의로부터] 5월에 다라사나Dharasana 제염소에 대한 시위를 이끌도록 지명받았다. 나이두는 1930년 5월 15일에 시작된 시위를 총괄했으며 당일 체포되었다가 풀려났다. 그의 존재는 인도 민족주의자들

[그림 5-3] 사로지니 나이두 초상, 1930년경

뿐 아니라 영국 당국에도 상징적이었다. 그를 따르는 인도인들은 그의 안위를 걱정했으나, 그는 다음과 같이 말했다. "나는 여성으로 여기 선 것이 아니라 군대의 수장으로 선 것이다."[39] 그러나 지방 당국은 모든 인도인이 그를 여성으로 보고 있다는 사실을 알고 있었으며 그를 포함한 여성 시위자를 어떻게 다뤄야 할지 당혹해하고 있었다.[40] 5월 21일 나이두는 두 번째로 시위대를 이끌다가 다시 체포되었고, 감옥에서 1년을 보내도록 선고받았다. 그의 리더십은 여성 수백 명이 길에서 시위하며 그의 용기를 따르도록 만들었다.

봄베이의 데모와 피켓 시위는 1931년 간디가 감옥에서 풀려날 때까지 지속되었다. 이 기간에 여성들이 선동정치에 참여한 것은 매우 효과적이었다. 상인들은 가게 앞에서 피켓 시위를 하는 여성들로 인해 인도에 정당한 평화가 주어질 때까지 수입 직물을 팔지 않겠다고 서약했다.[41] 길거리에서 여성들은 남성과 함께 깃발을 올리고 데모에 참여했다. 1930년 6월 30일, 경찰은 에스플라네이드the Esplanade●에서 시위하던 인도국민회의 봉사자들에게 철수를 명령했다. 봉사자들은 거부했고, 경찰이 다가오자 여성들이 남성들을 보호하면서 경찰의 공격을 막아냈다. 시위대의 한가운데에는 열일곱 살의 여학생이 깃대를 붙잡고 있었다. 경찰이 그를 깃대로부터 떼어 놓으려고 하자 그는 "나는 차라리 죽을 것이다"라고 외쳤다.[42]

봄베이 DSS는 신문 1면을 장식한 시위를 수차례 조직하며 인도 전역의 여성을 고무했다. 이 시기에는 1,000-2,000명의 여성이 자녀들을 데리고 시위에 참여하는 것도 흔한 일이었다. 스와데시와 자유에 대한 연설을 듣기 위해서는 더 많은 군중이 모였다. 이 중 간디의 생일을 경축하고 릴라바띠 문시Lilavati Munshi와 페린 캡틴Perin Captain, 루깐지 부인Mrs. Lukanji 등 중요한 여성 지도자 세 명의 석방을 축하하기 위해 모인 군중의 규모가 가장 컸다. 주홍색 사리를 입고 플래카드를 든 봉사단 여성들을 필두로 5,000여 명의 여성이 1마일 넘게 행진했고, 이 행렬의 양쪽 끝에 만 명이 넘는 군중이 모였다.[43] 인도 다른 지역 어디에서도 이러한 숫자는 볼 수 없었으나, 애국심을 지닌 여성들은 모든 곳에서 이들의 정신을 본보기로 삼았다.

● 봄베이 해안가의 주요 도로다.

② 벵골

벵골 여성들이 벌인 데모는 규모가 작은 대신 봄베이보다 과격한 양상을 보였다. 캘커타의 여성들은 소금을 만들어 팔았으며, 직물과 주류 가게를 대상으로 피켓 시위를 벌였고, 카다르의 가치에 대해 설파하면서 거리를 행진했다. [벵골의] 수도 캘커타는 독립운동을 위한 투쟁의 심장부였으며 여성 칼리지들은 새로운 운동가를 모집하는 중심지가 되었다. 지방 도시와 마을의 여성들은 시위에 참여하고 카다르를 입었으며 도망치는 독립운동가들을 숨겨 주었다. 그러나 간디의 영향력은 벵골의 중요한 지도자들에 비해 크지 않았다. 벵골 민족주의는 늘 무력 저항을 중시했으며 이러한 정신은 독립투쟁에 참여하는 벵골 여성들에 깊은 영향을 끼쳤다.

1928년에 설립된 여성국가단Mahila Rashtriya Sangha(이하 MRS)은 정치 활동을 위해 여성을 동원한 최초의 공식적인 단체로 꼽힌다. 옥스퍼드에서 교육받은 교사 라띠까 고쉬Latika Ghosh는 [혁명적인 독립운동가] 수바스 찬드라 보세Subhas Chandra Bose의 요청에 따라 이 단체를 설립했다. 보세는 당시 대중적으로 매우 큰 인기를 누리고 있던 지도자로, 라띠까 고쉬가 사이먼위원회●에 반대하는 여성 시위를 성공적으로 조직한 것을 보고 감명받아 그에게 인도국민회의와 연계할 수 있는 여성단체를 설립하도록 강력하게 요청했다. MRS는 봄베이의 국가여성단과 유사한 목표를 가지고 있었는데, 이는 스와라지를 얻고 여성 지위를 개선시키는 것이었다. MRS의 지도자들은 이러한 두 가지 목표를 분리할 수 없다고 주장하면서 여성의 삶이 나아지지 않는다면 나라도 결코 자

● 사이먼위원회에 대해서는 제4장 참조.

유롭지 못할 것이며, 나라가 독립을 얻지 못하면 여성들의 상태 역시 나아지지 않을 것이라고 주장했다. 스와라지를 향한 첫 발자국은 여성들에게 식민 통치의 대상이자 열등한 성이라는, 그들이 처한 이중적인 억압을 알리는 것이었다.

급진적인 이데올로기를 지지했음에도 불구하고 MRS는 여성을 태어날 때부터 종교적인 존재로 보는 동원 전략을 따랐다. 라띠까 고쉬는 여성들에게 각성하여 자기가 사는 나라를 찬찬히 보도록 촉구하는 글을 여러 편 남겼다. 고쉬에 따르면 인도는 과거에 부유했으나 지금 외국에 지배당하고 있으며, 빈곤하다는 오명을 쓰고 나약한 사람들이 이끌고 있었다. 그는 독자들에게 "우리 할머니들의 이야기를 기억하라"면서 데비*devi*(여신)와 아수라*asura*(악마)의 전쟁을 떠올리도록 촉구했다. 데비들이 지고 있을 때 무시무시한 여신 두르가Durga가 샥띠*shakti*(신적인 에너지)로 등장해 아수라를 물리쳤다는 것을 기억해야 할 것이다. 그리고 남편과 아들을 전투에 먼저 내보내고 자신의 죽음을 스스로 준비했던 [힌두] 라즈뿌뜨Rajput 왕국 왕비들의 예도 꼽았다. 고쉬는 독자들이 인도의 샥띠임을 상기시키며 다음과 같이 명령했다. "여러분은 모두 이기심이나 사소한 욕망을 불태우는 불꽃과 같아야 한다. [여러분의] 불로 정화된 후에야 모국의 밝은 황금빛 사랑이 남을 것이다."44

1928년 수바스 찬드라 보세는 캘커타에서 열리는 인도국민회의 개회식에 남성들과 함께 제복을 입은 여성 봉사자들이 행진하도록 했다. 그는 라띠까 고쉬를 연대장으로 임명하고 행진에 참여할 봉사자를 모집하는 임무를 부여했다. 고쉬는 [캘커타의] 여성교육 기관 중 가장 중요한 학교인 베튠칼리지와 빅토리아인스티튜트Victoria Institute, 그리고 캘커타법인Calcutta Corporation이 고용한 교사들을 포함해 300명을 모았다. 그들은 국민회의 깃발 색에 맞추어 흰색 블라우스 위에 붉은 줄이 있는 진한 초록색 사리를 제복으로 입었다. 훈련을 하는 중 여러 가지 민감한 문제가 제기되었다. 여성이 남성과 같이 행진할 것인가? 젊은 여성은 바지를 입을 것인가? 막사에서 밤을 지낼 것인가? 연대장 라띠까 고쉬는 단정한 모습을 보여 주기 위해 바지 대신 사리를 입어야 하며, 여성들은 밤에 막사에서 머무를 수 없다고 주장했다. 그러나 대신 여성들이 정규 행진에 함께 참여해야 한다는 주장을 굽히지 않았다. 그는 스스로 발맞추어 행진하거나 경례하는 것이 어렵다고 하며 자신이 훌륭한 지휘관이 아니라고 시인했으나, 그럼에도 여성 봉사자들이 독립을 위한 투쟁에서 동등한 역할을 하는 것으로 보이기를 원했다.[45] 목격자들이 여성[봉사자]들을 새로운 눈으로 보기 시작했다는 기록을 남겼으니, 그는 목표를 이룬 셈이었다.

> 나팔 소리와 북소리에 맞추어 사리를 입은 여성들이 행진하기 시작하자 여성의 당연한 성질로 치부되는 나약함은 전혀 찾아볼 수 없었다. 대중적으로 벵골의 여성을 생각할 때 떠오르는 머뭇거림이나 주저함, 무른 모습도 없이 모든 얼굴과 움직임에는 의협심뿐이었다.[46]

나라를 위해 일할 여성을 구한다는 인도국민회의의 부름에 응답해 캘커타의 여성들도 1929년 여성사뜨야그라하협회Nari Satyagraha Samiti(이하 NSS)를 설립했다. 정치활동으로 체포된 최초의 여성 중 한 명으로 꼽히는 우르밀라 데비가 회장으로 선출되었으며 부회장으로 죠띠모이 강굴리Jyotimoyee Ganguli가, 공동 총무로 산띠 다스Santi Das와 비말

쁘로띠바 데비Bimal Protiba Devi가 선출되었다. 이 협회의 핵심회원은 15명에서 20명 정도로 이들은 체포될 위험을 무릅쓰고 피켓 시위에 앞장설 의향이 있었다. 이들은 모두 벵골 여성으로 가장 높은 카스트인 브라흐민과 까야스타*kayastha*, 바이드야*vaidya* 출신이었다.● 그들은 교육받았으며 전문직 집안 출신이었고 모두 일종의 빠르다를 지켰던 여성들이었다. 그들은 흰색 카다르 사리를 제복으로 선택했다.[47]

이 중 산띠 다스는 스스로 학교를 세웠던 교사로, 학생들과 캘커타 법인의 교사들을 NSS 회원으로 모집했다. 일반적으로 NSS의 활동에 참여한 여성은 15-20명이었으나 행진에는 200-300명이 참여할 때도 있었다. [지금은 그리 큰 숫자가 아닌 것처럼 보이지만] 당시 이러한 여성들의 정치활동은 매우 충격적인 사건이었다. 집 밖에서 거의 볼 수 없었던 중산층 여성들이 사뜨야그라하 추종자로 등장하자 일반 대중은 놀라워하며 흥분했다. 1930년 7월, 여성 22명이 피켓 시위를 하다가 체포되었을 때 [캘커타] 부라바자르Burrabazar 시장의 상인들은 군중이 폭동을 일으킬까 두려워 순식간에 가게 문을 닫았다. 며칠 후 여성 4명이 수입 원단을 묶은 짐짝 위에 앉아 짐꾼들이 이를 옮기는 것을 막았다. 경찰이 만약 이들의 몸에 손을 댔다면, 이를 지켜보던 군중은 폭도로 변했을 것이다. 이로 인해 경찰은 피켓 시위를 하는 이들에게 물을 제공하지 못하도록 하는 등의 신사적인 전략만 사용할 수 있었다.[48]

일부 여성이 피켓 시위를 하고 행진에 참여하고 있을 때, 다른 여성들은 독립운동 단체에 가담했다. 이런 여성 중 일부는 처음에는 간

● 서기를 맡던 까야스타와 의술을 행하던 바이드야 카스트는 벵골에서도 영어와 서구식 교육을 빠르게 받아들여 식민 통치하 행정직으로 진출한 남성이 많았다.

디의 뜻에 이끌렸다가, 행동할 수 있는 길을 찾거나 경찰 폭력에 충격을 받고 독립운동 단체에 몸을 담았다. 까말라 다스 굽따Kamala Das Gupta(1907-2000)는 1929년 간디의 아슈람•에 들어가고자 했으나 부모의 허락이 없으면 들어올 수 없다는 간디의 말을 들었다. 그의 부모는 이를 허락하지 않았다. 그의 회고에 따르면 그는 우울해진 상황에서 사라뜨 찬드라 채떠르지Sarat Chandra Chatterjee의 소설 『우선권』*Pather Dabi*을 읽게 되었다.[49] 까말라는 자신의 라티*lathi* 강사[50] 디네쉬 마줌다르Dinesh Mazumdar와 소설 속 로맨스와 영웅적인 행위에 대해 이야기를 나누게 되었는데, 마침 마줌다르는 독립운동 단체 주간따르 당원이었다. 까말라는 그의 선배를 만나 여러 권의 책을 받아 읽으면서 드디어 그가 갈구하던, 인도를 위해 스스로 희생할 수 있는 방법을 찾았고, 주간따르 당에 가입했다.[51]

이 당시 독립운동 단체에 참여했던 여성은 대부분 학생이었다. 젊은이들은 혁명적인 사상에 자연스럽게 끌렸으나 젊은 여성들은 대개 신체적 자율성이 부족했고 단정한 행동을 중시하도록 사회화되어 있었다. 이들이 처음부터 독립운동에 뛰어들지 않았다는 사실도 매우 중요하다. 이들은 대부분 여성단체나 인도국민회의를 위해 일한 후 비밀단체에 가입하게 되었다.

독립운동에 뛰어들었던 여성 중 가장 유명한 예로 벵골 주지사 잭슨에게 권총을 쏜 젊은 여학생 비나 다스Bina Das를 꼽을 수 있다. 비나와 언니 깔야니Kalyani, 수라마 미뜨라Surama Mitra, 까말라 다스 굽따는

• '은둔처'라는 의미로, 간디는 구자라뜨 아흐메다바드에 반영 민족주의 활동을 위한 거처를 마련해 물레로 실을 잣고 농사를 짓는 등 비폭력 운동의 중심지로 삼았다.

정치 현안을 토론하기 위해 학생 단체를 만들기로 했다.[52] 여학생협회Chattri Sangha는 공부모임과 함께 체육시설, 수영 동아리, 협동조합, 유스호스텔 등을 조직했다. 인도국민회의는 공적 활동에 익숙한 소녀들로 이루어진 여학생협회에서 회원을 모집하게 되었다.

1930년 간디가 시민 불복종 운동을 시작했을 때 깔야니는 베튠칼리지 앞에서 여학생협회의 데모를 지휘했다. 네루가 체포되었을 때 이 여학생들은 칼리지 휴교를 요구했다. [베튠칼리지의] 다스 학장은 이를 거부했고 학생들은 동맹휴업을 시작했다.[53] 학장은 경찰을 불렀으나 경찰은 이들에게 해산하라는 명령만 내렸다. 얼마 후 프레지던시칼리지에서 데모가 일어나자 경찰은 이들에게 따끔한 맛을 보여 주기로 했다. 경찰이 진입할 때 남학생들을 지키기 위해 그 앞에 몸을 던진 여학생들은 모두 체포되어 호송차에 실린 채 멀리 떨어진 교외에 버려졌다. 집까지 걸어오면서 앞으로 데모를 하지 않도록 머리를 식히라는 의미였으나, 사람들은 차와 택시를 몰고 호송차를 따라가서 납치된 여학생들을 싣고 다시 캘커타로 데려왔다.[54] 마침내 경찰의 무능력에 손을 든 영국인 경찰국장은 데모를 지휘한 여성들을 잡아 가두도록 명령했다.[55]

깔야니는 여성들에게 혁명적 이데올로기를 호소하기 위해 "행동할 때가 무르익었다"고 썼다. 이 시기에 이르러 나이 든 독립운동 지도자들은 조직에 대한 통제력을 잃고 있었다. 이전에는 소수의 지도자 몇 명이 모든 결정을 내리고 구성원들은 이를 따르며 금욕의 서약을 하곤 했었다. 이제 젊은 구성원들은 위로부터 내려오는 명령을 기다리려 하지 않았고, 새로운 조직을 만들어 여성들을 모집하고 대담한 공격을 계획했다.[56]

1930년 4월 18일 수리야 센Surya Sen이 이끄는 독립운동 단체였던 인도공화국군Indian Republican Army이 치따공Chittagong[現 차또그람Chattogram] 시를 공격했다. 경찰은 몇 시간 안에 성공적으로 반격했으나, 정보국은 이 대담한 공격이 젊은이들에게 전기충격과 같은 영향을 끼쳤다고 기록했다.

> 새로운 회원들이 다양한 조직으로 꾸준히 쏟아져 들어왔고, 젊은 여성과 소녀까지 이러한 기습의 낭만적인 모습에 매료되어 테러리스트 단체로 모여들었다. 이들은 이때부터 테러리스트들의 살림을 거들고 전령 역할을 하며 무기를 관리하는 등 도움을 주거나 때로 동료로 활동하기도 했다.[57]

1930년 10월 영국은 합리적인 의혹을 증명하지 않아도 개인을 수색하고 구금할 수 있는 특별법을 시행하기로 했다. 이 법이 엄격하게 시행되기 시작하자 평화로운 시위에 참여하는 것조차 위험해졌다. 1931년 9월 경찰은 [서벵골] 미드나뿌르의 히즐리Hijli 구치소에 무장도 하지 않은 채 구금되어 있던 자들에게 사격을 가했다. 깔야니 역시 하즈라 공원Hazra Park에서 연설을 한 죄목으로 체포되었을 때 경찰의 폭력을 경험했다. 그는 "사리나 침구, 모기장도 없이 지하 감방에 갇혀서 일주일에 물 세 병만을 받았다."[58] 이러한 경험은 비폭력 시위의 무용함을 더욱 부각시킬 뿐이었다.

독립운동가들을 위해 살림을 거들고, 선전물을 퍼뜨리며 모금을 하고, 무기를 숨기고 옮기거나 폭발물을 만들던 여성들은 이제 독립운동에 직접 뛰어들기 시작했다. [동벵골] 꼬밀라Comilla 출신의 여학생 산띠 고세Santi Ghose와 수니띠 초우두리Suniti Choudury는 1931년 12월 14일 꼬밀라 행정관 찰스 스티븐스Charles G. B. Stevens를 사살했다. 그들은 수영대회를 개최하겠다는 청원서를 제출해 스티븐스의 서명을 받고자 기다렸다가 숄 안에 감추어 뒀던 권총을 꺼내 그를 정면으로 쏘았다.[59] 스티븐스는 즉사했고 산띠와 수니띠는 꼬밀라 감옥에 끌려가서 자신들의 죄를 인정하는 자술서에 서명했다. 산띠와 수니띠는 최초의 여성 순교자가 되고자 했으나 교수형에 처해지는 대신 감옥에 갈 것이라는 이야기를 듣고 크게 화를 냈다고 한다.[60]

다음 해 2월, 비나 다스는 캘커타대학교 평의원회의Convocation ceremonies에서 벵골 주지사를 암살하려 했다. 존경받는 중산층 가정에서 교육도 잘 받은 브라흐모 출신 여성이었던 그는 독립운동에 전혀 어울리지 않을 듯했다.[61] 그도 『우선권』을 읽으면서 독립운동에 대한 믿음을 끝까지 잃지 않고 고통이 따를지언정 구태舊態를 버려야 한다고 주장하는 주인공 닥터 바부Doctor Babu를 존경하게 되었다. 1928년 비나가 라띠까 고쉬의 봉사단에 참여해 행진하는 중 비밀 단체의 일원들이 접근했다. 그는 합류를 결심했고 당장 운동에 동참할 학생을 모집하는 데 뛰어들었다. 그는 자신의 동료 몇 명이 체포된 후 잭슨 주지사를 암살하겠다고 결심했다. 재판 과정 중 비나는 치따공과 미드나뿌르, 히즐리 구치소에서 일어난 살인과 무차별적인 구타를 전해 듣고 얼마나 슬퍼했는지 진술했다. 그는 재판 중 다음과 같이 말했다. "나는 죽음으로라도 탈출하지 않으면 미칠 것 같았다. 나라의 독립에 내 몸을 바치는 것으로 죽음을 택했을 뿐이다."[62]

9월에는 치따공의 교사 쁘리띠라따 와데다르Pritilata Waddedar가 남성 15명을 이끌고 치따공[의 영국인] 클럽을 공격했다. 독립운동가들은 클럽에 들어가 총을 쏘기 시작했으며 그 결과 10-12명이 부상을 당했고 나이 든 유럽 여성 한 명이 사망했다. 전기가 끊어지자 독립운동가들은 도망쳤다. 도망치는 중 쁘리띠라따는 독을 삼키고 클럽에서 조금 떨어진 곳에서 죽었다.[63] 그는 다음과 같은 기록을 남겼다.

> 나라의 독립이라는 목표를 위해 싸우는 데 왜 남성과 여성을 구분해야 하는지 의문이 든다. 우리 형제들이 모국을 위해 싸울 수 있다면 자매들이 그렇게 못할 이유가 있는가? 라즈뿌뜨 여성들이 전장에서 용감하게 싸우고 적군을 죽이는 것을 주저하지 않았다는 신성한 기억도 적지 않다. 역사는 이러한 위대한 여성의 역사적 행위를 칭송하는 이야기들로 가득 차 있다. 그렇다면 우리 같은 현대 인도 여성이 외국의 지배로부터 우리나라를 되찾기 위한 고결한 싸움에 참여하지 못할 이유가 무엇인가? 자매들이 형제들과 함께 사뜨야그라하 운동에 동참할 수 있다면, 독립운동에 참여하지 못할 이유가 무엇인가?[64]

1933년에 이르자 여성 운동가들도 대부분 투옥되었다. 독립운동 단체를 도운 여성은 60-70여 명에 이르렀고 이들 중 40명 정도가 투옥되었다.[65] 그들은 애국심 넘치는 젊은 여성들이었고 그들의 목표는 대중이 움직이도록 선동하는 것이었다. 그들은 교육을 받았으며 정치적 현안에 대해 잘 알고 있었고 여성도 남성만큼 용감할 수 있다는 것을 보여 주고 싶어 했다.[66] 미드나뿌르와 찹비스 빠르가나24-Parganas, 쿨나Khulna, 바케르군즈Bakhergunge, 노아칼리Noakhali, 치따공 등의 농촌 지역 여성들도 소금법을 어겨야 한다는 외침에 동참했다. 이들의 용감한 행적에 대해서는 많은 기록이 남아 있다. 인도국민회의 조직책이었던 죠

떠모이 강굴리는 따믈룩Tamluk 근처의 마을 나르가뜨Narghat를 방문했을 때에 대해 기록하고 있다. 여성 300명과 남성 700명이 "우리의 간디지가 [영국] 정부에 대항해 일으킨 아힘사ahimsa(비폭력) 전쟁"에 대한 연설을 듣기 위해 기다리고 있었다. 경찰은 죠띠모이에게 연설하지 말라고 경고했으나, 그는 군중에게 돌아서서 어떻게 하는 것이 좋을지 물었다고 한다. 그들은 죠띠모이에게 계속하라고 외쳤고, 경찰은 군중을 공격하기 시작했다. 남성들 뒤에 앉아 있던 여성들은 남성들을 보호하기 위해 앞으로 달려 나왔다. 남성들과 여성들은 죠띠모이가 연설을 할 수 있도록 경찰을 막아 냈다.[67]

경찰은 베튠칼리지의 여학생들을 강압적으로 다루는 것은 주저했지만, 농촌의 여성들과 맞닥뜨렸을 때는 전혀 자제하지 않았다. 미드나뿌르의 꼰따이Contai에서 시위하던 여성들에 대한 경찰의 폭력은 매우 가혹했고, 인도국민회의는 조사를 요구했다. 조사 결과가 너무 심각해서 정부는 벵골 경찰에게 여성 시위대를 조심스럽게 다루도록 특별 명령을 내려야 할 정도였다.[68] 그러나 경찰의 '조심스러움'은 일반적으로 중산층 여성에게만 한정되었고, 낮은 계층 여성들에 대한 강간이나 학대 사례들이 끊임없이 알려졌다. 치따공에서는 무기고가 공격받고 수리야 센의 단체가 독립 인도를 선포해 적나라한 위협으로 다가오자 경찰이 특히 잔인한 모습을 보였다. 도망치는 독립운동가들을 도왔기 때문에 모든 마을 주민들은 잠재적인 적군으로 여겨졌다. 비공식적인 기록에 따르면 [영국군 용병이었던] 구르카Gurkha 군인들은 자정이 지나 비뻰 베하리 센Bipen Behari Sen의 집을 수색하고 두 아들을 조사하기 위해 체포하여 데려간 후, 다시 돌아와서 그의 딸을 윤간했다.[69]

이런 격동적인 상황에서 여성권리에 대한 관심을 불러일으키기는 매우 어려웠다. 제1차 세계대전 중 인도국민회의가 [영국 정부에] 충성한 것에 대한 보상을 기대했던 것처럼, 여성 활동가들 역시 남성 동료들이 여성문제에 관심을 돌리리라 기대했다. 그러나 벵골국민회의가 이에 별 관심이 없다는 것이 분명해졌을 때, 여성 지도자들은 여성국민회의를 따로 조직하기 위한 회의를 소집했다. 1931년 5월 첫째 주, 산띠 다스는 지역 의회의 여성 위원들에게 편지를 써서 각각 열 명의 대표단을 보내도록 요청했다. 이 여성들은 회의를 개최하고 대표단을 선출했으며 사회개혁 문제를 토론했다.[70]

캘커타의 회의장소에서는 주홍색 카다르 사리를 입은 젊은 자원봉사자들이 대표단을 자리로 안내했으며 정치와 페미니즘의 대모 사랄라데비 차우두라니의 연설이 이어졌다. 인도 여성만의 여성성이나 시민 불복종 운동으로 깨어난 여성들을 칭송하는 내용으로 가득한 지역의 연설들과 달리, 차우두라니의 연설은 통렬했다.

사랄라데비 차우두라니는 여성들만의 의회가 왜 필요한지 설명했다. 그에 따르면 여성은 어렸을 때부터 열등한 다른 존재로 취급받았다. 남자 형제들이 배불리 먹는 동안 딸들은 먹지 못했고, 어른이 되어서는 남성들에게 착취당했다. 여성의 요구사항과 감정, 시각은 남성들과 한 번도 같았던 적이 없었으나 남성들은 여성을 이해하는 데 전혀 관심이 없었다. 이제 여성들은 스스로의 지위에 대해 공식적으로 말하고 전 세계적인 여성운동에 합류할 때가 되었다.[71]

사랄라데비 차우두라니는 남성들이 여성들을 독립운동으로 이끌어 내는 데 기여한 바를 인정했으나, 그들이 실제로 여성의 삶을 진작하는 것에 관심을 갖는지는 의문을 품었다. 여성들은 화려한 언변으로 보상받았으나 분과위원회나 협의회에 임명되지 못했다. 여성들의 정치적 경험을 일컬어 그는 인도국민회의가 "여성들에게 법을 어기는 역할만 부여하고 법을 제정하는 역할은 주지 않는다"고 했다. 여성들은 공평한 대우와 평등한 지위를 요구해야 했다. 단결한다면 그들은 국민회의의 지도자들에게 감명을 주고 어쩌면 자와할랄 네루도 '수많은 대중'에게 관심을 주는 만큼 '수많은 여성들' 역시 고려하게 될 것이다. 차우두라니는 알콜 중독이 남성에게 위험한 것처럼 성매매가 여성에게 위험한 일임에도 국민회의가 반反성매매 운동을 한 번도 벌이지 않은 것을 지적했다. 그는 1930년대 알려진 페미니스트 연설 중 가장 강력한 연설을 마치면서 여성에 대한 법적·경제적·사회적·교육적 평등을 요구했다. 그러나 청중들은 그보다 더 보수적이었다. 결국 최종 회의에서 여성들은 일반적인 요구를 반복하면서 피임과 여성에 대한 동등한 처우를 요청하는 결의안을 거부했고 독립적인 여성 의회를 구성하지 않기로 결정했다.[72]

③ 마드라스

마드라스에서 일어난 여성들의 정치 시위는 봄베이나 벵골만큼 극적이지는 않았다. 여성들은 피켓을 들고 행진했으나 많은 여성의 참여를 이끌어 내는 것은 어려운 일이었다. 스와데시를 지지하며 카다르를 짜고 입고 팔겠다는 서약을 할 사람은 다소 모을 수 있었지만, 캘커타나 봄베이에서 볼 수 있는 대규모 시위는 일어나지 않았다. 마드라스 여성들은 독립운동에 참여하지 않았으며, 극단적인 경찰 폭력의 대상이 되지도 않았다.

그 이유는 마드라스 지역 민족주의 운동의 전략뿐 아니라 정치적 성격에서 찾을 수 있다. 우선 마드라스 의회에서 간디의 지도력을 받아들일지에 대해 상당한 논쟁이 있었고, 그의 계획을 지지하지 않는 이들도 많았다. 둘째, [마드라스의 운동가들은] 인도국민회의를 브라흐만 엘리트의 정당으로 인식하고 있었다. 셋째, 인도 다른 지역의 여성들은 주로 수입 직물 보이콧을 장려하는 데 성공했으나, 마드라스 의회를 이끌던 라자고빨라차리야C. Rajagopalachariar는 수입 직물에 대한 보이콧보다 금주禁酒를 더 중시했다. 그는 인도금주협의회Prohibition League of India의 총무이자 국민회의의 반反음주 캠페인을 담당하고 있었으며, 금주가 카스트와 공동체를 넘어서는 문제이자 정부에 대한 투쟁에서 사람들을 결집시킬 수 있는 의제라고 생각했다. 그러나 주류 업소 앞에서 피켓 시위를 하는 것은 마드라스에서 가장 위험한 시위로 꼽혔으며 여성들에게는 부적절한 것으로 인식되었다.

암부잠말 여사(1899-1983)는 명민한 변호사이자 의회 지도자였던 스리니바사 이옝가르S. Srinivasa Iyengar의 외동딸이었다. 그는 남아프리카에서 간디의 활약 이야기를 들으며 자랐다. 그러나 아버지가 전통적인 남녀 격리를 고집했기 때문에 간디와 그의 부인 까스뚜르바이Kasturbai가 그들의 집에서 머물렀을 때도 암부잠말은 간디를 만나지 못하고 까스뚜르바이만 만날 수 있었다. 그는 1920년 비협조 운동에 참여하기 시작하면서 카다르를 입고 실을 자았으나 집 밖으로는 거의 나가지 않았다. 암부잠말이 독립운동에 전념하게 된 것은 정치적 이유보다는 개인적인 사정 때문이었다. 그가 남긴 글에 따르면 그는 어렸을 때 '무언가 이상했던' 남자와 결혼했다. 암부잠말은 시가에 들어가지 않았고, 대신 그의 남편이 그의 아버지 집으로 들어와 살면서 지원과 보살핌을 받았다. 그가 실제로 독립운동에 뛰어든 것은 1928년 여성스와데시연맹Women's Swadeshi League을 설립하기로 마음먹은 후부터였다.[73]

연맹 회원들은 스와데시 서약을 하고 매달 일정한 양의 실을 자았으며 집에서 짠 직물의 가치를 널리 알리기 시작했다. 암부잠말은 연맹 회장이 되었으며 자맘말 부인Mrs. Jamammal(이옝가르의 여동생으로 과부가 되었던)이 회계를 맡았다. 이들 중 끄리슈나바이 라우Krishnabai Rau는 피켓 시위에 나가기 위해 연맹의 후원을 받아 마드라스에도 국가여성봉사단(이하 DSS)을 조직했고 인디라바이 라우Indirabai Rau(끄리슈나바이의 여동생)가 선전을 맡았다. 처음에는 조직 임원들과 몇몇 여성만이 모여 매일 실을 잣고 시위 운동의 상황에 대해 이야기를 나눴다. 여성들도 운동에 참여하라는 요청이 왔을 때 그들은 가가호호 방문하며 스와데시의 중요성을 설명하고, 스와데시 전시회를 준비하면서 길에서 카다르를 판매하며 피켓 시위를 하는 남성들에 동참했다.[74] 여성들은 특히 아침에 독립가를 부르며 걷는 쁘라밧 페리*prabhat pheri*를 즐겼다. 이른 아침 시간에 때로 100여 명의 여성이 같이 길을 걸으며 스와데시와 스와라지 노래를 불렀다.

어렸을 때부터 충실한 간디파였던 끄리슈나바이 라우(1906년생)는 시민 불복종을 외치는 간디를 따라 알라하바드의 크로스트웨이트여자칼리지Crosthwaite Girls' College의 강사직을 그만두고 마드라스로 돌아왔다. 학생이었을 때부터 그의 지도력과 뛰어난 연설이 알려지면서 (끄리슈나바이는 마드라스청년협의회를 조직하고 조시위원회에서 증언을 하기도 했다.●) 그와 함께 DSS의 여성들은 남성 자원자들과 수입 직물을 파는 가게들 앞에서 피켓 시위를 벌였다. 가게 입구에 서서 그들은 손님들을 제지하며 다음과 같이 말렸다. "인도는 이미 짓밟히고 있습니다. 외국에서 만

● 사르다법안을 준비했던 조시위원회에 대해서는 제3장 참조.

든 상품을 산다면 더더욱 나락에 빠질 것입니다."[75]

처음 시위대를 막았던 경찰은 남성만 공격하고 여성은 공격하지 않았다. 이는 여성들이 영국에 저항하는 운동에 더 적극적으로 참여하게 만든 계기가 되었다. 당시 한 여성 판사는 다음과 같이 회고했다.

> '나에게 사건을 올리는 경찰이 저리 잔인하고 부패했는데 (……) 내가 무슨 정의를 실천하겠는가?' 이런 생각을 하면서 나는 저항할 수밖에 없었으며 결국 나의 명예로운 자리를 박차고 나와 (……) 모국을 위해 데쉬 세비까에 합류했다.[76]

머지않아 경찰은 남성과 마찬가지로 여성들을 대하기 시작했다. 전국에서 처음으로 체포된 여성 중에는 마드라스 여성도 있었다. 루끄마니 락슈미빠티Rukmani Lakshmipathy(1891-1951)는 1931년 소금법에 저항하기 위해 베다란얌Vedaranyam으로 행진하던 라자고빨라차리야와 동행했으며 결국 벨로르Vellore 여성 교도소에 수감된 최초의 여성 정치범이 되었다.[77] 초기에는 마드라스에서 소금 사뜨야그라하 행진이 계획되어 있지 않았으나, 두르가바이는 시민 불복종 운동에 불을 지피기 위해서는 이것이 반드시 필요하다고 판단했다. 그는 간디에게 편지를 쓰고 이후 [뗄루구 출신의 민족주의자] 슈리 쁘라까삼Shri T. Prakasam에게 자원자들을 이끌도록 설득했다. 쁘라까삼은 자신이 체포될 것이라는 사실을 알게 되면서 [자기 대신] 두르가바이를 이 운동의 '지휘자'로 임명했고, 결국 그도 체포되었다.[78]

사뜨야그라하 운동에 참여한 사람*satyagrahi*들에 대한 잔인한 처우에 항의하기 위한 모임에서 5,000여 명의 방적공들이 경찰에게 돌을 던지기 시작했다. 경찰은 라티를 휘두르며 보복했으며, 결국 세 명이 죽고 다섯 명이 부상당했다.[79] 이로 인해 폭동을 일으키거나 경찰의 보복을 촉발하고 싶지 않던 인도국민회의 지도자들과 여성 사뜨야그라히들은 겁을 먹었고, 이는 이후 대규모 시위에서 여성들이 적극적인 참여를 주저하게 되는 결과를 가져 왔다.

④ 북인도

북인도의 알라하바드, 러크나우Lucknow, 델리, 라호르 등지에서는 시위에 참여하는 여성이 등장하면서 베일 없이 길거리에 나서는 점잖은 여성을 본 적이 없는 대중에게 큰 충격을 주었다. 북인도의 여러 도시에서도 때때로 여성 1,000여 명이 모이는 시위가 있었으나 대부분 훨씬 소규모로 이루어졌다. 시위는 규모보다는 독특한 성격으로 주목받았다. 몇몇 가문, 예를 들어 네루나 주뜨시 가문에서 이를 이끌었고 시위 참여자들은 대부분 학교나 칼리지를 다니는 학생이었다. 다른 지역에 비해 북인도에서는 여성단체들이 정치적으로 활동적인 여성을 양성하거나 모집하는 역할을 충분히 하지 못했던 것이다.

알라하바드에서는 네루 가문의 여성들이 중요한 지도자로 떠올랐다. 그들은 대중연설을 하고 집집마다 돌면서 운동에 참여하도록 촉구했다. 자와할랄 네루의 연로하고 쇠약한 어머니 스와룹 라니는 평생을 제나나에서 보내다가 카다르를 입고 길을 걸어 다녔다. 그가 여성들에게 보내는 메시지는 간결하고 분명했다. “모국을 사랑한다면 동참하라. 나의 아들 자와할랄을 사랑한다면 동참하라.” 이 당시 여성들에게 큰 인기를 끌었던 노래의 제목은 “자와할랄 네루의 어머니가 성전聖戰에 동참하도록 부르는 노래”였다. 자와할랄의 아내 까말라Kamala는 알라하바드에서 시위하고 러크나우에서 연설했다가 봄베이에 가는 등 늘 움직이고 있었으며 그의 건강 상태가 허락하는 것보다 더 활동적인 모습을 보였다. 그의 메시지 역시 직접적이었다. "모두 참여해 스와데시의 서약을 하고 카다르를 입어야 한다. 여성들이 결집한다면, 독립운동은 절대 진압될 수 없을 것이다."[80]

라호르에서는 사이먼위원회에 대한 시위가 폭력으로 점철되었다. 경찰은 시위대를 라티로 진압하면서 뻔잡의 위대한 애국자 라이 라즈빳 라이Lai Lajpat Rai(1865-1928, 1920년 인도국민회의 의장으로 선출되어 뻔잡의 반영독립 운동을 이끌었다)를 구타했고 그는 몇 달 후 이 부상으로 사망했다. 1929년 인도국민회의가 라호르에서 소집되었을 때, 사르다르 바갓 싱Sardar Bhagat Singh은 라호르학생조합Lahore Students' Union을 조직했고, 후에 반란죄로 교수형에 처해졌다.●

라호르에서는 모띨랄 네루의 조카며느리 라도 라니 주뜨시와 그의 세 딸 만모히니Manmohini, 샤마Shyama, 자낙Janak이 운동을 이끌었다. 만모히니(1909년생)는 정치판에서 성장했다. 만모히니는 [여성으로서] 1929년 남학교였던 거버먼트칼리지Government College의 학생위원회를 이끌었고, 당시 전뻔잡학생협의회All-Punjab Student Conference를 주최하기 위해 방문했던 수바스 찬드라 보세를 환영하기도 했다. 같은 해 그는 라호르학생조합의 첫 여학생 회장이 되었으며 라호르국민회의의 자원봉사자로 활동하기도 했다.[81]

이미 애국적인 열기로 가득한 상황에서 시민 불복종 운동이 선포

● 바갓 싱(1907-1931)은 라이 라즈빳 라이의 죽음에 복수하기 위해 영국경찰 지휘관을 암살하고자 했으며, 이로 인해 체포된 후 교수형에 처해졌다.

되자 젊은이들은 이에 열렬히 호응했다. 자와할랄 네루는 학생들에게 [뻰잡을 관통하는] 라비Ravi강을 찾아 상징적으로 '소금을 만들고' 수입 직물과 주류를 파는 상점들에 대한 시위에 힘을 모으도록 제안했다. 빔라 루트라Bimla Luthra는 당시 자와할랄의 연설을 들으면서 친구들과 나눴던 이야기를 회고했다.

> 우리 여학생들은 그에게 완전히 매료되었다. 그가 너무 잘생겼을 뿐 아니라 정치적으로도 외국 지배에 저항하고, (……) 가정과 부엌에서만 쓸모 있는, 열등한 계층의 사람이라고 우리 스스로 여기게끔 만드는 보수주의와 종교적 정통주의에도 저항하는 태도를 지닌 것처럼 보였기 때문이었다.[82]

바갓 싱과 그의 동료들이 사형 선고를 받자 만모히니는 거버먼트 칼리지, 로칼리지Law College, 포먼기독교칼리지Forman Christian College 등 칼리지 세 곳에서 여성 시위를 계획했다. 남학생들이 젊은 여성들을 응원하기 위해 수업을 빠지면서 이 시위는 엄청나게 성공했고, 이에 따라 경찰 역시 격분하게 되었다. 오후 2시 30분경 여성 16명과 남성 35명이 체포되었다. 만모히니는 자신의 경험에 대해 다음과 같이 썼다.

> 우리는 감옥에 끌려가게 되어 흥분하고 열광했다. 마치 큰 영예가 우리에게 주어진 것처럼 느껴졌다. 절차가 진행되는 동안 우리는 구호를 외치고 애국가들을 부르면서 기다렸다. 나와 동생들은 세 번 수감되어 '상습범'으로 지목되기만을 열망했다.[83]

그는 6개월 구금형을 받았으며 이를 포함해 결국 3차례 투옥되었다.

델리에서는 스와미 슈랏다난드Swami Shraddhanand(1856-1926, 뻰잡의 개혁적인 힌두교 운동을 이끌었던 교육가 겸 독립운동가)의 손녀였던 사뜨야바띠 데비Satyavati Devi가 주요 지도자로 떠올랐다. 젊은 시절 문시 람Munshi Ram이라 불렸던 스와미 슈랏다난드는 철학자이자 사회개혁가 스와미 다야난다 사라스와띠로부터 깊은 감명을 받고 그가 시작했던 아리야 사마즈를 받아들여, 처형인 랄라 데브라즈Lala Devraj와 함께 [뻰잡의 주요 도시] 줄룬다르Jullundar[現 잘란다르Jalandhar]에서 여성교육을 진흥하기 위한 활동에 동참했다. 스와미 슈랏다난드는 1918년 델리로 이주해 정치운동에 참여하기 시작했으며 비폭력 시위를 이끌면서 널리 알려지게 되었다.[84] 사뜨야바띠 데비는 여성들에게 연설할 때 자기 집안 이야기를 하면서 나라를 위해 개인적인 희생을 치르도록 촉구했다. 그는 다음과 같이 자신의 책무를 설명했다.

> 저는 스와미 샤르다난드[*sic*]의 손녀로 변호사 다니 람Dhani Ram의 딸이고 두 명의 어린 자식이 있습니다. 보통 때 같았으면 제 자리는 가정이었을 겁니다. 그러나 모국이 생사를 두고 투쟁하는 이때, 저는 부엌과 가정과 전통적인 격리를 떨치고 마하뜨마 간디의 깃발 아래 싸우기 위해 모인 인도의 수백만 여성 중 한 명이자 델리의 수천 명 여성 중 한 명일 뿐입니다.[85]

사뜨야바띠 데비는 외국의 지배는 받아들일 수 없으니 모두 현장으로 나오도록 여성들을 촉구했다. 정부는 그의 열정적인 연설이 선동적이라는 이유로 재빨리 그를 체포하고 구금했다가, 석방한 후 다시 체포해 마침내 1932년에 2년 금고형을 선고했다. 〈감옥에서 보내는 사뜨야바띠의 메시지〉 등 아래와 같은 노래는 여성들의 참여를 촉구했다.

타오르는 불길로 뛰어들라
성전聖戰에서 굳건하라
전투에서 물러서지 마라
우리 자매 사뜨야바띠가 말한다네
그대는 남자들보다 전쟁에서 먼저 죽어야 한다네
총탄이나 곤봉을 두려워 말라
항상 먼저 앞장서라
우리 자매 사뜨야바띠가 말한다네[86]

그는 구금 중 늑막염과 결핵에 걸렸으나 1930년대까지 인도국민회의와 협조하여 활동했다.[87]

남성들은 델리에서 일어난 여성 시위로부터 큰 영향을 받았다. 당시 정부 기밀자료는 남성들이 여성들의 활동으로 인해 다시 운동에 참여한 과정을 소상하게 기록하고 있다. 예를 들어 델리의 여성들이 붉은 사리를 입고 법원에 오가는 길을 막은 사건이 있었다. 남성 지지자들은 이들을 둘러싸고 방패 역할을 했다. 한번은 델리의 [시크교 사원] 구루드와라Gurudwara에서 시크교도들이 모여 여성들의 시위를 지켜보고 있었다. 경찰이 시위대 여성 한 명을 죽였다는 소식이 퍼지자, 이를 들은 시크교도들이 폭동을 일으켰다.[88]

경찰의 공격에도 여성들은 굳건했으며 그들의 용감함에 모든 사람이 놀랄 수밖에 없었다. 그러나 여성 지도자들이 페미니즘 관련 이

슈에 헌신했음에도 불구하고 여전히 여성권리에 대한 관심은 적었다. 까말라 네루는 '여성들의 곤경'에 대해 연설하고 기고문을 작성했고, 비자야락슈미 빤디뜨는 여성단체와 오랫동안 같이 일했으며, 여학생들은 남녀평등이라는 이상을 꿈꾸게 되었다. 그러나 이러한 페미니즘 사상은 엘리트들 사이에서만 퍼져 나갔으며, 여성 지도자들은 여성 시위를 조직하면서 보수적인 태도가 얼마나 강한지 뼈저리게 느꼈다.

인도 북부에서는 정치운동이 엘리트 여성과 교육받지 않은 여성을 아우르며 진행되었다. 그들은 완전히 다른 세계에 속해 있었지만 스스로의 주체성을 저해하는 사회적인 규범에 매여 있다는 점은 마찬가지였다. 여성 지도자들은 교육받지 못한 자매를 정치활동에 끌어들이기 위해서는 남편이나 아버지의 허락이 반드시 있어야 함을 깨닫게 되었다. 이에 궁여지책으로 연설에서 민족주의적 의제에 집중하고 페미니즘적 의제를 생략할 수밖에 없었다. 감옥에서도 출신 계층에 따라 여성들을 분리해 수용하고 서로 다른 구역에서 다른 음식과 시설을 제공하는 관습이 있었기 때문에 교육받지 못한 하층과 중산층 여성들은 엘리트층의 이데올로기를 배울 기회가 없었다.

경찰 폭력과 악마 라바나로서의 영국

여성들이 1920년대 비협조 운동과 1930년대 시민 불복종 운동에 참여하자, 영국이 인도에서 주장했던 문명화의 사명에도 의문이 제기될 수밖에 없었다. 19세기부터 영국 지배자들은 인도 여성의 굴욕적인 지위를 근거로 자신들의 지배를 정당화하고 있었다. 그들은 교육과 의료서비스를 제공하고 여성을 보호하는 법률을 제정하는 것으로 자신들이 도덕적 사명을 행하고 있음을 보여 주려고 했다. 그러나 여성들은 민족주의적 투쟁에 참여함으로써 영국인들이 인도의 정당한 지배자라는 생각에 도전장을 던졌으며, 동시에 정치권력의 정당한 후계자로서 인도국민회의를 전폭적으로 지지했다.

더불어 평화롭게 시위하는 이들을 폭력으로 제압했다는 사실이 널리 알려지면서 영국 정부가 도덕적인 지배자라는 인식에도 의문이 제기되기 시작했다. 여성에 대한 가혹한 처사는 당시 젠더 이데올로기와 정면으로 부딪쳤으며 스스로 선포한 보호자로서의 역할도 말뿐임을 보여 주었다. 힌두교나 이슬람의 경전은 모두 겸손하고 순결한 여성을 칭송하고, 법전이나 신화, 민담에서 높은 평가를 받은 이상적인 여성은 남편에게 충실하며 다른 남성의 손길 또는 눈길이 닿지 않은 여성이었다. 여성을 지키는 남성은 존경의 대상이었다.

간디가 여성들에게 정치운동에 참여하도록 요청했을 때, 그는 시따와 같은 존재가 되도록 지시했다. 영국인들은 시따를 납치한 악마 라바나와 같았으며, 이 세계는 시따의 남편 라마의 지도하에 도덕적 통치가 회복될 때까지 똑바로 돌아갈 수 없었다. 이러한 생각은 시따를 살아있는 전설로 여겼던 여성들에게 큰 공감을 일으켰다. 학교에 다니는 여학생은 많지 않았으나, 대부분의 소녀들은 집에서 시따와 라마의 전설을 배웠으며 심지어 낮은 카스트의 여성도 민속극이나 민간 설화를 통해 이를 알고 있었다.[89]

여성 시위가 일어나기 시작했을 때부터 영국은 여성 시위자들을 가혹하게 다룬다는 비판을 받았다. 1920년 사로지니 나이두는 뻰잡 계엄정부Martial Law Administration가 여성을 학대했다고 비판했으며, 이에 영국인들은 놀라움을 표명했고 인도성 장관 에드윈 몬터규의 대변인은 다음과 같이 대답했다. "몬터규 장관은 한순간이라도 그러한 일들이 실제 가능하다고 생각한 사람이 있다는 사실을 믿을 수 없다." 이에 대한 답으로 나이두는 인도국민회의의 조사위원회 보고서의 구체적인 내용을 인용해 다음과 같이 말했다. "인도 여성에게 빠르다는 가톨릭 수녀의 베일과 마찬가지로 성스러우며, 인도 여성의 베일을 강제로 벗긴다는 것은 그 자체로도 격분할 일이다."[90]

시민 불복종 운동 중 여성에 대한 경찰의 만행은 급속히 확산되었다. 구자라뜨의 바르돌리Bardoli 지역에 있는 바드마니Badmani 마을에서 농민들이 세금을 내지 않겠다고 결정하자, 경찰은 마을 주민을 겁주기 위해 수많은 이들을 구타하기 시작했다. 그리고 연로한 한 여성을 집에 가두고 물과 음식을 주지 않았다.[91] 봄베이에서는 젊은 여성 세 명이 자신들을 체포한 매켄지 경사Sergeant Mackenzie와 다른 순경이 자정 넘어 자신들의 감방에 와서 음란한 행동을 했다고 항의했다.[92] 국가여성봉사단 지도자였던 릴라바띠 문시는 자와할랄 네루가 형기를 마치고 출소하는 것을 축하하기 위해 모인 군중에게 열정적으로 연설하면서 이 사건을 거론했다. 문시는 영국인들이 인도 여성을 기사도 정신의 대상으로 여긴 적이 있는지 의문을 제기했다. 얼마 전 영국 정부가 빠탄족에 납치된 영국인 여성을 구하기 위해 수천 루삐를 썼던 일을 언급하면서 문시는 청중들에게 영국인들은 영국 여성만 지킨다는 것을 상기시켰다. 그러나 문시에 따르면 인도 여성은 자기 나라에서도 안전하지 않았다. 이는 인도 남성의 문제가 아니라 인도 여성의 문제였고, 인도 여성은 독립을 위한 투쟁에 동참하면서 자신들을 결코 존중하지 않는 정부를 상대로 싸우고 있음을 항상 잊지 말아야 한다고 주장했

다.[93]

봄베이에서는 경찰이 여성 시위자를 연행해 한밤중에 도시 외곽의 밀림까지 실어다 버려 두기로 한 결정을 비판하는 거대한 시위가 열리기도 했다. 레이디 자그모한다스Lady Jagmohandas는 이러한 행위가 강간과 마찬가지라고 비판했다. "한 국가의 여성을 모욕한 정부는 성공한 적이 없었으며 아무리 온순하고 짓밟힌 백성이라도 오랫동안 당하고만 있지는 않는다." 안나뿌르나바이 데슈무크 부인Mrs. Annapurnabai G. V. Deshmukh은 시따와 드라우빠디를 예로 들며 "힌두 여성이 희롱이나 모욕을 당하게 되면 신께서 그를 구하고 명예를 지켜 줄 것이라는 힌두교도의 믿음"에 대해 연설했다. 신들마저도 이 정부가 도덕적 파탄에 이르렀음을 알 것이었다![94]

특히 농촌 지역에서 경찰의 혹독한 처사가 여러 차례 보고되었다. 신문 기사나 인도국민회의의 보고서에서 이러한 여성의 이름까지 거론되는 경우는 드물었으나 영국인들의 '어머니 인도' 및 인도 여성에 대한 경시를 보여 주는 예로 연이어 보도되었다. 예를 들어 1931년 1월 '[구자라뜨 중부] 보르사드Borsad 마을의 여성들'이 시위에 참여하자 경찰은 이들이 정신을 잃을 때까지 구타했음이 보고되었다. 간디의 아내 까스뚜르바이는 경찰이 여성들의 머리채를 휘어잡거나 가슴을 치고 외설적인 욕설을 내뱉는 것을 보았다고 기록했다.[95] 영국 당국 관계자들은 이러한 주장을 부인했으나 피해자 여성들이 때로 당국을 고발해 재판에 이른 경우도 있었다. 베나레스Benares[現 바라나시Varanasi]의 직물 가게에서 피켓 시위를 하다가 체포되어 구금되었던 여성들 몇 명은 경찰에 의해 옷이 벗겨졌고 구타당했다고 항의했다. 그러나 경찰은 이 혐의를 부인하며 국민회의의 음모라고 주장했고, 판사 역시 거짓 주장이라는 데 동의했다. 재판 과정에서 증거를 제시한 여성들은 각각 도덕적 이유로 의심을 받았다. 꿀다 데비Kulda Devi는 하녀로 일하고 있었으며 '연고가 없는' 여성이었고, 한 벵골 남성의 '첩'이었다. 그는 또한 국민회의 활동에 자원하는 것을 전업으로 하는 여성으로 묘사되었다. 과부였던 문니Munni는 경찰에 의해 성매매로 먹고사는 여성으로 묘사되었다. 차루발라Charubala는 남편을 떠나 우메시 찬드라Umesh Chandra라는 남성과 살고 있었는데, 경찰 기록에 따르면 '문란한 여성'이었다. 칸또Khanto는 여성 쉼터에 사는 과부였으며, 마노라마Manorama와 샤볼리니Shybolini도 과부였다. 가우리Gauri는 베나레스까지 흘러들어 온 어린 과부였고 바골라 데비Bagola Devi는 정해진 주소지가 없었다. 판사는 혐의를 기각하면서 이들이 "길에 흩어진 쓰레기 같은 여성들로, 결코 인도의 점잖은 여성들이 아니"라고 선언했다.[96] 영국인들에 따르면 혐의의 진위를 판단하는 기준은 도덕적 품성이었다. 영국인들 역시 그들이 다스리는 인도인 대다수와 마찬가지로, 남성 보호자가 없는 인도 여성은 물리적·성적 학대로부터 보호할 가치가 없다고 여겼다.

훨씬 선정적인 사건으로는 한 여성을 대상으로 일어난 소위 '탈리*thali* 강탈 사건'이 있었다. 탈리는 남인도에서 여성이 결혼했음을 보여 주는 표식으로 남편이 세상을 뜬 후에야 풀 수 있는 금목걸이였다. 쁘라부 부인Mrs. L. S. Prabhu은 [인도 남서부 께랄라Kerala의] 뗄리체리Tellicherry[現 탈라세리Thalassery]에서 피켓 시위를 하다가 체포되었으며 6개월 구금형과 벌금 1,000루삐를 내도록 선고받았다. 그는 벌금을 내지 않겠다고 거부했으며 도드웰Dodwell 판사는 그에게 장신구를 넘기도록 명령했다. 쁘라부 부인이 거부하자 도드웰은 기혼 여성에게 탈리가 성스러운 것이라는 사실을 경고받았음에도 불구하고 경찰관에게 그의 목에서 이를 빼도록 명령했다. 쁘라부 부인은 낯선 남자가 자신의 몸에 손대는 것을 허락할 수 없어서 다른 여성 피의자들에게 이를 빼 달라고 요청했다. 이 '탈리 강탈 사건'은 매우 큰 파장을 일으켰고, 영국 관료들은 자신들의 실수를 인정하고 쁘라부 부인의 탈리를 돌려 주어야 했다.[97] 여성을 어떻게 다룰지 지시하는 공식 문서들은 경찰과 판사들에게 무력을 사용하거나 부적절한 행위를 하는 것에 대해 경고했다. 델리 경찰국장 존 톰슨John Thompson은 다음과 같이 인정했다. "우리보다는 인도[인으로 이루어진] 정부가 여성 시위를 훨씬 잘 다룰 것이다. 왜냐하면 그들이 시위를 진압할 때면 최소한 '외국 정부'라는 추가적인 혐오는 받지 않을 것이기 때문이다."[98]

1932년에 인도국민회의는 경찰의 만행에 대한 혐의를 조사하도록 런던의 인도연맹India League●을 끌어들였다. 인도연맹은 동의했고, 영국인 여성 두 명, 영국인 남성 한 명, 인도인 남성 한 명으로 이루어진 조사단이 인도에 와서 직접 상황을 확인했다. 그들은 인도에서 감옥을 방문하고 정치범과 이야기를 나눌 수 있게 해 달라고 요청했다. 조사단이 일을 시작하기도 전에 영국 관료들은 이들에 대한 신뢰를 떨어뜨리기 위해 '서프라제트'들이 지배하는 단체라고 주장하며 정치범들과의 면담을 불허했다. 그러나 조사단은 법 집행과 구금 과정에서 폭력이 있었다는 유력한 증거들을 찾았다. 그리고 여성들이 성적으로 위협당하고 학대받았으며 구타와 강간을 당했다는 신빙성 있는 정보들을 인용했다. 그들은 지극히 절제된 표현을 사용해 다음과 같은 결론을 내렸다. "인도 여성들은 소위 문명화된 정부의 일원들로부터 당연

● 1928년 영국에서 끄리슈나 메논Krishna Menon을 비롯한 인도인들이 독립운동을 위해 설립한 단체.

히 받아야 할 존중을 받지 못했다."[99] 인도인뿐 아니라 영국 대중도 조사단의 보고서를 통해 영국 통치자들이 여성을 보호하기는커녕 오히려 이들에게 폭력을 가했음을 분명히 알게 되었다.

결론

소금 행진으로 시작된 시민 불복종 운동은 1934년에 마침내 종식되었다. 민족주의 운동의 관점에서 여성들이 선동정치에 참여한 의의도 중요하지만, 또한 이러한 행동이 여성운동을 어떻게 변화시켰는지도 주목해야 한다.

여성들의 참여는 인도국민회의의 활동을 정당화하는 데 크게 이바지했으며, 인도의 통합과 사뜨야그라하에 의미를 부여했다. 사뜨야그라하 운동에 참여한 여성들은 영국 지배자들로부터 도덕적 권위를 빼앗아 이를 무장하지 않은, 비폭력적인 피지배자들에게 돌려주었다. 심지어 영국인들 역시 이러한 방법이 여성들에게 특별한 매력을 가지고 있음을 이해했다. 한 공직자는 다음과 같이 썼다.

> 그들 [여성] 없이는 이러한 운동이 동력을 지니지 못했으리라는 것은 의심의 여지가 없다. 이에 대해 결코 공감하지 않았을 이들도 [여성들의 참여로] 결국 동참하게 되었다.[100]

여성들이 독립운동에 참여하면서 여성권리에 대한 운동 역시 변화하게 되었다. 무엇보다도, 인도 통치에 여성의 자리를 마련해야 한다는 주장에 힘이 실리게 되었다. [따밀나두의 여성회의에서] 사랄라데비는 다음과 같이 물었다. "우리는 권리를 어떻게 획득할 수 있겠습니까?" 그리고 답했다. "선동의 힘으로 얻을 수 있습니다. 우리는 남성들이 우리의 요구를 받아들이도록 만드는 동시에 우리들 사이에서도 지속적인 선전을 해야 합니다."[101]

여성들은 정치활동으로 더 많은 존경을 받게 되었으며 이에 따른 사회적 혜택이 이어졌다. 시민 불복종 운동 이후 더 많은 여성이 전문직으로 진출했으며 일부 남성은 이들을 동료로 받아들여 같이 일하게 되었다. 가족법도 법적으로 검토되었으며, 이를 수정하기 위한 노력도 일어났다.

그리고 심리적인 변화도 일어났다. 개인적인 일화를 통해 이러한 참여가 어떤 의미가 있는지 알 수 있다. [인도 남서부] 까르나따까의 여성 암바바이Ambabai는 열두 살에 결혼해 열여섯 살에 과부가 되었고 우디삐Udipi에서 수입 직물과 주류 가게에 대한 피켓 시위에 참여했다. 그는 체포되어 4개월 구금형을 받았고, 풀려난 후 다시 체포되었다. 자유의 몸이 되자마자 그는 연설을 하고 실 잣는 것을 가르쳤으며 새벽에 걸어 다니면서 찬가를 부르는 쁘라밧 페리를 조직했다. 암바바이는 그 시절을 자신의 삶에서 가장 행복했던 시기로 꼽았다.[102] 영국인 관료들은 과부들의 시위를 묵살했으나, 암바바이의 이야기는 인도국민회의의 운동으로 그들의 무의미하고 무기력한 삶이 생생한 교류와 헌신의 장으로 변화했음을 보여 준다.

그러나 동시에 여성들의 참여에는 분명한 한계가 있었다. 시위하는 여성들은 자신들이 모든 인도 여성을 대변한다고 주장했으나, 상류층과 중산층 힌두 여성들 외에 참여한 집단은 많지 않았다. 몇몇 무슬림 여성은 간디를 변함없이 따랐으나, 대부분은 그의 생각에 공공연하게 드러나는 힌두 이데올로기의 근간을 받아들이기 어려워하거나 인도국민회의 조직자들로부터 외면당했다.

또한 지역에 따라 참여 여성의 수나 인도국민회의 지도자들과의 관계, 민족주의적 의제와 여성의 이해관계를 결부한 정도에 분명한 차이가 존재했다. 봄베이의 여성들이 가장 조직적이고 독립적이었으며 가장 큰 규모의 시위를 이끌어 냈다. 봄베이 여성 지도자들은 대부분 여성단체에 속해 있었으며 '페미니스트 민족주의'를 분명히 따랐다. 벵골의 여성들은 그 투쟁적인 성격으로 주목받았다. 이들은 국민회의 행진에서 남성들 옆에서 같이 행진하고 후에 독립운동 단체에 참여하면서 민요와 전설로 남게 되었다. 평화적인 시위도 수적으로는 적었으나 빠르다가 널리 시행되던 사회에서 큰 관심을 받았다. 벵골의 여성들은 페미니즘의 이데올로기를 포용했으나 이는 늘 더 중요한 투쟁에 밀리는 모습을 보였다. 반면에 지도자들이 여성의 재능을 받아들이는 것을 주저했던 마드라스에서는 운동에 참여한 여성이 상대적으로 적었다. 북인도에서는 네루와 주뜨시 가문의 여성들이 지도자로 활동하면서 민족주의 의제를 가장 중요시했다. 그들 역시 페미니즘 의제의 중요성을 분명히 인식했지만 당장 시급한 과제는 정치 시위에 여성들을 동원하는 것이었다. 그들은 정치와 여성권리에 대한 여성들의 인식을 동시에 개선하는 것은 불가능하다고 생각했다.

대부분의 여성 지도자들은 동지를 구하면서 품위에 대한 자신들의 생각을 극복하지 못했다. 물론 예외로 독립운동에 직접 참여한 여성들을 꼽을 수 있다. 그들은 남성들과 가까운 곳에서 일하고, 변장했으며, 혼자서 혹은 낯선 이들과 여행하며 총을 쏘고 운전하고 폭탄을 만드는 방법을 배웠다. 사람들은 그들을 영웅시했으나, 모두가 그들을 '훌륭한' 여성이라고 여기지는 않았다. 간디는 그들을 '무성無性'이라 불렀으며 [시인이자 소설가였던] 라빈드라나트 타고르Rabindranath Tagore 역시 나라를 위한 일에 젊은 남성을 끌어들이고자 독립운동가 여성이 성적 매력을 이용한다는 내용의 소설을 썼다.[103] 여성 독립운동가들은 스스로 나라를 위해 여성이라면 당연히 원하는 모든 것(결혼, 자식, 가정)을 희생했다고 말했다. 혁명적인 여성 자신을 포함해 어느 누구도 이들이 인도 여성을 대표한다고 생각하지 않았다.

도시의 여성들이 조직한 시위는 페미니즘 의식을 키우는 데에도 거의 기여하지 못했다. 그들은 순결함과 희생을 강조하기 위해 일반적으로 주홍색이나 흰색 사리를 입은 채로 남성들과 따로 행진하고 피켓 시위를 벌였다. 그들은 인도국민회의 위원회의 지시를 따랐다. 농촌의 여성들은 과부인 경우를 제외하고는 가족과 함께 시위에 참여했다. '가부장제적 민족주의patriarchal nationalism'의 특성이 그다지 보이지 않았음에도 불구하고 인도의 독립운동은 남성의 보호로 점철되었다. 여성들은 집에 불이 붙었기 때문에 "나올" 수 있었다. 사람들은 불이 꺼지면 여성들이 다시 집에 들어가리라 기대했다.

제6장

식민 치하 인도의 여성노동

1895년 [서벵골] 친수라Chinsurah의 여성병원을 운영하던 의사 헤마바띠 센은 자신의 일과를 다음과 같이 기록했다.

> 나는 매일 아침 4시에 일어나 남편과 아이들의 아침을 차린 후 환자들을 위한 뜨거운 물과 간식을 들고 1층으로 내려가곤 했다. 환자들이 씻는 것을 먼저 돕고 (……) 다 씻은 후 간식으로 바따사*batasa*●나 설탕을 입힌 과자를 주었다. (……) 엄마와 함께 지내는 아이들이 있을 때는 할루아*halua*(세미놀라로 만든 과자)를 만들어 조금씩 주곤 했다. 환자들을 돌아보는 데에는 한 시간이 조금 넘게 걸렸다. 그리고 집에 돌아와 씻은 후 아이들을 깨우고, 옷을 입혀 아침을 먹인 다음에 남편의 아침을 준비하고, 옷을 갈아입은 후 간단히 먹고 병원으로 돌아가곤 했다. 이것이 나의 일상이었다.[1]

전문직 의사이자 아내와 어머니였던 닥터 헤마바띠 센 같은 이들의 노동은 역사에서 대부분 가려져 있다. 여성의 회고록들도 노동에 대해 이렇게 구체적인 기록을 남기는 경우는 매우 드물다. 불행히도,

● 설탕을 녹여 만든 과자.

19세기와 20세기 대부분의 기간 중 여성노동에 대한 자료는 모호하거나 분석할 수 없는 경우가 많다. 믿을 수 있는 데이터가 부족했던 탓에 역사학자들은 식민 지배가 노동하는 여성에게 어떤 영향을 끼쳤는지 고찰하는 데 많은 어려움을 겪었다.

비협조 운동이 시작되었던 1921년에는 3,900만 명의 여성, 즉 인도 여성 3분의 1 이상이 일을 하고 있었다. 전문직 여성은 극소수로, 의료계 종사자 6만 8,000명, 교육과 과학 분야 종사자 3만 명, 법조계와 상업 종사자 6,000명이 있었다. 제조업 부문, 특히 방직공장이나 식용유 생산, 재봉 등 소규모 제조업에서 여성을 가장 많이 고용하고 있었다. 개인 가정에 고용된 노동자는 73만 7,000명에 이르렀다.[2] 1928년에는 여성 25만 명이 공장에서 일했는데, 이들 중 5만 8,000명이 면직공장에서, 5만 5,000명이 마직공장에서 일하고 있었다. 차밭에서 일하는 전체 노동자 중 27%를 차지하는 여성은 25만 명이었다. 여성 7만 8,000명은 광산에서 일하고 있었다.[3] 1921년 봄베이의 성매매 여성을 3만-4만 명 사이로 추정한 수치를 받아들인다면, 성 노동 여성의 수도 만만치 않았던 것으로 보인다.[4] 이들을 모두 합한 것보다 농업과 가내수공업에 종사하는 여성이 많았으나 그들의 노동은 조사에 기록되지 않았다.

1920년대에는 상당수의 여성이 현장에서 일하고 있었으나 1930년대까지도 노동은 여성문제로 제기되지 않았다. 그러다가 1929년 에벌린 게즈Evelyn C. Gedge와 미탄 촉시Mithan Choksi가 편집한 『근대 인도의 여성』*Women in Modern India*이 출판되며 노동이 처음으로 언급되었다. 여성단체와 민족주의 운동의 대모 사로지니 나이두는 서문에서 이 책을 "근대 인도 여성들의 참된 목소리"라 칭했다.[5] 15개 장 중 3개 장은 의료계의 여성에 대해 서술했으며, 사회사업, 법조계의 여성에 대한 장이 하나씩 포함되었다. 그러나 공장이나 광산, 플랜테이션에서 일하는 여성들의 현황이나 요구에 대한 글은 전혀 없었다. 같은 책의 "인도 여성의 지위"에 대한 서장에서 까말라데비 차또빠드예는 다음과 같이 썼다.

> [인도]남성들은 엄격한 규칙과 관습으로 여성을 배제하고 여성의 영향력과 노동 범위를 제한하면서 오랜 기간 모든 분야에서 완전한 영향력을 행사했다. 그러나 그들은 어떠한 활동 분야나 직종에 여성이 진출할 권리에 대해서는 문제를 제기한 적이 없다."[6]

여성 지도자들은 수시로 남성과 여성이 경제적으로 경쟁하지 않는다는 사실을 시의적절하게 부각했다. 사로지니 나이두는 1930년에 AIWC 회장으로서 한 "나는 페미니스트가 아니다"라는 연설에서도 이를 언급했다. 그에 따르면, 페미니스트는 "여성의 열등함을 인정한 사람으로, 인도에서는 회의장이나 전장에서 여성이 늘 남성의 곁에 있었기 때문에 그런 것[페미니즘]이 필요 없었다." 나이두는 청중에게 여성의 의무는 세상을 정신적으로 개혁하는 것이라고 설파했다.[7] 그는 여성이 정신적·영적으로 남성과 다르기 때문에 정치활동을 해야 한다고 주장했다. 나이두는 스스로 페미니스트임을 부정했으나 사회적 페미니즘을 이데올로기로 삼았다고 할 수 있다. 그러나 사회적 페미니즘을 민족주의와 결부시킴으로써 그와 그의 동료들은 여성노동에 대한 급진적 페미니스트 비평이 성장하는 것을 저해했다.

식민 경제와 여성노동

여성이 새로운 전문직 외에 도시의 성매매 집결지에서 일하게 된 것도 영국 지배의 결과였다. 식민 통치는 전통적인 경제 구조를 바꾸어 놓았고, 이 과정에서 농업 외에도 다양한 경제활동으로 유지되던 마을 단위의 경제 구조가 근본적으로 와해되었다. 예를 들어 지역경제가 쇠퇴하면서 소규모 서비스업과 자영업도 몰락했고, 수많은 여성이 일자리를 잃었다. 원래 여성들은 여러 가지 소규모 경제활동에 참여해 곡물을 손질하고 기름을 짰으며 빵이나 신발, 토기, 그물, 밧줄 등을 만들고 소를 키우거나 다양한 물품을 수리해 왔는데, 이 모든 활동이 쇠퇴했다. 벵골에서는 집안 여성들이 전통적으로 탈곡을 담당했으나 이제 그들의 노동은 제분소의 탈곡기로 대체되었다. 기계를 사용하기 시작하면서 탈곡은 여성의 일이 아니라 남성의 일이 되었다. 새로 문 연 제분소들은 처음에는 여성들에게 잡일을 맡기기도 했으나 여성을 격리하는 규범으로 인해 벵골의 힌두나 무슬림 여성들은 이러한 고용에서 배제될 수밖에 없었다.[8]

식민 통치와 함께 등장한 경제 등 근대적인 부문은 여성들에게 새로운 고용의 기회도 물론 제공했다. 예를 들어 교육과 의료 관련 직종은 이제 일부 여성에게도 열리게 되었다. 그러나 공장과 광산, 플랜테이션 등은 상당수의 여성을 고용했지만 지극히 열악한 노동환경을 가지고 있었기 때문에 이를 긍정적으로만 보기는 어렵다.

빈곤층 여성은 착취적인 산업에 고용되는 경우가 많았다. 여성 지도자들은 이러한 현실을 무시하고 교육과 참정권, 여성의 법적 권리 등에만 관심을 쏟았다. 그들이 보기에 높은 카스트의 여성이 일자리를

[그림 6-1] 직물을 짜는 여성, 아쌈, 1900년경

찾을 경우 곤경에 처한 피해자였기 때문이었으며, 낮은 카스트 여성의 노동은 당연한 것이었다. 여성 지도자들은 그들을 지지해 주는 아버지와 남편이 있었기 때문에 사회사업과 정치에 뛰어들 수 있었다. 그러나 그들 역시 독립적인 결정을 내릴 수 있는 경제적 능력이 부족했고 이로 인해 무의식적으로 계급적 지위를 유지하는 행동과 태도에 종속되는 경우가 많았다.

여성단체의 회원들은 여성과 남성의 역할이 상호 보완적이라고 주장했다. 간디가 시따와 드라우빠디를 언급한 것은 여성단체들의 사회적 페미니즘과 살아있는 신화를 결부한 것이었다. 암부잠말에 따르면 간디는 여성이 '본성에 어긋나는' 행동을 하는 것을 원치 않았으나 동시에 나쁜 남편에게 맹목적으로 순종하는 것도 원치 않았다. 간디는 고대 신화의 여주인공을 본받아 여성들이 나라의 독립을 위해 일하도록 촉구했다. 사뜨야그라하는 나쁜 남편들을 개과천선하게 하는 데에도 이용할 수 있었다.[9] 그러나 간디나 여성 지도자들은 여성을 생산하는, 급여를 받는 노동자로 인식하지 않았다.

여성노동과 관련된 또 다른 시각도 있었다. 당시 국제기구들이 여성의 고용 조건에 관심을 갖기 시작하면서 국제연맹과 국제노동기구(이하 ILO)는 모든 진보적인 현대국가가 받아들일 수 있는 [노동] 기준을 마련하고자 했다. 오랫동안 국제여성위원회나 국제여성참정권연맹 International Women's Suffrage Alliance과 연계하여 활동했던 인도 여성들은 이러한 국제기구에서도 무언가 중요한 역할을 할 의지가 강했다.

인도의 여성단체들은 스스로 모든 인도 여성을 대표한다고 주장했으며, 결과적으로 이러한 국제기구들로부터 노동하는 여성에 대한 데이터를 제출하도록 요청받았다. 이를 준비하기 위해 그들은 공장과 광산, 교도소에서 일하는 여성들의 고용 조건을 연구하는 위원회를 만들었다. 동시에 그들은 노동하는 여성의 삶을 개선할 수 있는 프로그램과 기관을 개발하기 시작했다. 낯선 노동의 세계에서 그들은 빈곤 여성에게 공예를 가르치고 노동하는 여성에게는 가사와 가족관계의 중요성에 대해 강의했다. 인도의 '신여성'들은 노동 계층 여성의 고충을 배우면서 그들의 환경을 보다 개선하고, 국제기구로부터 인정을 받으면서 전문직으로 진출하고, 동시에 애국적인 시민으로서 스스로 자리매김하려 했다. 그러나 사회적 페미니즘의 틀 안에서는 이와 같은 다양한 의제를 성공적으로 조율하는 것이 불가능했다.

전문 직종의 여성

1920년대와 1930년대 들어 여성단체들은 여성을 위한 교육과 의료 서비스를 요구하기 시작했다. 여성 격리의 규범 때문에 남성이 다니는 기관을 이용할 수 없었던 여성들은 독립된 기관이 필요했다. 여성 지도자들은 새로 설립된 기관에 전문직 여성을 고용하도록 촉구했다. 새로운 일자리는 그들과 비슷한 여성, 즉 교육받고 자유롭게 움직일 수 있으며 어색함 없이 남녀 모두 대할 수 있는 여성을 위한 것이었다.

의료계는 19세기 말부터 여성들에게도 개방된 새로운 분야였다. 인도 남성들은 오래전부터 서양식 의료 훈련을 받을 수 있었으나, [여성들의 경우] 1885년 당시 총독 부인 레이디 더퍼린Lady Dufferin이 '인도 여성 의료진 지원을 위한 국립협회National Association for Supplying Female Medical Aid to the Women of India' 또는 더퍼린 기금Dufferin Fund으로 불리는 단체를 설립하면서 가능해졌다. 이 협회는 의사나 병원 조수, 간호사, 조산사로 훈련받고자 하는 여성들을 경제적으로 지원하고 여성을 위한 의료 훈련 프로그램의 운영을 도우며 병원과 진료소 설립을 장려했다. 마하라자들과 지주, 산업가 등 부유한 인도인은 이 기금에 기부한 대가로 직함이나 특별한 영예를 부여받았다. 1888년부터는 영령 인도 정부가 협회를 관장하며 여성 졸업생들에게 고용 기회를 제공하기 시작했다.

인도 최초의 여성 의사 중 한 명으로 이 기금의 수혜자였던 까담비니 바수Kadambini Basu는 1883년 베튠칼리지를 졸업하고 같은 해 [캘커타]의학칼리지Medical College에 입학했다. 의학칼리지 입학 후 얼마 지나지 않아 까담비니는 그의 오랜 멘토이자 친구 드와르까나트 강굴리Dwarkanath Ganguly와 결혼했다. 드와르까나트는 [힌두교 개혁 단체 중 하나였던] 사다란 브라흐모 사마즈의 주요 일원 중 하나였으며 남녀평등을 지지했다. 까담비니는 정부가 여성 의대생을 대상으로 지급하는 월 20루삐의 장학금을 신청해 선발되었다. 그는 1886년 최종 실습 시험 중 일부를 통과하지 못해 영예로운 의학학사Bachelor of Medicine 대신 벵골의 학칼리지 졸업증서Graduate of Bengal Medical College를 받았다. 그러나 그는 개인병원을 차려 성공적으로 운영했으며 1888년에는 레이디 더퍼린 여성병원에 임용되어 월급 300루삐를 받게 되었다.[10] 후에 그는 추가 학위를 받기 위해 에든버러와 글래스고에 가기도 했다.

까담비니는 성공한 의사였으며 좋은 아내이자 어머니였다. 그가 직접 집안일을 돌보고 다섯 자녀에게 헌신했음을 보여 주는 기록도 남아 있다. 그는 정치적 문제에도 관심이 있어 인도국민회의의 첫 여성 대표 중 한 명으로 활동하기도 했다. 이러한 업적에도 보수적인 잡지 『방가바시』*Bangabasi*는 그를 창녀라고 지칭했다.[11] 까담비니는 이들을 명예훼손으로 고소하여 승리했지만 이런 공격은 당시 새로운 전문직 여성에 대해 널리 퍼져 있던 적대감을 보여 준다.

아난디바이 조시[12](1865-1887)는 [인도 서부] 마라타 여성으로 1886년에 의학사 학위를 받았다. 그는 필라델피아여성의학칼리지의 졸업생 중 첫 인도 학생이었으며 해외에서 의학을 공부한 최초의 힌두 여성이 되었다. 아난디바이가 9세에 결혼한 남편 고빨라오 비나약 조시Gopalrao Vinyak Joshi는 아내를 공부시키기로 결심했다. 아난디바이가 실제 공부에 열정을 가졌는지에 대해서는 기록이 엇갈리기도 하지만 우리가 알 수 있는 사실은 그가 남편의 지도로 빠르게 성장했다는 것이다. 그는 13세에 아들을 낳았으나 곧 잃었고, 1년 안에 의학을 공부하기로 결심했다.[13]

1880년 고빨라오 조시는 인도에 있던 미국인 자선가에게 아난디바이의 교육을 지원해 달라는 편지를 썼다. 이 편지는 미국으로 전달되어 『미셔너리 리뷰』*Missionary Review*에 실렸다. 머지않아 아난디바이는 미국에서 공부하도록 초청받았으며 경제적 지원도 전적으로 받게 되었다. 이 모든 것이 결정되기 전에 우편국 직원이었던 고빨라오는 캘커타로 전근했고, 아난디바이는 남편을 따라 '낯선' 곳에 정착하고자 했으나 빠르다를 지키지 않는다고 괴롭힘을 당했다. 캘커타에서 그는 공부하려면 해외에 갈 수밖에 없다는 사실을 깨달았다. 아난디바이는 1883년 2월 24일, 남녀가 섞인 군중을 대상으로 세람뽀르Serampore의 침례교칼리지 홀Baptist College Hall에서 인도 여성으로서는 최초로 공식 연설을 하며 자신의 결정을 설명했다. 그는 스스로 기독교도이거나 브라흐모 사마즈의 일원이었으면 교육받는 것이 더 쉬웠을 텐데, 힌두교도였기 때문에 집 밖으로 혼자 나올 경우 비난과 물리적 협박을 받았다고 주장했다. 그는 인도에서는 자신의 꿈을 실현할 수 없음을 깨달았다고 관중에게 호소했다.[14]

아난디바이 조시는 1883년 4월 7일 캘커타를 출발해 뉴욕에 도착했으며 후견인들과 함께 펜실베이니아로 이동해 여성의학칼리지에 등록했다. [낯선] 기후와 허접한 음식과 숙소, 학업으로 인해 그는 병들고 지칠 수밖에 없었다. 아난디바이는 졸업식에서 사촌 빤디따 라마바이에게 1년간 경험을 쌓기 위해 보스턴에 남겠다고 말했다. 그러나 그는 6개월 만에 병세가 악화되어 모든 계획을 취소하고 인도로 향했다. 아난디바이는 [現 마하라슈뜨라주] 꼴하뿌르Kolhapur의 앨버트 에드워드 병원Albert Edward Hospital 여성 병동 수련의로 임명되었으나 결국 이를 수행하지 못하고, 인도에 도착한 후 곧 세상을 떠났다.[15]

기독교도 여성들은 다른 종교공동체의 여성에 비해 의료 분야에 많이 진출했다. [인도 남동부의 도시] 비자가빠뜨남Vizagapatnam에서 1890년에 태어난 힐다 라자러스Hilda Lazarus는 가장 성공한 인도 기독교도 의사로 꼽힌다. 높은 브라흐민 가문 출신이었던 그의 조부모는 힐다가 태어나기 훨씬 전에 이미 기독교로 개종했다.

힐다는 아버지가 운영하는 학교에서 먼저 공부하다가 지역 칼리지에서 첫 학위를 받고, 마침내 마드라스의 의학칼리지에서 MB와 BS Bachelor of Surgery(외과학사학위)를 받았다. 졸업 후 그는 델리의 레이디 하딘지의학칼리지병원 산부인과 전문의의 조교로 임명되었다. 이로써 닥터 힐다 라자러스는 1917년 여성의료서비스Women's Medical Service에 최초로 임용된 여성이 되었다. 이후 닥터 라자러스는 여성의료서비스에서 30여 년을 근무하고 1947년 의료 총책임자로 은퇴했다. 일하는 동안 그는 여러 병원을 관장했으며 여성 의사와 간호사, 산파를 양성하기 위한 프로그램도 여러 개 설립했다.[16]

닥터 힐다 라자러스는 자신의 유년기와 경력에 대해 이야기하면서 어머니와 아버지가 여성교육에 헌신적이었음을 회고했다. 어렸을 때부터 그는 의사가 되고 싶었다. 1913년 약혼자가 세상을 떠나면서 결혼 계획은 물거품이 되었다. 닥터 라자러스는 여성의료서비스의 일원으로 여러 병원에 근무했다. 새로운 언어를 배우는 데 재능이 있었기에 그는 새로운 근무지마다 지역의 언어를 배우려고 노력했다. 그는 간디에 대한 존경심과 민족주의적 열망을 표현하기 위해 카다르 사리를 입었다. 인도에 거주하는 유럽 여성이나 유라시아 여성•에게 장학금이나 고용 기회가 많다는 것을 알고 있었기에 그의 가장 중요한 목표는 전문직 인도 여성의 수를 늘리는 것이었다. 특히 그는 영국 의료계가 지지하는 무감각하고 비효율적인 제도들에 대해 매우 비판적이었다. 그는 기독교도였으나 영국인에 공감하지 않았다.[17]

19세기 말과 20세기 초에 의료 전문직 여성에 대한 수요가 증가했다. 이는 서구 의학이 근대적이며 과학적이라는 인식을 지닌 중산층 인도 여성들, 고용인들에게 의료서비스를 제공해야만 했던 제조업 부문 그리고 보건소, 병원, 진료소 등을 설립해 '문명화의 사명'을 수행하고 있음을 보여 주고자 했던 정부에서 일어난 것이었다. 완전히 영국화된 집안을 제외한 대부분의 상류층과 중산층 여성은 남성 의사를 피하고 여성의 서비스를 찾았다. 매우 가난한 이들에게는 어떠한 종류의 의료 행위도 사치였으나 공장이나 광산, 플랜테이션 등과 같이 노동이 조직화된 부문에서는 의료서비스를 반드시 제공해야 했다. 훈련받은 여성 의료진의 공급은 늘 수요에 미치지 못했다.

소녀들을 교육하는 것은 존중받을 일이었으나, 초등 과정 이상의 교육을 원하는 부모는 그리 많지 않았고, 딸이 의사가 되는 것을 격려하는 부모는 극소수였다. 게다가 대부분의 여학교는 여학생들의 두뇌가 감당하기에는 너무 혹독하다면서 과학 과목을 생략했다. 베튠칼리지의 학장이었던 자나우 양Miss Janau은 칼리지 여학생들이 학년이 올라갈수록 매년 신체적으로 약해진다는 관찰 결과를 기록했다. 다른 교사는 그의 주장에 동의하면서 학생들이 과목 시험을 위한 기본 준비가 부족하다고 비판했다. 결과적으로 여학생들은 시험을 통과하려고 노력하다가 지쳐 버린다는 인식이 널리 퍼졌다.

필수과목을 이수한 다음에도 여학생은 그를 받아줄 의대를 찾

● 당시에는 유럽인 남성과 인도인 여성 사이에 태어난 이들을 유라시아인Eurasian이라고 불렀다.

아야 했다. 레이디하딘지의학칼리지는 1916년 델리에 설립되었다.[18] 제1차 세계대전 이후, 여성 의사에 대한 수요를 충족하기 위해 여성 칼리지 교과과정에 과학 과목이 추가되었고 더 많은 의학칼리지가 여학생 후보들을 받아들였다. 1929년에는 남성을 위한 의학칼리지와 의학교 중 19개가 여성도 받아들이게 되었으며, 여성 전용 의학칼리지 한 개와 의학교 네 개가 운영되었다.[19]

남성들이 다니는 의학칼리지에 여성이 다니려면 또 다른 어려움이 따랐다. 모든 여성 기숙사생은 같이 지내야 했기 때문에 카스트 규범을 지키는 것이 불가능했다. 스스로 급진적인 자유사상가라고 생각했던 젊은 여성도 이러한 규범을 지키지 않는 경우 일어날 심각한 문제에 대해 고민해야 했다. 학위를 딸 수 있다면 성공한 전문직 종사자가 될 수 있겠지만 그들의 형제와 자매, 사촌들까지도 자기 행동 때문에 고통받을 수 있었다. 이를 피하고자 하숙을 하거나 집에서 통학하는 경우, 그들은 통학로에서 괴롭힘을 감내해야 했다.

젊은 여학생들은 스스로 평판을 지켜야 했다. 이를 위해 불필요한 여행을 피하고 남성 동료들이 누렸던 연극이나 동아리 등 기타 오락거리를 포기해야 했다. 수업을 듣는 것조차 장애물이 많았다. 일반적으로 닥터 무투락슈미 레디나 그 세대의 여학생은 수업에 참여한 유일한, 혹은 한두 명의 여학생 중 하나였다. 교수들은 여성들을 교실 맨 앞에 앉히거나, 한쪽으로 몰아넣는 등 남학생들과 분리했다. 어떤 교수들은 자신의 수업에 여학생이 참여하지 못하게 하면서 조교에게 여학생을 따로 가르치도록 지시하기도 했다.[20]

수많은 여성이 의대를 졸업하지 못한 것은 놀라운 일이 아니었다. 닥터 무투락슈미 레디는 의학칼리지 시절의 경험을 회고하면서 시험을 통과하지 못하거나 중퇴한 동료들에 대해 언급하고 있다. 이를 감내하고 살아남은 여성은 존중과 높은 연봉을 받는 지위를 얻을 수 있었다. 위험한 선택이었으나 전문직에 대한 보상은 높았다.

여성 의사들은 직장생활을 시작한 뒤에도 수많은 도전과 직면해야 했다. 첫째로 가정생활과 전문직으로서 받는 요구를 병행하는 것도 어려웠으나, 사회는 결혼하지 않은 여성에게 관용을 보이지 않았다. 둘째로 그들은 성희롱도 이겨 내야 했다. 1930년대 초 아흐메다바드에서는 나디아드Nadiad의 시립진료소장이면서 결혼하지 않았던 아할랴바이 사만뜨Ahalyabhai Samant 사건이 신문에 보도되었다. 시의원이었던 닥터 하리샹까르 바뜨Dr. Balabahi Harishankar Bhatt가 닥터 사만뜨를 납치해 폭행했던 것이다. 지역 판사는 여성 의사들을 존중해야 한다는 메시지를 분명하게 전달하기 위해 바뜨에게 징역 1년형을 선고했다. 그러나 고등법원장은 이 판결을 뒤집고 바뜨에게 벌금형만을 부과했다. 법원장은 다음과 같이 말했다.

> 전문직에 종사하는 여성은 이 세상에 나온 이상, 일반적인 남성과 여성이 따르는 기준을 받아들여야 한다. 그들은 뻐르다를 지켰던 조상들처럼 극히 민감하게 정숙함의 기준을 고집할 수 없다.[21]

셋째로 이 여성들은 유럽인과 앵글로-인도인• 여성들이 장악하고 있던 직종에서 일하면서 상대적으로 적은 급여를 받고 인종적 편

• 식민 통치하 앵글로-인도인Anglo-Indian은 유라시아인과 유사한 의미로 사용되기도 했으나 인도에 거주하는 영국인을 일컫기도 했다.

견에도 맞서야 했다. 더퍼린 기금에서 채용한 의사에게 지급한 급여와 비교할 때, 여성 의사는 인도의료서비스Indian Medical Service의 영국인이나 인도인 남성의 3분의 1에 불과한 임금을 받았으므로 성에 따른 차별이 있었음이 분명했다. 그러나 영국 여성과 인도 여성의 급여에도 차이가 있었다. 이론상 자격증에 따라 급여도 달라졌으나 인도 여성은 영국인 동료와 같은 자격을 따는 것이 극히 어려웠다. 벵골의 경우 인도 여성은 영어를 배우지 않고도 받을 수 있는 자격증인 일반 의학 및 외과 면허Vernacular Licentiate in Medicine and Surgery를 땄으나, 이는 MB나 MD 자격을 지닌 여성이 받는 급여의 10분의 1만 보장할 뿐이었다.

1907년 인도에서 활동하던 영국인 여성 의사들은 인도여성의료인협회Association of Medical Women in India를 설립하고 인도의료서비스와 유사한 단체로 여성인도의료서비스Women's Indian Medical Service를 설립할 것을 제안했다. 그들은 인도에서 영국의 '문명화의 사명'을 강조하며, 대영제국의 잊혀진 신민인 인도 여성 역시 서구 의술을 원하고 필요로 한다고 주장했다. 그들은 인도 여성만으로 이러한 수요를 충족시키기엔 부족하며 잘 훈련받은 외국 여성을 유치하기 위해서는 반드시 고용조건을 개선해야 한다고 주장했다. 1914년에 여성의료서비스가 설립되었으며, 인도 출신 전문직 여성을 포용하기 위해 상위와 하위 등급을 나누는 일종의 이원적 체제 운영이 제안되기도 했다. 그러나 이를 통해 가장 큰 덕을 본 이들은 영국인 여성 의사들이었다.[22] 1947년에야 인도인 여성으로서는 최초로 닥터 힐다 라자러스가 의료 총책임자 직위에 오를 수 있었다.

교육이나 법조계로 진출하는 여성 역시 의료계에서 볼 수 있는 문제에 맞닥뜨렸다. 필수적인 훈련을 받는 것뿐 아니라 자격증을 획득하는 것도 어려웠다. 많은 여성은 시험을 준비하기 위해 개인적으로 공부했다. 여성이 공공 기관에 취업하는 데 필요한 학위나 자격증을 가진 경우는 상대적으로 드물었다. 코넬리아 소랍지 같은 여성도 제대로 된 기관에서 교육받고 필요한 시험도 통과했으나 성차별로 인해 변호사로 개업할 수 없었다.

전문직 여성들은 다양한 문제에 부딪혔다. 여성과 아동을 위한 기관에서 일하는 여성은 직장에서 그나마 보호받았으나, 양성이 모두 이용하는 기관에서 여성을 고용하는 경우 더 많은 문제가 일어났다. 일반적으로 결혼한 여성은 어느 정도 보호받을 수 있었던 대신 자신의 전문직과 가사노동에 대한 요구를 조율해야 했다. 결혼하지 않은 여성이나 과부들은 주거를 마련하는 데에도 어려움이 있었으며 성희롱으로부터 스스로를 보호하는 방법도 찾아야 했다. 물론 급여가 높고 가족의 지원을 받는다면 이러한 문제는 해결하기 쉬웠다. 결과적으로 전문직 여성들에 대한 기록에는 여성으로서 존경받으며 전문직을 추구하는 데 거의 문제가 없었던 예부터, 자신이 맞닥뜨린 문제들에 대해 비통하게 불평한 예까지 큰 편차가 드러난다.

공장노동

1850년대에 처음 설립되었던 면직공장이나 마직공장도 여성을 고용했으나 1911년이 되어서야 정확한 기록을 찾아볼 수 있다. 1890년대에는 봄베이의 직물 공장에 약 10만 명이 고용되었던 것으로 추정된다. 이 중 20-25%가 여성이었으며, 여성 중 4분의 3은 전업 노동자였던 반면 나머지는 계절에 따라 혹은 생산이 몰릴 때 고용되었던 것으로 알려졌다. 여성들은 면사를 씻고 얼레에 실을 감는 일을 했으나 실제로 기계를 작동해 직물을 짜는 일은 하지 않았다.[23] 이 시기 벵골의 황마 공장에서는 1만 4,000여 명의 여성이 일하고 있었다. 이들 역시 주로 비숙련 노동을 담당했으며 계절에 따라 해고되었다.

1875년 이후 여성의 노동환경을 개선하기 위한 공장법 제정이 큰 관심을 끌었다. 섀프츠베리 경Lord Shaftesbury●이 잉글랜드의 공장 환경에 대한 관심을 불러일으키던 시기에 무어 소령Major Moore은 봄베이 면직부서Bombay Cotton Department의 행정에 대한 보고서를 작성했으며 봄베이 조폐국장 발라드J. A. Ballard는 인도 공장에서 일어나는 여성과 아동의 착취에 대해 보고했다. 정부는 이를 조사하기 위해 (영국인 남성 3명, 인도인 남성 4명으로 이루어진) 위원회 위원 7명을 임명했으나 이들은 현황을 검토하고 다수결에 따라 추가적인 법 제정이 필요치 않다고 선언했다. 영국인 임명직 중 두 명이 규제 개혁을 찬성한 것이 알려지자 이들은 "무지한 영국인 자선사업가이자 욕심 많은 공장주"일 뿐이며 노동비용을 높여 결과적으로 인도 상품의 경쟁력을 떨어뜨리려 한다는 비난을 받았다.[24] 그러나 법 규제에 대한 반감에도 불구하고 1881년에 인도의 첫 공장법이 제정되었다. 1891년 개정법에 따라 여성노동은 일 11시간으로 제한되었고 1911년에는 여성의 야간 근무가 법적으로 금지되었다. 이런 변화는 잉글랜드에서 비롯되었으며, 인도인 자선사업가들이나 개혁가, 공장주나 노동자로부터는 변화를 요구하는 움직임이

● 앤서니 쿠퍼Anthony Cooper, 혹은 7대 섀프츠베리 백작(1801-1885)은 여성과 아동의 광산노동을 금지하고 방직공장의 노동시간을 제한하는 법을 주장했던 영국 사회개혁가 겸 하원의원이었다.

전혀 일어나지 않았다.[25]

1890년 베를린, 1900년 파리, 1905년 베른 등지에서 수차례 국제회의가 개최되면서 모든 나라에 적합한 최소한의 노동조건을 규정하려는 시도들이 이루어졌다. 1905년 회의에서는 첫 국제 조약이 체결되었으며 1919년 워싱턴 D.C.의 국제노동회의에서 추가 조약에 대한 논의가 촉발되었다. 이 회의를 통해 세계적으로 가장 중요한 산업 국가 8개국으로 이루어진 ILO가 설립되었다. 당시 인도 지도자들은 인도가 새로 결성된 국제연맹에 빠졌다는 사실을 비판했고, 1922년 회원국 기준을 재검토하면서 인도 역시 ILO에 참석할 수 있는 자격이 주어졌다.[26] 이후 10년간 ILO는 인도가 운영위원회에 참가하려면 관련 국내 법규를 제정하라고 권고했고, 인도의 공장법도 개편에 이르렀다.

1920년에 이르자 봄베이 면직공장의 여성 고용률은 최고치를 경신했던 1911년의 25%에서 20%로 떨어졌다. 이는 여성을 보호하는 법률이 제정되면서 줄어든 것으로, 결국 값비싼 의료혜택 제공과 규제를 피하기 위한 고용자들의 결정에 따른 것이었다. 또한 여성이 할 수 있는 일을 앗아가 버린 생산방식 변화도 그 원인으로 꼽을 수 있다. 해고당한 여성들은 시위와 파업으로 맞섰으나 아무런 효과가 없었다. 여성들은 절박한 상황에 부닥치자 더 많은 여성이 일할 수 있도록 더 낮은 임금으로 적은 시간 일하겠다는 제안을 했다. 노동조합들은 이러한 제안을 거부했으며 결국 남성 노동자들이 여성 노동자들을 대체했다.[27]

1920년대 캘커타의 마직공장은 여성 약 6만 6,000여 명을 고용했으며, 이는 전체 노동자의 20%에 이르렀다. 여성들은 황마를 잣고 소모梳毛를 했으며 황마부대sack를 만드는 작업을 마무리했으나 기계를 돌리지는 않았다. 벵골의 힌두나 무슬림 여성은 빠르다 때문에 전체 여성 노동자의 10%에 불과했다. 여성 노동자 중 80%는 '피부양자', 즉 파트타임 노동자로 분류되었다. 게다가 이러한 여성 노동자의 90%는 비하르나 중앙주, 마드라스, 연합주 출신의 이주노동자였다. 그들은 공장에서 일했기 때문에 집에서 도급일을 하는 벵골 여성의 세 배에 가까운 급여를 받았다.[28] 그러나 기계화와 노동법의 시행으로 마직공장에서의 여성 고용도 1930년부터 눈에 띄게 줄어들기 시작했다.[29]

여성 노동자 중에서는 봄베이와 아흐메다바드, 캘커타의 방직공장에서 일하는 이들의 급여가 가장 높았다. 1920년대 캘커타의 전업 노동자는 월 9루삐에서 30루삐를 벌었으며, 아흐메다바드나 봄베이에서는 이보다 약간 높은 12루삐에서 34루삐를 벌었다. 이는 상당한 급여였다. 당시 친수라의 여성병원에 근무하는 여성 의사의 월급은 50루삐에 불과했다. 그러나 급여가 높다고 반드시 환경이 좋은 것은 아니었다. 도시 지역의 주거나 급수, 위생시설은 열악하기로 유명했다. 공장의 나이낀*naikin*(여성 감독)은 노동을 감시하면서 상사를 위한 뚜쟁이 노릇도 했다. 대부분의 여성 노동자는 결혼하지 않은 상태로 일을 구하기 위해 캘커타로 이주했으며 성희롱과 낮은 임금으로 인해 결국 불륜이나 성매매로 내몰리는 경우도 많았다.[30]

노동조건에 대한 조사와 결과보고서 중 여성 노동자와 면담을 나눈 기록은 소수만 남아 있다. 예외로 꼽을 수 있는 인도왕립노동조사위원회Royal Commission on Labour in India(위원장의 이름을 따 휘틀리위원회Whitley Commission라고도 불렸으며 1931년 6월에 설립되었다)는 공장과 광산, 플랜테이션에서 일하는 여성도 인터뷰했다. 837명의 증인 중 여성 52명(총 6%)이 포함되었으나 이들은 모두 이름과 고용되었던 지역만 기록되었다. 예를 들어 위원회는 잘고안Jalgoan에서 사이니Saini와 장글리Jangli, 빠타니Pathani, 이딸라바이Italabai를, 나그뿌르Nagpur에서는 라다바이 님발꺼르Radhabai Nimbalker와 부까바이 까뿌스까르Bhukabai Kapuskar를, 캘커타에서는 할룹Halub과 뚤시Tulsi의 아내를, 그리고 구하띠Guhati에서는 삽띠Sapti와 빠랍띠Parabti를 면담했다. 보고서에는 이 여성들에 대한 다른 어떠한 구체적인 내용도 언급되지 않았다. 극소수의 인터뷰 기록에는 여성들이 노동시간이나 보호법안에 대해 [인식하거나] 합의했다는 언급이 나타나지 않는다. 그럼에도 보고서 저자들은 여성 노동자들이 여성 감독관과 의료인을 원한다고 결론지었다.[31]

캘커타의 마직공장에서 일하던 여성들의 생활 수준을 기록한 구체적 연구를 통해 그들의 사생활에 대해서도 알 수 있다. 한 보고서에 따르면 노동자들은 식료품을 사는 데 수입의 3분의 2가량을 썼으며 그 외 기타 물품, 즉 오락과 기호식품, 의료용품, 종교, 미용 등에 7분의 1가량을 지출했다. 노동자들은 돈을 더 벌수록 식료품과 기타 물품 두 개 항목의 지출을 늘렸다. 노동자들은 기본 식료품을 사는 데 식비의 50% 이상을 썼으나 시골에서 먹던 비정제 곡물이나 쌀로 이루어진 간소한 식단 대신 정백미나 콩류, 생선과 육류, [우유로 만든 버터의 일종인] 기ghee와 기름, 야채, 정제 설탕, 차, 간식, 과자 등의 '도시 식단'을 따랐다. 기본 식료품 이외의 비용이 급증한 것은 식품의 종류가 다양해지면서 정제된 재료와 간식 섭취가 증가했기 때문이었다. 그러나 이러한 환경에서도 여성의 의복은 거의 변화하지 않았다. 마드라스 출신의 여성을 제외하고 모든 여성은 공장에서 일할 때 블라우스나 자켓과 함께 사리를 입었으나 여전히 신발을 신지 않았다. 반면 남성들은 가죽신을 받아들이고 '오지奧地'에서나 쓰는 두건 대신 모자를 쓰고 우산을 들었다. 남성들만 다방을 다녔다. 모든 노동자는 이발과 세탁, 비누, 머릿기

름, 담배, 토디toddy, 베텔잎,● 종교활동에 기타 비용을 지출했다. 이들을 유혹하는 새로운 오락거리와 새로운 패션은 늘 존재했다. 결과적으로 대부분의 노동자는 석 달치 임금 정도를 빚지며 엄청난 이자를 부담했다.[32]

여성단체와 노동문제

여성단체들은 왕립노동조사위원회의 활동과 ILO의 발의로 공장 여성 노동자에 관심을 가지게 되었다. 외부의 압력을 받기 전까지 여성단체 회원들은 그들에게 중요한 문제, 예를 들어 시민권, 교육, 사회환경 등에 관심을 기울였다. 그들은 모든 인도 여성이 이에 관심을 가지고 있다고 주장했으며 결국 이러한 생각은 최악의 상황에 놓인 여성 외에는 모든 여성이 경제적 피부양자일 것이라는 믿음에서 비롯되었다. 여성단체에 소속된 대부분의 여성은 많은 여성이 자신뿐 아니라 가족의 생계까지 책임지고 있다는 사실을 인지하지 못했다. 실제로 그들은 급여를 받는 노동을 한 경험이 거의 없었다. 임금을 받아 생활하는 상류층 여성은 전무했으며 중산층 여성에서도 2%에 불과했다.[33]

1929년 조사를 위해 방문했던 휘틀리위원회는 여성단체들에 노동자 관련 활동을 정리해 보고하도록 요청했다. 전인도여성협의회AIWC는 당시 새로 설립된 단체였기 때문에 보고할 내용이 없었다. 봄베이지역여성위원회Bombay Provincial Women's Council는 얼마 전부터 여성 노동자

● 토디는 야자수액으로 담근 술이며, 말린 베텔잎betel-leaves에는 여러 가지 재료를 말아서 씹기도 했다.

의 복지에 관심을 기울이고 있었기 때문에 이 요청에 응했다. 보고서를 준비하면서 그들은 노동하는 여성의 경제적·사회적 조건에 더 많은 관심을 기울이며 논의하는 데 열의를 쏟기 시작했다.[34]

휘틀리위원회의 보고서가 출판된 이후, NCWI는 노동연구위원회를 조직했으며 봄베이지역여성위원회는 여성과 노동에 대한 회의를 기획했다. 또한 AIWC 역시 임무를 수정하면서 사회문제를 포함했고 관련 분과위원회를 조직했다. 1930년에는 '토착 산업'위원회가 추가되었다. AIWC는 1931년 노동분과위원회를 조직했으며 방직공장을 방문해 공장 환경 관련 자료를 모으기 위한 설문지를 배포했다. [NCWI의] 봄베이 지부와 AIWC는 모두 휘틀리보고서의 제안을 받아들여 근무시간 단축과 여성 감독관 및 의료인 고용, 출산수당 지급, 지하 광산에서의 여성 노동 금지를 지지했다.

여성단체들은 정부가 법안을 제정하고 "노동하는 여성과 아동들에 대해 관심을 갖도록" 종용했다. 봄베이지역여성위원회는 회원들에게 노동문제를 이해시키고 여성 노동자와의 간극을 좁히기 위해 사흘 동안 회의를 개최했다. 첫날에는 중산층 여성들만 청중으로 참석했으며, 레이디 닐깐트Lady Nilkanth는 고용주-고용인 관계에 대해, 데쉬빤데Mr. Deshpande는 노동법에 대해, 그리고 닥터 바낄Dr. N. H. Vakil은 여성 노동자를 위한 의료서비스에 대해 발표했다. 특히 데쉬빤데는 휘틀리위원회에 대해 설명하면서 입법 의원들에게 로비를 하도록 참가자들을 독려했다. 일요일이었던 둘째 날에는 여성 노동자들을 초청해 일상어로 강의를 진행했다. 첫 발표는 "여성 노동자들이 배워야 할 것"을 논했으며 영양과 위생, 교육을 다루었다. "미국의 여성 노동자"에 대한 두 번째 발표는 미국 공장에서의 의료서비스를 설명했다. 회의 마지막 날은 의식 수준을 높이며 미래를 위한 구상을 하도록 기획되었다. 중산층 여성들은 노동자들의 작업공간을 방문했으며 주거환경에 대해 배웠다. 회의를 마무리하면서 참석자들은 스터디 그룹을 만들어 여성 노동자의 일상생활을 개선하기 위해 노력하겠다고 결의했다.[35]

AIWC는 법률 제정에 집중했다. 그들은 ILO에 인도 여성 대표를 임명하도록 정부에 청원했으며 1935년에는 공식적으로 ILO에 보고서를 보냈다. 이들은 ILO와 관심사를 공유하면서 ILO의 조치들에 치중했고 결과적으로 여성 노동자들의 실제 문제와 우려에 대한 관심을 잃었다.[36] 물론 국제적 교류로 인해 AIWC의 요구들이 사회보험, 출산혜택, 기타 노동조건 개선 등을 포함하게 되었다는 의의를 꼽을 수 있다. 그러나 특별법이 제정되면서 고용주들이 여성을 해고하고 대신 남성을 고용하기 시작했다는 아므리뜨 까우르의 경고는 대체로 무시되었다.[37]

이에 반해 봄베이지역여성위원회의 사업은 실제 노동하는 여성의 생활에 도움을 주었다. 그들은 지역센터를 설립해 의료서비스와 재봉 기술, 읽고 쓰기 수업을 제공했다. 그들은 또한 노동자의 아내나 자식들이 삯일을 구할 길을 마련해 주었다. 방직공장에서는 때로 800여 명의 여성이 참석하는 특강이나 오락거리 등이 제공되었다. 봄베이의 방직공장주들은 이를 높이 평가했으며 1939년에는 위원회 1년 예산의 40%를 지원했다.[38] 공장의 여성 노동자들은 의료진과 상담하거나 강의를 듣고 수업에 참석하기 위해 모여들었으며, 이를 통해 노동자들이 이러한 서비스의 가치를 인지했음이 충분히 증명된다. 심지어 위원회의 자금이 부족했던 경우에는 여성 노동자들이 돈을 모아 교사의 임금을 지불하기도 했다.[39]

실제로 공장에 고용된 여성들에게 어떤 일들이 도움이 되었는지는 분명하지 않다. 아무도 여성 노동자들에게 무엇이 필요한지 직접 묻지 않았으며 노동자들은 후세의 기록을 위해 일기나 자서전을 남기지도 않았다. 새로 법률이 제정되면서 최대 노동시간이 정해졌으며 여성의 야간노동과 아동 노동이 금지되었고 출산 수당이 강제되었다. 법을 지키는 이는 드물었고, 제재가 가해지는 경우 여성은 해고되었으며 남성이 대신 고용되었다. 공장 여성 노동자 다수가 이러한 규정이 불합리하다고 여겼으며 원래 의도를 뒤집는 작전을 짜기도 했다. 예를 들어 노동시간 제한은 원래 노동자들에게 적절한 휴식을 제공하기 위한 조치였으나, 살아남기 위해 애쓰는 여성들에게 노동시간이 줄어든다는 것은 수입이 적어진다는 의미였으며 결국 그들은 다른 공장에서 파트타임으로 일할 자리를 찾았다. 출산 휴가 역시 어머니와 아이의 건강을 고려한 것이었으나 일을 해야 하는 여성들에게는 짐이었다. 법률 제정으로 여성을 고용하는 것이 더 부담스러워지던 시기에 공장주들은 기계화를 꾀하거나 오히려 고용 가능 인력이 많은 남성을 선택했다. [20세기 초반 벵골 여성을 연구한] 다그마르 엥겔스Dagmar Engels에 따르면 마직공장의 여성들은 "두 세상 사이에서 옴짝달싹할 수 없었으며 양쪽 모두로부터 상처를 입었다."[40]

인도의 노동운동을 연구한 역사학자들은 대부분 문서와 기록에만 치중함으로써 노동조합에서 여성들의 역할을 도외시했다. 그럼에도 여성들이 1920년대부터 이미 파업이나 노동 소요에서 파업 파괴자strike-breaker와 노조 간부의 역할을 모두 해왔다는 기록을 볼 수 있다. 봄베이의 마니벤 까라나 우샤바이 당게Ushabai Dange, 빠르바띠 보레Parvati Bhore, 캘커타의 산또시 꾸마리 데비Santosh Kumari Devi와 쁘라바바띠 데비

Prabhabati Debi 등 잘 알려진 여성들은 노동조합의 간부가 되었으며 여성뿐 아니라 남성까지 대변하며 경영자들과 협상했다. 다른 기록에 따르면 1928-1929년 사이 봄베이의 직물공장 파업에서 여성들은 시위 전방에 나섰으며, 그 투쟁적인 성격에 대한 기록도 있다.[41] 사미따 센Samita Sen은 박사학위논문 「벵골 마직산업의 여성 노동자들, 1890-1940: 이주, 모성과 투쟁성」에서 이러한 주제를 매우 섬세하고 창의적으로 분석했다. 센은 [여성 노동자들이] '어머니' 혹은 '자매'라고 불렀던 여성 지도자들의 헌신을 인정하면서도 그들의 존재가 여성들이 마직공장에 취업하는 데 큰 영향을 끼치지 못했다고 주장했다. 그는 여성 노동자들과 그들에게 중요한 문제들이 주변화된 이유로 다음을 꼽는다.

> 가정에서 남녀의 역할이 서로 다르고 상호 보완적이라는 편견 때문에 노동 역시 성별에 따라 나누는 인식이 일어났으며, 이것이 결국 급여 노동이나 노동계급의 조직화된 정치에 여성이 참여하는 것을 가로막았다.[42]

여성단체들은 여성들의 노동조건을 개선하는 데 새로운 규제가 도움이 안 된다는 경험적인 증거를 무시하고 인도 여성들에게도 국제적인 기준을 부과해야 한다는 ILO의 요구를 계속 지지했다. 반면 열린국제기구Open Door International를 이끌었던 위니프레드 르 스베르 부인Mrs. Winifred Le Sveur의 생각을 받아들인 인도 여성들은 이에 반대하는 모습을 보였다. 열린국제기구는 여성과 남성 노동자 사이에 절대적인 평등을 주장했다. 그들은 인원 감축을 불러올 수 있는 불필요한 규제를 비판하면서 사람이 들 수 있는 중량을 제한하는 등과 같은 특별규제를 반대했다. 그러나 암무 스와미나탄[43]은 이러한 논쟁에서 ILO와 AIWC의 입장을 변호했다. 그의 주장에 따르면 그들의 생각은 유럽에서 비롯되었으며 인도는 유럽이 아니었다. 인도 여성들은 후원자가 필요했다.

> 노동하는 우리 여성들은 스스로 대변할 정도로 교육받지 못했고 조직되지도 않았다. 무지와 조혼 등의 사회적 악습으로 인해 무력해진 상황이기 때문에, 그것만으로도 우리는 그들에 대한 보호를 요청해야 한다.[44]

공장 여성들의 현황을 알려 한 중산층 여성은 소수였다. 마니벤 까라는 공장 여성들 사이에서 사회사업을 시작하고자 했으나 자신의 노력이 헛되다는 결론을 내렸다. 그는 노동조합에 가입했지만 여성 조합원은 전체의 1%에 불과했기 때문에 대부분 남성과 관련된 일을 해야 했다. 고다바리 고칼레Godavari Gokhale(이후 빠룰레까르Parulekar)는 봄베이 방직공장의 노동자들과 함께 일하면서 경각심을 갖게 되었다. 고다바리와 그의 친구 발레라오 양Miss Bhalerao은 인도사회신민회Servants of India Society의 여성 지부로 여성봉사협회Women's Fellowship of Service를 설립했다. 1936년부터 1939년까지 그들은 인도사회신민회에서 승인한 사업을 진행했다. 고다바리는 노동에 집중해 바느질을 가르치고 노동조합을 홍보했으며 가사노동자들을 조직하면서 성인들을 위한 문해 프로그램을 만들었다. 스스로 남긴 기록에 따르면 그는 현실과 맞닥뜨리면서 더욱 급진적으로 변했고 공산당의 진가를 인정하게 되었다. 그는 특별히 산업노동자로 일하는 여성들에 관심을 쏟았으며 그들의 관심사가 정의를 위한 조직적 노동운동의 요구와 상통할 수 있을 것으로 믿었다.[45]

ILO의 틀을 따른 법령은 세계적인 공황이 일어나던 어려운 시기에 인도에 도입되었다. 고용인 보호법 제도는 아예 시행되지 않은 경우가 대부분이었기 때문에 이로 인해 여성 공장노동자의 실업률이 높아졌다고 할 수는 없다. 방직과 마직공장뿐 아니라 모든 공장에서 고용하는 노동자 중 여성의 비율은 1927년 최고치인 16.5%를 찍은 후 1932년에는 15%로 하락했다.[46] 고용주들은 장기적으로 보았을 때 여성 노동자에게 돈이 더 들고 융통성이 없을 것으로 예측하고 그 수를 줄였을 수도 있다. 그러나 이는 가설일 뿐이며, 그보다 수요 감소와 기술적 혁신으로 인해 여성 고용이 줄어들었다고 보는 것이 타당하다. 이러한 법령을 위해 투쟁했던 여성단체 등을 비판하려면, 이들이 사실상 대변한다고 믿었던 집단의 문제를 충분히 이해하거나 알지 못했다는 정도로 비판할 수 있을 것이다. 인도가 유럽의 상황과 다르다는 암무 스와미나탄의 말은 분명히 옳았다. 그러나 그와 그의 동료들은 이로부터 한 걸음 나아가 인도의 여성 노동자들이 무엇을 원하는지 확인하는 단계를 거치지 않았다. 대신 중산층 여성들은 서구 각국에서 설계한 법률이 인도 여성들도 도울 것이라고 믿었다.

광산노동

1920년대 중반에 이르면 광산 안팎에서 일하는 노동자 중 3분의 1 이상(약 8만 명)이 여성이었다. 중앙주의 광산노동자 중 여성은 56.6%였으며, 지하에서 일하는 이들 중 47%가 여성이었다. 벵골에서는 여성이 모든 광산노동자의 35%와 지하노동자의 34%를 차지했다. 비하르와 오릿사의 전체 광산노동자 중 여성은 30.9%에 불과했으나 지하노동자의 39%가 여성이었다. 다른 주의 경우 전체 여성 노동자의 수는 적었

으나, 광산에서 일하는 이들 중 여성이 상당수를 차지했으며 최소한 3분의 1은 지하에서 일했다.[47]

이러한 숫자에도 불구하고 광산에서 일하는 여성의 상황에 대해 알려진 것은 많지 않았다. 여성단체의 중산층 여성들은 법률 제정 문제가 제기되고도 10년이 지난 1930년대에야 이러한 노동에 관심을 가지기 시작했다. 그 이유로는 두 가지를 꼽을 수 있는데, 광산은 여성단체들이 활동했던 대도시들과는 멀리 떨어져 있었을 뿐 아니라, 전통적인 농촌의 힌두 및 무슬림 문화나 도시의 진보적인 사회에서 주변화되었던 (때로 '부족tribal'이라고도 불렸던) 이들을 고용했기 때문이었다. 근대화되고 있는 여성들의 시야에는 광산의 여성들이 결코 포함되지 않았던 것이다.

광산에서 일하는 여성의 수가 많았던 것은 이들을 고용하는 방식 때문이었다. 노동력을 구하는 것이 어려웠기 때문에 광산주들은 청부업자들을 고용해 가족 단위의 '노동조組'를 구했다. 동인도에서 고정적인 노동을 확보하는 데 가장 효율적인 방식은 자민다르*zamindar*의 토지를 구입한 후,[48] 그 땅을 소작인들에게 분배하고 소작료 대신 이들에게 광산에서 일하도록 요구하는 것이었다. 광산 노동력의 50% 정도는 이러한 방식으로 채워졌다.[49]

광산의 노동환경은 20세기에 들어서면서 규제되기 시작되었으나, 1920년대가 되어서야 지하 갱도에 여성들을 고용하는 것에 대한 문제가 제기되었다. 1923년 광산법을 제정하는 과정에서 정부는 광산이사회Mining Boards와 광산연맹Mining Federation, 지역 정부들에 의견을 내도록 요청했다. 대부분은 [광산에서 일하는] 부족민들이 가족 단위로 일하는 것을 선호한다고 주장하면서 이러한 규제를 반대했다. 부족민 남성이 석탄을 캐면 아내와 아이들이 실어 날랐다. 이들은 "남성들이 석탄을 옮기는 일까지 하지 못하므로" 가족의 생계를 유지하기 위해 남편과 아내의 임금이 모두 필요하다고 의견을 모았다. 벵골광산이사회Mining Board of Bengal 의장이었던 스완Mr. Swan은 노동 현장에서 가족의 협업에 대해 설득력 있는 주장을 펼친 후 여성들 없이 남성들만 지하에서 일한다면 석탄 가격이 더 높아질 것이라고 했다.[50] 현상 유지를 지지하는 다른 주장 역시 이와 유사하다. 광산연맹의 총무는 광산에서 일하는 여성들이 출산하고 있음을 근거로 여성에게 지하노동이 해롭지 않다고 주장했다. 그가 보았을 때는 인도의 [노동] 환경을 특정한 기준에 맞추려는 국제기구들이 문제였다. 스완과 마찬가지로 그는 지하노동에 남성만 고용한다면 석탄 가격이 톤당 8안나에서 12안나로 오를 것이며 석탄 수요가 줄어들어 결과적으로 노동자들이 피해를 볼 것이라고 경고하는 결론을 내렸다.[51]

광산업자들은 법률 제정을 반대했으나 이를 지지하는 여론은 거세졌다. 벵골 상무부의 기안에 따르면 "대부분 문명국가에서는 여성이 광산 안에서 일하는 것을 허용하면 안 된다는 원칙을 받아들이고 있으며 (……) 다른 곳에서 찾아볼 수 없는 방식을 인도에서만 유지하기에는 이유가 충분치 않았다."[52] 이는 근대국가가 되기 위해서는 국제 기준에 부합해야 한다는 생각을 또다시 보여 주고 있다.

1929년의 규제에 따라 여성들은 비하르와 벵골, 오릿사, 중앙주, 그리고 뻰잡의 소금 광산을 제외하고는 지하에서 일하지 못하게 되었다. 이 지역들에서도 10년에 걸쳐 지하에서 일하는 여성의 수가 점차 줄어들었고, 1939년에 이르자 지하에서 일하는 여성이 전무했다.[53]

1933년에 AIWC는 여성 3명으로 위원회를 조직해 벵골과 비하르의 광산을 방문하고 휘틀리보고서를 적용해 광산의 여성노동을 완전히 금지할 방법을 제안하도록 했다.[54] 1934년에 채떠르지 부인Mrs. A. Chatterjee과 레누까 라이, 이리스 윈게이트 양Miss Iris Wingate은 란간즈Ranganj와 자리아Jharia의 광산 일곱 군데를 방문했다. AIWC에 제출한 보고서에서 그들은 여성의 지하노동 금지를 강력하게 촉구했다.

이 여성들은 세상 물정을 모르거나 무감각한 것이 아니었다. 채떠르지 부인은 옥스퍼드에서 공부했으며 레누까 라이는 런던정경대학을 졸업했고 이리스 윈게이트는 인도의 YWCA와 일했다. 그들은 광산에서 일하는 여성들이 건강 상태도 나쁘며 이중 노동에 시달리면서 아이들을 달래기 위해 아편에 의지하고 있음을 관찰했다. 여성들은 돈이 필요했기 때문에 광산에서 일했으며 마을에 혼자 남는 것보다 남편들과 같이 일하는 것을 선호했다. 채떠르지와 라이, 윈게이트는 이 여성들이 자신들의 참견을 고마워하지 않을 것임도 이해했다. 그들은 만약 AIWC가 목적을 달성한다면, 즉 여성들의 지하노동이 금지된다면, 이를 대신할 일을 찾도록 책임져야 할 것이라고 경고했다.[55]

그러나 여성 광부들에게 대안이 되는 노동을 찾아 주는 것은 쉬운 일이 아니었다. 채떠르지와 라이, 윈게이트는 이 지역의 농촌경제를 공부하면서 아므리뜨 까우르나 다른 간디주의자들이 농촌재건위원회Rural Reconstruction Committee에서 이루어 낸 성과를 높이 평가했다. 위원회는 건강과 교육, 생산의 상관관계에 집중했다. 그들의 사업을 본받은 AIWC는 마을마다 지부를 하나씩 정해 이를 개선하도록 지시했다.[56]

1939년 여성들의 지하노동이 거의 사라진 직후, 정부는 전쟁을 핑계로 여성 고용에 대한 금지령을 풀고자 했고 여성들은 자발적으로 다시 지하노동에 참여했다. 여성단체들은 반대하기 시작했으나, 일하기를 원하는 여성 광부들을 대신해 항의하는 것은 우스꽝스러워 보일 뿐이었다. 레누까 라이는 이러한 모순을 충분히 이해하고 있었다. 그는 사실상 문제의 핵심이 급여라는 사실을 지적했다. 남성들의 급여가 너무 낮았기 때문에 여성들도 일을 해야만 했던 것이다. 그는 자신 같은 중산층 여성들이 이해할 수 있도록 사회적 페미니즘의 틀에 따라 여성 광부들의 노동 동기를 설명했다.

> 경제적으로 필요하다면 선택의 여지가 없다. 벵골의 지난 기근 당시, 중산층 가정에서 자란 점잖은 여성들도 굶는 자식들을 먹이기 위해 몸을 팔아야 했다. 이 여성들은 차라리 죽음을 원했지만 자식을 위해 수치스러운 삶을 선택할 수밖에 없었다고 우리에게 말했다. 그렇다고 해서 그들이 살아있는 지옥보다도 끔찍한 삶을 원했다고 단정 지을 수 있는가? [지하노동] 금지령이 풀렸을 때, 여성들이 자발적으로 광산에 돌아가는 것이 의아해할 일인가?[57]

그의 동료들도 동의했으나, 불행히도 여성 광부들과의 인터뷰에 대한 기록은 남아 있지 않다. 급여에 대한 지적은 옳았지만, 레누까 라이 역시 여성 광부들을 피부양자로 상정하면서 남편들이 더 높은 임금을 받게 된다면 그 아내들도 다른 결정을 내릴 것으로 생각했다. 이러한 여성들은 남편이 급여를 받을 때 옆에 있는 것을 원했기 때문에 남편과 일하는 것을 원했다는 주장도 볼 수 있다. 그러나 전쟁이 끝나면서 광산의 여성은 결국 남성으로 대체되었으며 여성들은 더 이상 훈련받거나 다시 고용되지 않았다.

도시의 새로운 직종: '하녀'와 '매춘부'

지배적인 젠더 이데올로기에 따르면 여성은 피부양자이며 가정주부였으나, 실상 많은 여성은 생계를 유지하기 위해 일을 해야 했다. 도시는 일자리를 찾는 남성뿐 아니라 보호자가 없는 여성도 끌어들였다. 가난하고 배우지 못한 여성은 가사노동자나 막노동꾼coolies, 성매매 여성으로 일하기 시작했다. 이 직종들은 근대화가 이루어지는 도시 지역에서 번성했다. 규제의 대상이 아니었기에 이들의 노동시간을 제한하거나 노동환경을 개선하는 법률 역시 부재했다. 이 중 성매매 여성만 논란의 대상이 되었으며, 사회봉사자들은 이들을 사회문제로 치부하면서 이들의 노동에서 구하고자 노력했다.

유일한 예외로 가사노동자들을 조직하려고 한 고다바리 고칼레를 꼽을 수 있다. 1911년 인구조사에 따르면 캘커타의 여성 노동자 중 39%가 가사노동자였으며, 이는 다른 도시와 유사한 수준이었다. 그러나 이들은 보이지 않는 존재였다.[58] 모든 중산층 가정은 하녀를 고용했으나 대부분의 고용주들은 이들을 노동자로 생각하지 않았다. 아마도 부양해야 하는 친척과 가사도우미 사이의 차이가 크지 않았기 때문이었을 것이다. 인도 가정에 대한 비판 중 하나는 남편을 잃은 친척 여성을 노예처럼 부린다는 것이었다. 12세에 과부가 되었던 아난디바이 까르베Anandibai Karve는 사별한 남편의 집에서 매일같이 소들을 돌보면서 소젖과 버팔로 젖을 짜고 여물을 먹이며, 일꾼들의 아침을 요리하고 송아지들을 위한 풀을 베며 옷을 빨고 부엌 도구들을 닦았던 일들을 회고했다.[59]

고용주의 관점에서 이는 자비를 베푸는 것이었다. 슈다 마줌다

[그림 6-2] 빨래하는 남성과 여성들, 1900년경

르의 따뜻한 회고에 따르면 한 집안의 하인들은 다음 세대를 사회화 시키는 역할을 하곤 했다.[60] 중산층 가정의 가족 앨범에 아끼는 하인들의 사진을 넣는 것도 드문 일이 아니었다. 그러나 실제로 하인들도 이러한 기록처럼 스스로를 가족의 일원으로 생각했는지는 확인할 길이 없다. 오랫동안 수많은 여성이 가사노동을 위해 고용되었지만 최근에야 이들도 역사적 기록에 목소리를 남기기 시작했다.[61]

반면, 성매매를 통해 자신과 가족의 생계를 꾸린 여성들에 대한 자료는 상당수 남아 있다. 19세기 중반 (인구 40만의 도시) 캘커타에는 1만 2,000명이 넘는 성매매 여성이 있었으며 이 중 약 90%가 과부였다.[62] 인접 지역인 찹비스 빠르가나에도 성매매를 통해 생계를 꾸리는 여성이 1만 5,000명 정도 있었을 것이다. 1911년에는 캘커타에서 일하는 여성 중 25%가 성매매에 종사하고 있었다. 같은 시기 봄베이의 성매매 여성 인구는 3만 명에서 4만 명 정도로 증가했다.[63] 이러한 숫자는 정확하지 않지만 다른 여성들의 직종을 고려했을 때 매우 중요하다. 성매매는 교육이나 의학 등 새로운 전문직보다 더 많은 여성을 먹여 살렸다.

'매춘부prostitute'라는 직종에 포함된 여성은 어떤 여성들이었는가? 우선 춤추고 노래해 생계를 유지하는 카스트에서 태어난 여성을 꼽을 수 있다. 그들은 자기 기술을 딸들에게 전수했다. 딸이 없는 경우 여아를 사거나 입양했다. 역사학자 비나 올든버그는 엄밀히 따지면 이들이 연예인entertainer이었으며, 자신의 서비스를 판매함으로써 주체성을 발휘하고 결과적으로 가부장제의 패러다임을 뒤집으려 했다고 주장했다.[64]

(비슈누 신들을 따르는) 바이슈나바*baishnava*파의 여성들도 성매매 여성이라 불리는 경우가 잦았다. 이들은 '내적 신을 찾기 위해' 가족과 집을 떠나 단체 생활을 했으며 남성들과 사회적으로 공인받지 못하는 관계를 맺음으로써 일탈적 존재로 매겨졌다. 운이 좋은 경우 그들은 이러한 정사를 통해 세속적인 집착으로부터 해방되었으나, 최악의 경우 포주들은 성자인 척하며 여성 신도들을 단순한 매춘부로 취급하기도 했다.

힌두사원의 신들을 모시는 무희인 데바다시는 1870년대부터 개혁가들의 관심을 받기 시작했다. 이들은 의례를 통해 '사원에 헌신하는 여성'이 되었으며 고전무용에 대한 훈련을 받고 적절한 후원자와 정사가 가능함을 알렸다. 데바다시에게는 토지가 주어졌으며 그들이 봉사하는 사원이 있는 지역에서는 존경도 받았다.[65] 그러나 1910년대에 들어 많은 개혁가는 이들을 '사원 매춘부'라 칭하며 일반 포주들도 자기가 데리고 있는 여성들을 '데바다시'라 부르고 있다고 주장했다. 예인이나 여성 수행자들, 기녀와 마찬가지로 많은 데바다시들은 매춘부라 불리는 것을 거부하며 개혁가들의 접근에 저항했다.[66]

이러한 여성들의 주체성에 대한 논의는 매우 흥미롭다. 여성 수행자들은 신을 찾기 위해 가족을 떠남으로써 독립을 향해 한 걸음 나아갔으나, 새로운 종교 집단에서는 여전히 남성에 종속적인 상태였다. 비나 올든버그는 기녀들이 가부장제의 지배를 받아들였으나 이는 단지 "그 숨 막히는 권력 관계에서 벗어나기 위해 피할 수 없었던 타협"이라고 주장했다.[67] 데바다시들은 자신들의 생활방식을 금지하는 법률 제정을 반대했으나, 실제로 그들 역시 자유로운 신분은 아니었다. 사원에 데바다시를 헌납하는 의례는 그들이 사원 후원자와 성적 관계를 갖는 것이 가능함을 알리는 동시에, 그들이 속한 [데바다시] 공동체의 남성들과는 결혼이나 성관계가 불가능함을 알리는 역할을 했다. 사원 관계자들이 부유한 지주나 상인의 맏아들 등 적절한 상대를 결정했으며 여성의 어머니나 할머니에게 거부권을 주었다. 아므리뜨 스리니바산Amrit Srinivasan은 이들의 삶이 불행하지 않았다고 분명히 밝히고 있다. "경제적·직업적 혜택은 상당했고, 무엇보다도 사회적 명예도 부족하지 않았다."[68] 개혁가들은 독립적이고 성공한 듯 보이는 이러한 여성을 못마땅해 했다. 소위 구원자가 되고자 하는 이들은 데바다시를 '매춘부'라 부르며 이들의 토지와 직업을 박탈함으로써 이들을 '정상화'하고자 했다.

종교나 예술과 무관하게 돈을 받고 성적 행위를 제공하는 여성들, 즉 일반적인 의미의 '매춘부'도 상당수 있었다. 대부분 기록에 따르면 이러한 성매매 여성 중 다수는 과부였으며, 결국 갈 곳이 없는 여성들이 성매매 업소에서 안식처를 찾았음을 알 수 있다. 꾐에 빠지거나 팔려서 끌려온 어린 소녀들도 있었다. 성매매 여성 중에는 더 이상 견디기 어려운 자신의 삶을 깨닫고 억압을 피해 또 다른 핍박의 삶으로 도망친 유부녀도 있었다. 어떤 여성은 일하다가 돈을 더 벌기 위해 성매매까지 뛰어들었으며, 경제적 어려움으로 도시까지 떠밀려 왔다가 다른 일을 찾지 못한 이들도 있었다. 또 다른 여성은 보호를 받는 대가로 성적 행위를 제공했다.

이들 중 몇몇은 자신의 이야기를 남길 수 있었다. 1874년 캘커타의 국립대극장Great National Theater of Calcutta은 서구식 연극을 공연하면서 하랄랄 로이Haralal Roy의 작품 『베니산하르』*Benisanhar*를 무대에 올렸다. 일반적으로 남자 배우가 여성 역할을 맡았으나, 이때 성매매 여성의 딸이었던 비노디니Binodini가 여주인공을 맡았다. 이 연극은 찬사를 받으며 성공했고 비노디니는 스타가 되었으며, 이후 14년간 50여 편이 넘는 연극에 출연했다. 당시 비노디니가 자신의 멘토였던 기리시 찬드라 고쉬Girish Chandra Ghosh에게 보냈던 편지들이 엮여 『나의 이야기』*Amar Katha*(1913)로 출판되었다. 이 책에서 비노디니는 자신의 전前 직업에 대한 애착이 없다면서 대신 누군가의 아내가 되고 싶은 마음을 드러냈다.

> 우리도 [비노디니는 "우리 같은 사람들도"이라고 한다] 남편의 사랑을 갈망하지만, 어디에서 이를 찾을 것인가? (……) 욕망으로 우리에게 접근해 낭만을 이야기하면서 유혹하려는 남자는 넘쳐나지만, 자신의 마음을 내어 주면서 우리의 사랑을 시험해 볼 자는 어디에 있는가?[69]

성매매 여성들의 이야기는 경계협회vigilance society들의 기록에서도 찾아볼 수 있다. 이러한 협회는 유럽 남성과 여성들이 설립했으며, 1920년대부터 인도인들도 가입했다. 닥터 제르바누 미스뜨리Dr. Jerbanoo E. Mistri에 따르면, "침묵하면서 [성매매 여성들과] 거리를 두었던" 인도 여성들은 마침내 성매매라는 행위가 자신들의 "이해관계와 자존, 명예"와 직결되어 있음을 깨달았다.[70] 1930년대에 이르면 인도인들이 전국 경계협회의 회장과 부회장을 맡게 되었으며 지역 지부들도 장악했다.

경계협회의 기록 중 갱생원rescue home 여성들이 쓴 짧은 글이나 편지, 번역된 발표문 등을 볼 수 있다. 이러한 기록은 성매매를 비판하고 그만둔 여성의 목소리를 모은 것이었기 때문에 조심스럽게 해석해야 할 것이다. 성매매 여성들은 대개 비슷한 이야기를 남겼다. 결혼하지 않은 여성들은 전통적인 보호자들과 헤어졌을 때 꼬임에 빠지거나 유괴 또는 납치를 당했다고 (이를 항상 구분할 수 있는 것은 아니다) 보고했다. 여행 중이었거나 멀리 떨어진 친척을 방문하는 소녀들도 위험에 빠지거나 속아 넘어가기 쉬웠다. 그들은 '삼촌'이나 '가족의 친구'를 순진하게 따라나섰거나 안면만 있는 자들과 사랑에 빠졌다. 소녀들은 납치한 이들에 의해 '몸을 버리고' 성매매 업소에 팔렸다. 또는 여성으로서 체면을 지키기 위해 여성만을 위한 의료진이나 기관을 찾아야 했던 소녀나 여성이 여의사로 가장한 뚜쟁이들에게 속거나 여성병원으로 가장한 성매매 업소에 갇히기도 했다. 이러한 여성은 대부분, 특히 과부나 고아들은 갈 곳이 없었기에 성매매 업소로 피신할 수밖에 없었다고 회고했다.

납치되거나 꼬임을 당한 여성이나 쉼터가 필요한 여성 외에, 어머니나 남자 형제, 남편, 혹은 다른 친척에 의해 강제로 성매매로 몰린 유

형도 있었다. 또 다른 이들은 폭력적인 남편을 떠나 성매매 업소에서 보호받고자 했다.[71]

성매매 여성을 대상으로 하는 최초의 개혁법은 1923년의 매춘법Prostitution Act이었으며, 이는 남성이 성매매 업소를 운영하는 것을 불법화했다. 공중위생과 윤리에 대한 우려와 여성 및 소녀의 인신매매에 대한 국제적 관심이 증폭되면서 이 법은 1926년과 1927년 두 차례에 걸쳐 개정되었다.

경계협회는 아예 성매매 업소를 폐업시키고자 했지만 그럴 때마다 성매매 여성들은 길에서 손님을 끌기 시작했다. 여성단체들은 결국 갱생원을 세워 성매매 여성들이 다른 방식으로 생계를 유지하도록 훈련할 필요가 있음을 깨달았다. 이러한 쉼터들은 여성들이 가족이나 카스트 친족과 재회하도록 도와주기도 했다.[72]

[성매매 금지를 주장했던 이들과 달리] 행정관료와 경찰이 주를 이룬 규제론자regulationists 혹은 분리주의자segregationists들은 성매매 업소를 폐쇄하면 '여자들이 어떻게 될지' 우려했다.[73] 그들은 성매매를 법적으로 금지할 수는 없다고 주장하며 설사 금지하더라도 그 많은 여성을 받아들일 수 있는 갱생원은 없을 것이라고 했다. 규제론자들은 "행정 감독, 질서 유지, 청결과 의료 감독"을 수월하게 하기 위해 성매매 업소 및 여성이 지정된 곳에만 있도록 규제하기를 원했다.[74] 몇몇 영향력 있는 교육학자와 의료인들은 금지론이 밀릴 정도로 이러한 입장을 지지했다.

그리고 여성단체들은 다른 방식으로 성매매에 접근함으로써 '인도 여성'에 대한 논의와 민족주의적 열망에 편승하고자 했다. 벵골 입법부가 1931년 비윤리적 인신매매 방지법안을 논의할 때 보세S. M. Bose는 여성 1만 6,000명의 서명이 담긴 청원서를 언급했다. 그는 "벵골의 여성은 더 이상 잠들어 있지 않다"면서 여성들이 "자신들의 여성됨을 위협하는 위험을 분명히 인식하고 있다"고 했다.[75] 무투락슈미 레디는 데바다시 문제를 민족주의와 엮으면서 다음과 같이 경고했다.

> 심지어 우리 여성들도 외국[영령 인도] 정부가 우리의 정당한 요구를 들어줄 생각이 없으며 우리 인도 사회의 문제를 고치기 위해 절대로 먼저 나서서 행동하지 않을 것임을 알고 있다. 완전한 자치권과 자치령의 지위가 주어지지 않는 한, 그리고 주어질 때까지, 실질적이고 윤리적인 진보는 존재할 수 없다.[76]

국제연맹은 여성과 소녀 인신매매 문제를 다루기 시작했으며 이로 인해 인도의 개혁가들과 정부 관료들도 데바다시가 어린 소녀를 입양하는 관습을 재고하게 되었다. 데바다시들은 내부로부터 개혁을 추진하고 자신들의 생활방식을 지키기 위한 단체를 설립하며 이에 대응했다. 그러나 데바다시에 관심이 집중되면서 이는 공공 윤리뿐 아니라 국제사회에서 인도의 명예까지 걸린 너무나 중요한 싸움이 되었고, 그들은 이길 수 없었다. 폐지를 주장하는 이들은 사원에 소속된 전문 무용수와 일반 성매매 여성의 차이에 대해 분명히 알고 있으면서도 데바다시 제도가 성매매를 은닉하고 있을 뿐이라고 주장했다. 1947년 반反 데바다시 법은 사원에 소녀를 바치는 것을 금지했으며, 사원에서의 무용을 금지하고, 보감*bogam*이나 깔라반툴루*kalavanthulu*, 사니*sani*, 나가바술루*nagavasulu*, 데바다시*devadasi*, 꾸르마뿌발루*kurmapuvalu* 카스트[77]의 여성 중 춤추는 자는 모두 매춘부라고 선포했다.[78]

이 시기에 인도 정부는 비윤리적 인신매매를 억제하고 여성이 성매매로 생계를 유지하는 것을 막기 위해 국제연맹이 제시한 다양한 제도를 수용했다. 그러나 여성단체들은 성매매를 금지하는 것보다 오히려 데바다시 제도를 폐지하는 데 더 큰 힘을 쏟았다. 당시 많은 이들은 성매매를 필요악으로 받아들였으며, 벵골에서 성매매 금지를 위해 싸웠던 차룰라따 무케르지Charulata Mukherjee나 로몰라 신하Romola Sinha 같은 여성들도 갱생원 설립에 에너지를 쏟았다. 성매매를 금지 또는 제한하거나 위험에 처한 여성의 고통을 경감하는 등 개혁가들이 무엇을 원했든 간에, 그들은 여전히 남성을 부양자로, 그리고 여성을 피부양자로 인식했다. 이 주제에 관심을 가졌던 대부분의 여성은 성매매를 성적 노동으로 인식하거나 이에 대해 어떤 행동을 취하는 것이 가장 적절할지 생각하지 못했다. 대신 그들은 성매매 여성을 '구출'하고 대안적인 쉼터를 제공하고자 했다.

결론

인도 여성 노동자의 삶은 식민 통치하에서 악화되었다. 근대적 부문의 직종은 증가했지만 남녀 모두 종사했던 전통적인 산업의 쇠락에 따른 고용 감소를 상쇄시키지 못했고, 특히 여성의 피해가 컸다. 노동력이 풍부했기 때문에 여성은 기계화되지 않은, 비숙련 노동을 주로 담당했으며 결과적으로 낮은 급여를 받았고, 더 높은 지위로 오르는 것도 거의 불가능했다.[79]

여성에게 새롭게 열린 교육이나 법률, 의료 관련 직업은 교육과 가족의 지원이 필요했다. 까담비니 강굴리조차 '창녀'라고 불렸으며,

결혼하지 않은 여성 중 완벽한 자격이나 존경받는 가족이 없는 이들은 언어적·성적 희롱에 더욱 취약했다. 그럼에도 존경과 자립, 개인적 만족을 얻은 전문직 여성도 있었다. 이처럼 새롭게 등장한 전문직 여성은 대부분 여성을 대상으로 일했으며 새로운 교육 기관이나 의료 기관을 발전시키는 데 기여했으므로 인도 여성사에서 이들이 갖는 의의는 매우 크다고 보아야 한다. 현대 인도의 중산층 여성들은 이러한 학교나 칼리지를 다니면서 다양한 직종에 진출하는 것도 가능해졌다.

당시 여성들은 공장이나 광산, 플랜테이션 등 법적으로 규제되는 근대적 경제 부문에 종사해도 장기적으로 긍정적인 이득이 많지 않았다. 여성의 공장노동은 항상 특별한 기술을 필요로 하지 않는 일에 한정되었으며 여성을 위한 혜택을 강제하기 시작하면서 여성들은 기계 혹은 남성 노동자로 대체되었다. 통계에 따르면 산업부문에서 여성 고용은 결국 내리막길을 걸었다. 이는 여성을 고용했던 소규모 산업의 쇠락과 함께 여성이 대규모 공장에서는 불필요한 존재였음을 보여 준다. 불행히도 여성들은 조직적인 노동운동에서도 발판을 마련하지 못했다.

여성들은 대신 농촌의 상업작물 생산이나 도시의 성매매와 가사노동 등 규제되지 않는 부문에서는 일자리를 쉽게 찾았다. 이는 노동으로 제대로 인정받지 못했고 정해진 노동시간이나 임금, 혜택 등도 부재했다. 이러한 노동으로 몰린 여성들은 신체적·성적 폭력에 쉽게 노출되었다. 급진적인 인본주의자 로이M. N. Roy는 노동하는 여성들이 고용으로 해방되는 것이 아니라 오히려 "짐 나르는 가축" 같은 신세가 되었다고 비판했다.[80]

취업을 원하는 중산층 여성은 적었으나, 진보적인 이들은 여성단체에서 자원봉사자로 일했다. 그들은 전문직 여성들이 새로운 여학교와 여성병원에서 일하며 단체에 필요한 인력을 제공해 주기를 원했으나, 가정 밖의 고용에 대해서는 여전히 양가적인 태도를 유지했다. 전문직 여성들이 제기한 문제조차도 이러한 여성단체들로부터 크게 주목받지 못했다.

여성단체의 지도자들은 당시 국제기구들의 활동에도 참여하고자 했다. 결과적으로 이들은 국제단체들이 지향하는 보편적인 원칙에 따라 인도의 여성 노동자에 대한 인식을 형성했다. 엘리트 여성들은 민족주의 운동에 합류하고 영국[식민통치자들]의 '문명화의 사명'을 거부하기 시작하면서도 국제기구와 그 요구들은 받아들였다.

그들은 광산이나 공장에서 일하는 여성들이 일자리를 잃으면 생계를 유지할 수 없다는 것을 알면서도 고용인 보호법을 강력하게 지지했다. 그들이 대안으로 제시했던 직종은 이미 쇠퇴하고 있던 수공예 산업이었다. 그들은 노동하는 여성의 삶에 대해 많이 알고 있었음이 분명했지만, 여전히 여성의 고용을 비정상적인 것으로 여겼다. 결과적으로 여성단체의 지도자들은 여성 노동자들에게 위생과 영양을 가르치고 탁아소를 설립하며 노동시간을 제한하는 법률을 제정하기 위해 노력하는 등 여성 노동자들의 환경을 정상화하는 데 주로 정성을 기울였다. 이들 중에서도 고다바리 고칼레와 마니벤 까라는 노동조합을 통해 노동하는 여성들의 지위를 개선하기 위한 활동으로 주목받는다.

공공심을 지닌 여성들은 성매매 업소를 폐쇄하고 사원 무용을 억압하고자 했다. 중산층이 보기에는 둘 다 윤리적으로 타락하고 수치스러운 직종을 몰아내는 것이었다. 이를 위해 여성들은 성매매 여성을 '구제'하고 쉼터나 직업 훈련 등을 제공했고, 남성의 성적 일탈을 용인하면서도 여성의 순결을 요구하는 이중적인 기준을 타파하는 것을 자

신들의 사명으로 여겼다.[81]

이러한 사회문제와 여성의 경제적 지위의 상관관계를 인식했던 여성의 글도 잊으면 안 될 것이다. 특히 마르크스주의와 공산당에 매혹되었던 다수의 여성은 여성의 노동에 대해 상이한 입장을 보였다. 여성의 지위를 개선하기 위해 끊임없이 노력하고 후에 유엔에서 인도를 대표했던 교사 락슈미 메논Lakshmi Menon은 여성과 아동의 인신매매 문제를 논의하면서 핵심을 지적했다. 세계 각지에서 매춘이 일어나는 원인은 대부분 빈곤이나 대안의 부재에서 찾을 수 있었으나, 인도의 경우 조혼이나 과부에 대한 불길한 인식, 중매 결혼, 그리고 "우리가 일상적으로 여아들을 대하는 태도" 때문에 상황이 더욱 나빠진 것이었다. 메논에 따르면 여성 노동자들은 낮은 급여를 보충하기 위해 성매매를 시작했다. 이러한 맥락에서 그는 사회위생을 위한 마드라스 지역협의회Madras Regional Conference on Social Hygiene에서 1935년에 진행하던 구호사업과 선전, 성병 클리닉을 비판했다. 그들은 여성과 여성교육 기관의 고용 및 급여 문제나 여성들로부터 기회를 빼앗는 "불공평한 법과 끔찍한 사회관습"을 못 본 척하고 있는 것이었다.[82] 메논은 소비에트 연방의 법률이 여성 불평등의 핵심을 짚었다고 믿었으며 높이 평가했다. 고용 보장, 훈련을 위한 프로그램, 보호 정책, 이중 기준을 없앤 "성별에 대한 새로운 법"만이 정답을 제시하는 듯했다.[83] 메논에 따르면 여성의 노동은 사회적 관습이나 규범과 분리될 수 없으며 소비에트 모델에 따른 급진적인 구조 조정이 수반되어야 했다. 그러나 이러한 생각은 널리 지지받지 못했다. 인도 여성에게 고용이란 동등한 교육과 기회, 급여를 제공하는 조치가 아니라 여전히 곤경에 처한 이들에게 제공하는 복지일 뿐이라는 인식이 지속되었다.

제7장

변화의 시대

인도에서 전국 단위로 활동하던 여성단체들은 1940년대 중반에 이르러 주도권을 잃게 되었다. 그 전까지 20여 년간 여성단체들은 모든 인도 여성들을 대변해 왔다. 그리고 사회적·심리적으로 남성과는 다른 존재로 여성을 상정하는 사회적 페미니즘의 틀에 맞춰 교육, 의료서비스, [여성] 고용인 보호법, 시민권과 정치적 권리 등 '근대의 일상'에 따르는 변화를 요구했다. 그들은 조혼이나 뻐르다, 과부의 억압 등 인도에서만 볼 수 있는 문제를 인정하며 이러한 관습 때문에 개혁이 더더욱 어렵다는 데 동의했다. 그럼에도 불구하고 이들은 두 가지 이유로 개혁을 주장했다. 우선 인도의 '황금기'에는 이러한 관습이 존재하지 않았다는 것이다. 두 번째로 인도 여성은 남편과 가족을 위해 스스로 희생했던 여신과 여걸들의 유산이라는 축복을 받았다는 것이다. 지금은 시민사회와 민족을 위한 희생이 필요한 때였다. 여성단체들은 이때까지는 민족주의적 열망과 식민 지배라는 두 가지 상반되는 힘을 기반으로 성장해 왔다. 그리고 결과적으로 그들이 지향하는 근대적 여성은 영국 지배자들의 가부장제도, 인도 민족주의자들의 가부장제도 위협하지 못했다.

여성단체들의 이데올로기는 지나치게 힌두와 중산층, 도시를 기반으로 삼았기에 사실상 모든 여성에게 호소하거나 모든 여성을 대변할 수 없었다. 1932년에 이루어진 비공식적인 설문 조사에 따르면 인도 여성의 90%가 임금 노동에 종사했으며 "부유한 가정이나 그 이상의 사회적 지위를 가진 집안의 기혼 여성만 돈을 벌기 위한 노동을 하지 않는다"고 추정했다.[1] 여성단체들은 세속적 힌두-민족주의라는 목표에 동의하지 않는 무슬림 여성 역시 충분히 대변할 수 없었다. 도시와 농촌의 여성 노동자도 애국적 시위에 참여했으나 여성단체들과 일체를 이루지 못했다. (옥스퍼드 등에서 수준 높은 교육을 받고 여성국가단MRS을 조직했던 활동가) 라띠까 고쉬Latika Ghosh 등은 전통적인 여성들에게 어필하기 위해 실제로 시민사회의 이상을 수정해 제시하기도 했다. 여성단체들이 모든 여성을 대변하지 않는다는 것은 분명했으나, 1930년대 말까지는 이러한 여성단체들의 요구에 이의를 제기하는 목소리를 찾아보기 어려웠다.

1930년대부터 20여 년간 여성들이 다양한 사회적·정치적 운동에 참여하면서 대표적인 여성단체들의 주도권이 약해지기 시작했다. 새로운 이데올로기가 유입되면서 여성에게 꼭 필요한 것이 무엇인지에 대한 논의도 변모했다. 독립운동으로 투옥된 여성들은 감옥에서 사회주의 저술을 읽고 1세대 마르크스주의자들과 합류했다. 그들은 여성이 사회에서 어떻게 자리매김해야 할지 새로운 목표를 지니게 되었으며 석방 후 남성들과 대등하게 사회주의 혁명의 메시지를 전파했다. 그들은 또한 여성문제에 집중하고 그들이 생각하는 여성의 요구에 공적 목소리를 부여하기 위해 자신들만의 여성단체를 설립했다.

마르크스주의자가 아니더라도 사회적 페미니즘에 저항하는 여성들을 찾아볼 수 있었다. 어떤 여성은 무력 혁명에 매료되었으며, 또 다른 여성은 가족 중심의 가부장제에 대한 사회적 저항을 시도했다. 그들은 정당에 가입하거나 소규모 독립운동 조직과 일하기도 하고 때로는 독립적으로 행동했다. 이제는 인도 여성이 외국의 지배에 반대한다는 것을 보여 주기 위해 수백 명의 훈련된 세비까*sevika*를 동원하고 주홍색 사리를 입혀 행진시키는 것이 불가능해졌다. 앞날이 불안하던 이 시기 인도에서 정치적으로 활동하던 여성들은 여러 국내외 사건들이 일어나면서 새로운 이상주의와 실용주의적 태도를 요구하기 시작했다.

정치적 배경

1935년 개정된 인도법●에 따라 인도의 성인 인구 중 6분의 1이 1936년과 1937년에 치러진 선거에서 투표했다. 비록 중앙정부가 일부 결정권을 갖는 체제dyarchy였으나, 이 선거를 통해 인도의 각 주에 책임정부가 수립되었다. 인도국민회의는 지방 선거를 휩쓸었고 1937년에는 11개 주 중 7개의 주 정부를 장악했다.

제2차 세계대전 발발 후 영국 정부가 새롭게 구성된 주 정부들의 의향을 확인하지 않은 채 1939년에 인도의 참전을 발표했다. 이에 대응해 인도국민회의 내각이 사임했으며 간디는 개별적 사뜨야그라하를 촉구했다. 1941년 독일은 불가침조약을 파기하고 소비에트 연방을 침

● 사이먼위원회와 원탁회의의 결과에 따라 1935년 개정된 인도법 혹은 인도정부법Government of India Act은 영령 인도에 부분적 자치권을 부여하면서 참정권을 대폭 확대했으며, 선출된 인도인들은 인도 각 지방 정부를 책임지게 되었다. 영령 인도는 이후 인도의 여러 왕국과 함께 전인도연방All India Federation을 구성할 계획도 세웠으나 이는 실현되지 않았다.

공했다. 영국은 소비에트 연방과 동맹을 맺었으며 구금되었던 인도공산당Communist Party of India의 당원들은 이에 따라 석방되었고 영국의 전쟁을 지지했다. 같은 해 일본의 진주만 공습과 동남아시아에 대한 위협이 시작되면서 인도는 전쟁물자 수급에 더욱 중요한 역할을 맡게 되었다. 간디는 1942년 국민회의 소속원들에게 인도철수운동Quit India Movement에 참여하도록 요청했고 영국 지배에 대한 저항은 새로운 국면을 맞이하게 되었다. 인도인 중 일부는 간디의 비폭력 운동을 지지했으며 다른 이들은 영국에 반대하는 지하운동에 참여했고 또 다른 이들은 전쟁을 효율적으로 수행하기 위해 노력했다. 1943년에는 근대에 기록된 최악의 기근이 벵골을 휩쓸었다.

또한 이 시기에 종교공동체주의communalism●가 성장했다. 1935년 인도법이 시행되면서 종교적 정체성과 정치권력이 얽히는 것을 피할 수 없게 되었다. 결과적으로 1947년 식민 통치가 종지부를 찍기까지 종교적 적대감으로 가득한 사건들이 이어졌다. 영령 인도는 인도와 파키스탄으로 분립되었고 인도의 왕국들도 새롭게 탄생한 두 나라 중 하나에 속하게 되었다. 분립을 가장 뼈저리게 경험했던 벵골과 뻔잡의 경우 난민 발생과 이들의 정착이 엄청난 과제로 떠올랐다. 인도는 십여 년 동안 전쟁과 기근, 독립과 새로운 두 개 국가의 분할을 겪어야 했다. 이처럼 격동하는 시기에 공산주의 사상으로 불붙은 급진적인 운동들도 오랫동안 당해 온 착취에 저항하기 시작했다.

● 'Communalism'은 일반적으로 개인이 속한 커뮤니티에 대한 결속력과 공동체 의식을 뜻하며, 인도에서는 식민 치하부터 카스트 혹은 종교, 언어 등을 기반으로 한 집단 정체성이 성장하면서 부각되기 시작했다. 인도사의 맥락에서는 종교적 공동체, 즉 힌두와 무슬림 공동체 간 반목과 갈등이 주를 이루었기 때문에 이 책에서는 '종교공동체주의'라 번역했다.

1930년대 말부터 1950년대 초까지 여성들은 다양한 사회적·정치적 움직임에 참여했다. 이 시기의 가장 큰 특징으로 여성단체들이 주도하는 담론 대신 다수의 경쟁적인 목소리가 일어난 것을 꼽을 수 있다. 역사적으로 1937년 선거에서 여성의 역할, 종교공동체주의와 파키스탄 지지 운동의 성장, 1942년 인도철수운동과 전쟁 기간 중 일어난 다양한 반영 운동, 그리고 사회경제적 정의를 위한 급진적 운동을 통해 이러한 변화를 볼 수 있다. 또한 당시 모든 주요 사건에서 여성의 존재가 두드러지기 시작했다. 이로 인해 일부 여성에게는 도움을 주었지만 다른 여성들이 평등을 추구하는 것을 저해했던 '인도 여성'이라는 본질주의적 정체성을 마침내 무너뜨릴 수 있었다.

1937년의 선거

1935년 인도법에 따라 재산을 소유하거나 일정 수준 이상의 교육을 받고 자격요건을 갖춘 21세 이상의 여성에게도 투표권이 주어졌다. 이제 600만 명의 인도 여성이 투표하게 되었으며 여성들은 일반의석이나 여성만을 위해 할당된 의석을 차지하기 위해 출마할 수도 있었다. 인도의 여성단체들은 '특혜 없는 공평한 장場'을 요구해 왔으나, 이는 이상주의적인 태도였다. 실제로 선거운동의 재원을 마련하고 강력한 집단들과 연줄을 맺어야 하는 현실과 부딪히면서 여성 중 다수가 '안전한' 의석을 원하게 되었다.

그러나 인도국민회의는 이러한 희망을 품은 여성 정치인을 후보로 내세우는 데 주저했다. 1935년 인도법 제정 이후 국민회의는 반제국주의 운동의 주체에서 정당으로 변화하기 시작했다. 이 과정에서 국민회의는 '재산을 보유한 남성'을 선호하고 있음이 분명하게 드러났다. 수미뜨 사르까르는 다음과 같이 주장했다.

> 민족주의적이면서 많은 이들을 품어야 한다는 이상理想에도 불구하고 인도국민회의는 지배 정당으로서 힌두와 무슬림, 지주와 농민, 고용주와 노동자를 동시에 만족시키는 것이 거의 불가능하다는 것을 깨달았다. 1937년에서 1939년 사이에는 국민회의가 장악한 내각뿐 아니라 수뇌부 역시 때로 '좌파'적인 슬로건을 내세웠으나 꾸준히 우파로 이동했다고 볼 수 있다.[2]

인도국민회의가 우파로 이동하면서 더 이상 비위를 맞출 수 없게 된 이들 중에 '여성단체'도 포함되었으며, 이에 따라 1937년 선거에서도 국민회의는 여성 후보를 끌어들이거나 지원하려는 노력을 보이지 않았다.

심지어 여성의 정치적 행동주의를 강력하게 지지했던 자와할랄 네루와 마하뜨마 간디조차도 여성이 정치문제에 관여하는 것을 적극적으로 지지하지 않았다. [인도 남서부에서 사회개혁가로 활동하던] 암무 스와미나탄은 선거 전 네루에게 AIWC의 회원들이 제기한 문제를 편지로 전달했다. 그는 1936년 7월 26일에 인도 남동부의 도시 비자가빠뜨남에서 발표한 AIWC의 매니페스토『이번 선거에 출마할 후보들에게』도 한 부 동봉했다. 이 문서에 따르면 인도의 여성들은 일반 대중의 복지와 나라의 발전에 크게 기여하고 있었다. 그리고 여성과 불가촉민을 위한 기회균등, 무상 의무 교육, 농촌 재건, 빠르다·조혼·비윤리적 여성 인신매매의 종식, 종교공동체 간 통합, 사회보장 보험과 공공 보건소 운영, 실업자들을 도울 방안과 시민권의 보호라는 사회적·교육적 개혁을 요구했다.[3] AIWC는 인도국민회의 후보 명단을 요청하며 그들 중 누가 매니페스토의 조항을 받아들였는지 물었다. 또한 국민회의 운영위원회에 여성이 부재한 것을 애통해 하며 여성을 임명하도록 네루에게 요청했다. 암무 스와미나탄은 다음과 같이 결론을 내렸다. "우리는 이 나라에서 가장 중요한 민족 단체가 여성들의 관점과 이에 따른 주장에 공감하기를 원한다."[4]

네루의 답변에 따르면 인도국민회의는 주 입법부 의석 중 여성 할당석에 후보를 세울 계획이었다. 할당된 의석 외 여성들의 문제는 전인도의회위원회All-India Parliamentary Board와 지방 위원회의 결의에 따를 수밖에 없었다. 국민회의는 매니페스토의 내용에 대해서는 전적으로 동의했다. 그러나 네루는 사회 변화를 위해서 정치적 독립을 도외시한다면서 암무와 그의 AIWC 동료들을 꾸짖었다. 마지막으로는 그들의 사상을 비판했다.

> 이렇게 말해도 될지 모르겠으나, 당신이 요구하는 항목 중 다수는 우리가 제거하고자 하는 악의 뿌리까지 고려하지 않는다는 점에서 매우 피상적입니다. 물론 우리 관습 때문에 일어난 해악도 일부 있으나, 대부분 정치적 굴종과 철저히 왜곡된 경제구조의 결과라고 할 수 있습니다.[5]

[인도국민회의의] 운영위원회는 또 다른 문제였다. AIWC가 정식으로 이의를 제기하기 전부터 네루의 오랜 친구들과 지지자들은 중요한 기구에서 여성을 제외하고 있다는 사실을 지적했었다. 네루는 "인

도 여성들은 아직도 자신의 권리를 강력하게 요구하는 방법을 배우지 못했다"면서 여성들의 저항이 미미한 것을 비판했다. 그는 여성들에게 조직을 만들고 요구사항을 표명하며 반대 세력과 싸울 준비를 하도록 촉구했다. 간디와 네루 사이에 오간 사적인 편지들에서 이들이 당내 여성의 역할에 대해 지녔던 인식을 알 수 있다. 처음에는 간디도 여성들의 비판을 심각하게 받아들이지 않았다. 그러나 간디는 사람들이 자신을 탓한다는 사실을 알게 되자, 네루가 운영위원회에서 사로지니 나이두를 제외하려 했다는 것을 상기시켰다. 위원회에 여성을 임명하는 것에 아무도 이견을 제시하지 않았으나, 간디에 따르면 네루는 "내각에 여성이나 무슬림을 항상 일정 인원 포함하는 전통이나 관례를 믿지 않는다"고까지 말했다.[6] 네루는 자신도 오해받고 있다고 주장했다. 그는 더 많은 여성에게 실권을 부여하고자 했으나 자기보다 더 전통적인 남성들과 다투어야 했다. 여성들에 대한 그의 조언은 가르치려는 투였다. 네루는 여성들이 "정치적 자유를 위한 투쟁에서 남성들을" 도울 의무를 지고 있으나, 여성 해방을 위한 투쟁은 여성 자신들의 몫이라고 했다. 남성들이 여성들의 요구를 받아들이도록 강요해야 한다는 것이었다.[7] 시민 불복종 운동의 약속들은 현실정치*realpolitik*로 인해 뒷전으로 밀려났음이 분명했다.

그래도 인도국민회의는 네루가 약속한 대로 할당 의석에 출마한 여성들을 지원했다. 닥터 무투락슈미 레디처럼 여성권리 운동 경험이 많은 이들은 여성을 위한 할당 의석 자체에 문제를 제기했으나,[8] 대다수 여성들은 선거운동에 뛰어들기를 원치 않았다. 정치에 관심을 가진 여성은 대부분 경쟁이 없는 자리를 원했다. 베굼 자하나라 샤흐 나와즈에 따르면 라호르의 무슬림 여성들은 여성 할당 의석마다 한 명 이상의 후보가 출마하는 것을 막으려고 했다. 그들은 선거운동이라는 불쾌한 일로부터 여성들을 지키려고 했으며 동시에 "남성들 앞에서 단결하고 동의하는 모범적인 모습"을 보이고자 했다.[9]

라다바이 숩바라얀은 마드라스의 일반의석에 출마한 몇 안 되는 여성 중 하나로, 결국 인도국민회의에 배신감을 느낄 수밖에 없었다. 마드라스 지방의회 공천위원회의 위원장은 그에게 국민회의의 지지를 약속했다가 같은 의석에 남성이 출마 의사를 표하자 곧바로 숩바라얀에 대한 지지를 거두고 상대방을 지지했다. 숩바라얀은 라자고빨라차리야에게 해명을 요구했으나 그는 숩바라얀이 국민회의의 서약에 서명하지 않았기 때문에 일어난 일이라고 답했다. 남성 후보는 당원이었으므로 이는 성차별로 인한 것이 아니라 정당의 결속을 위한 결정이었다. 라자고빨라차리야에 따르면 국민회의는 "단순히 여성이 출마했기 때문에" 그 자리를 포기할 수는 없었다. 또한 그는 "진보적인 여성 정치인이라면 스스로 여성이라는 이유로 정치적 특혜를 원하지 않을 것"이라고 결론지었다. 숩바라얀은 출마를 포기했으나 국민회의에 대한 비판을 잊지 않았다. 그는 [1930년과 1932년에 개최되었던] 원탁회의에서 간디의 발언을 언급하며, 마드라스와 다른 지방에서 여성 후보의 부재를 지적했다. 『더 마드라스 메일』*The Madras Mail*은 이 사건에 대해 다음과 같이 논평했다.

> 이는 인도국민회의가 여성들의 뜻에 공감한다는 주장이 얼마나 위선적인지 보여 주며, 국민회의가 여성 후보를 취급하는 방식이 다른 정당과 다를 바가 없음을 보여 준다. 여성들은 불복종 시위를 주도하는 데 도움이 되었으나 국민회의의 일원으로 의회에 앉을 자격은 충분치 않다는 것이다.[10]

여성 후보의 비율이 여성을 위한 할당 의석의 비율을 넘은 경우가 한 번도 없었다는 것을 고려한다면 모든 정당이 이렇게 행동했음을 알 수 있다. 비하르와 중앙주의 경우 전체 의석의 3%가 여성을 위해 할당되었으나 전체 후보 중 여성은 1%뿐이었다.[11]

많은 여성이 선거 정치를 불편해했으며 여성들은 입법부 밖에서 정치적인 역할을 해야 한다고 주장했다. 이들에게는 여전히 청원 정치가 익숙했고 아직도 할 일은 많은 것처럼 보였다. AIWC는 교육받은 여성들에게 여성의 요구를 후보들에게 전달하고 여성 투표인을 등록하며 후보에 대한 정보를 유포하면서 정당을 위해 여성 후보로 꼽을 만한 이들의 명단을 작성하도록 요청했다.[12] 그러나 아무도 이러한 목소리에 귀 기울이거나 신경 쓰지 않는다는 사실을 알게 되면서 이들은 자신들도 깨진 약속의 피해자들이라고 결론 내렸다.[13]

그러나 선거운동 중 정당들에 실망했던 여성들도 실제 결과에는 만족할 수 있었다. 모든 주 입법부의 1,500여 의석 중 56개에 여성이 당선되었다. 41개는 여성에게 할당된 의석이었으나 10개는 일반의석이었고 5개는 주 입법부 위원회에서 지명하는 의석이었다. 이 중 인도국민회의 당선자가 36명으로 다수를 차지했으며 11명은 무소속이었고 3명은 전인도무슬림연맹 소속이었으며 나머지 한 명은 민족노동당National Unionist Party* 소속이었다.[14] 이 외에도 여성 30명이 중앙의회**에 선출되었으며, 라다바이 숩바라얀 역시 중앙의회에 지명되었다. 수는 적었으나 드디어 여성들이 권력을 쥔 모습을 볼 수 있게 되었다. 네루의

* 식민 통치하 뻔잡 지역에서 지주 계층을 대변하던 정당.

** 연방정부의 입법부.

여동생 비자야락슈미 빤디뜨는 연합주의 지방 자치행정 및 공공보건부Local Self-Government and Public Health 장관으로 임명되었으며, 중앙주의 아나수야바이 깔레Anasuyabai Kale, 신드의 시삐 밀라니Sippi Milani, 연합주의 쿠드시아 아이자즈 라술Qudsia Aizaz Rasul은 각각 의회 부의장으로 선출되었고, 봄베이의 한사 메흐따Hansa Mehta와 뻰잡의 베굼 자하나라 샤흐나와즈는 정무차관parliamentary secretary이 되었다. 여성단체들은 여성의 목표를 위해 승리했다고 축하하면서 더 많은 여성을 위원회나 심의회에 지명하도록 촉구했다. 그들의 주장에 따르면 여성이나 아동과 관련된 많은 문제를 해결할 자격을 지닌 이들은 여성뿐이었다.[15]

민족주의 정치는 [인도를 여성으로 표상하면서] 여성화되었으나 선거정치는 여전히 남성들이 지배하고 있었다. 여성들은 1920-1921년의 비협조 운동이나 1930-1932년의 시민 불복종 운동을 통해 인도국민회의를 꾸준히 지지함으로써 정치적 보상을 받을 수 있으리라 기대했다. 결국 이는 현실화되지 않았으나 정치적 야심이 있는 여성들은 여전히 남성 동료들을 믿었다. 그들은 작은 승리라도 받아들이면서 네루와 간디 등 자신들이 믿는 남성의 말에 귀 기울였고, 목표를 이루기 위해 더욱 노력하리라 결심했다.

무슬림 여성과 선거 정치

이러한 환경은 무슬림 여성들에게 더 큰 어려움을 던져 주었다. 여성 활동가들은 계층이나 카스트, 종교적 차이에도 불구하고 AIWC나 여러 여성단체에 소속되어 [인도] 여성이 모두 단결하고 있다는 인식을 심는 데 기여했다. 그러나 종교공동체에 좌지우지되는 새로운 정치적 시대에는 이처럼 단결한 듯한 겉모습을 유지하는 것도 어려워졌다.

AIWC는 정치적 성향이 없는 단체라고 스스로 주장했으나 그 지도부는 대부분 인도국민회의 소속이었고 간디의 정책을 지지하는 결의안을 통과시켰으며 간디와 네루가 여성 문제를 지지한다는 사실을 자주 칭송했다. 무슬림 회원들이 청원서의 문구나 내용을 수정하도록 요청하면 이를 무시하거나, 무슬림 회원들의 말에 따르면, 어린 여동생을 대하는 듯한 태도를 보였다. 이에 불구하고 무슬림 여성 일부는 민족주의와 페미니즘에 따른 책임감으로 여성단체들과 계속 같이 일하며 세속주의 정치를 지지했고, 이 중 잘 알려진 유능한 여성으로 하즈라 아흐메드Hajrah Ahmed, 베굼 샤리파 하미드 알리, 꿀숨 사야니 등을 꼽을 수 있다.

[여성 권리 운동에서 이미 언급했던] 베굼 자하나라 샤흐 나와즈는 [영국 여성운동가] 엘리너 래스본에게 당시 무슬림 여성이 직면했던 문제에 대해 편지를 쓰기도 했다. 베굼 자하나라는 1934년에 이미 라호르-암릿싸르의 의석에 출마하도록 권유를 받았었다. 그는 무슬림 전당대회All-Parties Muslim Conference의 회원이자 전인도무슬림연맹의 일원으로서 스스로 강력한 후보라는 사실을 알았으나 출마를 포기했다. 뻔잡의 무슬림 지도자들은 무슬림을 위한 자리 중 하나가 여성에게 할당되었다는 사실만으로도 이미 분노하고 있었다. 그는 그들의 분노를 더 이상 사고 싶어 하지 않았다.

무슬림 지도자들은 여성에게 의석을 할당할 수밖에 없다는 사실을 받아들이고서야 베굼 자하나라에게 무슬림 여성을 위한 단체를 조직해 달라고 요청했다. 무케르지 부인이나 루스땀지 부인Mrs. Rustamji, 라니 라즈와데, 하미드 알리 부인Mrs. Hamid Ali 등 친구와 동료들은 [베굼 자하나라가 무슬림 여성단체를 조직하면] AIWC가 피해를 볼 것이고, 여성의 단결이라는 신조를 저버리게 되는 것이라고 경고했다. 그러나 만약 베굼 자하나라가 여성 할당제에 반대하는 AIWC의 입장을 따랐다면, 그는 자신의 종교공동체에서 적을 만들게 될 것이었다. 베굼 자하나라는 AIWC 안에 친구뿐 아니라 그를 비난할 기회만을 기다리는 경쟁자도 있다고 믿었다. 양쪽으로부터 압박을 받게 되자 그는 결국 무슬림 동료들에 대한 충성을 우선하기로 했다. 베굼 자하나라는 무슬림 남성들의 정치적 염원을 지지하는 것만이 힌두와 무슬림 간의 조화로운 관계를 만들어나가는 길이라고 주장했다.[16]

권력 정치에서 [종교적] 정체성이 주요 요소로 떠오르면서 무슬림 연맹에서도 여성들을 동원하는 것이 매우 중요해졌다. 베굼 자하나라는 오랜 기간 AIWC에 깊이 관여하면서 여러 중요한 문제에 대해 동료들과 합의한 바 있었다. 이제 [종교]공동체에 따른 정치는 이들을 새로운 적대적 관계로 밀어넣었다. 힌두법 초안Hindu Code Bill[●]의 승리 이후 무슬림 여성들이 대표적인 여성단체들과 점차 유리되는 과정을 논하면서 무슬림 여성학자 샤히다 라티프Shahida Lateef는 다음과 같이 말했다.

> 인도 여성운동은 그 추진력과 리더십을 잃었다. 그 피해는 무슬림 여성들에게도 돌아갔는데 [인도 여성운동의] 페미니즘은 무슬림 여성 지도부가 성장할 수 있는 기반과 함께 모든 여성을 단결시킬 수 있는 이데올로기도

● 1941년부터 제기된 개혁법안으로 공동가족제도 철폐, 여성의 상속 확대, 카스트 간 결혼 금지 철폐 등 힌두 민법을 개혁하고자 했다.

제공해 왔기 때문이었다. 게다가, 여성운동을 같이 하면서 단결하고 성장했던 기억조차 잃게 되었다.[17]

베굼 자하나라는 무슬림 여성을 위한 새로운 연맹을 조직하기로 했으며, 1936년 6월에는 그의 집에서 뻰잡 지역 모슬렘여성연맹Punjab Provincial Moslem Women's League 총회가 개최될 것이라는 소식이 신문에 발표되었다.[18] 신문 기사는 더 나아가 무슬림 여성들에게 전인도모슬렘여성연맹을 설립하도록 촉구했다. 뻰잡 지역 모슬렘여성연맹이 조직된 후 이는 전인도무슬림연맹에 통합되어 회장 베굼 모드 알리Begum Modh Ali와 총무 베굼 하피즈 웃딘Begum Hafiz-ud-din이 이끄는 소위원회가 되었다. 연맹의 목표는 무슬림 여성의 정치의식을 돋우는 것이었다.[19] 전인도무슬림연맹의 지도자 무함마드 알리 진나Muhammad Ali Jinnah는 여성만을 위한 조직을 원하지 않았으나, 연맹 위원회와 베굼 자하나라는 뻐르다의 규제와 성별 분리의 관습 때문에 필요하다고 그를 설득했다.[20] 그리고 베굼 자하나라는 1937년 선거에 노동당 소속으로 출마해 뻰잡에서 의석을 확보했다.

베굼 자하나라가 무슬림연맹 쪽으로 기울자 AIWC 동료들과의 관계에도 금이 가기 시작했다. AIWC의 여성들이 [종교와 카스트에 따른] 분리선거구제를 반대했을 때 그는 그들의 정치적 순진함을 꾸짖었다. 또한 그는 통합선거구제를 찬성했던 무슬림 동료 베굼 샤리파 하미드 알리의 의견을 무시하고 무슬림 여성은 분리된 의석을 원한다고 주장했다. [인도와 파키스탄 두 나라로의] 분립partition 가능성이 제기된 후 그는 시위에 가담해 최루탄과 라티 공격에 맞서다가 결국 투옥되었다.[21] 분립 후 그는 카라치의 파키스탄 제헌의회의 일원이 되었고 부통령으로

선출되었다.[22]

그러나 이와 달리 뻔잡의 일부를 다스린 말레르끄똘라Malerktola 왕실의 혈통을 이은 줄피카르 알리 칸 경Sir Zulfiqar Ali Khan의 딸 베굼 쿠드시아 아이자즈 라술Begum Qudsia Aizaz Rasul은 종교공동체에 따른 정치를 강하게 반대했다. 쿠드시아의 아버지는 주변의 조언을 무시하고 그를 심라Simla의 예수마리아 수녀원Jesus and Mary Convent 부속학교에 보냈다.● 가족들조차 이를 반대했으며 울라마*ulama*는 수녀원 교육이 비-이슬람적이라고 비판하는 파뜨와*fatwah*를 선포했다.[23] 줄피카르 알리 칸은 자기 뜻을 고수했으며 쿠드시아는 예수마리아 수녀원 졸업 후 라호르의 퀸메리칼리지Queen Mary's College에 진학했다. 그러나 줄피카르 알리 칸은 전통적인 기질도 있었는데 딸이 뻐르다를 지키며 부르카를 계속 입도록 고집하기도 했다.[24]

1929년에 쿠드시아는 아와드Avadh의 딸룩다르*taluqdar*(지주계층) 출신이었던 나왑 스예드 아이자즈 라술Nawab Syed Aizaz Rasul과 결혼했다. 그의 시어머니는 매우 전통적이었으나 그의 남편은 뻐르다에 반대했다. 베굼 쿠드시아는 이 기회를 이용해 (시어머니 앞에 있을 때 외에는) 베일을 벗어 버리고 공식적인 석상에서 뻐르다에 반대하기 시작했다. 1936년에 그는 여성을 위해 할당된 의석이 아니라 연합주 입법부의 (무슬림에게 할당된) 일반의석에 출마하기로 했다. 또다시 울라마는 파뜨와를 선포했다. 그들은 유권자들에게 뻐르다를 저버리고 남성과 경쟁하려는 명예롭지 못한 여성에 대해 경고했다. 그러나 파뜨와는 별 효과가 없

● 인도에는 수녀원에서 설립한 여학교가 많았으며 이러한 학교들은 영어교육과 자기 규율을 중시하는 중상류층 인도인들 사이에서 인기가 높았다.

었다. 베굼 쿠드시아에 따르면 "나는 절대다수의 지지로 선출되었으며, 이는 무슬림들도 사실은 스스로 주장하는 만큼 정통을 따르지 않음을 보여 준다." 그는 입법부에서 산아제한을 찬성했고 여성 경찰관의 채용을 요구해 또다시 비난받았다. 무슬림연맹의 총무로 활동하면서 베굼 쿠드시아는 독립 후 인도 제헌의회에도 선출되었다. 이 새로운 역할을 맡은 후 그는 무슬림들에게 할당받은 의석을 자발적으로 포기하도록 권유했다. 베굼 쿠드시아와 그의 남편은 독립 후에도 파키스탄으로 가지 않고 인도에 남기로 결정했는데, 이는 무슬림도 인도의 완전한 시민으로 인정받을 것이라는 그의 믿음을 보여 준다.[25]

여성의 권리를 위해 쉬지 않고 노력했던 베굼 샤리파 하미드 알리 역시 여성단체들과 굳건한 관계를 유지했다. 그의 아버지 압바스 뜨얍지Abbas Tyabji는 [아랍계] 보흐라Bohra 무슬림 대상大商 바이 미언 뜨얍지Bhai Mian Tyabji의 손자였다. 압바스는 11년 동안 영국에서 교육받고 생활했다. 인도로 돌아온 후 그는 삼촌 바드룻딘 뜨얍지Badruddin Tyabji의 딸 아미나Ameena와 결혼했다. 압바스와 아미나는 둘 다 여성교육과 사회개혁을 지지했으며 뻐르다 규범을 무시하고 딸들을 학교에 보내어 전통과 갈라섰다. 베굼 샤리파는 공무원이었던 남편과 함께 봄베이 관구에서 사회사업을 시작했다.[26] 샤히다 라티프에 따르면 무슬림 여성들도 여성운동에 참여했다는 사실은 "늘 인도의 무슬림 분리주의 정치에 가려져 왔다."[27] 그러나 베굼 샤리파는 인도인을 갈라놓을 정치는 모두 거부했다. 그는 분리주의보다도 회원들이 이슬람과 무슬림에 대해 가졌던 교만한 태도 때문에 AIWC에 협조하는 데 어려움을 겪었다.

베굼 샤리파는 국가계획위원회National Planning Committee의 여성 분과위원회에 임명되었다. 이 분과위원회는 여성의 사회적·경제적·법적 지위를 검토하고 독립 후 계획경제 체제에서 여성 지위와 기회균등을 보장할 방도를 제시하고자 조직되었다.[28] 위원회에 임명된 마드라스의 베굼 아미룻딘Begum Amiruddin과 봄베이의 자리나 쿠림보이 부인Mrs. Zarina E. Currimbhoy 등 무슬림 여성 두 명은 회의 날짜가 함부로 바뀌고 아무도 자신들의 이야기를 듣지 않자 협조를 거부했다. 무슬림 여성으로는 베굼 샤리파만 유일하게 위원회에서 활동하게 되어 제안서를 쓰고 위원들에게 무슬림 법에 대한 권위자로부터 자문받도록 촉구하며 다른 시각을 주장하기도 했다. 그러나 그는 무슬림 법을 설명하더라도 동료들이 이를 듣지 않거나 무슨 이야기를 하는지 이해하지 못한다는 것을 알게 되었다. 보고서 초안을 읽은 후 그는 "(내가 이슬람 율법과 관습에 대해 매우 명료하고 자세한 자료를 제공했음에도 불구하고) [보고서가] 이슬람에 대해 너무나 무지해서 이에 강력하게 반대해야만 했다."[29] 베굼 샤리파는 네루가 중재하며 분과위원회에 기한을 연장하고 서명을 직접 요청한 후에야 최종 보고서에 서명했다.[30] 분과위원장이었던 라니 라즈와데는 전혀 호의적이지 않았으며, 자와할랄 네루에게 보내는 편지에서 "베굼 샤리파 하미드 알리가 종교에 치우쳐 생각하는 것 같아 걱정스럽다"고 했다.[31]

꿀숨 사야니는 간디가 남아프리카에서 인도로 돌아온 후 그의 첫 주치의를 맡았던 코자Khoja 무슬림● 닥터 라자발리 빠뗄Dr. Rajabally Patel의 딸로, 간디를 '삼촌*kaka*'이라 부르며 자랐다. 그의 어머니는 봄베이에서 여학교를 다닌 최초의 무슬림이었으며 이모는 무슬림 여성으로서

● 시아파 중 이스마엘파 무슬림들로 13세기부터 인도에 정착한 페르시아인들 외에도 이슬람으로 개종한 힌두 라즈뿌뜨족을 포함한다고 알려졌다.

는 처음으로 졸업장을 획득했다. 꿀숨은 가정교사로부터 교육을 받았으며 인도국민회의가 봄베이에 새로 설립했던 병원을 맡았던 닥터 잔모하메드 사야니Dr. Janmohamed Sayani와 18세에 결혼했다. 두 사람 모두 마하뜨마 간디의 열혈지지자였으며 각각 의료봉사와 사회봉사로 나라를 위한 일을 하고자 했다.[32]

꿀숨 사야니가 의미 있는 일을 찾기 위해 여러 여성단체에 가입하고 있었을 때, 고다바리 고칼레가 봄베이 최초의 문맹 퇴치 운동을 위한 청사진을 그리고 있었다. 1938년에 시작된 캠페인은 매우 성공적이어서 곧 정부가 이를 이어받아 맡게 되었다. 이 프로그램을 감독하기 위해 정부는 봄베이성인교육위원회를 설립하고 사야니를 회원으로 영입했다.

꿀숨 사야니는 이해 잉글랜드에 여행을 다녀온 후 빠르다의 여성을 가르치겠다는 결심을 했다. 그는 교육 대상으로 삼았던 중하층 여성들에게 가장 편할 것 같은 재가강좌를 진행하겠다는 계획안을 위원회에 제출했다. 위원회는 그에게 100루삐를 선지급했으며 이를 가지고 그는 매일 여섯 군데에서 수업을 열었다. 그러나 형편없는 급여를 받았던 교사들은 무관심했고 학생들도 흥미를 잃으면서 사야니는 이 여성들에 대한 교육이 무척 어려운 것임을 깨달았다. 그는 이 프로그램을 직접 감독하기로 결심하면서 매일 "골목골목을 다니면서, 집집마다, 층마다 여성들을 만나 글을 읽고 쓰는 것을 배우도록 열정적으로 설득했다."[33] 위원회의 예산이 떨어지자 AIWC 봄베이 지부에서 여성 420명이 등록한 11개 강좌의 자금을 지원했다. 그러자 봄베이성인교육위원회는 빠르다를 지키는 여성을 위해 교육 센터 50군데를 재정적으로 지원하기로 결정했다. 새로 글을 읽기 시작한 여성들에게 교재를 제공하기 위해 꿀숨 사야니는 월간지 『라흐베』*Rahber*(안내)를 창간하고 재정적으로 지원했다. 『라흐베』는 "문해교육용 읽을거리"의 역할을 하며 각종 이야기와 기사를 쉬운 힌두스따니어로 번역해 우르두와 나그리 nagri, 구자라띠 문자로 함께 표기했다.● 민족의 통합을 위한 그 나름의 노력이었다.[34]

전쟁과 분립을 위한 소요가 일어나던 중에도 꿀숨 사야니는 충실한 간디 지지파로 남았다. 그는 사로지니 나이두와 라메슈와리 네루를 자신의 멘토로 꼽으며, "나에게 라메슈와리는 이상적인 인도 여성"이었다고 회고했다.[35] 그는 [파키스탄을 분립하려는] '진나 운동'이 가난한 무슬림에게 끼치는 영향을 개탄했다. 사야니에 따르면 '이슬람이 위험에 처했다'고만 외쳐도 사람들은 흥분하고 자신을 도와주는 프로그램을 거부했다. 간디와 인도국민회의에 대한 충성 때문에 사야니는 무슬림들로부터 비아냥거림과 협박을 받았으며 그의 교육 노력 역시 이슬람에 유해하다는 소리를 듣기도 했다.[36]

하즈라 베굼 아흐메드●●는 수년간 AIWC와 일한 후 1937년 공산당에 합류했다. 그는 노동자 계층 여성의 상황을 알게 되면서 공산당에 이끌렸다. AIWC와 일하는 동안 그는 노동하는 여성의 상황에 대해 동료들의 의식을 끌어올리고자 했다. 그러나 아무리 노력해도 그들의

● 지금도 인도는 국어national language 대신 영어와 힌디어의 두 가지 공식언어Official language와 22개의 지정언어Scheduled languages(혹은 주요 언어)만 유지하고 있다. 각 주마다 공용어를 따로 지정하고 있으며 그 표기 문자 역시 다양하다. 식민 통치하 힌두스따니어는 힌디어와 우르두어를 통칭하는 용어였는데, 두 언어는 표기 문자만 다르고 거의 유사한 문법과 어휘를 공유한다. 우르두 문자는 페르시아어에서 비롯되어 북인도의 무슬림들이 널리 사용했으며, 나그리 문자는 산스끄리뜨어와 힌디어, 뻔잡어 등 북인도에서 주로 사용되었고, 구자라띠 문자는 나그리와 유사하나 구자라뜨 지역이나 봄베이 일부 매체에서만 사용되었다.

목표를 바꿀 수 없었다.

1940년 하즈라 아흐메드가 AIWC의 알라하바드 지부 총무를 맡은 상황에서 AIWC는 그의 '정치적' 행동(총독 사저에서 열리는 만찬에 초청받았으나 거절했다고 전해진다)을 문제 삼기 시작했다. 하즈라 아흐메드는 자신의 행위가 일반적인 의미의 '정치적' 행위가 아니었다고 생각했지만 결국 다음과 같이 수긍했다. "나는 과거에 인도국민회의를 지지했으나 신념상 사회주의자이므로 결코 비정치적일 수 없다."[37] 한 달도 채 지나지 않아 그의 남편 닥터 아흐메드Dr. Z. A. Ahmed가 정치활동으로 투옥되자 그는 "아기를 위해" 총무직을 스스로 사임했다.[38]

이후 하즈라 아흐메드는 인도국민회의와 AIWC의 여성들이 공산당의 가치를 이해하도록 노력을 재개했다. 그는 다시 총무가 되었으며 독립 후에는 AIWC에서 발행하는 잡지 『로슈니』의 편집인이 되었다.[39] AIWC의 부르주아적인 성향을 비판하면서도 하즈라 아흐메드는 이를 통해 힌두와 무슬림 여성이 함께할 수 있다고 믿었다. 그러나 무슬림 연맹은 무슬림 여성들에게 AIWC를 탈퇴하도록 강요함으로써 종교공동체 간 갈등을 불러일으켰다. 그리고 종교에 따른 분리선거구제는 이러한 요구를 거부하는 것을 거의 불가능하게 만들었다.[40]

위에서 소개한 다섯 명의 여성은 대표적인 무슬림 엘리트 여성이었다. 이들은 모두 공교육을 받았으며 진보적인 태도를 지닌 아버지나 남편의 덕도 보았다. 또한 이들은 여행을 할 수 있었으며 어느 정도 결

●● '여사'라는 의미로 베굼을 사용한 다른 무슬림 여성과 달리 하즈라 베굼 아흐메드의 '베굼'은 그의 성姓이다. 하즈라 베굼은 첫 남편과 이혼한 후 1935년 Z. A. 아흐메드와 결혼해 하즈라 베굼 아흐메드, 하즈라 아흐메드 등으로 불린다.

정권을 지녔다는 특혜를 누린 소수의 여성이었다. 베굼 자하나라 샤흐나와즈와 베굼 쿠드시아 아이자즈 라술, 베굼 샤리파 하미드 알리, 꿀숨 사야니, 하즈라 베굼 아흐메드는 1940년대까지 여성단체들과 일했다. 무슬림 여성을 위한 의석이 구분되고 종교공동체에 따라 선거권이 부여되면서 이들은 새로운 어려움에 맞닥뜨렸다. 베굼 자하나라는 무슬림연맹의 주변부로 밀려났지만 여전히 연맹을 지지한 반면, 베굼 쿠드시아는 연맹 내부에서 이에 저항하면서 무슬림연맹과의 관계를 정립해 나갔다. 베굼 샤리파와 꿀숨 사야니는 정치적 문제를 다룰 수밖에 없는 사회개혁가들이었다. 그들은 둘 다 인도국민회의와 여성단체들을 따랐으나 베굼 샤리파의 경우 많은 고민 끝에 내린 결정이었으며 사야니는 이로 인해 대중의 괴롭힘을 받았다. 이 중에서 가장 고민이 적었던 이는 하즈라 아흐메드였다. 그는 모든 종교를 배척하는 공산당을 선택했으며 국민회의나 여성단체와 일하면서도 당의 칙령에 따랐다.

전 인도 규모의 여성단체들도 무슬림 여성들을 끌어들이고 그들의 이해를 대변하기 위해 노력했다. 여성단체들은 빠르다를 비판하면 [서구의] 문화 제국주의적 태도라 오인받을까 우려해 이를 일종의 생활 방식으로 인정하며 결의안 등에서도 이를 모호하게 비판할 뿐이었다.[41] 여성을 남성과 분리해 따로 기거케 하는 것은 사실 힌두나 무슬림 모두에서 볼 수 있는 관습이었으나 두 공동체는 자신들의 '황금기'를 서로 다르게 기억했다. 힌두 여성들은 공동체 생활에 여성들이 능동적으로 참여했던 때[고대]를 꼽았으나, 무슬림 여성들은 선지자 무함마드의 아내들이 베일을 쓰기 시작한 때를 황금기로 꼽았다. 여성단체의 지도자들은 빠르다를 무슬림만의 문제로 간주했다. 그리고 정치에 관한 한, 여성단체들은 모든 여성이 동등하다고 주장하며 보통선거권이 주어져야 한다고 주장했다. 그러나 종교공동체에 따라 선거 결과가 좌지우지되는 실상에 당면하자 그들은 어찌할 바를 몰랐다. 인도국민회의와 마찬가지로 여성단체들도 자신들이 모든 인도인을 대변한다고 주장했으나, 무슬림연맹은 이에 반발하며 무슬림 여성들에게 자신의 일족에 충성하도록 요구했다.

베굼 자하나라를 제외한 여성단체의 여성들은 무슬림연맹이 힌두와 무슬림 여성들 사이를 갈라놓았다고 비난했다. 그러나 인도국민회의와 여성단체들 역시 이러한 비난을 피할 수 없다. 베굼 샤리파와 라니 라즈와데의 관계를 예로 들 수 있다. 베굼 샤리파는 전통주의자도 아니었으며, AIWC와 함께 오랜 기간 다양한 문제를 다루어 왔었다. 그는 동료들이 어떠한 결정을 내리기 전에 이슬람 율법을 이해하기만을 원했다. 그러나 [라니 라즈와데를 포함해] 아무도 이를 받아들일 준비가 되어 있지 않았다.

인도철수운동

1939년 9월 영국 정부는 인도의 참전을 발표했다. 인도국민회의는 진정으로 책임 정부를 보장하고 종전 후 독립을 약속한다면 전적으로 협조하겠다고 제안했다. 만족할 만한 답변이 없었기 때문에 국민회의 내각은 11월에 사퇴하고 반대운동을 준비했다.

이때 이미 많은 여성이 학생단체나 농민운동, 노동조합에 참여하며 때로 지도자 역할을 하고 있었다. 여성들이 전쟁 기간 중 다양한 반영 운동에 참여했다는 사실은 의석에 선출되거나 권력을 지닌 자리에 임명되는 것만큼이나 큰 의의가 있었다.

간디는 1940년 10월 초 시민 불복종 운동을 선포했다. 초기에는 비상령에 맞서 간디가 선택한 개인 사뜨야그라히들이 공공 반전 연설을 했다. 정부에 반대한다고 선포한 인도국민회의 지도자들은 한 명씩 체포되어 투옥되었다. 1940년에는 국민회의 일원 중 400여 명의 남녀가 투옥되었다. 1941년 6월에는 거의 2만 명 이상이 투옥되면서 이후 운동이 시들해질 수밖에 없었다. 국민회의 지도자들은 이 운동에 만족하지 못했는데, 수미뜨 사르까르에 따르면 이는 "간디의 민족운동 중 비교할 수 없을 만큼 약했고 효과도 미미했기" 때문이었다.[42] 그러나 간디는 만족했으며 국민회의 지도자들은 그의 지도력을 잃고 싶지 않았다. 12월 초 정부는 사뜨야그라히 재소자들을 풀어 주기로 했으며 이에 따라 관계 개선의 여지가 보였다. 그러나 12월 7일 일본이 진주만을 공격했으며 다음 날 미국이 참전했다.

1942년 8월 2일, 봄베이에서 개최된 인도국민회의의 전인도위원회All-India Congress Committee는 영국 정부에 인도로부터 철수하도록 요구하는 결의안을 통과시켰다. 국민회의는 이를 이룰 때까지 모든 비폭력 대중투쟁을 인가했으며 국민회의로부터 명령이 없는 경우에도 "모든 남녀는 (……) 발표된 지침 내에서 스스로 행동하도록" 지시했다.[43] 인도철수 결의안Quit India resolution은 여성도 "인도의 독립을 위해 훈련된 병사들"이라 칭하며 운동에 끌어들였다.[44]

간디는 인도인들에게 소금을 만들거나 법원과 학교를 보이콧하고, 직물과 주류가게에서 시위하며 세금을 내지 않는 등 이전에 진행했던 다양한 방식으로 비폭력적인 운동을 재개하도록 요청했다. 영국 측은 인도국민회의 지도자들을 체포함으로써 대응했다. 대대적인 시위가 이어졌으며 공권력은 이를 무력으로 진압했고, 결국 대중이 국가 권력의 상징들을 공격하는 대규모 폭력 사태들이 일어났다.[45] 파업과 시위, 경찰과의 충돌 등 도시에서 먼저 시작된 운동은 농민들이 지주와 영국 권력의 대리인들에게 저항하면서 농촌으로 퍼져나갔다. 여성들은 초기에는 도시의 파업과 시위에 참여했으며, 농민운동을 조직한 급진적인 학생 활동에도 참여했고, 시위가 진압된 후에는 지하운동에 합류했다.

우샤 메흐따Usha Mehta는 봄베이에서 비밀 라디오 방송을 운영했다. 1930-1932년의 시민 불복종 운동 당시 어린아이였던 메흐따는 어른들을 위해 심부름을 하며 메시지를 전달하는 아이들로 이루어진 '원숭이 군단monkey army'의 일원이었다. 인도국민회의 지도자들이 인도철수 운동에 합류할 민간인을 모집하자 메흐따는 자신이 도울 수 있는 방법을 찾았다. 정부가 당시 반란에 대한 뉴스를 검열해 삭제하고 있었기 때문에 메흐따는 라디오 방송을 시작하기로 했다. '자유의 목소리Voice of Freedom'는 저항과 체포에 대한 뉴스, 애국적인 젊은이들의 신상, 인도철수운동을 선포하는 간디의 유명한 "행동하거나 죽어라Do or Die" 연설 등을 방송하기 시작했다.● 메흐따와 그의 오빠는 1942년 11월 12일 체포될 때까지 방송을 계속했다. 오랜 심문 후 메흐따는 4년의 징역형을 선고받았다. 감옥에서 그는 자신과 같이 신념과 애국심, 그리고 국민회의의 지도자들, 특히 마하뜨마 간디에 대한 믿음으로 운동에 참여한

● 우샤 메흐따의 기록을 기반으로 당시 의회라디오Congress Radio라 불렸던 비밀 방송에 대한 책이 최근 출간되었다. Usha Thakkar, *Congress Radio: Usha Mehta and the Underground Radio Station of 1942* (New Delhi, Penguin Viking, 2021) 참조.

이들을 다수 만났다.[46]

인도철수운동이 농촌으로 퍼지면서 수많은 여성 농민도 남성들과 함께 세금과 토지 경작권, 지주의 권리 등에 반대하는 시위에 참여했다. 1942년 9월 말 벵골 미드나뿌르 지역의 네 개 구역에서 소작농들이 경찰서를 습격하고 전신선을 끊는 일이 발생했다. 영국은 이를 강압적으로 진압했으며 이에 따라 또 다른 폭력 사태가 일어났다. 9월 29일 따믈룩Tamluk 구역 주민들은 재판소와 경찰서를 장악하기 위해 시내로 행진했다. 재판소를 지키던 군인들과 맞닥뜨리자 그들은 잠시 주저했다. 이때 73세의 과부였던 마땅기니 하즈라Matangini Hazra가 한 발 나서서 인도국민회의의 깃발을 들고 인생 최초의 공공연설을 했다.

마땅기니 하즈라(1870년생)는 아내와 사별했던 60세의 뜨릴로찬 하즈라Trilochan Hazra의 어린 신부였으나, 18세에 과부가 되었다. 그리고 그는 62세에 인도국민회의에 충성을 다하겠다는 서약을 맺었으며 [여러 차례 투옥되었다가] 10년 후 1942년에는 [독립운동을 위한] 대대를 이끌겠다고 요청했다. 9월 29일에 그는 군중이 간디의 이름으로 나아가기를 촉구하며 영국군의 위협에 굴하지 않았다. 영국군은 깃발 든 그의 손을 먼저 쏜 후 머리를 쏘았고, 그는 깃발을 든 채 그 자리에서 숨졌다. 정부 측은 이 반란을 진압하겠다는 강력한 의지를 보였다. 마찬가지로 미드나뿌르 지역의 주민들은 계속 저항했으며 잔혹하게 진압되었다.[47]

아루나 아사프 알리Aruna Asaf Ali(1909-1996)는 1942년에 지하운동의 지도자가 되었으며 1946년까지 숨어서 지내야만 했다. AIWC의 잡지 『로슈니』는 그를 부자들로부터 재물을 강탈해 가난한 이들에게 나눠주는 소설 속의 강도 두목 데비 차우다라니Devi Chaudharani, 혹은 1857년

[대봉기 당시] 영국군과 싸웠던 전설적인 여왕 잔시의 라니Rani of Jhansi●의 후계자라고 칭송했다.[48] 아루나 강굴리Aruna Ganguli는 벵골에서 태어나 산간 휴양지인 나이니딸Nainital에서 자랐으며, 라호르의 성심수녀원Convent of the Sacred Heart 부속학교를 다녔다. 그는 정략결혼을 거부하고 캘커타의 고칼레기념여학교Gokhale Memorial School for Girls에서 일하기 시작했다. 알라하바드에서 휴가를 보내던 중 아루나는 델리 출신의 무슬림 변호사 아사프 알리Asaf Ali를 만났으며, 머지않아 그는 청혼했다. 아버지가 스무 살이 많은 무슬림과의 혼인을 반대했으나 그는 1927년 아사프 알리와 결혼했다. 델리로 이사한 후 아루나는 라메슈와리 네루의 소개로 델리여성연맹Delhi Women's League에 가입했으며 사뜨야바띠 데비로 인해 시민 불복종 운동에 참여하게 되었다. 아루나는 소금법을 어기고 체포되어 징역형을 선고받았으며 러크나우에 투옥되었다.

1941년 아루나 아사프 알리는 개인적으로 사뜨야그라하를 시도하다가 체포되어 투옥될 뻔했으나 곧 풀려났다.[49] 인도국민회의가 인도철수 결의안을 선포한 후 몇 시간도 되지 않아 그의 남편을 포함한 국민회의 고위지도자들은 모두 체포되었다. 아루나는 그들을 대신해 깃발을 게양하는 의식을 거행하며 [시민들에게] 체포 사실을 알렸다. 깃발을 펼치는 순간 경찰은 군중에 최루탄을 쏘아댔으며, 그는 다음과 같이 회고했다. "그날 아침의 경험으로 나는 사뜨야그라하를 수행했다는 죄목만으로 순순히 투옥되지 않겠다고 결심했다."[50]

● 인도 북부의 작은 왕국 잔시는 동인도회사 치하에서 후계자 문제로 인해 왕비*rani* 락슈미바이가 다스리고 있었다. 1857년 대봉기가 일어났을 때 왕비는 영국군에 저항해 싸우다가 전사하여 전설적인 인물이 되었다.

아루나 아사프 알리는 인도국민회의의 회기에 참석하려는 다른 위원들을 만나 델리로 돌아가기로 했다. 그들은 아그라까지 기차로 이동했으며, 여기부터 수도까지 차로 이동했다. 아루나는 국민회의의 사회주의자였던 나라얀J. P. Narayan과 람마노하르 로히야Rammanohar Lohia, 아츄뜨 빠뜨와르단Achyut Patwardhan, 간디주의자 수체따 끄리빨라니와 디와까르R. R. Diwakar와 함께 무질서한 폭도들을 조직하고 그들의 분노를 성공적으로 활용하고자 지하활동을 결정했다. 그들의 목표는 저항운동을 조직하고 전쟁 지원을 방해하는 것이었다. 3년 반의 은신 생활 중 아루나는 끊임없이 움직이며 외국의 지배로부터 조국을 '해방'하도록 대중을 촉구했다.[51]

간디는 "헌법 앞에서보다 바리케이드 앞에서 힌두와 무슬림을 단결시키려고 한다"면서 아루나를 비판했다.[52] 수체따 끄리빨라니도 아루나와 그의 동료들이 전쟁 지원을 방해한다고 비판했으나, 아루나는 전쟁을 계획적으로 방해하려고 했을 뿐이지 무분별한 파괴를 원한 것이 아니라고 주장했다. 스스로 제작했던 「방해 공작의 기초」A.B.C. of dislocation라는 팸플릿을 인용해 아루나는 다음과 같이 말했다.

> 방해 공작은 억압받는 피지배자들이 지배자를 상대로 널리 사용할 수 있는 효과적인 저항 방식이다. (……) 즉 전신을 끊고, 기찻길의 이음판을 제거하고, 다리를 폭파하고, 공장에서 기계를 고장내고, 휘발유 탱크에 불을 붙이고, 경찰서를 불태우고, 공식 기록들을 파괴하는 것—이 모든 것이 방해 공작이다. 그러나 시장이나 학교, 다르마샬라*dharmashala*(순례자들을 위한 숙소)에 폭탄을 던지는 것은 방해 공작이 아니다. 이는 [영국] 정부 공작원의 행위이거나 잘못된 방향의 에너지다.[53]

몇몇 역사가들은 아루나를 저항운동에서 가장 중요한 지도자로 꼽고 있으나, 아루나 자신은 스스로 "대중의 분노가 활화산처럼 터지면서 토해 낸 용암의 불꽃"일 뿐이라고 묘사했다.[54]

1945년 인도국민회의 지도자들이 풀려난 후, 운영위원회는 그사이에 일어났던 폭력 사태를 비판했다. 아루나 아사프 알리와 아츄뜨 빠뜨와르단은 국민회의 의장에게 서한을 보내 숭고한 의도를 가지고 행동했기 때문에 이를 반성하지 않겠다고 했다. 게다가 그들은 국민회의 전인도위원회의 일원으로써 자신들의 행위를 정당화했다.[55] 간디는 아루나의 전략에 동조하지 않았으나 이를 매도하지도 않았다. 대신 그는 아루나의 용기를 칭송하며 아루나가 경찰로부터 숨어 지내고 있을 때 만나기로 했다. 네루는 감옥에서 풀려나면서 아루나 아사프 알리를 일컬어 "인도의 용감한 여성 중 한 명"으로 특별히 언급했다.[56]

역사학자 더뜨R. P. Dutt에 따르면 이 당시 일어났던 대규모 시위와 간헐적인 재산 파괴는 조직적인 저항이었다고 할 수 없다.[57] 다른 역사학자들은 이에 반대하며 두 개의 지도부가 저항을 이끌고 있었으며, 둘 다 여성이 주도하는 지하조직이었다고 주장했다. 즉 무력저항을 사용했던 아루나 아사프 알리와 함께, 비폭력을 맹세한 수체따 끄리빨라니를 꼽을 수 있다.[58]

수체따 마줌다르 끄리빨라니(1908-1974)는 암발라Ambala의 뻰잡 의료서비스Punjab Medical Service에서 의무장교로 근무하던 마줌다르 박사Dr. S. N. Mazumdar의 딸이었다. 그는 여러 학교에 다녔으며 최종학위로 델리의 명문 성스티븐스칼리지St. Stephen's College에서 역사와 정치학 석사 학위를 받았다. 그는 라호르에서 교사로 일하다가 베나레스힌두대학교Benares Hindu University에 강사로 임용되었다. 오랫동안 간디를 따랐던 수체따는 1936년 간디주의자 동지인 아차리야 끄리빨라니Acharya Kripalani● 와 결혼했으며, 이는 당시 [부부간 성관계를 지양하기로 서로 서약한] 순결한 결혼으로 널리 회자되었다. 그들은 1939년 수체따가 인도국민회의 사무실에서 일하기 시작하면서 알라하바드로 이사했다. 그리고 수체따는 1940년 국민회의의 여성부서를 조직하도록 발탁되었다.[59]

여성부서는 "독립이라는 혁명적 목표와 이후 민족의 생활에 이바지하기 위해 여성들의 천재성과 특별한 능력"을 살리는 최선의 방법을 찾고자 설립되었다.[60] 새로운 부서의 목표를 천명한 문서는 여성의 첫 의무로 민족을 위해 일하는 것을 꼽으며 "그 후에야 여성이 진보해 전통과 관습에 따른 오랜 노예 생활에서 해방될 것"[61]이라고 했다. 이 문서는 민족을 위한 봉사만이 권리를 획득하는 방법임을 분명히 밝히고 있다. 여성부서의 업무는 인도 여성의 어려움을 연구하고 인도국민회의에 참여하도록 하며, 국민회의의 여성 활동을 조직하고 지도하며 다른 여성단체와 관계를 유지하는 것이었다.[62] 여성부서는 여성들의 정치의식을 높이고 여성에게 도움이 되는 사회 변화에 국민회의를 동참시키고자 했다.[63] 결국 이 새로운 부서는 당시 전국적 여성단체들을 대신해 국민회의의 통제하에 여성들을 두고자 설립한 것임이 분명하다.

여성부서가 일을 시작하자마자 수체따는 사뜨야그라하 운동에 참여해 2년간 투옥되었다. 그는 1942년에 풀려났으나 인도국민회의 지도부가 체포되었다는 소식을 듣고는 은신하기로 결심했다. 수체따의 첫

● '아차리야'는 스승이라는 의미로 인도 고유의 종교에서 사용하는 경칭이다. 지바뜨람 끄리빨라니Jivatram Kripalani는 신드 출신으로 마하뜨마 간디에게 감명받아 독립운동에 뛰어든 후 인도국민회의에서 중요한 역할을 했다. 그는 수체따와 결혼했을 당시 20세 연상으로 간디 역시 이 결혼을 반대하기도 했다.

임무는 인도 전역에서 아직 활동이 가능했던 단체들과 연락을 취하며 그들에게 비폭력 운동을 지속하도록 용기를 북돋우는 것이었다. 이러한 행위는 "개인에 대한 폭력만을 제외하고 어떤 수단으로라도 [영국 식민] 정부를 멈추도록 하는 것"을 목적으로 삼았다.[64] 수체따는 지도자들을 서로 이어 주고 행동 계획을 돕기 위해 다양한 변장을 한 채 각지로 여행했다. 그는 1944년 체포되어 '위험 죄수'로 라호르 감옥에 투옥되었다.[65]

1945년에 풀려난 후 수체따는 여성부서의 활동을 부활시키고자 했다. 그는 여성들을 당원으로 등록해 사회적·정치적 프로그램을 진행하도록 조직하기를 원했다. 그러나 그는 1년 만에 인도국민회의의 지역 위원회들이 이러한 계획에 관심이 없음을 깨달았고 대신 여성의 투표를 독려하는 데로 목표를 수정했다.[66] 수체따는 1946년 제헌의회의 일원이 되어 독립 인도의 첫 임무를 수행하는 데 참여하기도 했다. 1947년 종교 간 폭력 사태를 목격한 후 그는 폭력이 휩쓸고 있던 동벵골에서 살상을 멈추기 위해 노력하던 간디와 합류했다. 마지막까지 국민회의에 충성했던 수체따는 여성들이 나라를 위한 의무를 다했으며 이로 인해 '해방'을 이룰 수 있었다고 주장했다.[67]

[1930년 간디의 소금행진 당시] 남성들이 단디에 도착할 때까지 기다렸다가 임무를 부여받아야 했던 여성들과 달리, 1942년의 여성들은 남성들과 함께 투쟁했으며 같은 결과를 맞이했다. 그러나 이러한 여성 운동가들은 투쟁에 휩쓸려 젠더 문제를 도외시하거나 수체따 끄리빨라니처럼 이를 독립을 쟁취한 이후로 미루었다. 독립운동이라는 지대한 목표를 초월[하고 무시]한 여성만 모든 에너지를 페미니즘이라는 목표에 쏟아부을 수 있었다. 여성단체들은 사회적 페미니즘을 옹호하며 법률

개정을 위해 노력했고, 결국 페미니즘 운동은 이 시기 더 위험하고 중요한 [독립]운동에 뛰어들었던 수많은 동료를 잃을 수밖에 없었다.

벵골 대기근

역사학자들에 따르면 1943-1944년의 벵골 대기근은 최소한 350만 명의 사망을 초래했으며 수백만 명을 빈곤에 빠뜨리고 고향을 떠나게끔 만든 인재人災였다.[68] 농업노동자와 어부, 농촌 운송에 종사하던 자들이 가뭄과 흉년의 타격을 가장 먼저 받았다. 도시들, 특히 캘커타는 굶주린 자들이 몰려오면서 기근을 경험하게 되었다. 시골에서는 남성들이 여성들과 아이들을 버려둔 채 일감을 찾아 떠났다. 벼를 탈곡하거나 지역 시장에서 물물 거래를 하며 생계를 유지했던 여성들은 소득이 사라졌다.[69] 여성들은 식량 부족 외에 구호센터에 일감이나 도움을 청하면서 성적 괴롭힘에도 맞닥뜨렸다.

기근이 이어지면서 여성들은 피해자이자 활동가로서 주목받기 시작했다. 굶주린 여성들은 공공장소에서, 혹은 집집마다 돌아다니며 음식을 구걸했다. 그들은 홍등가로 몰려들었으며 캘커타의 성매매 여성 수는 두 배로 증가했다.[70] 중산층 여성들은 구호를 위해 나섰고 여성자위대연맹Mahila Atmaraksha Samiti은 정부의 행동을 촉구하며 여성들을 조직하고 여성 시위를 이끌었다.

1939년 캘커타에서는 여성단체들이 연합해 정치범의 석방을 요구했다. 이러한 시위에 관여했던 단체 중 인도국민회의 여성협회Congress Mahila Sangha는 스스로 '정치색을 띤 AIWC'라고 천명했다. 그들은 일본이 침공할 때를 대비해 여성들이 스스로 지킬 수 있는 방식을 가르치고자 했다. 1941년 이후 투옥되었다가 풀려난 여성 공산주의자들이 단체에 합류하면서 규모가 커졌다. 인도공산당을 이끌었던 레누 차끄라바르띠Renu Chakravartty는 자신과 동료들의 대담한 행동에 대중이 어떻게 반응했는지 다음과 같이 기록하고 있다.

> 그들은 우리를 집집마다 돌아다니면서 사람들에게 뻔뻔하게 말 붙이는 이상한 여자들이라고 생각했다. (……) 많은 여성이 우리 지역 위원회*samiti*에 가입했지만, 다른 여성들은 우리를 쫓아냈다. 남자들은 비웃으면서 아내들에게 우리를 멀리하라고 요구했다.[71]

모임에 참석한 여성들의 관심을 끊기지 않게 집중시키기는 쉽지 않았다. 여성들은 자녀를 데리고 오거나 자기들끼리 떠들고 지루해지면 일어나 나갔다. 조직자들은 관중의 호기심을 끌기 위해 연극이나 노래, 이야기 등 다양한 실험을 했다. 모임이 더 흥미로워지고 접근이 쉬워지면서 협회는 성장했고 1942년에 여성자위대연맹으로 개명했다. 간디와 다른 민족주의 지도자들의 석방을 요구하는 외에, 여성자위대연맹은 여성들에게 파시즘의 폐해를 알리고 자기방어를 가르쳤다.[72]

1943년 3월 17일, 캘커타와 교외 지역에서 여성 5,000명이 모여 물가 상승에 항의하고 식량을 요구하며 입법부까지 행진했다. 반꾸라와 빠브나Pabna, 마다리뿌르Madaripur, 바다르간지Badarganj, 디나즈뿌르Dinajpur, 치따공 등지에서 여성들의 단식행렬이 이어졌다.[73] 여성자위대연맹 회원들은 시위에서 주도적인 역할을 맡았으며 지역 여성들도 이들로 인해 고무되었음이 분명하다. 미드나뿌르에서는 여성 200명이 정미소를 찾아 가격 인하를 요구했다. 그들은 경찰을 부르겠다는 위협에도 물러서지 않았고 결국 원하는 가격에 쌀을 살 수 있게 되었다.[74]

1943년 4월에는 첫 여성자위대연맹 회의에 여성 500명이 참석했다. 연로한 독립운동가 모히니 데비Mohini Devi가 회의를 주재했으며 로이M. N. Roy의 미국인 추종자 중 한 명이었던 엘라 라이드Ela Reid가 조직 총무를 맡았다. 이 회의에서 레누 차끄라바르띠와 까말라 채떠르지Kamala Chatterjee, 마니꾼딸라 센Manikuntala Sen 등 공산당원들이 식량과 자기방어 등 여성들의 주된 관심사에 대해 발표했다.[75] 이 시기에 이르러 여성자위대연맹은 21개 지역 지부에 회원 2만 2,000명을 거느린 단체가 되었다.

기근 구호 활동은 1930년대 독립운동에 참여했던 여성을 상당수 끌어들였다. 조직력을 갖춘 여성들은 투옥의 경험으로 강인해졌으며 고통을 마주하여 이에 공감하고 운동을 이끌기 위해 나섰다. [캘커타의 여학생 단체] 차뜨리 상가Chattri Sangha를 조직했던 깔야니 다스 바따차르지Kalyani Das Bhattacharjee는 기근에 시달린 지역을 직접 살핀 후 의료구호센터 200개를 세우고 여성들이 운영하게끔 했다.[76]

AIWC는 벵골 반꾸라 지역에 매일 5만 명이 식사를 할 수 있는 무료급식소를 세웠으며 볼라Bhola와 라즈바리Rajbari, 따믈룩, 꼬밀라, 마이멤싱Mymemsingh 지역에는 구호센터를 설립했다. 캘커타시에 곡물이 공급되었으며 인도국민회의의 비자야락슈미 빤디뜨는 지역을 살핀 후 아동이 있는 집에 도움을 줄 방법을 찾았다. 인도 전역에서 AIWC의 지부들이 기근 구호를 위해 모금했다.[77] 그들은 대단한 일을 해내면서 많은 생명을 구했으나, 여성자위대연맹과 달리 정치적 행동을 촉구하지는 않았다.

레누 차끄라바르띠나 마니꾼딸라 센과 같은 좌파 여성들은 갈수록 AIWC에 비판적인 태도를 보였다. 그들은 AIWC에서 일한 경험도 있었으며 AIWC가 훌륭한 일을 하고 있다고 인정했으나, 회원을 널리 받아들이지 않는 모습에 좌절감을 느꼈다. 1942년 가난한 여성도 AIWC에 받아들이자는 안건이 제기되었을 때, 나이 많은 회원들은 이를 공산당의 계략이라고 비난했다.[78] 그러나 젊은 여성들은 AIWC가 이처럼 억압의 정치적인 면을 도외시한다면 착취에 저항하는 여성들의 싸움에 도움을 줄 수 없다고 주장했다.[79]

인도국민군

나라 밖에서는 여성들이 [벵골 출신의 민족주의자] 수바스 찬드라 보세가 설립한 인도국민군Indian National Army에 합류했다.[80]● 보세는 인도국민회의 지도자였으나 지도부의 방향성에 불만을 품고[81] 1941년 캘커타에서 도피한 후 히틀러와 담판을 짓기 위해 베를린으로 향했다. 그는 [히틀러와의 만남에서 별 성과를 거두지 못하고] 1년 반 후 잠수함을 타고 도쿄로 가 인도 전쟁포로들을 인계받아 싱가포르에서 해방군을 조직했다.

1943년 7월 9일, 싱가포르의 인도독립연맹Indian Independence League은 수바스 보세를 회장으로 선출하고 그의 꿈을 실현하기 위한 자금과 인력을 약속했다. 그는 총동원령을 선포하며 병사 30만 명, 3,000만 루삐,

● 인도국민군은 반영 독립을 이루기 위해 추축국인 독일과 일본의 군사 작전을 지원했으며 이에 대한 역사적 평가는 다양하게 이루어지고 있다.

그리고 "용감한 인도 여성으로 이루어진 부대"가 필요하다고 외쳤다.[82] 며칠 후 보세는 연맹의 여성 지부에서 연설하면서 여성들에게 잔시의 라니 여단Rani of Jhansi brigade에 자원하도록 촉구했다. 보세는 여성도 독립을 위한 투쟁에서 진정한 동반자가 되기를 원했으며, 이제 인도 남성과 함께 싸울 수 있는 여성 군대를 제안한 것이었다.[83] 그는 일본으로 향하는 잠수함 여행 중 비서와 여성 군대에 대해 논의했으며 이미 싱가포르에 도착하기 오래전에 이 연설을 준비했다고 한다.[84]

수바스 보세는 또한 인도독립연맹 여성부Department of Women's Affairs를 설립하고 닥터 락슈미 스와미나탄Dr. Lakshmi Swaminathan[85]을 부장으로 임명했다. 락슈미 스와미나탄(1914년생)은 마드라스에서 태어나 의사로 훈련받았으며 싱가포르에서 일하고 있었다. 그는 첫 만남 이후 보세에 대한 인상을 다음과 같이 남겼다. "나는 무엇보다도 그의 온전하고 완벽한 진실성에 감명받았으며, 이 사람이라면 잘못된 길로는 한 발자국도 가지 않을 것이라고 여겼다. 그리고 그를 전적으로 믿으며 완전히 신뢰할 수 있다고 생각했다."[86] 연맹 여성부의 첫 목표는 인도국민군 설립을 위해 여성을 모집하는 것이었으나 장기적으로 여성을 위한 평등을 추구하고자 했다.[87]

수바스 보세는 닥터 스와미나탄과 싱가포르의 여성들에게 인도의 용감한 여성 독립투사들을 본받도록 요구했다. 보세에 따르면 여성들은 이미 간디를 따르는 시위와 무력저항을 통해 두려움이 없다는 것을 보여 주었다. 이러한 전통에 따라 인도의 독립을 위한 역사적 투쟁을 계승하고자 여단 이름도 1857년 [대봉기의] 영웅으로 꼽힌 '잔시의 라니'를 기려 지었다.[88]

수바스 보세의 지휘 아래 최초의 잔시의 라니 훈련소는 1943년 10

월 22일 싱가포르 근처에 개소했다. 닥터 스와미나탄은 대위로 임명되어 여단의 전투 및 간호부대를 맡았다. 라니•로 자원했던 젊은 여성 중 자나끼 다바르Janaki Davar는 신문에서 이 여단에 관한 이야기를 처음 접했다. 그는 보세가 쿠알라룸푸르에서 연설했을 때 이를 들으러 갔으며 전쟁자금에 보태고자 귀걸이를 기부했다. 자나끼의 부모는 불같이 화냈으나 그는 그들을 설득해 스와미나탄 대위를 초청하고 차를 대접했다. 자나끼는 그날 오후를 다음과 같이 회고했다.

> 나는 입대 지원서를 한 장 구해서 내용을 채운 후, 부모의 서명이 있어야 했기에 아버지가 스와미나탄 대위를 만난 후 서명해 달라고 내밀었다. 아버지께서는 서명을 해주셨고, 마음을 바꾸시기 전에 나는 이를 연맹에 제출했다. 몇 주 후, 싱가포르로 모이라는 지시가 내려왔다.[89]

자나끼는 17세에 라니가 되었다. 일본 군부 지도자들은 여성 여단이라는 생각을 비웃었으나 일본 언론과 인도인들은 이를 고무적인 일이라고 생각했다. 이는 총력동원이라는 인식을 크게 부각했으며 인도국민군이 전쟁포로로만 이루어진 군대가 아니라는 것을 분명하게 보여주었다.

싱가포르와 랑군Rangoon, 방콕Bangkok에 세워진 훈련소 세 곳에 곧 여성 훈련병 1,000명이 모였다. 이들 중 소수만 간호병 훈련을 받았으며, 그 외는 모두 군사 훈련을 받았다. 그들은 남성과 마찬가지 훈련을 받았으며 모자와 셔츠, 조드뿌르jodhpurs,•• 반바지, 부츠 등의 제복을

• 이 여단의 병사들은 잔시의 왕비가 환생했다는 의미로 '라니'라 불렸다.

입었다. 어떤 지도자들은 사리 제복을 제안했으나, 수바스 보세와 스와미나탄 대위는 라니들이 제대로 된 대우를 받기 위해서는 군인처럼 입어야 한다고 뜻을 모았다. 보세는 머리도 짧게 자를 것을 제안했으나 결국 젊은 여성들의 자율에 맡기기로 했고, 결과적으로 90% 정도가 머리를 잘랐다.[90]

훈련이 끝난 후 젊은 라니들은 전선에 직접 투입되기를 간청했다. 기록에 따르면 수바스 보세는 이들을 전투에 투입할 계획도 세웠으나 이후 전세 변화로 불가능해졌다. 라니들로 이루어진 파견대가 버마로 이동하는 중 아군이었던 일본군이 [인도 동북부의 전략적 요충지였던] 임팔Imphal에서 밀려나기 시작했다. 이로 인해 라니들은 퇴각하는 부대로서의 전투 외에 싸울 일이 없어졌다. 1945년 6월에 이르러 이들은 싱가포르로 돌아왔으나 스와미나탄 대위는 구조활동을 계속하기 위해 버마의 정글에 남았다. 라니들은 8월 14일 잔시의 라니의 일생에 대한 연극을 공연하면서 자신들의 지휘관 보세를 마지막으로 보았다.[91]

영국군은 버마와 말라야를 다시 점령한 후 인도국민군에 지원한 남성들을 먼저 조사하고 여성들을 심문했다. 수줍고 무력한 여성들이 강압적으로 동원되었다고 생각했던 영국인들은 여성들이 군복 정장을 입고 나타나 절도 있게 경례한 후 스스로 잔시의 라니 여단 소속이라고 선포하자 충격을 받았다. 이들 여성 중 일부만이 전쟁 후 인도로 돌아갔으나, 이들의 '이야기'는 여성들 역시 외국의 지배로부터 인도를 구해내기 위해 싸울 준비가 되어 있었다는 것을 보여 준다.

수바스 보세가 창설한 인도국민군의 진가는 실제 군사적 의의보

●● 허벅지 부분이 헐렁한 바지를 일컫는다.

다는 심리적인 효과에 있었다고 할 수 있다. 용감한 라니들에 대한 이야기는 『인도 만세: 라니의 잔시 연대에 지원한 반항아 인도 소녀의 일기』*Jai-Hind: The Diary of a Rebel Daughter of India with the Rani of Jhansi Regiment*와 같이 락슈미 스와미나탄 대위의 일기인 듯 서술한 대중적인 출판물로 길이 기억되었다. 그러나 이들 여성에게는 대담한 라니들의 전설만큼이나 자신들의 경험이 큰 영향을 끼쳤다. [역사학자] 레너드 고든Leonard Gordon에 따르면 스와미나탄 대위를 포함해 이에 참여했던 여성 중 몇몇은 이후 "놀라운 업적으로 가득한 공직 활동"을 하게 되었다. 전쟁이 끝난 후에도 그들은 나라를 위해 희생하겠다는 자신들의 능력을 받아들였던 보세의 믿음을 오랫동안 되새기곤 했다.[92]

사회적·경제적 평등을 위한 운동

전후 시기에 이르러 교육받은 젊은 여성 중 일부는 농민운동에도 동참했다. 한 세대 이전의 여성들이 경험했던 것처럼, 인도철수운동 중 정치활동을 하면서 투옥되었던 경험은 이들을 급진적으로 변모시켰다.[93] 이들은 농민운동에 참여하면서 남성과 여성, 부자와 가난한 자 모두에게 사회적·경제적 정의를 약속하는 나라를 구현하기 위해 싸웠다. 이들은 인도국민회의나 여성단체들이 생각했던 것보다 훨씬 더 혁명적인 변화를 염원했던 것이다.

① 떼바가 운동

1946년 9월 벵골의 농민협의회Kisan Sabha 지부는 소작인들에게 스스로 떼바가*tebhaga*, 즉 수확의 3분의 2를 취하는 단체투쟁을 하자고 제안했다. 젊은 공산당원들은 농촌에 가서 소작농들을 조직해 자신들의 집 마당에서 수확한 곡물을 타작하고 수확의 3분의 2를 확보하는 운동을 시작했다. 이 운동은 벵골 북부에서 점차 다른 지역으로 확산되었다.[94]

벵골 기근 때 여성자위대연맹과 일했던 라니 미뜨라 다스굽따Rani Mitra Dasgupta와 마니꾼딸라 센, 레누 차끄라바르띠 등의 여성은 농촌 여성을 이 운동에 끌어들이고자 했다. 당은 다소 미온적이었으며 남성 소작농들은 의심스러워했으나, 그들은 이 운동을 같이 이끌어 나갈 농촌 여성들을 찾았다. 여성들은 처음에 보조적인 역할을 하면서 곡물을 수확하는 것을 돕고 지도자들을 위해 음식을 하며 망을 보거나 동료들에게 위험을 알렸다. 경찰의 탄압이 점점 심해지자 공산당은 무력 항쟁을 이어 나갈 준비가 부족하다면서 지도적 역할을 사실상 회피했으나, 여성들은 여성자매[군]*naribahini*라는 시민군을 스스로 조직했다.[95]

마니꾼딸라 센과 레누 차끄라바르띠는 경제적 착취와 정치적 억압과 함께 여성문제를 해결해야 한다고 지도부에 주장했다. 이들에 따르면 무엇보다 여성들에게 편한 회의 시간을 잡아야 했다. 두 번째로 여성들이 운동에서 중요한 역할을 하려면 누군가가 그들을 집안일에서 벗어나게 해주어야 했다.[96] 세 번째로 이들을 때리고 술을 마시며 잔업 등으로 벌어온 돈을 가져가 버린다는 남편에 대한 여성들의 불만을 해소해야 했다. 그러나 인도공산당의 남성 지도자들은 여성 소작농들이 단지 '착한 동지'로 남기를 원했고 투쟁은 이러한 개인적인 문제를 넘어서는 것이어야 한다고 생각했다. 인도공산당의 여성들은 농민 여성 소작농들이 남편의 말을 거부할 수 있도록 용기를 주는 프로그램이 필요하다고 주장했으나 소득이 없었다.[97]

미드나뿌르 지역의 과부 비말라 마지Bimala Maji는 여성들을 매우 성공적인 방식으로 조직했다. 그는 기근이 이어지는 동안 마니꾼딸라 센과 일하면서 가난한 여성들이 자조위원회self-help committee를 이루도록 도왔다. 가난한 여성들로 이루어진 위원회는 지주들로부터 벼를 먼저 받아 타작하고 판 후 지주들에게 볏값을 갚고 남은 돈을 벌었다. 떼바가 운동 중 공산당은 비말라를 난디그람Nandigram에 파견해 운동에 참여할 여성들을 모으도록 했다. 여성들은 처음에 주저했으나 비말라는 곧 여성들을 조직해 떼바가를 요구하고 수확을 시작했다. 비말라는 경찰에 쫓겨 지하로 은신했고, 공산당과 농민협의회 지도자들이 체포된 후 점점 더 큰 책임을 맡게 되었다. 그의 결단과 지도에 따라 농민들은 부유한 농민들*jotedars*의 타작마당을 부수고 수확한 곡물 중 지주의 몫까지 팔아버렸다. 경찰은 광범위한 수색 끝에 비말라를 체포했고 140가지 혐의로 재판을 받을 때까지 한 달간 우리에 가두었다. 그는 2년 반 동안 투옥되었다.[98]

인도 여성사에서 비말라 마지와 같은 여성이 적지 않았기 때문에 떼바가 운동이 더욱 중요하다고 할 수 있다. 공산당 간부들이나 농민협의회는 여성이 여러 운동의 보조적인 역할을 하는 것에 만족했다. 여성들은 벼를 수확하고 탈곡하는 데까지 옮겼으며 적들이 가까이 오면 경보를 울렸다. 그러나 떼바가 운동이 무력 운동으로 변하고 경찰의 폭력 탄압이 시작되면서 지도자들은 오히려 추종자들보다 뒤처지기 시작했다. 그리고 이때 여성 소작농들이 나서 중요한 역할을 하고 여성자매군을 조직했다. 이러한 여성 조직의 뿌리는 불확실하지만 아마도 여성들이 경찰을 성공적으로 물리친 경험에서 비롯되었을 것이다. [언론인이자 사회활동가인] 피터 커스터스Peter Custers는 중앙 통제가 부재하면 여성들이 등장한다는 사실을 짚으면서 "갈수록 폭동이 즉흥적인 성격을 보이는 것과 여성들이 점차 더 중요한 역할을 하는 것 사이에 연관 관계가 있다"고 했다.[99] 커스터스는 "가부장제적인 편견"을 지닌 공산당이 지원을 철회하면서 여성 지도자들이 부상할 수 있었다고 주장했다.[100]

② 왈리 운동

고다바리 빠룰레까르Godavari Parulekar는 1945년에서 1947년 사이에 인도 서부의 아디바시*adivasi*(때로 부족민 혹은 원주민이라 일컫는다) 중 왈리Warli 부족의 사회적·경제적 정의를 추구하기 위해 일했다. 고다바리[고칼레]는 푸나에서 활동하던 변호사의 딸로 태어나 매우 훌륭한 정규교육을 받고 아버지로부터 독립적으로 사고하고 행동하도록 격려받았다. 그는 법을 공부하고 변호사 시험을 통과한 후 인도사회신민회Servants of Indian Society에 입회를 요청했다.[101] 봄베이 빈민가에서 여성들과 일하면서 고다바리는 공산주의자들과 친해졌다. 이 당시 그는 노동운동가 샴라오 빠룰레까르Shamrao Parulekar를 만나 결혼했다. 전쟁 기간 중 그는 노동조합들과 일하면서 여러 차례 체포되고 구금되거나 투옥되었다. 전쟁이 끝난 후 그는 예속노동자의 지위를 벗어나기 위해 투쟁하던 왈리 농민들과 합류했다.

원시적인 삶을 살던 왈리 부족은 봄베이에서 60마일 정도 떨어진 타나 지역Thana District의 땅을 대부분 소유하고 있었다. 그러나 식민 통치하 인도 전역에서 투기꾼들이 몰려오면서 왈리 부족의 땅을 무단으로 점유했다. 외부인들은 강력한 지주가 되었으며 왈리 부족은 이들에게 예속된 노동자들로 전락했다. 왈리 부족은 이제 소작인으로 땅을 분배받아 지주들에게 수확의 3분의 1에서 2분의 1을 소작료로 내야 했다. 게다가 그들은 무보수로 일을 해야만 했다.

왈리 지도자들은 1945년 농민협의회에 참석한 후 붉은 깃발을 들고 지주들에게 저항하기 시작했다. 지주들은 반격하여 왈리 부족을 심하게 구타했다. 마하라슈뜨라 농민협의회Maharashtra Kisan Sabha는 이 소식을 듣고 고다바리 빠룰레까르를 왈리 부족의 대변인으로 활동하도록 파견했다.[102]

빠룰레까르는 곧 왈리 여성이 삼중의 억압을 받고 있다는 것을 알게 되었다. 왈리 여성은 지주에게 강간당해 왈리 남성보다 덜 '순결'하다고 여겨졌으며, 마녀라는 혐의를 받아 죽임을 당하는 경우도 적지 않았다. 빠룰레까르는 여성 억압의 성격과 심각함을 이해했으나 할 수 있는 일이 너무 적었다. 그는 우선 무력 투쟁에 몰두한 이들에게 기초적인 정치 교육을 하기 시작했다.

고다바리 빠룰레까르가 왈리 부족과 함께 일하는 동안 그들은 경찰뿐 아니라 군대의 잔인한 공격을 감내해야 했다. 빠룰레까르는 1946년에는 왈리 지역에 출입하지 못하도록 명령받았으나 비밀리에 계속 드나들었다. 그는 거의 3년간 숨어 지냈으나 결국 1950년에 체포되어 3년간 투옥되었다.[103] 마침내 왈리 부족은 노동의 대가를 받을 수 있게 되었으며 가장 악랄한 착취도 금지되었다.

고다바리 빠룰레까르는 늘 여성의 권리와 경제적 정의를 함께 추구했다. 봄베이에서 그가 진행했던 문해율 증진 캠페인이나 노동조합 운동, 바느질 강좌 등은 매우 성공적이었다. 그러나 왈리 부족과 일하기 시작하자 여성만의 문제에 집중하기가 어려웠다. 왈리 여성은 왈리 남성과 같은 자유를 획득했으나, 왈리 운동은 그들의 사회에 만연한 젠더 억압으로부터 여성들을 해방시키지는 못했다.

③ 뗄랑가나 인민 투쟁

1946년에서 1951년 사이에 일어났던 뗄랑가나 인민 투쟁Telangana people's struggle은 하이데라바드Hyderabad의 니잠Nizam●에 저항해 일어난 남녀 무장봉기였다. 하이데라바드는 인도에서 가장 큰 왕국으로 인구도 1,700만 명이 넘었다. 이들 중 40% 정도는 사법권과 감옥까지 지닌 강력한 지주가 다스리는 사유지에서 살고 있었다. 지주는 봉건적인 체제에 따라 소작하는 남녀 모두에게 노동을 강요할 수 있었다. 심지어 지주는 결혼식 날 신부와 동침할 수 있는 특권까지 지니고 있었다. 또한 아디 바빠*adi bapa*라는 관습에 따라 지주의 딸이 결혼하게 되면 예속된 여자 하인도 신랑의 집으로 같이 따라가야 했다. 그는 신부의 하인으로서 신랑에게 섹스도 제공해야 했다. 게다가 지주는 원하는 여성을 강간하거나 첩으로 만드는 데에도 아무런 제재를 받지 않았다.[104] 나머지 60%의 인구는 니잠의 땅에 살고 있었다. 이들을 감독하는 데슈무크*deshmukh*들은 노동을 강요하고 소작농을 마음대로 구타했다.[105]

하이데라바드의 상류층과 중산층 여성은 농민 여성이 겪는 억압은 피할 수 있었으나 힌두와 무슬림 모두 빠르다로 속박되었다. 니잠이 통치하는 하이데라바드는 [인도의] 왕국 중 가장 뒤처진 곳으로 꼽혔다. 하이데라바드에서는 영령 인도나 다른 왕국에서 이루어지던 사

● 니잠은 무굴제국에서 임명한 지방 총독에게 수여하는 칭호였다. 무굴제국이 쇠락한 후 인도 남부 하이데라바드의 니잠은 사실상 독립했고 식민 통치하에서는 영국의 간접 통치를 받는 왕국이 되었다. 분립 당시에는 인도아대륙 한가운데에 위치했음에도 불구하고 무슬림 니잠의 뜻에 따라 따로 독립하기를 원했으나 결국 인도공화국에 속하게 되었다.

회개혁이나 여성교육을 위한 기관 설립 등 일부 여성의 생활이나마 변화하는 모습을 찾아볼 수 없었다.[106]

1930년대에 이르러 여성단체들은 강한 반대를 무릅쓰고 하이데라바드에도 지부를 설립했다. 초기 회의는 상류층과 중산층 여성들이 서로 이야기할 수 있는 장소를 제공하는 데 불과했으나 곧 여성문제를 논의하는 장이 되었다. 교육이나 사회개혁을 위한 여러 가지 사업은 더 큰 정치·경제적 문제를 인식할 수 있는 여성 지도자를 양성하는 데 큰 도움을 주었다. 인도가 독립할 것이 분명해지자, 니잠은 자신의 앞날을 걸고 영국 측과 협상을 시작했다. 니잠의 지배가 약화되는 것을 보고 공산당은 전인도노동조합회의All-India Trade Union Congress와 전하이데라바드 학생조합All-Hyderabad Student's Union, 여성단체들에 안드라의회Andhra Mahasabha와 함께 니잠에 대항하도록 촉구했다. 뗄랑가나에서 시작된 운동이 정점에 이르렀을 때는 3,000여 개의 마을에서 300만 명 이상이 참여했다.

여성들은 이 투쟁에서 매우 중요한 역할을 했다. 여성을 끌어들이기 위해 적극적인 시도가 이루어졌고 그들에게 중요한 의제—즉 급여나 아내 구타, 아동 돌봄, 위생, 일하는 동안 유아에게 수유할 수 있는 권리, 식량, 그리고 화장실 등의 문제까지 논의되었다. 그러나 이는 저항의 근본적인 이데올로기나 전략이 바뀌었다기보다 여성을 조직하기 위한 전술들이었다. 결과적으로 이러한 문제를 제기함으로써 "[여성] 종속의 근본적인 원인이나 그 성격에 대한 이해를 증진하지는 못했으나 [여성들의] 충성과 지지"를 확보할 수 있었다.[107] 여성들은 남성들과 함께 토지와 더 많은 급여, 강제노역의 종식, 과도한 이율 폐지를 위해 투쟁했다. 사실상 가장 악랄한 착취의 피해자들도 그들이었다.

『"우리는 역사를 이루고 있었다": 뗄랑가나 인민 투쟁에 참여한 여성들의 일생 이야기』는 이들의 이야기를 모은 것으로, 결코 스스로 자서전을 남기지 않았을 여성의 목소리를 들려주고 있다. 수많은 기억에 대한 기록 중 골라 말람마Golla Mallamma는 마을에 몰려온 라자까르Razakar(근본주의 이슬람 종파의 사병 조직으로, 분립 당시 니잠을 따라 파키스탄과의 병합을 주장했다)에 대해 다음과 같은 파편적인 이야기를 남겼다.

> 그들은 우리 우물로 다가오면서 성냥에 불을 붙였다. 그들은 외양간에 불을 붙이고는 사람들을 죽였다. 우리가 가슴을 치면서 통곡하자 그들은 우리 옷을 벗겼다. (……) 우리는 도망치기 시작했다. 우리는 그들에게 계속 고개를 숙이며 뛰었다. (……) 라자까르여, 왜 아무 말 하지 않습니까? 우리 우물은 당신의 우물과도 가까웠다. 라자까르는 당신에게 말할 것이다. (……) 그들은 사람을 불붙여 죽였다. (……) 그들은 우리 집도 불태웠다. (……) 그들은 우리 마을을 태우고 모든 사람을 죽였다.[108]

농민들은 해방된 지역에서 토지를 접수하고 재분배했으며 예속노동과 강제노동에 종지부를 찍었다. 1948년 하이데라바드는 인도[공화국]의 '군사작전'으로 통합되었으며 인도군은 곧바로 농민 봉기를 진압하기 위해 움직이기 시작했다. 공산주의자들은 1950년 중국의 모델을 따르기로 하면서 뗄랑가나를 '인도의 옌안Yenan'으로 선포했다. 이에 답하여 인도군은 진압에 박차를 가했으며 결국 중도파가 흔들리면서 지지자들도 빠져나가기 시작했다. 1951년이 되자 공산주의자들은 승리가 어려울 것이라는 사실을 깨닫고 투쟁을 마감했다.

뗄랑가나 인민 투쟁은 농민들에게 상당히 이로운 결과를 가지고 왔다. 많은 이들은 새로 얻은 토지를 그대로 소유하게 되었으며 강제노동도 종식되었다. 농민 여성들은 강제노동과 아디 바빠, 첩살이를 더 이상 하지 않게 되었다. 그러나 남편을 잃은 여성만 토지를 새로 분배받을 수 있었다. 공산당은 여성을 위한 정책을 개발하지 않았으며 지도부 역시 그들을 투쟁에서 동등한 존재로 볼 수 없었던 것이다.[109]

결론

인도 여성들은 1937년 입법부 선거운동부터 독립 후 실시한 첫 선거 사이의 짧은 기간을 통해 정치적으로 깨어났다. 20세기 초반에는 몇몇 여성만이 정치적 회의에 참석하거나 그들의 의견을 표출했다. 당시 정치무대에서 여성은 너무나 드물었기 때문에 그 존재만으로도 어머니 인도를 연상하게끔 했다. 1920년대 여성들은 공공 시위에 참여하며 수백 명이 독립운동의 새로운 투사로 활동했다. 1930년대에 이르러 여성들은 간디의 지도와 전략에 따라 시위하고 저항하며 피켓을 들고 투옥도 마다하지 않았다. 그리고 제2차 세계대전이 시작되면서 상황은 급변하게 되었다.

인도국민회의가 인도철수운동을 시작할 때 공산주의자들은 농촌 지역에 강력한 지지기반을 세우기 위해 노력했다. 국민회의 지도자들은 투옥되거나 지하에서 일부 운동을 계속했다. 수바스 보세는 싱가포르로 피신해 일본의 도움을 받아 인도 독립을 위한 인도국민군을 창설하고자 했다. 그리고 인도 전역에서 농민이나 소작농, 노동자, 아디바시 등 오랫동안 억압되었던 집단들이 불만을 표출하기 시작했다.

교육받고 결혼하지 않았으며 위험하고 어려운 일도 마다하지 않는 새로운 세대의 젊은 여성들이 이러한 운동에 뛰어들었다. 이들의 활동은 더 이상 '여성만으로 이루어진' 집단을 대상으로 삼지 않았다. 이러한 활동 때문에 여성들은 가족이나 이웃, 그리고 그들이 돕고자 하는 이들로부터 적대감을 불러일으키는 경우도 많았다.

또한 이들은 도시의 중산층 여성과 농촌 대중을 처음으로 이어주는 가교가 되었다. 기록에 따르면 이러한 여성은 대부분 페미니스트였음이 분명하지만, 자신들의 페미니즘이 농촌에서는 사실상 무의미하다는 것을 깨달았다. 이는 놀라운 일이 아니었다. 사회개혁가들이 중요하게 생각했던 빠르다나 여성의 법적 지위, 여성교육 등과 같은 문제는 강제노동이나 용인된 강간 등의 가혹함에 비해 하잘것없었다. 교육받은 여성들은 물론 자신들이 목격하는 현실에 대해 생각하고 이야기할 수 있는 사상적인 도구를 지니고 있었다. 그러나 여성들의 문제를 직접 경험하며 배우고, 그들이 돕고자 하는 여성들로부터 신뢰를 얻고 받아들여지고, 실질적인 변화를 이루기 위해 일하는 것은 전혀 다른 문제였다.

마니꾼딸라 센은 떼바가 운동 중 가난한 농민 여성들에게 마르크스주의를 가르치려고 한 경험에 대해 다음과 같이 기록했다. 여성들은 주정뱅이 남편의 학대로 고통받고 있었다. 이런 문제를 해결하려고 시도하거나 생산방식과 자본주의의 해악에 대해 가르치기보다, 마니꾼딸라 센은 아이들이 건강하고 잘 먹을 수 있는 미래를 이야기했다고 고백했다. 고다바리 빠룰레까르가 처음 왈리 마을에 왔을 때, 그는 왈리 남성만이 손님을 위해 음식을 만들 수 있으며 '순결하지 못한' 여성은 곡물을 찧고 향료를 빻는 일만 하도록 명령받는다는 것을 알게 되었다. 이를 바꾸기 위해 그는 어떠한 시도도 할 수 없었다. 공장 여성 노동자들과 활동하려던 여성들은 공장 여성들이 10시간씩 일한 후 집에서 음식을 만들고 살림까지 돌본다는 것을 알게 되었다. 기근 구호 활동을 하던 여성들은 굶주린 여성들이 아이들을 먹이기 위해 몸을 팔거나 남성 구호운동가들의 욕구에 꺾여 버리는 슬픈 현실을 직시해야 했다. 도시나 농촌에서 만나는 여성들의 목소리를 통해 여성 활동가들은 여성이 가난과 살림, 여성에게 가치를 부여하지 않는 가부장제로 인해 얼마나 억압받는지 깨닫게 되었다.

인도철수운동 이후 1947년 인도 독립까지 인도인들은 끔찍한 기근뿐 아니라 침공의 위협까지 직면하게 되었다. 영국 관료들은 해상 반란과 농민운동, 파업 등으로 혼란스러운 상황에 놓여 있었다. 여성들은 이념적 순수성을 고집하기 어려웠다. 어떤 여성은 카스트와 계층, 정당, 종교 등으로 나뉘지 않는 '보편적인 여성들의 연대'라는 목표를 고수하고자 했다. 그러나 대부분 여성은 여성단체들이 옹호하던 사회적 페미니즘보다 더 설득력 있는 사상을 가진 집단에 충성해야 한다고 생각했다.

1940년대의 여성 활동가들은 이전 세대 여성 지도자들이 집착했던 '점잖음'이라는 규범에 도전했다. 1930년대의 세비까*sevika*들은 순결함과 조국에 대한 헌신을 상징하기 위해 주홍색 혹은 흰색 사리를 입었었다. 그들은 [저잣거리의 보통] 여성과는 다른 존재로 인식되기를 원했으며 어머니 인도라는 표상과 동일시되고자 했다. 이러한 태도는 1940년대의 수요에 전혀 부합하지 않았다. 성난 군중과 농민, '부족민', 공장노동자, 기근의 피해자, 혁명가와 일할 수 있는 여성이 필요했다. 이는 위험하고 고된 일이었을 뿐 아니라 일부 중산층 여성은 가난한 여성들이나 당하던 폭력을 직접 겪어야 했다. 그러나 이에 불구하고 처음으로, 서로 다른 계급의 여성이 공동의 투쟁으로 엮인 것처럼 보였다.

여성 활동의 폭이 넓어지면서 두 가지 변화가 일어났다. 첫째로 그들은 더 이상 여신과 동일시되지 않았으며 예고 없이 구타하거나 죽일 수 있는 '적'이 되었다. 또 다른 중요한 변화로 이들의 영향력이 감소한 것을 들 수 있다. 이전에는 사람들이 사랄라데비 차우두라니나 사로지니 나이두, 라띠까 고쉬, 릴라바띠 문시, 만모히니 주뜨시, 사뜨야바띠 데비 등 여성 활동가의 말을 열성적으로 들어 주었다. 이들이 군중 앞에서나 정치 집회에서 연설하면 신문에 대서특필되었고 지도자들이 이를 칭송했다. 그러나 정당 내 여성 수가 증가하고 운동도 늘면서 여성들은 이러한 혜택받은 지위를 잃게 되었다.

당시 영국 지배에 저항하는 운동이나 사회적·경제적 정의를 위한 투쟁들이 여성의 관심사나 의견을 외면한 이유를 생각해 볼 필요가 있다. 여성들이 싸움에서 물러나 있었거나 역할을 제대로 못 했기 때문은 아니었다. 예를 들어 마니꾼딸라 센은 농촌 여성의 현황을 깊이 이해하고 있었으며 경제적 정의를 위한 운동의 중요한 의제로 여성 해방을 꼽고자 했다. 그러나 정당 지도부는 수확 중 정당한 부분을 요구하는 것과 젠더에 대한 억압 타파를 하나의 의제로 엮는 것에 관심이 없었다. 대부분의 여성 지도자들은 [인도와 파키스탄의] 분립을 반대했으나, 그들의 주장은 최종 결정에 아무런 영향을 끼치지 못했다. 반면 여성이 가정을 지키고 집안을 꾸려 나가는 것은 당연시되었다. 그리고 인도와 파키스탄 두 나라가 마침내 나뉘었을 때, 수많은 여성의 삶은 산산조각 나버리고 말았다.

여성들이 더 많은 활동을 하고 상징적이 아니라 실질적으로 기여하기 시작하면서 여성단체의 헤게모니는 무너지기 시작했고 모든 여성이 같은 목소리를 지녔다는 신화 역시 무너졌다. 사회적 페미니즘은 뗄랑가나의 여성들이나 분립 이후의 난민들에게 아무것도 제공할 수 없었다. 여성들은 다양한 정당과 단체와 일했으나, 이 중 어떠한 단체도 젠더 정의에 관심을 두지 않았다. 활동하는 여성들이 사회적 페미니즘을 대신해 받아들인 이데올로기들 역시 불행히도 가부장제로부터의 해방을 추구하지 않았다.

제8장

독립 인도의 여성

1947년 8월 14일[자정], 인도와 파키스탄이 영국의 지배로부터 독립했다. 1946년 AIWC 회장이었던 단반티 라마라우Dhanvanthi Rama Rau는 다음과 같이 회고했다.

> 독립 후 모든 인도인은 끔찍하고 암울한 나날을 보냈다. 분립과 함께 파키스탄과 인도 두 나라 사이에서 갑작스레 일어났던 참혹하고 슬픈 강제 이주 때문에 어떤 지도자도 상상할 수 없을 정도로 엄청난 규모의 끔찍한 비극들이 일어났다. (……) 200년에 가까운 식민 지배로부터의 해방을 기뻐하는 대신 우리는 고향 파키스탄에서 쫓겨난 동포들의 고통을 애도하게 되었다.[1]

1948년 1월 30일, 마하뜨마 간디는 암살자의 총탄에 사망했다. 주요 여성단체에서 활동했던 여성들은 [독립 후 1년도 안 되어] 통일된 독립국가라는 꿈뿐 아니라 존경하는 지도자까지 잃었다.

인도는 세속주의와 민주주의를, 파키스탄은 종교와 권위를 따르며 서로 다른 모습으로 일어섰다. 이 장에서는 인도만 다룰 것이며, 독립 이후 인도 여성문제의 역사적 뿌리를 짚어 보고자 한다. 특히 여성의 정치적 역할, 현대 경제와 여성의 관계, 그리고 현대의 새로운 여성 운동을 살펴볼 것이다.

독립 후 인도 여성의 지위

인도 헌법에 따르면 평등은 모든 사람에게 주어지는 기본권 중 하나다. 모든 이를 법에 따라 동등하게 보호하며 공공 채용의 기회 역시 동등하게 보장하고 공공장소에서의 차별을 금지했다. 1955년과 1956년 사이에 별도로 통과되었던 힌두법Hindu Code으로 힌두교도의 결혼과 이혼, 입양, 상속에 관한 법률이 개정되었다. 성인 보통선거권이 부여됨에 따라 여성도 선거인 명부에 올랐으며 정당들은 여성문제를 중시하겠다고 약속했다. 새로운 국가는 여성들의 요구를 수용하기 위해 새로운 관료 체제를 구축했다. 국민사회복지위원회National Social Welfare Board를 설립했으며, 지역개발담당관에게 특별 임무를 배정하고 보건복지부Department of Health and Welfare에 여성을 염두에 둔 구체적인 계획을 준비하도록 했다. 인도라는 새로운 국가의 문서상 과거의 잘못은 바로잡혔고 모더니티가 승리했으며 여성은 더 이상 남성에게 종속되지 않았다.

그러나 인도 국민에게는 헌법상의 권리보다 정치적 현실이 훨씬 급박한 문제가 되었다. 영령 인도가 인도와 파키스탄으로 나뉘어 독립하면서 두 나라에서 수백만 명이 피난하며 엄청난 변화가 닥쳤다. 이주가 끝났을 즈음에는 파키스탄에서 인도로, 혹은 인도에서 파키스탄으로 800만 명 이상이 이동한 상황이었다. [여성 활동가] 리뚜 메논Ritu Menon과 까믈라 바신Kamla Bhasin은 1947년의 상황에 대해 다음과 같이 서술했다.

> [분립은] 결국 쫓겨남과 빼앗김을 불러온 젠더화된 이야기였으며, 광범위하면서도 엄청난 규모의 종교공동체 간 폭력이었다. 그리고 극적으로 달라진 새로운 현실에 적응하기 위해 스스로 가족과 공동체, 국가 정체성을 강제적으로 재편한 사건이었다.[2]

이 기간에 8만 명에서 15만 명에 이르는 여성이 납치되었던 것으로 추정된다. 이들은 가부장제 가구의 피부양자로 인식되었기 때문에, 인도와 파키스탄은 이들에 대한 송환 및 수복 절차에 합의했다.[3]

피랍자법Abducted Act이 마지막으로 갱신된 1957년까지 3만 명 이상의 여성이 '송환'되었다. 그들의 이야기는 제각각이었다. 어떤 여성은 끔찍한 만행을 겪던 중 구출되어 감사해했다. 다른 이는 발견되었을 당시 이미 새로운 환경을 받아들였기 때문에 '송환'을 사실상 새로운 납치로 생각했다. 국가는 '아버지이자 가부장'의 역할을 취하며 합법적인 가족의 개념을 강요했다.[4] 1990년대에 들어서야 페미니즘의 관점으로 이 정책에 의문을 제기하는 학자들이 등장하기 시작했다.[5]

1920년대, 1930년대, 1940년대 사회개혁과 정치활동에 참여했던 여성 중 다수는 새로운 헌법의 추가조항과 사법 개혁에 만족했다. 이들은 사회의 상류층과 중산층 출신으로 새로운 기회의 혜택을 받게 되었다. 정부는 [경제개발] 5개년 계획을 세우면서 주요 여성단체에도 도움을 요청했다. 여성단체의 회원들은 경제발전이 가장 중요한 의제라는 정부의 의견에 동조하면서 여성들도 앞으로 이루어질 번영의 혜택을 받을 것으로 생각했다.

유명한 여성단체들은 좋은 건물에 직원이 잘 충원된 사무실, 도서관, 그리고 자신들만의 조직을 구축하면서 관료화되었다. 그들은 보육기관이나 노동하는 여성을 위한 호스텔, 교육기관, 의료기관 등 여성을 위한 프로그램을 설립하고 운영했다. 그러나 그들이 협조했던 정부와 마찬가지로, 그들 역시 '복지'에 치중했다.[6] 또한 주요 여성단체들은 여성들이 새로운 책임을 질 준비를 시키지 않았다는 비난도 받았다.[7] 예를 들어 인류학자 패트 캐플런Pat Caplan은 마드라스의 여성단체 연구를 통해 여성들이 스스로 변화를 막으며 여성을 피부양자로 사회화하는 전통적인 시각을 고수했음을 보여 주었다.[8]

헌법 규정과 5개년 계획, 정부와 정당의 약속에 가장 적극적으로 불만을 표명한 이들은 여성 공산주의자들이었다. 1954년에 인도공산당의 비블라 파루키Vibhla Farooqui와 그의 여성 동료들은 여성문제를 논의할 전국 대회를 조직했다. 이 대회에서 그들은 전국인도여성연맹체National Federation of Indian Women를 설립해 "삶의 모든 면에서 여성이 평등한 권리와 의무를 지니고 자신의 생활환경을 개선하기 위한 투쟁"에 집중하고자 했다.[9] 그들은 지배적인 정치권력이 "여성단체의 임무를 자선사업으로 축소하면서 때때로 결의안을 채택하는 것"으로 때우려 한다면서[10] 새로운 방향성을 요구했다. 동시에 그들은 인도공산당의 남성 동료들이 여성문제에 무관심하며 운영위원회에 여성을 참여시키는 데 주저한다는 것을 알게 되었다. 1951년부터 1962년까지 봄베이 공산당 서기였으며 1962년부터 1972년까지 노동조합 운동가였던 비말 라나디베Vimal Ranadive는 또 다른 어려움으로 노동조합 회의에 여성 노동자를 출석하게끔 하는 것을 꼽았다.[11] 좌파 여성들은 사회뿐 아니라 정당 안에서도 '봉건적인 인식'과 싸워야 했다.[12]

간디의 가까운 추종자였던 여성 중에도 헌법이나 법적 권리보다 경제적·사회적 변화가 더 중요하다고 생각한 이들이 있었다. 그들 역시 만족하지 못했다. 그러나 이들 중 다수는 자발적 운동을 중시했으며 풀뿌리 사업에 관심을 집중했다. 시민 불복종 운동 중 마드라스의 시위를 이끌고 투옥되었던 끄리슈나바이 라우(이제는 끄리슈나바이 님브까르Krishnabai Nimbkar가 되었다)는 간디주의 원칙을 포기하지 않았다. 관료제와 중앙집권적인 정부의 계획에 회의적이었던 끄리슈나바이와 동료들은 조금씩 변화를 일으키고자 했으나 주요 사업의 방향까지 바꾸지는 못했다.[13]

독립 직후의 시기적 특징으로 세 가지를 꼽을 수 있다. 첫째, 난민 문제 때문에 승리를 자축할 수 없었다. 둘째, 이와 같은 비극이 아니더라도 여성단체의 기구화와 관료화에 불만을 가진 여성이 있었을 것이다. 셋째, 독립운동 중 인도국민회의 중심의 구도를 받아들인 여성도 있었으나 그렇지 않은 여성도 많았다. 이 중 다수는 주변부에서 활동했고 이러한 경향은 독립 후에도 지속되었다.

산발적인 비판에도 불구하고, 평등을 위한 인도 정부의 노력은 1974년 여성의 지위에 대한 보고서 『평등을 향하여』*Towards Equality*가 출간되기 전까지 크게 도전받지 않았다. 1971년 교육사회복지부는 "여성의 사회적 지위와 교육, 고용과 연관된 헌법과 법률, 행정 조항들을 검토"하고 이러한 조항의 영향을 평가하기 위해 위원회를 꾸렸다.[14] 내부적으로 이러한 보고서가 필요하다는 요청도 있었으나 사실상 시기적으로 유엔이 1975년 세계 여성의 해를 맞이해 모든 국가에 여성 지위에 대한 보고서를 요청했기 때문에 이를 준비한 것이었다.

중앙정부의 사회복지부 장관 풀레누 구하 박사Dr. Phulrenu Guha는 서기로 임명되었던 비나 마줌다르 박사Dr. Vina Mazumdar와 함께 운영위원회를 이끌었다.* 그 외 아홉 명의 위원은 다양한 관심사와 경험을 지니고 있었다. 이 중 마니벤 까라와 구하 박사만이 독립 투쟁에 직접 참여했었다. 다른 위원들은 여성단체에서 일했거나, 널리 알려진 학자이거나, 정치에 관여하고 있었다. 이 위원회는 여성들이 인도라는 국가의 정식 구성원으로 인정받기 위해 어떻게 해야 할지 제안해야 했다. 보고서를 작성하기 위해 위원회는 여러 연구를 위탁했으며 주州마다 약 500명의 여성을 면담했다. 이들은 1973년에 원고를 마무리했다. 1974년에 발간된 연구보고서는 인도 여성이 헌법에서 보장한 평등과 정의를 얼마나 누리지 못하는지 깨닫는 데 중요한 계기가 되었다. 이 보고서의 저자들은 여성의 지위가 좋아지기는커녕, 사실상 독립 이후 나빠졌다고 주장했다.

> 여성들이 사회문화적 제도 때문에 맞닥뜨리는 불리한 상황과 제약을 검토한 결과, 대부분 여성은 헌법상 보장된 권리와 기회를 아직 누리지 못하고 있음을 알 수 있다. (……) 우리 나라 여성 대다수는 가정에서 여성이 직면하는 문제를 해소하기 위해 제정된 사회법을 모르며, 이들은 독립 전에 그러했던 것처럼 여전히 스스로 지닌 법적 권리를 알지 못한다.[15]

인도의 사회 변화와 발전이 여성에게 부정적인 영향을 끼쳤다는 선언은 많은 인도인을 충격에 빠뜨렸다. 당시 인디라 간디Indira Gandhi(1917-1984)가 총리로 재임 중이었으며 전 세계적으로 인도는 여성을

* 당시 보고서 작성을 이끌었던 구하 박사의 이름을 따서 '구하위원회'라 부르기도 한다.

대사나 유엔 대표, 국제회의 대표 등으로 자주 파견했던 몇 안 되는 나라 중 하나였다. 온 나라의 단체가 세계 여성의 해를 축하하기 위해 여성들의 업적을 홍보하는 특별 행사를 준비하고 있었다. 『평등을 향하여』가 출간되기 1년 전만 해도 '현대 여성'을 위한 대중잡지 『페미나』*Femina*는 독립 기념 특별호를 출간하면서 인디라 간디를 두르가 여신으로 그린 표지를 사용했다. 표지를 설명하는 간략한 문구는 다음과 같은 자화자찬을 포함했다.

> 인도에서 여성—즉 아내이자 어머니, 한 개인—이라는 것은 많은 의미를 지닌다. 이는 당신이 전통과 문화의 보고寶庫이자 동시에 한 세대의 가치와 목표, 문명 생활의 척도까지 바꾸도록 이끌 힘과 활력, 그리고 불타는 에너지를 지닌 화산이라는 뜻이다.[16]

해당 호의 특집 기사 "현대 인도의 샥띠●"는 여성들이 마하뜨마 간디 덕분에 정치에 입문했다면서 다음과 같이 서술했다.

> 인도 여성의 해방 과정이 시작되었다. 집 밖으로 한번 발 디딘 이상 (……) 인도 여성은 남성의 지배에서 스스로 벗어나기 위해 어떠한 기회도 놓치지 않았다.[17]

이러한 [대중적인] 이미지들과 상반되는 보고서 내용은 지금도 놀랍지만, 당시에도 충격적이었다.

● 샥띠*shakti*는 '힘'이자 '여신'을 의미한다.

『평등을 향하여』는 인도 여성을 위한 프로그램이나 정책뿐 아니라 독립 이후 1970년까지 인도 여성사를 이해하는 데 지대한 영향을 끼쳤다. 보고서 출간 이후 인도사회과학연구위원회Indian Council of Social Science Research는 비나 마줌다르 박사가 이끄는 여성연구자문위원회를 설립했다. 위원회는 보고서에서 제기된 문제에 관한 후속 연구를 지원했다. 자문위원회의 주도로 진행되었던 대부분의 연구는 현대 인도 여성이 생활하고 노동하는 환경을 조사했다. 1980년에는 여성개발연구센터Center for Women's Development Studies가 독립적인 기구로 설립되었으며 마줌다르 박사가 센터장으로 취임했다. 센터는 여성의 지위를 연구하며 정부에 대한 정책 제안을 담당했다. 또한 1974년에는 [인도에서 최초로 설립된 여자대학교인] SNDT 여자대학교에 여성학연구소가 설치되었다. 이 연구소는 니라 데사이Neera Desai의 유능한 리더십으로 1980년 대학지원금위원회University Grants Commission에서 여성학 중점연구소Center for Advanced Research의 지위를 얻었다.

『평등을 향하여』와 여러 기관의 연구에서 제시한 인도 여성의 모습은 전반적으로 암울하다. 이러한 보고서는 대부분 프로그램과 정책의 실패를 다루고 있다. 그럼에도 불구하고 몇몇 인도 여성이 이룬 성과는 놀라웠으며 지금도 경탄을 자아낸다. 또한 인도 여성이 인도나 국제사회에서 지도적 역할을 하는 것만 보아도 제도적 변화가 일으킨 일부 성과를 증명할 수 있다. 이러한 변화는 19세기에도 신화적인 이상理想에 불과했던 '전통적인 역할'에 여성들을 옭아매려 한 극단적인 보수 세력에 도전장을 던질 정도로 강력했다. 그러나 보고서가 더 부각하려고 했던 내용은 수백만 명의 인도 여성이 아직까지도 경제적·기술적·정치적·사회적 '모더니티'의 덕을 보지 못했다는 것이다.

여성과 정치

인도 여성의 종속을 반박하는 기록이나 보고서에서는 정치에 참여하는 여성들이 자주 인용되곤 한다. 인도 여성은 모든 지방 및 중앙 정부직을 위한 투표에 참여할 수 있으며 후보로 나설 수 있다. 여성들은 장관과 대사뿐 아니라 총리까지 역임했다. 헌법에 보장된 평등에는 한참 미치지 못했으나 여성들의 정치적 활동은 세계 다른 나라들과 비교했을 때 상당한 수준이라고 할 수 있다.

인도의 여성 투표율은 남성 투표율과 거의 같다. 분석가들은 대다수 여성이 가족 구성원의 남성을 따라 투표한다고 주장하고 있으나, 몇몇 설문과 경험담에 따르면 여성들은 점차 정치권력에 관심을 갖기 시작하며 독립적으로 투표하고 있다. 그러나 여성들이 반드시 여성문제에 따라 투표하거나 반드시 여성 후보에 투표하지는 않는 것으로 보인다.

의회에 선출된 여성의 수는 많지 않으나 여성 의원들의 활동 덕분에 더 많은 것처럼 여겨지기도 한다. 첫 제헌의회의 여성 비율은 2% 정도로 매우 적었으나, 이후 사회복지부 장관과 인도국민회의의 부대표를 맡았던 마수마 베굼Masuma Begum이나 오랜 경력을 지닌 사회활동가 레누까 라이, 널리 알려진 간디주의자이자 독립 이후 중앙사회복지위원회Central Social Welfare Board 위원장을 맡았던 두르가바이 데슈무크, 첫 원탁회의 대표로 임명되었던 라다바이 숩바라얀 등을 포함했다. 당시 기록에 따르면 의회의 남성들은 이들의 연설을 귀 기울여 들었다고 한다.

이후 더 많은 여성이 선출되면서 하원Lok Sabha에서는 꾸준히 의석수의 4-5%를 차지하다가 1980년대에 7-8%에 이르렀다. 상대적으로 실권이 적은 상원Rajya Sabha의 경우 지방 주 의회가 의원을 선출한 후 인도 대통령이 임명하는데, 여성이 전체 의석 중 7-10%를 차지해 왔다.[18] 선출직 여성의 수는 다른 나라와 비교했을 때도 많은 편이다. 역사적으로 스칸디나비아 국가들과 구소련, 최근까지 '동구권'으로 일컬어지던 국가들에서나 여성 대표 비율이 30-40%를 차지했다. 1991년 6월 현재 인도 의회의 여성 비율은 7.1%로, 미국의 6.4%, 영국의 6.3%, 프랑스의 5.7%와 비교했을 때도 높다.[19]

다른 국가와 비교했을 때 정치에 참여하는 인도 여성들의 성과는 매우 인상적이다. 이는 역사적 관점에서는 놀라운 일이 아니다. 여성들은 선동정치를 통해 독립운동에 뛰어들어 용맹함을 증명했다. 그러나 독립 이후 이러한 여성들은 선동정치에서 선거정치로 전환하는 것을 어려워했다.

[그 이유로] 첫째, 정당들의 지원 부재를 꼽을 수 있다. 모든 정당들은 정치에 참여하는 여성을 이상으로 삼으며 말로는 떠받들었으나, 실제 의석을 거는 데는 주저했다.

둘째, 여성 후보들은 대개 정치의 거친 난투를 좋아하지 않았다. 많은 여성이 선거운동의 어려움을 헤쳐 나갈 준비는 되어 있었으나, 여전히 여성의 본분에 대한 사회적 태도를 바꾸는 데에는 성공하지 못했다. 이러한 도전을 받아들인 여성들은 성희롱과 추잡한 험담을 감내해야 했다. 인민사회당Prajya Socialist Party의 운영위원회 위원을 역임했던 아누따이 리마이Anutayi Limayi는 여성들이 [지저분한] 정치적 과정을 혐오하며 사회복지와 같이 온건한 장場을 선호한다고 주장했으며 이에 많은 여성이 동의했다.[20] 노동조합원이면서 자영업여성협의회Self-Employed Women's Association(이하 SEWA)를 설립했던 엘라 바뜨Ela Bhatt는 노동조합 일을 처음 시작했던 때에 대해 다음과 같이 회고했다.

> 다른 여성은 한 명도 없었고 (……) 나는 낯을 많이 가렸다. 그리고 동료들은 그리 착한 편이 아니라, 온갖 이야기를 만들어 냈다. 나는 출장이 잦았고 (……) 남성들과 차로 이동하며 다녀야 했다. 그리고 출장을 가면 하룻밤씩 묵어야 했다. 그러니까 이에 대해 시선이 좋지 않았다. 덕분에 나는 매번 싸워야 했고 내가 뭘 하는 거지? 내가 옳은 일을 하는 건가? 이런 질문을 스스로 던져야 했다.[21]

몇몇 사회학자는 이러한 일화 때문에 독립운동의 유산을 문제시하기도 했다. 예를 들어 웬디 싱어Wendy Singer는 여성들이 상대적으로 안전한 '막후' 청원을 선호하며 정치적 장은 피한다고 관찰했다. 싱어에 따르면 1930년대 여성에게 힘이 되었던 방식이 1989년에는 여성의 영향력을 주변부화하고 있었다.[22]

정치하는 여성이 맞닥뜨리는 세 번째 문제는 이들을 '여성스러운', 그리고 동시에 '여성스럽지 못한(혹은 무성無性)' 존재로 인식하는 태도였다.[23] 인도의 언론매체는 여성 정치인을 항상 부각해 왔으나, 대부분 그가 전통적인 역할을 어떻게 수행하는지와 의상이나 외모, 스타일, 혹은 그의 남성적인 성격에 관심을 집중했다. 간디 총리를 대표적인 예로 꼽을 수 있는데, 정치하는 여성은 때때로 강력한 여신이나 잔시의 라니와 같은 상징적 존재로 추앙받았다. 그러나 일상적인 정치활동에서 여신이나 무사 왕비가 할 수 있는 일은 많지 않으며, 여성 정치인도 [성공하기 위해서는] 결국 남성 동료들과 마찬가지로 행동해야 했다. 여성도 통과시키고자 하는 법안이나 자신의 선거구를 위해 남성처럼 투쟁해야 했다. 그들 역시 권력의 게임을 배워야 하는 것이다.

그럼에도 많은 여성이 책임 있는 지위를 차지한 것은 매우 주목할 만한 일이다. 예를 들어 [앞 장에서 언급한 여러 여성 중] 아므리뜨 까우르는 1947년 중앙정부의 보건장관을 맡았으며, 레누까 라이는 서벵골주의 구호 및 재건장관, 수체따 끄리빨라니는 1959년 인도국민회의 사무총장과 1962년 우따르 쁘라데시주 노동장관, 1963년에서 1967년 사이에는 우따르 쁘라데시주 총리Chief Minister를 역임했다. 비자야락슈미 빤디뜨는 1937년 우따르 쁘라데시주의 보건 및 자치장관을 맡았으며 독립 후 유엔 사절로 임명되었다. 그는 1947년 주소비에트 연방 대사로, 그리고 1949년에는 주미駐美대사로 임명되었으며, 1953년에는 유엔 총회 의장으로 선출되었다. 이는 독립 후 인도에서 권력과 영향력을 지녔던 여성 중 소수만을 나열한 것이다.

인도 정치에서 가장 중요한 여성은 인도의 유일한 여성 총리이자 20세기 들어 한 나라를 이끈 두 번째 여성인 인디라 간디였다.[24] 간디 총리는 1966년부터 1977년, 1980년에서 1984년 10월 31일 암살당할 때까지 오랜 기간 집권했다. 그는 1977년 '비상사태'를 선포하면서 헌법상 보장된 시민권을 다수 제한한 후 유일한 정치적 패배를 겪었다.

인디라는 인도 '건국의 아버지' 자와할랄 네루와 간디주의자이면서 인도 북부에서 여성 시위도 이끌었던 까말라Kamala(1899-1936) 사이에 태어난 외동딸이었다. 정치는 인디라에게 자연스러운 것이었다. 그의 할아버지 모띨랄 네루는 20세기부터 인도국민회의의 지도자로 활동했으며, 가족 중 3대가 모두 같은 시기에 투옥되었다는 것을 자랑스러워했다. 인디라의 어머니 까말라는 전통적인 집안 출신으로 결혼 후 처음에는 네루 가문의 세련된 분위기에 놀랐으나 이후 [반영] 시위에 참여하면서 페미니즘적인 내용이 담긴 강력한 연설도 남겼다. 그러나 인디라의 어머니는 인디라가 19살이 되었을 때 결핵으로 세상을 떠났다. 6년 후 인디라는 어머니의 헌신적인 친구였던 페로즈 간디Feroz Gandhi와 결혼했다. 그들은 라지브Rajiv와 산제이Sanjay 두 아들을 낳았으나 페로즈가 정치활동으로 바빠지고 인디라 역시 총리였던 아버지의 일을 더 돕기 시작하면서 따로 살기 시작했다.

아버지의 동반자로서 인디라는 그의 집안일을 돌보고 해외 순방길에 동행했으며 공식적인 영부인 역할을 했다. 인도국민회의 지도부 원로들은 인디라를 만만하게 보았으며 두려워할 필요가 없다고 생각해 1959년 국민회의의 의장을 맡겼다. 네루는 1964년 세상을 떠났다. 네루의 뒤를 이어 [그와 함께 인도철수운동과 반영 독립운동을 이끌었던 간디주의자] 라이 바하두르 사스뜨리Lai Bahadur Sastri가 총리로 취임했으나 1966년 갑작스레 세상을 뜨면서 나라를 이끌 지도자가 부재하게 되었다. 총리직에 '네루 가문의 사람'을 원했던 국민회의 지도부는 인디라를 쉽게 통제할 수 있을 것으로 믿고 그의 총리 취임을 지지했다.

취임 후 인디라 간디는 예상했던 것보다 강력한 면모를 보였다. 국내에서는 인도국민회의가 1972년 선거에서 승리하며 중앙정부뿐 아니라 다수의 주를 장악했으며, 국제적으로도 동파키스탄이 서파키스탄을 상대로 일으킨 전쟁을 지원해 결국 방글라데시로 독립하게끔 만들었다. 그러나 3년 후 알라하바드의 고등법원이 그가 승리했던 선거 결과를 뒤집었다. 인디라는 판결에 불복해 비상사태를 선포함으로써 일시적으로 권력을 유지했다. 이 과정에서 국민회의는 그가 취한 조치 때문에 독립 이후 처음으로 중앙정부 선거에서 패배했다. 결국 인디라는 1977년부터 야당으로 활동하면서 1980년 정권을 회복했으나, 그해 아끼던 둘째 아들 산제이가 비행기를 몰다가 추락해 세상을 떠나는 일이 생겼다.

총리 자리에 복귀한 후 인디라 간디는 권력에 위협이 되는 요인들에 매번 유사한 방식으로 대응했다. 그는 반정부적인 주들을 통제할 수 없다면서 대통령 직할통치를 선포했으며, 중앙 경찰과 정보부대를 이용해 지역적 반대를 억압했다.[25] 1984년 인디라는 자신의 경호원 중 시크교도 두 명에 의해 암살되었다. 그들은 시크교도들에게 가장 성스러운 장소인 암릿싸르의 황금사원을 침탈한 푸른별작전Operation Bluestar에 분노했었다. 이 작전은 시크교도로 이루어진 독립 국가를 세우려는 무력 운동을 이끌던 산뜨 빈드라발레Sant Bhindravale를 체포하기 위한 것이었다. 그리고 인디라 사후 치른 선거에서 인디라의 장남 라지브 간디가 승리해 1989년 선거에 패배할 때까지 총리로 재직했다. 그는 1991년 총리직에 다시 도전하면서 선거운동을 하던 중 암살되었다.

인디라 간디는 스스로 페미니스트가 아니라고 일관되게 주장했다. 뉴델리의 칼리지에서 연설하면서 그는 다음과 같이 말했다. "나는 페미니스트가 아니며 누구라도 단지 여성이라는 이유로 특별 대우를 받아야 한다고 믿지 않는다."[26] 동시에 그는 여성이 "세계에서 가장 억압받는 소수자"들이라면서 인도 여성은 태어날 때부터 불리한 조건을 지닌다고 했다.[27] 그러나 자신의 이야기를 할 때는 사회화나 정치적 성공에 젠더의 영향을 받았다는 사실을 부인했다.[28] 미국 여성잡지 『맥콜스』*McCall's*가 『뉴욕 타임스』*New York Times*에 인디라 총리 취임 특집 기사를 알리는 전면 광고를 냈을 때 그는 불쾌해했다. 그는 기자들에게 말했다. "나는 나 자신을 여성으로 생각하지 않는다. 나는 할 일이 있는 사람일 뿐이다."[29]

인디라 간디는 어머니나 주부로서 여성의 중요성을 자주 언급하면서 여성의 전통적인 역할도 격찬했다.[30] 인도 여성잡지 『이브스 위클리』Eve's Weekly의 메헤르 페스톰지Meher Pestomji와의 인터뷰에서 인디라는 어머니가 된 것을 스스로 가장 큰 성취로 꼽았다.[31] 인디라의 희망에 따르면 인도 여성은 "실생활에서 존경받으며 공동체의 선과 유익을 위해 영향력을 발휘"할 수 있으면 해방된 것이었다.[32]

여성의 정치적 역할에 대해 질문받았을 때 인디라 간디 총리는 마하뜨마 간디 때부터 인도 남성들이 여성들과 권력을 나누어 가지는 것을 반겼다고 대답했다. 게다가 남성은 과거부터 여성의 권리를 위해 투쟁했으며 앞으로도 그럴 것임을 믿을 수 있었다. 그는 의회의 여성 수가 많아진다고 해서 정치가 변할 것으로 생각하지 않았다.[33] 여성 해방은 여성들과, 자신의 아버지 같은 남성들이 헌법에 제정된 바를 실현하기 위해 노력할 때 이루어질 것이었다.[34]

독립 이후 여성의 지위가 좋아지지 않았다는 『평등을 향하여』의 결론에 대해 질문받자 인디라 간디는 다음과 같이 답했다. "그런 위원회에 앉아 있는 사람들은 서구의 관점으로 우리를 평가한다. 그들 중 극소수만이 인도 땅에 발을 단단히 디디고 있다." 그에 따르면 인도인들은 성차별주의자가 아니며 심지어 나라를 이끌고 있는 사람이 여성이라는 사실조차 인식하지 않고 있었다.[35]

표상表象의 문제를 살펴본 여성학자 라제스와리 란잔Rajeswari Ranjan을 제외하고[36] 아쉽게도 페미니스트 학자들은 인디라 총리의 젠더나 인도에서 그의 젠더가 어떤 의미가 있었는지, 여성들에게 그의 정책이 어느 정도까지 의미가 있었는지 살펴보지 않았다. 현대 인도의 여성에 관한 저술 역시 여성이 인도에서 가장 중요한 정치적 지위를 차지했었다는 사실을 무시하거나[37] 특정 여성이 정치권력을 쥐는 데 여신에 대한 일상적인 숭배가 도움을 주었다는 등의 주장을 했다.[38]

흥미롭게도 『평등을 향하여』 역시 여성 정치인에 대한 다음 두 문장 외에 총리의 젠더를 언급하지 않고 있다.

> 극소수의 여성만이 권력의 정점에 도달할 수 있었으나, 이들은 행정과 업무 처리 능력을 인정받았다. 1952년부터 중앙정부에는 13명의 여성이 집무했다 — 차관 6명과 주 장관 5명, 장관 1명 외에, 1966년부터 총리직을 수행한 여성 1명을 꼽을 수 있다.[39]

몇몇 인도 여성이 중요한 지위까지 오른 사실을 어떠한 맥락에서 이해해야 하는가? 그리고 이는 인도 여성 자신들에게는 어떤 의미를 지녔는가? [심리학자이자 비평가] 아쉬스 난디Ashis Nandy는 정치적 지위에 오른 여성과 대부분 일반 여성 사이에 드러나는 불일치를 "인도 여성에 대한 사회적 해석에서 모두 나타나는 평범한 역설"이라고 정의했다.[40] 난디에 따르면 인도 여성의 정치적 (혹은 과학적) 성공은 인도 문화가 적극적이고 행동주의적인 성향을 젠더와 무관하게 생각하기 때문이다. 문화를 주 근거로 삼았던 이 가설은 문화적·상징적으로 샥띠(힘)와 여성을 엮는 주장과 유사하다.[41] 난디와 조금 다른 접근이지만 문화적 가치와 사회구조의 관계를 논하면서 [인류학자] 제럴드 베레먼Gerald D. Berreman 역시 인도 여성의 역할은 남성의 역할에 종속되어 있지만, 인간으로서 여성의 존엄성은 진지하게 받아들여지고 있다고 주장했다. 여성의 활동은 제한받을 수 있으나, 여성 자신은 폄하되지 않는다는 것이다.[42]

또 다른 학자는 눈에 띄는 지위에 오른 여성이 주로 엘리트 출신이라는 사실에 초점을 맞추고 있다. 높은 지위에 오른 여성이 대부분 '정치 가문' 출신임을 부인할 수 없으나, 이들이 모두 부유하고 권력을 지닌 소수 엘리트는 아니었다. 아므리뜨 까우르나 두르가바이 데슈무크의 성장 배경은 비자야락슈미 빤디뜨나 끄리슈나바이 라우의 성장 배경과는 큰 차이가 있었다. 이들을 모두 엘리트로 묶어 가문 정치의 덕을 보았다고 주장하는 것은 그들의 실제 지위와 그들이 어떠한 지원을 받았는지의 차이를 무시하는 것이다. 이는 또한 그들이 지녔던 개인적인 정치역량을 무시하는 것이다.[43] 특정 여성이 권력을 쥔 과정을 이해하기 위해서는 무엇보다도 가족 문화와 기회, 개인의 성격을 살펴볼 필요가 있다.

정치학자 메리 캇젠슈타인Mary Katzenstein은 인도 여성이 정치계에서 주목받는 현상을 '간디 여사 이상현상Mrs. Gandhi Anomaly'이라고 명명했다. 캇젠슈타인에 따르면 독립 투쟁과 간디주의 이데올로기라는 정치적 요인 외에도 인도 여성들은 친족의 중요성 때문에 지도자 역할을 차지할 기회들이 주어졌다.[44]

여성이 정치권력을 쥐어 달라진 것이 있는가? 실제로 이들이 인도 여성의 문제를 해결하는 데 끼친 영향은 크지 않았다고 할 수 있다. 높은 정치적 지위를 지닌 인도 여성도 있고 여성 다수가 투표하고 있으나, 이러한 지위나 투표를 이용해 여성을 위한 목표를 지속적으로 추진한 경우는 매우 드물다. 권력을 지닌 여성 다수는 정치 캠페인 중 스스로 어머니와 아내, 충실한 딸로서 자신의 젠더를 부각했으나, 자신의 정치적 역할을 젠더화하지 않았고, 여성문제에 특별히 집중한 여성도 드물었다. 예를 들어 1970년대 마하라슈뜨라주州 의회 의원이었으며

1980년 하원의원으로 선출되었던 므리날 고레Mrinal Gore는 물가 인상과 만성적인 물 부족 문제에 저항하기 위해 여성들을 조직했고 '여성 물水 변호사Paaniwalibai'라는 애칭을 얻었다. 고레는 여성들의 근본적인 문제에 대해 수차례 언급하며 다음과 같이 말했다. "오늘도 너무나 많은 마을 여성들은 물 긷는 데 삶의 절반을 보낸다."[45] 므리날 고레와 풀레누구하, 레누까 라이와 같은 비범한 여성 몇 명만 생각해 보더라도, 이들은 놀라운 성과를 거두었으나 보통 여성들의 운명을 개선시킬 만한 정치적 영향력은 부족했다.

물론, 정치 세계의 긴박함을 고려한다면 여성만 관심을 가질 문제에만 초점을 두거나 모든 문제를 페미니스트의 시각에서 접근하는 것은 불가능했다고 할 수 있다. 그럼에도 정치적 위상을 지닌 여성들은 매우 눈에 띄는 존재이며, 역량 있는 여성으로서 모델이 될 수 있다. 상원의원이었던 엘라 바뜨에 따르면 여성 총리가 있었기 때문에 모든 여성은 자신의 권리에 대해 더 잘 알게 되었다.[46]

여성이 유능한 정치인이 될 수 있는지 묻는다면 단언코 그렇다고 답할 수 있으며, 각각의 경력을 분석함으로써 어느 정도 성공적이었는지 확인할 수 있다. 인디라 간디는 가문의 정치로 성장할 수 있었으나 분명 유능한 정치인이었다. 그러나 여성의 정치적 참여는 1920년대와 1930년대 여성참정권을 위해 고군분투했던 이들이 생각했던 만큼 인도 여성들에게 큰 혜택을 주지 않았다.

경제적 문제

여성의 지위는 경제적 상황에 달렸다고 주장하는 이들이 많다. 재산 소유권이나 자원의 운용, 임금, 음식 섭취, 의료혜택, 성비 등 어떤 지수를 대입해 보아도 인도 여성은 인도 남성과 동등하지 않다.

역사학자들이 여성의 삶의 질에 대해 너무나 무관심했기 때문에 실제로 이전보다 얼마나 나아졌는지 알기도 어렵다. 독립 전에는 노동시간이나 생활 조건, 심지어 여성 노동자의 생각도 중요하지 않았다. 각종 위원회에서 노동 문제를 연구하는 경우, 노동자와 인터뷰를 진행한 예도 드물었으며 만나더라도 보통 남성만 대상으로 삼았다. 때때로 여성단체의 회원들이 '불우한' 자매를 대변하는 경우가 있을 뿐이었다. 그러나 지금은 건설업[47]부터 우유 생산[48]까지 다양한 산업에 종사하는 여성 노동자에 대한 연구가 이루어진다는 점에서 변화가 보인다.

최근 연구는 근대화의 패러다임뿐 아니라 여성 관련 근대화의 가설도 문제 삼기 시작했다. 근대화 이론의 주창자들은 기술 발전과 산업화, 자본주의로 인해 전체 인구의 생활 조건이 개선되면 여성도 남성과 마찬가지 방식으로 경제적 변화를 경험한다고 주장했다. 인도 독립 직후 지도자들은 기술 발전과 산업화에 따른 이익의 가설을 공유하며 자본주의 때문에 나타나는 폐해를 장기 계획과 지속적인 국가 개입으로써 조정하거나 경감하고자 했다. 이러한 계획적인 혜택을 비판했던 마르크스주의 학자도 소수 있었으나, 여성들 역시 자연스럽게 혜택을 받을 것이라는 가설은 페미니스트 연구가 일어나기 전까지 어떠한 도전도 받지 않았다.

현대 인도 사회에서 가장 큰 문제는 경제학자와 인구통계학자들이 지적한 성비의 불균형이다.[49] 20세기 초 남성 1,000명당 여성이 972명이었다면, 1941년에는 남성 1,000명당 여성 945명으로 떨어졌으며 1981년에는 1,000명당 933명까지 추락했다.[50] 경제학자 아마르뜨야 센Amartya Sen은 다음과 같이 말했다. "우리는 오늘날 세계에서 가장 중요하면서도 가장 도외시되는 문제와 맞닥뜨리고 있다."[51]

다만, 인도 내 지역마다 성비의 차이가 있음을 지적해야 한다. 1981년 [인도 남서부] 께랄라에서는 남성 1,000명당 여성이 1,032명이었으나, 인도 북부에서 부유한 주로 꼽히는 하리야나와 뻔잡에서는 각각 870명과 879명이 보고되었다. 대부분 연구자는 차별적인 수유와 의료서비스 때문에 여아 생존율이 낮을 것으로 여겼다. 조셀린 킨치Jocelyn Kynch와 아마르뜨야 센은 여성의 성비가 낮은 것과 시간이 갈수록 더 낮아지고 있다는 사실을 같이 지적했다. 이들에 따르면,

> 실제로 경제적·사회적 발전이 일어나고 남성과 여성의 절대적인 지위가 향상되면서 여성의 상대적 지위는 더 나빠진 것으로 보인다. 인도처럼 가난한 나라에서 행복well-being의 척도로 수명을 이용할 때, 남녀의 행복지수는 [과거에 비해] 절대적으로 상승했지만, 남성과 비교했을 때 여성의 행복지수는 떨어졌다.[52]

문화적 가치나 빈곤, 저개발 등으로는 이를 충분히 설명할 수 없다. 이러한 현상을 이해하는 데 가장 도움이 되는 설명은 여성들이 시장 경제에 참여하는 비율이 낮다는 것과 여성을 인격체로서 낮게 평가한다는 것이다.

『평등을 향하여』에 따르면 여성의 경제적 지위가 낮은 이유는 다

음과 같다. 우선 경제 전반뿐 아니라 한 집안에서도 여성의 노동으로 벌어들이는 임금을 보조적으로 인식하는 공공정책 때문이라고 할 수 있다. 또한 인구 통계에 따르면 공적 경제 부문에서 전체 인구 대비, 그리고 전체 여성 대비 노동하는 여성도 감소했음을 알 수 있다. 저자들은 이러한 감소가 첫째, "국가 경제에서 가정이나 소규모 산업이 차지하는 역할이 변화했기" 때문이라고 설명했다.[53] 가정에서 조직적인 경제 부문으로 생산이 옮겨 감으로써 여성들이 가장 큰 피해를 입게 되었다. 새로운 산업의 일자리들은 여성이 쉽게 준비하지 못하는 기량과 교육을 요구하며 기술에 의존했기 때문에 여성들은 이러한 자리를 차지하기 위한 경쟁에 뛰어들 수 없었다. 둘째, 근대화된 노동환경에서 여성의 존재는 환영받지 못했다. 『평등을 향하여』의 저자들은 다음과 같이 서술했다. "여성이 경제활동에 참여할 기회가 늘어나는 것을 반대하는 이유는 (……) 여전히 여성의 '올바른' 역할을 기대하는 사회의 보수적인 시각 때문이다." 결국 여성들은 차별과 착취에 더 취약한 비공식적인 경제 부문으로 내몰리면서 경제적 소외를 당하게 되었다.[54]

그러나 동시에 여성들은 전문직이나 서비스 산업 중 특정 분야에서는 상당한 성과를 이루었다. 물론 이러한 성과로 다른 경제 분야에서 여성이 사라진 것을 채울 수 있다는 것이 아니며, 그런 주장은 통계적으로나 의미가 있을 뿐이다. 오히려 서비스 산업이나 전문직에 종사하는 여성이 증가하면서 주거와 교통, 성희롱과 보수적인 태도 등의 문제에 대해 새롭게 관심을 가져야 할 것이다.[55]

여성 노동자의 삶에 대한 데이터를 볼 때, 경제의 현대화에 따라 여성의 지위가 저절로 나아질 것이라는 가정이 무색해진다.[56] 노동의 장이 가정에서 공장이나 방직공장으로 옮겨 감에 따라 오히려 정반대

[그림 8-1] 공연하는 여성, 라자스탄

[그림 8-2] 인도 여성 경찰, 연도 미상

로 여성이 손해를 보는 현상들을 볼 수 있다. 예를 들어 여성을 착취하는 것으로 악명이 높은 담배*beedi* 산업이 점차 기계화되고 있다. 그러나 해당 산업에서 일하는 여성들은 기계화된 공장에서 더 높은 임금과 개선된 노동환경의 혜택을 받기보다 그나마 남은 일자리와 임금조차 잃고 있다.[57]

최근의 데이터는 가구가 부유해지면 여성에게 돌아가는 혜택이 커진다는 믿음에도 의문을 제기하고 있다. 인도의 경제개발에 관심을 가진 대다수 사회학자는 부유한 가정일수록 아들뿐 아니라 딸에게도 더 나은 음식과 의복, 의료서비스를 제공할 것이라고 가정했으나, 실제로는 그렇지 않았다. 농촌 지역의 아동 영양에 대한 연구에서는 풍요로운 농민 가정 역시 여전히 아들을 위해서만 지출하면서 딸을 소외하고 있음이 밝혀졌다. 결국 부유한 가정에서도 아들 선호가 지속되고 있다는 것이다.[58]

'여아 낙태female feticide,' 즉 성별 판정 검사 후 여성 태아를 낙태하는 행위는 여성이 번영의 혜택을 누릴 것이라는 믿음에 심각한 도전을 던진다. 이러한 행위를 용납하는 이들은 대부분 중산층으로, 낙태를 통해 핵가족과 아들이라는 두 마리 토끼를 모두 잡으려는 것이다.[59]

최근 연구로 이의가 제기된 세 번째 믿음은 여성이 고용되면서 시스템 자체의 변화를 요구할 것이라는 주장이다. 물론 인도에도 여성의 근무 조건 향상을 위해 투쟁하며 노동조합이 여성의 요구를 진지하게 받아들이도록 독려하고 일터에서의 성희롱을 알리려는 단체들이 존재한다. 그러나 이들은 공공정책을 변화시키지 못했다. 반면, 여성들이 스스로 조직을 이룬 분야들은 체제도 조금씩 바꿔 가면서 자원을 좀 더 정당하게 분배받는 것이 가능해졌다. 예를 들어 아흐메다바드의 자영업여성협의회SEWA는 여성들이 사업을 시작하는 데 필요한 소규모 대출을 받도록 도왔다. 그러나 경제적 지위가 나아진다고 해서 이러한 여성들이 자신을 억압하는 시스템에 저항하리라는 보장은 없다. 오히려 이미 존재하는 시스템 안에서 지위를 확보하는 것, 즉 어렵게 번 돈을 딸의 교육보다 지참금으로 사용하는 것이 훨씬 일반적이라고 할 수 있다.

현대의 여성운동

후대에 '제1세대 페미니즘first-wave feminism'[60]이라고 명명된 초기의 여성운동은 여성이 고통받는 원인을 전통과 종교에서 찾으며 교육과 법 개정으로 이를 시정하고자 했다. 이러한 움직임을 이끌었던 단체의 지도자들은 여성이 성별 때문에 억압받는다고 믿었기 때문에 이 역시 페미니스트적인 운동이라고 할 수 있다. 여성단체의 지도자들은 여성이 생물학적으로, 심리적으로, 영적으로 남성과 다르며 이러한 '다름'을 서로 보완하기 위해 그들이 공적 영역에서 여성의 목소리를 대변해야 한다고 주장했다. 사회적 페미니스트들은 공공정책이 논의되고 형성되는 장에서 여성들만이 가사와 가족에 대해 지니는 지식을 제공할 수 있다고 주장했다. 이러한 이데올로기는 간디의 여성 인식과 잘 맞아떨어졌고 독립운동에 여성들을 끌어들이고자 했던 민족주의자들의 바람과도 맞아떨어졌다. 그러나 영국인들이 물러난 후, 사회적 페미니즘은 여성이 남성에게 종속당하는 이유도 설명하지 못했고 변화를 위한 청사진도 제시하지 못했다.

1930년대부터 페미니스트 중 일부는 가부장적 국가와 가족제도를 비판했으나 사회적 페미니즘에 강력한 도전장까지 던지지는 못했다. 1960년대에도 달라지는 것이 없자 불만을 지녔던 여성들은 농촌 빈민과 노동자 계층의 투쟁에 합류하기도 했다. 여성학자 니라 데사이 Neera Desai는 이러한 움직임을 정리하며 현대 여성운동의 발전에서의 의의를 다음과 같이 서술했다.

> [1967년 서벵골의 소작농과 부족민들이 지주들을 공격하며 일어났던] 낙살바리Naxalbari 운동이나 물가 인상 반대 시위, [1970년대 주 정부의 부패를 비판하면 일어났던] 구자라뜨와 비하르의 청년 재발견 운동Navnirman Youth Movement, 마하라슈뜨라 둘레 지역Dhule District의 농촌 반란, [부족민의 생계 터전인 삼림을 보호하려는] 칩꼬 운동Chipko Movement 등에 여성들이 참여함으로써 이후 여성 문제 관련 투쟁을 지속할 수 있는 기반이 만들어졌다.[61]

[사회학자이자 인권운동가] 게일 옴베트Gail Omvedt는 현대 여성운동의 기원을 농촌 여성과 여성 노동자들이 지도자로서 훈련을 받기 시작했던 1970년대 초로 꼽았다.[62] 그러나 당시만 하더라도 농촌 여성과 여성 노동자들은 페미니스트적인 시각으로 자신들이 당하는 억압을 명료하게 설명할 수 있는 도시 여성이나 지식인 여성과 연계되는 경우가 드물었다. 높은 수준의 교육을 받은 대다수 여성은 당시를 회고하면서 자신과 동료 학자들이 [농촌이나 노동환경을] "전혀 이해하지 못했다"던 비나 마줌다르의 말에 동의할 것이다.[63]

유엔이 세계 여성의 해와 세계 여성 10년을 선포하면서 인도에서도 [여성 지위를 연구하기 위해] 구하위원회가 임명되었고 1974년 보고서

[『평등을 향하여』]까지 출간되었다. 이와 함께 개인과 단체, 풀뿌리 활동가, 연구자들은 자신이 경험하는, 그리고 농촌의 빈민 여성이나 수공업자들, 부족민도 겪을 수밖에 없는 "억압과 착취, 성희롱과 가정폭력"을 막을 방법을 찾기 시작했다.[64]

비나 마줌다르는 구하위원회가 추린 데이터를 처음 읽고 느꼈던 충격을 잊지 못했다. 그리고 그는 분노와 함께 "무엇인가 해야 한다"고 결심했다.[65] 연구 데이터가 발표되면서 『평등을 향하여』로 일어난 열기와 에너지는 새로운 여성운동을 위한 지적 기반을 제공했다.

인도의 현대 페미니즘 운동은 1970년대 말과 1980년대 초에 일어나기 시작했다. 전 인도 규모의 여성단체를 대신해 자율적인 단체가 수없이 일어났으며, 이들은 공식적인 관계로 맺어지기보다 지도자들의 네트워크와 새롭게 등장한 페미니스트 언론, 여성문제에 대한 일반 미디어의 관심, 그리고 주기적으로 개최되는 대규모 회의나 컨벤션을 통해 서로 연결되었다. 메리 캇젠슈타인에 따르면 인도의 현대 여성운동은 단일한 중앙 조직이 부재하고 페미니스트 단체가 흩어져 있으며 "자유주의적이기보다 좌파적인 (……) 정치 성향과 언어"를 지닌다는 점에서 유럽의 여성운동과 유사했다.[66] 캇젠슈타인은 이러한 움직임이 모든 카스트와 계층, 농촌과 도시, 활동가와 지식인 여성 등 "수많은 단체를 망라해" 나타났다고 주장했다.[67] 자율적인 단체들은 여성문제에 대해 새로운 인식을 일깨우는 데 중요한 역할을 했다. 1975년 10월 활동가 여성으로 이루어진 연대는 푸나에서 연합여성해방투쟁회의 United Women's Liberation Struggle Conference를 개최했다. 농촌 노동자와 대학교수, 짐꾼과 은행원, 교사와 학생 등을 포함해 700여 명의 여성이 지참금부터 깨끗한 식수까지 다양한 여성문제에 대해 이틀간 토의했다.[68]

인도 다른 지역에서도 유사한 회의가 개최되었다. 무엇보다도 이러한 회의에 참석한 여성의 계층이 다양했고 토론 주제가 폭넓었다는 점에서 큰 의의를 꼽을 수 있었다. 옴베트에 따르면 "문화적 급진주의라는 새로운 분위기" 덕분에 이러한 변화가 가능했으며 결국 [고대 신화에 기반을 두었던 과거의] 람-시따 패러다임Ram-Sita paradigm을 비판할 수 있게 만들었다.[69]

현대 여성운동은 여전히 억압의 원인으로 전통적인 관습과 믿음, 제도를 꼽았다. 또한 여성에 대한 폭력과 젠더 차별을 유지하는 데 이바지하는 제도적 틀이나 경제적 상황이 여성의 일상생활에 끼치는 영향에 관심을 기울였다.

또한 이러한 운동의 지도자들은 "여성이 당하는 다양한 모욕, 잔혹한 행위, 고문, 개인적 혹은 집단적 공격"을 밝힘으로써 침묵을 깨려는 첫걸음을 떼었다.[70] 이는 가족을 위해 모든 것을 받아들이고, 자기희생적이고 헌신하는 이상적인 인도 여성의 이미지를 타파한다는 의미를 지녔다. 동시에 새롭게 목소리를 키운 활동가-학자들은 중앙정부의 힘이 비대해지고 있다는 사실을 점차 강도 높게 비판하기 시작했다. 변화를 위해 헌신하는 여성들은 이제 가족과 정부, 사회 전반을 비판하게 되었다.

1970년대 중반부터 시작해 1970년대 말에 이르러 젠더화된 폭력에 대한 폭로가 더욱 활발해졌다. 1979년 뉴델리의 몇몇 여성이 세운 단체에서 『마누시: 여성과 사회에 대한 저널』*Manushi: A Journal about Women and Society*을 힌디어와 영어로 출간하기 시작했다. 이는 인도에서 여성문제를 다루는 가장 중요한 페미니스트 저널이 되었으며 성희롱이나 새신부가 감당해야 하는 변화, 가정에서 일어나는, 혹은 정치적·사회적 통제의 무기로서 여성에게 행해지는 폭력, 여성에 대한, 그리고 여성이 저술한 역사나 문학, 종교공동체 간 갈등과 공공 보건정책 등의 사회적·정치적·경제적 문제 등 여성과 직결되는 문제를 다루었다.

마투라Mathura 사건으로 충격받은 중산층 여성들은 경찰의 만행과 정부의 안일한 태도에 저항하며 1980년 시위를 시작했다. 14세에서 16세 사이로 추정되는 하층카스트 소녀 마투라는 심문을 받기 위해 구금됐다가 경찰서에서 강간당했다. 마투라는 풀려난 후 강간 사실을 호소했으나 경찰은 그가 성관계에 동의했다고 주장했다. 치안판사는 경찰을 믿었으나 봄베이 고등법원의 나그뿌르 지부에서는 경찰들의 강간죄를 인정하고 실형을 선고했다. 이 일은 1972년에 일어났다. 7년 후 대법원은 마투라가 저항한 증거가 부재하다는 이유로 이 판결을 뒤집었다.●

델리대학교 법과대학의 우뻰드라 박시Upendra Baxi 교수는 법학 전문학술지에서 이 사건에 대해 읽고 델리대학교의 라구나트 껠까르Raghunath Kelkar와 로띠까 사르까르Lotika Sarkar, 뿌네대학교의 바수다 다감와르Vasudha Dhagamwar 등 세 명의 동료와 함께 대법원장에게 공개서한을 보내어 사건을 다시 살피도록 촉구했다.[71] 여성단체들도 재심을 요구했다. 대법원이 절차상의 문제를 근거로 이 청원들을 기각한 후 뉴델리와 봄베이의 여성들은 길거리로 쏟아져 나와 다음과 같이 외쳤다. "대법원, 대법원, 당신을 어디에다 고발하랴?"[72]

● 마투라 강간 사건은 1972년 마하라슈뜨라의 지방 경찰서에서 일어났으며, 봄베이 고등법원은 1974년 경찰 두 명에게 실형을 선고했다. 그러나 1979년 대법원이 증거불충분으로 무죄판결을 내렸고, 이에 대법원 판결을 비판하는 여러 운동과 시위가 1980년부터 본격적으로 시작되었다.

정부는 법률위원회를 임명해 이 문제를 검토하고 기존 법률에 대한 수정안을 제시하도록 지시했으며, 1980년에는 형법 개정안이 마련되었다. 그러나 이로는 충분치 않았다. 대법원은 검토 후 다음과 같이 발표했다. "강간 피해자의 증언은 입증되지 않았더라도 일반적으로 의심받지 말아야 한다."[73] 여성 활동가들은 강간을 강력범죄로 인정하기를 원했으나, 법률 제정만으로는 강간으로부터 여성을 지킬 수 없다는 것을 알았다.[74]

강간 외에도 현대 여성운동을 불타오르게 한 의제가 있었다. 1970년대 말 새로운 사회현상으로 젊은 새신부들이 시집 식구에게 불태워져 죽는 일을 일컫는 '지참금 살인Dowry murders'이 등장했다. 1979년 7월 부유한 뉴델리 교외의 한 주택 앞에서 200여 명의 분노한 시위자들이 슬로건을 외치면서 이를 규탄하는 첫 시위가 일어났다. 시아버지의 집에서 24세의 젊은 신부가 불에 타 숨진 후 군중은 경찰에게 이 '사고'를 조사하도록 요구했다. 이 여성은 이른 저녁 시간에 친정에 가서 남편이 스쿠터를 원하고 있으며, 시집 식구들이 자신을 학대한다고 호소했다. 그는 남편이 데리러 왔을 때 저항했으나 남편은 오빠 앞에서 그를 때렸다. 그의 오빠는 경찰을 불렀으나 경찰은 관여하지 않으려고 했다. 수 시간 후 이 여성은 시집 부엌에서 불에 타 죽었다. 대다수 이웃은 이를 사고로 받아들이지 않았으며, 시위대는 죽은 여성의 시집 식구들이 '지참금 살인'을 저질렀다고 주장했다.[75]

이후 몇 개월 동안 여성 활동가들은 새로 결혼한 젊은 여성의 죽음에 특별히 관심을 기울이기 시작했다. 여성이 불타 죽은 사고는 놀랄 정도로 많았다. 1979년 델리에서만 358건이 일어났으며, 이 중 자살은 50건이었고 23건은 '지참금 화재'로 표기되었으며 나머지는 모두 '사고사'로 분류되었다. 여성의 죽음을 조사한 이들은 끔찍한 살인이라는 것을 밝히려는 애통해하는 가족과 충격받은 이웃을 만나게 되었다. 가족들은 지속적인 학대와 지참금을 더 요구하는 내용을 담은 딸들의 편지를 증거로 제출했다. 이웃들 역시 아내에 대한 학대나 젊은 여성들이 사리에 불붙은 채 도와달라고 소리 지르며 마당으로 뛰어나오는 장면을 목격했거나 황급히 치른 장례 의식에 대해 증언했다. 경찰이 관여한 경우는 극히 드물었으며 이러한 죽음은 대부분 자살이나 사고사라는 결론을 내린 듯했다.[76]

델리에서 이와 유사한 패턴의 사고사는 1981년 466건에서 1982년에는 537건으로 증가했다.[77] 1982년에는 뉴델리의 한 여성 활동가 단체가 델리 남부의 주거단지 차고에 소규모 여성 쉼터인 사헬리Saheli[여자친구]를 설립했다. 이곳에서 일했던 자원봉사자들은 실제로 지참금 살인을 막을 수 있을 것이라고 기대하지 않았으나 대신 위험에 처한 여성에게 상담과 쉼터를 제공하기를 희망했다. 사헬리의 자원봉사자들은 여성 사망기록을 축적하기 시작했으며 가능할 때마다 경찰에 철저한 수사를 요구했다.[78]

사헬리는 가정폭력과 괴롭힘의 문제를 다루기 위해 설립된 수많은 소규모 센터 중 최초의 예였다. 뉴델리의 신문들은 매일같이 '지참금 살인'에 대한 기사를 실었으며 이는 기성 여성단체의 화두가 되었고 주요 페미니스트 출판사의 편집자들 역시 주목했다.

델리 외 인도 전역의 도시나 마을에서도 새로 결혼한 젊은 신부들이 가정 내 화재 때문에 사망하는 사건이 이례적으로 많이 집계되기 시작했다. 델리만큼 꼽을 수는 없었으나 이는 여성에 대한 폭력의 양상이 널리 퍼졌음을 보여 주었다. 지참금 살인을 연구한 이들에게 분명하게 드러난 사실은 두 가지였다. 이러한 죽음은 여성의 가치를 저평가하는 태도와 직결되었으며 소비지상주의로 인해 여성의 [경제적] 의존도를 악용하는 양상이 새로 드러났다는 것이다. 결국 지참금 살인은 전통과 함께 모더니티의 문제라고 할 수 있다.

이러한 죽음을 반대하는 캠페인이 거세지자 정치인들은 사람들이 1961년 제정되었던 지참금 금지법을 지키지 않았기 때문에 일어난 결과라고 규탄했다. [봄베이의 하원의원] 쁘라밀라 단다바떼Pramila Dandavate는 1980년 일반의원이 발의한 법안을 통해 지참금에 대한 법을 개정하고자 했다. 활동가들 역시 추가 법안이 필요하다고 동의했다.

1982년 8월이 되자 지참금 금지법이 제대로 시행되는지 조사하고자 조직되었던 공동위원회(위원장 끄리슈나 사히Krishna Sahi)는 하원에 보고서를 제출했다.[79] 인도 법개정위원회는 이어진 청문회에서 『지참금 살인과 법 개정』이라는 보고서를 제출했다. 1984년 새로운 법안이 청문회를 통해 제안되었고 수정 후 1986년에 통과되었다. 지참금을 받는 행위는 새로운 법률에 따라 더 강력하게 처벌되었으며 여성이 자연사하지 않는 경우, 그의 재산은 자식에게 귀속되거나 그의 부모에게 반납해야 했다. 캠페인은 끝났고 새로운 법도 제정되었으나 지참금 살인은 여전히 일어났다.[80]

1987년 9월, 라자스탄의 데오랄라Deorala 마을에서 루쁘 깐와르Roop Kanwar라는 18세 여성이 남편의 시신과 함께 불타 죽은 사건이 일어나면서 페미니스트들의 관심을 끌었다. 루쁘 깐와르는 사띠, 즉 과부의 삶보다 죽음을 선택한 고결한 여성으로 추앙받게 되었다.• 사띠는 1829년 이미 법적으로 금지되었으며 비나 올든버그는 다음과 같이 서술했다.

법률이 제정되고 시행되면서 사띠를 저지르는 일은 (과부의 결정이 자발적이었건 강제되었건) 영성, 명예, 영광, 의례로서의 상징성을 잃었으며 단순한 범죄로 인식되기 시작했다.[81]

그럼에도 불구하고 수백 명이 사띠라 불린 의식에 몰려들어 루쁘 깐와르가 불타 죽는 모습을 보면서 환호성을 질렀다. 9월 16일에는 사띠를 기념하고 그 장소를 축성하는 의례인 추나리 마홋사바*chunari mahotsava*●●가 진행되었으며 50만 명이 참석한 것으로 추정되었다. 라자스탄 남성들이 제단을 지켰으며 발 빠른 장사꾼들은 사진과 기념품을 팔고 영리한 정치가들은 경배하는 태도로 이곳을 방문했다.[82]

루쁘 깐와르의 죽음으로 인해 페미니스트들과 자유주의자들은 소위 사띠라 불리는 행위를 폭력 범죄로 단죄하며 이를 '냉혹한 살인'일 뿐이라고 주장했다. 그들은 과부를 소외하고 학대해 결국 살아있는 지옥보다 차라리 죽음을 선택하게 하는 사회를 규탄했다.[83] 인도의 여성 페미니스트들은 역사상 최초로 여성의 분사焚死를 자신들의 의제로 삼았으며 자매들이 말도 안 되는, 소위 신성한 전통이라는 미명하에 살해되는 것을 지켜보지 않겠다고 선언했다. 정부는 입법으로 응답했다. 의회는 1829년의 법에 이어 사띠 방지법을 제정했으며, 이를 미화하는 것도 법적으로 금지했다. 그러나 비나 올든버그에 따르면 이 법은 자발적인 사띠와 강제적인 사띠를 구별하지 않았으며, 사띠를 여성이 저

● 사띠는 남편 사망 후 아내가 남편의 시신과 함께 불타 죽는 의식과 행위를 뜻하기도 하며, 이를 행한 여성 역시 사띠(훌륭한 여성)라 칭한다. 제1장 참조.

●● 화장 후 13일째 되는 날 화장을 한 제단에 붉은 베일을 덮는 의례.

지르는 범죄로 정의하고 사띠에 연루된 다른 자들 역시 단순히 여성의 행위를 교사한 것처럼 만든다는 문제점을 지니고 있었다.[84]

마투라 사건이나 '지참금 살인', 루쁘 깐와르의 사띠와 같은 사건은 인도 매체뿐 아니라 외신의 관심까지 끌었던 선정적인 사건들이었다. 칼리지나 대학에 다니거나 도시에서 근무하는 젊은 미혼 여성들은 이러한 사건에 대해 읽고 서로 만나 이야기를 나누면서 행동하기로 했다. 인도의 주요 도시마다 거리 공연이나 시위, 기록센터, 그리고 새로운 단체들이 일어났다.[85] 농촌 지역에서도 새로운 단체와 연합체들이 착취적인 노동과 폭력에 저항하기 위해 설립되었다.

정부는 입법 활동으로 강간과 지참금 살인, 사띠 살인에 반대하는 도시의 캠페인에 응답했다. [여성 인권 변호사인] 플라비아 아그네스Flavia Agnes는 새롭게 제정된 법률이 놀랄 만큼 많았으며 그 범위도 넓었음을 지적했다.

> 법률 제정으로 억압을 타파할 수 있다면, 그렇다면 1980년대는 인도 여성의 황금기로 평가해야 할 것이다. (……) 여성에 대한 폭력을 반대하는 캠페인이 일어날 때마다 새로운 법률이 제정되었다.[86]

아쉽게도 폭력의 근본적인 원인이 무엇인지나 법률이 이러한 상황을 해결할 수 있는지 묻는 질문은 거의 제기되지 않았다. 결과적으로 10년간 엄청난 규모의 입법 활동이 이루어진 후, 법률이 실제로는 얼마나 무의미한 것인지 깨닫는 절망이 이어졌다. 법률이 제정되더라도 이를 집행하기 위해서는 여성이나 여성의 지위에 대한 인식이 전혀 바뀌지 않은 남성들에게 의존해야 했다. 페미니스트들은 '침묵을 깨기'

위해 정부에 손을 내밀어 도움을 요청했다. 정부는 이에 응답해 정부가 여성을 보호할 수 있으며 반드시 보호할 것이라고 약속했다. 그러나 결국에는 '보호자'인 정부가 자신의 목적을 위해 여성문제를 이용한 듯이 보였다. 실제 문제는 해결되지 않았으며, 오히려 중앙정부는 시민의 개인 생활을 더 통제할 수 있는 존재로 부상했다.[87]

여성운동은 여성에 대한 폭력에 맞서면서 새롭게 정비되었으나, 이렇게 형성된 연대 의식을 다시금 쪼개는 문제들이 발생하기 시작했다. 가장 중요한 문제는 다시 생명력을 얻고 젠더화된 종교공동체주의로, 이는 무슬림 여성 샤흐 바노Shah Bano 사건과 인도 동북부 아요디야Ayodhya의 모스크 분쟁을 통해 그 심각성을 드러냈다.

1985년 4월, 대법원은 이혼한 무슬림 여성 샤흐 바노에게 전남편으로부터 재정적 지원을 받을 권리를 부여했다. 무슬림 공동체는 이에 반발했다. 이는 여러 차례의 소송과 항소에 따른 최종 판결이었으나, 그의 전남편은 자신이 이슬람법에 따라 의무를 다했다고 주장해 왔었다. 대법원은 판결을 통해 남편에게 여유가 있다면 극빈한 상황에 놓인 전처를 부양해야 한다는 형사소송법 125조를 인용했다.[88]

무슬림들은 법정이 이슬람법에 간섭할 수 없다고 들고 일어났고, 결국 여성문제로 인식되었던 사건이 순식간에 종교공동체의 문제로 비화되었다. 샤흐 바노의 전남편은 자신이 이슬람법에서 요구하는 바를 모두 충족했다고 선언했다. 인도 전역의 보수적인 무슬림들은 대법원의 판결이 종교적으로 소수집단인 자신들의 정체성을 공격하는 것이라고 주장했다.[89] 페미니스트와 자유주의자들, 보수적인 힌두교도들은 무슬림들의 낙후된 법을 비난했다. 영국인들이 스스로 여성을 대하는 태도가 힌두교도들보다 낫다고 판단했던 것처럼, 1980년대 중반 힌두교도들은 힌두교도 여성들이 무슬림 여성보다 더 나은 대접을 받고 있다고 주장했다.

라지브 간디의 인도국민회의 정부는 1986년에 이혼한 무슬림 여성에 대한 보상이 필요 없으며 친정이 지원할 책임을 진다는 무슬림 여성 [이혼 시 권리에 대한] 법안을 도입했다.[90] 의회 밖에서는 무슬림 여성단체와 전국인도여성연맹체, 전인도민주여성협의회All-India Democratic Women's Association, 여성자문위원회Mahila Dakshata Samiti 등 여성단체들이 법안을 반대하며 시위를 벌였다. 그러나 의회 내에서도 국민회의의 무슬림 여성 의원 베굼 어비다 아흐메드Begum Abida Ahmed와 같은 이들은 자존감 있는 여성이라면 이혼한 남편에게 지원을 구걸할 리 없다고 주장했다. 베굼 어비다는 [여성이라는 정체성보다] 소속 정당의 정책 방침을 받아들였다는 점에서 그의 여성 혹은 남성 동료들과 다를 바 없었다.[91]

[정치학자] 조야 하산Zoya Hasan에 따르면 라지브 간디의 행정부는 당시 갈등이 일어나고 있던 아요디야의 모스크 부지 개방을 반대하는 무슬림들을 무마하기 위해 이 법안을 일부러 지지했다. 그러나 샤흐 바노 판결에 대한 인도 정부의 태도는 무슬림 여성들의 [종교적] 소수집단으로서의 정체성과 젠더 정체성 사이의 간극을 부정하는 결과를 초래했다.[92]

위에서 언급한 아요디야의 모스크는 [『라마야나』의 주인공] 라마의 탄생지로 알려진 위치에 16세기경 지어진 이슬람 사원이었다. 힌두극단주의자들의 주장에 따르면 이곳에 원래 힌두사원이 있었으나 무굴 황제 바부르Babur 치하에서 파괴되었다. 그리하여 군국적인 힌두단체인 민족봉사단Rashtriya Swayamsevak Sangh은 이 자리에 세워진 모스크를 없애고 대신 힌두사원을 짓고자 한 람 자남부미Ram Janambhoomi 운동을 이끌었다. 1986년에는 아요디야 모스크에서 힌두교도들의 기도 모임만 허용되었다. 힌두민족주의를 따르는 인도국민당Bharatiya Janata Party(이하 BJP)은 이러한 상황을 이용해 지지자들을 끌어모았다. 긴장이 고조되고 종교 공동체 간 충돌이 증가했으며 1992년 12월 6일 마침내 힌두극단주의자들이 아요디야의 모스크를 파괴했다. 1992년 12월과 1993년 1월, 폭동과 폭탄테러가 이어졌다.

힌두극우파의 국가여성봉사자협회Rashtra Sevika Samiti에 속한 여성들은 무슬림에 대한 공격에 앞장섰다.[93] 정치학자 아므리따 바수Amrita Basu는 힌두민족주의 지도자 중 우마 바라띠Uma Bharati와 사드비 리탐바라Sadhvi Rithambara를 주목했는데, 둘 다 "특별히 두드러지지 않는 출신 배경을 지녔으며 극단주의적인 젊은 독신 여성"으로 군중을 폭력적으로 선동하는 기술이 뛰어났다는 공통점을 지녔다.[94] 특히 BJP는 1980년대 페미니스트 운동의 어휘를 전용하면서 일종의 단결용 구호로 여성에 대한 폭력을 내세웠다. 불행히도 이 역시 무슬림 남성들이 힌두 여성들을 강간한다는 비난으로 인해 종교적 성격을 띠게 되었다.[95] [역사학자] 따니까 사르까르는 인도를 관찰하는 이들에게 바라띠나 리탐바라, [혹은 BJP 창립당원 중 한 명이었던] 비자이라제 신디아Vijayraje Scindia와 같은 힌두 여성들의 "아찔한 등장"을 주목하도록 경고한다. 사르까르에 따르면 이들은 [힌두] 남성들이 이롭다고 판단한 경우에만 길거리로 나와 폭력을 조장해 왔다.[96] 이들은 활동가처럼 가장하지만 실제로는 순종적인 딸과 충실한 아내라는 관습적인 역할에 도전하거나 벗어나려고 하지 않았다.[97] 사르까르에 따르면 이러한 여성의 공적 역할이 대다수 인도 여성이나 활동에 참여하는 여성에게 끼치는 영향은 부정적일 뿐이다. "어떠한 페미니스트라도 그들의 운동이 여성의 권리 전반에 기여한다고 주장할 수 없을 것이다."[98] 그러나 사르까르는 시위에 참여하는 여성의 경우, 가정에서 협상할 힘을 얻을 수 있다는 점도 인정했다. 그는 우파 여성의 행동주의를 정당화하는 경우 어떤 점을 주의해야 하는지 지적한다. "그들은 한정적이지만 실질적인 권한을 부여받음으로써 파시스트적인 불관용과 폭력을 용인하며, 권위주의적이고 반민주적인 사회적·정치적 체제를 구축하는 데 기여할 것이다."[99]

무슬림을 비난하는 우파 시위에 현대 페미니스트 운동의 쟁점을 전용하며 새롭게 두각을 나타낸 여성들의 모습은 상당히 충격적이었다. 이는 1980년대에 매우 활발하고 낙관적이었던 여성운동에 찬물을 끼얹는 결과를 가지고 왔다. 또한 이는 현대 여성들이 다양한 목표에 각자 헌신할 수 있는 자체가 역사적 유산임을 상기시킨다. 이제는 좌파 여성, 중도주의자, 보수주의자, 우파 여성 등 다양한 여성이 페미니즘의 외양을 차용하고 공적 생활을 하면서도 『평등을 향하여』의 저자들이 주장했던 젠더 정의와 인권이라는 책무를 지지 않으려는 모습이다. 어떠한 결과가 나올지는 두고 보아야 할 것이다.

결론

19세기의 인도 남성들이 여성의 역할을 근대화하는 데 무관심했더라면 인도의 여성운동은 존재하지 못했을 것이다. 그들은 사띠나 조혼, 과부 재혼, 무엇보다도 여성교육과 같이 제한된 문제에 집중했다. 그들은 특정 카스트와 계층의 렌즈를 통해 세상을 보았고 이러한 노력으로 여성, 특히 자기 가족의 여성을 식민 통치하 새로 구축된 세계로 이끌어내려고 했다. 남성들이 내린 결정에 따라 여성들은 자신이 원하든 원하지 않든 간에 새로운 사회의 일부가 되었다.

새로운 세계를 반긴 여성들은 자신들만의 세계를 만들어 나가면서 성장했다. 비록 가부장제로부터 자유롭지는 않았으나 성별 분리와 여성 격리의 전통 덕분에 그들은 남성의 간섭으로부터 상대적으로 자유로운, 자신들만의 단체를 조직할 수 있었다. 필자가 사회적 페미니즘이라 명명한 사상을 기반으로 여성들은 자신들의 단체와 활동을 설명하고 정책에 대한 목소리를 높였다.

사회적 페미니즘을 동력 삼았던 인도 페미니즘의 제1 물결은 여성단체들을 통해 여성의 권리를 요구했다. 그리고 여성들이 민족주의 투쟁에 참여하면서 독립운동과 여성의 권리가 엮이는 인도만의 독특한 페미니스트 민족주의가 성장했다. 간디와 네루 두 사람 모두 이를 지지했으며 페미니스트 민족주의는 외양상 인도국민회의의 정책으로 받아들여지기도 했다.

영국 지배로부터 독립을 쟁취하면서 인도 헌법과 기본정책들은 여성에게 평등과 국가건설에의 참여 기회, 새로운 가치를 부여할 것을 약속했다. 그러나 여성들이 실제로 평등을 얻은 것은 아니었다. 자와할랄 네루는 여성들에게 권리는 주어지는 경우가 드물며 쟁취해야 하는 것이라고 경고하기도 했다.

독립 직후 많은 여성은 스스로 얻은 것에 만족했다. 정권을 잡은 인도국민회의는 말로는 여성문제에 관심을 보이며 국민사회복지위원회를 설립해 다수의 사회복지 사업에 예산을 쏟아부었고 전 인도 규모의 여성단체가 이러한 사업을 돕는 데 참여하기를 원했다. 조직위원회 등에 대표를 보내 달라는 요청을 받은 주류 단체의 여성들은 자기가 속한 계층의 문제들은 모두 해결되었다고 믿었으며 이제는 가난한 여성만 도우면 된다고 생각했다. 어떤 집단을 지원할 것인지 구체적인 이해도 없이 자원봉사에 지나치게 의존한 단순한 계획들이 제안되었다. 공산당이나 사회주의 정당의 여성들은 정치적 지지나 혁명의 필요성 등 정당의 기조를 따랐으나 그들 역시 남성 지도자들에게 굴복했다. 물론 이러한 단체와 정당에서 활동하면서도 여성의 실제 상황이 어떤지, 그리고 무엇이 필요한지 냉철하게 파악한 여성도 많았다.

이때 『평등을 향하여』가 경종 역할을 했다. 이를 작성한 여성들은 스스로 민주적이라고 자처하는 국가에서 절반의 인구가 점점 더 나쁜 상황으로 빠지는 것을 그대로 둘 수 있는지 물었다. 교육받은 중산층 여성들은 이 보고서와 이후의 연구로 자기들이 사는 사회에서 가장 극심한 불평등에 눈을 뜨게 되었다. 깨달음을 얻은 여성들은 연구를 진행하고, 이러한 문제에 대해 글을 쓰고 연설을 하며, 새로운 프로그램을 마련하면서 새로운 도전에 직면했다. 그러나 그들이 속한 기관과 가족들은 기대했던 것보다 덜 협조적이었으며 그들이 관심을 쏟았던 대상들 역시 항상 감사해한 것은 아니었다.

1970년대 말에 시작되어 1990년대까지 이어진 현대 페미니스트 운동은 모든 인도인에게 여성들의 문제를 깨우치게끔 했다. 페미니스트들은 특히 여성을 대상으로 하는 일상적인 폭력에 분노해 1980년대에 새로운 단체와 기관들을 설립했다.

여성에 대한 폭력은 늘 존재했으나, 과거에는 남성들의 정치적 의제에 맞춰 이용되었다. 예를 들어 19세기의 사띠는 종교적 문제로 취급되었으며, 남편이 사춘기 소녀에 불과한 아내와 동침할 권리가 있는지에 대한 논쟁은 인도인들의 자치능력에 대한 논쟁이 되었다. 캐서린 메이오는 인도 여성의 건강과 복지를 염려하는 것처럼 글을 썼으나, 그의 책은 실상 인도인을 비난하며 결국 인도인이 주도하는 책임 정부를 반대했던 영국 관료들의 목소리를 뒷받침하는 데 이용되었다. 인도의 여성 독립운동가들이 성적 폭력을 당했을 때도 이러한 사건들은 인도 남성에 대한 공격으로 그려졌다. 정치적 장에서 [인도인] 남성들이 [영국인] 남성들과 투쟁하면서, 여성에 대한 폭력의 진실과 결과는 일부러 무시되었다. 물론 가정폭력은 식민 통치 때문에 일어난 것만은 아니었다. 역사적 기록에 따르면 부엌 화재로 숨진 여성의 '사고사'나 우물에 뛰어든 여성의 '자살'처럼 지참금 살인과 비슷한 유형의 사건은 이미 일어나고 있었다. 영국 통치로부터 벗어나기 위한 독립 투쟁 중 인도 여성들이 가정폭력의 문제를 제기할 때마다, 남성 지도자들은 민족주의 투쟁을 우선시하라고 촉구했다. 독립 후 여성 지도자들은 또다시 국가의 재건을 우선시하도록 종용되었다. 그리고 1970년대 말에 이르러서야 이러한 문제들이 부각되었다고 할 수 있다.

지금 인도의 여성운동이 순조롭게 진행되고 있다는 생각은 지나치게 순진한 믿음일 것이다. 뻔잡의 분리주의 운동, 이 지역과 인도 내 다른 지역에서 일어나는 테러 행위와 억압의 순환적 구조, 종교공동체주의의 부활과 무슬림에 대한 학살, 힌두 극우주의의 성장은 모두 인도 여성운동을 방해하고 있다. 페미니스트 중 일부는 시급한 문제를 우선 해결하고자 하며, 이러한 움직임 때문에 여성들 사이에서도 사상적인 분열이 일어났다. 새로운 단체에서 일하면서 많은 것을 이루었던 1980년대의 희열 이후 인도 여성들은 1990년대 들어 새로운 법률 제정에 실망하고 민족적·종교적 갈등을 염려하기 시작했다.

20세기 말 인도 여성들은 젠더 정의를 성취하기 위해서는 아직도

갈 길이 멀다고 주장할 것이다. 그러나 현재의 문제나 해결되지 않은 상황 때문에 과거의 승리들을 부인해서는 안 될 것이다. 오늘의 상황을 해석할 때, 인도 여성들이 변화를 일으키기 위해 행한 엄청난 희생을 같이 인정해야 할 것이다. 법률 제정은 늘 성에 차지 않았으며 여성의 요구들은 다른 문제로 인해 이미 여러 차례 뒷전으로 밀려나곤 했었다. 이전 장에서 설명하고자 한 바와 같이, 여성의 교육과 정치적 활동은 인도의 사회적·정치적 지형을 충분히 바꾸어 놓았다. 여성들은 더 이상 법률의 집행 대상이 아니라 법률 제정의 주체가 되었다. 많은 여성은 더 이상 가족에 의해 운명이 좌지우지되지 않고 있다. 사람들은 깨어나기 시작했으며 이를 영원히 억누를 수는 없을 것이다.

주

서론

1. Partha Chatterjee, "The Nationalist Resolution of the Women's Question," *Recasting Women: Essays in Colonial History*, ed. Kumkum Sangari and Sudesh Vaid (Delhi, Kali for Women, 1989), pp. 238-9.
2. Gayatri Chakravorty Spivak, "Can the Subaltern Speak?" *Marxism and the Interpretation of Culture*, ed. Cary Nelson and Lawrence Grossberg (Urbana and Chicago, University of Illinois Press, 1988), pp. 271-313.
3. *Ibid.*, p. 287.
4. *Ibid.*, p. 275.
5. *Ibid.*, p. 295.
6. *Ibid.*, p. 308.
7. James Scott, *Weapons of the Weak: Everyday Forms of Peasant Resistance* (New Haven, Yale University Press, 1985).
8. Douglas Haynes and Gyan Prakash, *Contesting Power* (Delhi, Oxford University Press, 1991), pp. 1-2.
9. Nita Kumar, ed., *Women as Subjects, South Asian Histories* (Charlottesville and London, University Press of Virginia, 1994), p. 4.
10. Miriam Schneir, ed., *Feminism: The Essential Historical Writings* (New York, Vintage, 1972), p. xiv.
11. Mary Daly, *Gyn/ecology: The Metaethics of Radical Feminism* (Boston, Beacon Press, 1990).
12. 락슈미C. S. Lakshmi와 데사이Neera Desai, 끄리슈나라즈Maitreyi Krishnaraj가 봄베이에 설립했다.
13. AIWC, Fourth Session, Bombay, 1930, p. 21; Madhu Kishwar, "Why I Do Not Call Myself a Feminist," *Manushi*, no. 61 (November-December 1990), pp. 2-8.

14. Veena Talwar Oldenburg, "The Roop Kanwar Case: Feminist Responses," *Sati, the Blessing and the Curse*, ed. John S. Hawley (New York, Oxford University Press, 1994), pp. 102-3.
15. Dipesh Chakrabarty, "Postcoloniality and the Artifices of History: Who Speaks for 'Indian' Pasts?" *Representations*, 3 (winter, 1993), p. 21.

제1장 19세기의 개혁

1. S. N. Mukherjee, "Raja Rammohun Roy and the Status of Women in Bengal in the Nineteenth Century," *Women in India and Nepal*, ed. Michael Allen and S. N. Mukherjee (Canberra, Australian National University, 1982), p. 165.
2. "On the Part and Behalf of the Defendant Above Named," *Raja Rammohun Roy Letters and Documents*, ed. Rama Prasad Chanda and Jatindra Kumar Majumdar (Delhi, Anmol Publications, 1987), p. 234.
3. S. N. Mukherjee, "Raja Rammohun Roy," pp. 164-5.
4. Tanika Sarkar, "A Book of Her Own. A Life of Her Own: Autobiography of a Nineteenth-Century Woman," *History Workshop Journal*, 36 (autumn, 1993), pp. 35-65.
5. "Rassundari Devi," *Women Writing in India 600 BC to the Present*, 2 vols., vol. I, *600 BC to the Early Twentieth Century*, ed. Susie Tharu and K. Lalita (New York, The Feminist Press, 1991), pp. 190-202, pp. 201-2에서 인용.
6. Vina Mazumdar, "Comment on Suttee," *Signs*, 4, no. 2 (winter, 1978), pp. 270-1.
7. Lata Mani, "Contentious Traditions: The Debate on *Sati* in Colonial India," *Recasting Women: Essays in Colonial History*, ed. Kumkum Sangari and Sudesh Vaid (Delhi, Kali for Women, 1989), pp. 117-8.
8. Sudipta Kaviraj, "On the Construction of Colonial Power: Structure, Discourse, Hegemony," *Contesting Colonial Hegemony*, ed. Dagmar Engels and Shula Marks (London, German Historical Institute London, 1994), p. 31.
9. Mrinalini Sinha, "'Manliness': A Victorian Ideal and Colonial Policy in Late Nineteenth Century Bengal," Ph.D. dissertation, SUNY Stonybrook (1988). Published title: *Colonial Masculinity: the "manly Englishman" and the "effeminate Bengali", in the late nineteenth century* (Manchester, Manchester University Press, 1995) 참조.
10. James Mill, *The History of British India*, 2 vols. (New York, Chelsea House, 1968), pp. 309-10.
11. Revd. E. Storrow, *Our Indian Sisters* (London, The Religious Tract Society, n.d.), pp. 154-67.

12. Francis G. Hutchins, *The Illusion of Permanence: British Imperialism in India* (Princeton, Princeton University Press, 1967) 참조.
13. Sir Herbert Hope Risley, *The People of India*, 2nd edn., ed. W. Crooke (Delhi, Oriental Books Reprint Corp., 1969), p. 171.
14. Vina Mazumdar, "The Social Reform Movement in India-From Ranade to Nehru," *Indian Women: From Purdah to Modernity*, ed. B. R. Nanda (New Delhi, Vikas Publishing, 1976), p. 46.
15. Rajat K. Ray, "Man, Woman and the Novel: The Rise of a New Consciousness in Bengal (1858-1947)," *IESHR*, 16, no. 1 (March 1979), p. 3.
16. Tanika Sarkar, "The Hindu Wife and Hindu Nation: Domesticity and Nationalism in Nineteenth Century Bengal," *Studies in History*, 8, no. 2 (1992), pp. 213-35.
17. Tapan Raychaudhuri, *Europe Reconsidered* (Delhi, Oxford University Press, 1988), p. 336.
18. David Kopf, *The Brahmo Samaj and the Shaping of the Modern Indian Mind* (Princeton, Princeton University Press, 1979).
19. Partha Chatterjee, "The Nationalist Resolution of the Women's Question," pp. 238-9.
20. Mahesh Chundra Deb, "A Sketch of the Conditions of the Hindoo Women" [1839], *Awakening in the Early Nineteenth Century*, ed. Goutam Chattopadhyay (Calcutta, Progressive Publishers, 1965), pp. 89-105.
21. "Literature of the Ancient and Medieval Periods: Reading against the Oriental Grain," *Women Writing in India*, vol. I, p. 49.
22. Uma Chakravarti, "Whatever Happened to the Vedic *Dasi*?" *Recasting Women*, p. 28.
23. Charles H. Heimsath, *Indian Nationalism and Hindu Social Reform* (Princeton, Princeton University Press, 1964), pp. 114-5.
24. "Ideals of Indian Womanhood," *ISR*, 38 (September 24, 1927), p. 56.
25. Deb, "A Sketch," p. 91.
26. Lata Mani, "Contentious Traditions," *Recasting Women*.
27. Isvarachandra Vidyasagar, *Marriage of Hindu Widows* (Calcutta, K. P. Bagchi and Co., 1976), pp. 108-9.
28. Neera Desai, *Woman in Modern India*, 2nd edn. (Bombay, Vora and Co., 1967), p. 65; Vidyasagar, *Marriage of Hindu Widows*, p. 123; Dhondo Keshav Karve, *Looking Back* (Poona, Hingne Stree-Shikshan Samstha, 1936), p. 45.
29. M. K. Halder, *Renaissance and Reaction in Nineteenth Century Bengal: Bankim Chandra Chatterjee* (Columbia, South Asia Books, 1977), p. 188.
30. I. Julia Leslie, *The Perfect Wife: The Orthodox Hindu Woman according to the Stridharmapaddhati of Tryambakayajvan* (Delhi, Oxford University Press, 1989), pp. 3-20.

31. *Ibid.*, pp. 273-304.
32. Tharu and Lalita, *Women Writing in India*, "Introduction."
33. 이 주제에 대해 흥미로운 논문으로 다음 참조. Veena Oldenburg, "Lifestyle as Resistance: The Case of the Courtesan of Lucknow, India," *Feminist Studies*, 16, no. 2 (summer, 1990), pp. 259-87.
34. 브라흐모 사마즈Brahmo Samaj(브라흐만을 따르는 협회)는 자신들의 종교적 전통을 재고하려는 벵골 힌두교도들의 모임에서 시작되었다. 1815년 람모훈 로이는 종교에 대해 토론하기 위해 친구들을 모았으며 1828년에는 매주 브라흐모 사바Brahmo Sabha라는 이름으로 예배와 설교를 나누고 있었다. 브라흐모교의 창시자는 『브라흐마의 서약』*Brahma Covenant*을 비롯한 여러 경전의 저자이자 의례들을 새로 수정했던 데벤드라나트 타고르Debendranath Tagore(1817-1905)였다. 그러나 추종자들이 카스트 간 평등과 금주, 여성 평등 등을 강력하게 요청하기 시작하면서 브라흐모 사마즈는 나뉘기 시작했다. 브라흐모 사마즈는 1870년대부터 새로운 종교로 분류되기 시작했다.
35. 다야난다 사라스와띠(1824-83)는 북인도에서 브라흐만 사제 제도와 의례, 순례, 과부 재혼이나 여성의 교육에 대한 관습적인 금지 등 대중적인 힌두교의 여러 양상에 반대하는 캠페인을 적극적으로 벌였다. 그는 베다를 절대적인 권위로 받아들이며 1875년 봄베이에서 최초의 아리야 사마즈Arya Samaj를 설립했다. 몇 년 안에 델리와 라호르, 기타 북인도의 도시들에서도 개혁가들이 독립적인 모임으로서 아리야 사마즈들을 설립하게 되었다.
36. Desai, *Woman in Modern India*, p. 69; S. K. Bose, *Iswar Chandra Vidyasagar* (New Delhi, National Book Trust, 1969), pp. 5, 32.
37. Asok Sen, *Iswar Chandra Vidyasagar and his Elusive Milestones* (Calcutta, Riddlu-India, 1977), p. 60.
38. Bose, *Iswar Chandra*, p. 35.
39. Sen, *Iswar Chandra*, p. 59.
40. Rosalind O'Hanlon, "Issues of Widowhood: Gender and Resistance in Colonial Western India," *Contesting Power: Resistance and Everyday Social Relations in South Asia*, ed. Douglas Haynes and Gyan Prakash (Delhi, Oxford University Press, 1991), pp. 62-108, p. 93과 p. 96에서 인용.
41. Bose, *Iswar Chandra*, pp. 43-7.
42. *Ibid.*, pp. 23-5.
43. Lucy Carroll, "Law, Custom and Statutory Social Reform: The Hindu Widow's Remarriage Act of 1856," *Women in Colonial India: Essays on Survival, Work, and the State*, ed. J. Krishnamurthy (Delhi, Oxford University Press, 1989), pp. 23-5.
44. Prem Chowdhry, "Popular Perceptions of Widow-remarriage in Haryana: Past and Present," *From the Seams of History*, ed. Bharati Roy (Delhi, Oxford University Press,

1995), pp. 39-40.

45. Sekhar Bandyopadhyay, "Caste, Widow-remarriage and the Reform of Popular Culture in Colonial Bengal," *From the Seams of History*, p. 34.

46. Sen, *Iswar Chandra*, p. 165.

47. 쁘라르타나 사마즈(기도협회)는 브라흐모 사마즈의 전도사 께숍 찬드라 센이 1864년 봄베이를 방문한 후 설립되었다. 회원들은 전능한 신의 존재와 경배를 통한 구원을 믿었으며 우상숭배와 브라흐민 사제의 권위를 거부했다. 종교적인 헌신은 세상에 대한 관심을 반드시 동반해야 했으며 쁘라르타나 사마즈의 회원들은 점진적인 사회개혁에 몸을 던졌다. 이들은 종교로서 전통적인 힌두교를 거부했으나, 힌두사회와의 단절을 원한 것은 아니었다.

48. *Autobiography of Kandukuri Veeresalingam Pantulu*, trans. Dr. V. Ramakrishna Rao and Dr. T. Rama Rao, 2 parts (Rajamundry, Addepally and Co., n.d.), p. 173.

49. 비라살링감 빤뚤루에 대해서는 다음 참조. *Autobiography*; Neera Desai, *Woman in Modern India*; Pratima Asthana, *Women's Movement in India* (Delhi, Vikas, 1974); Karen I. Leonard and John Leonard, "Social Reform and Women's Participation in Political Culture: Andhra and Madras," *The Extended Family*, ed. Gail Minault (Columbus, South Asia Books, 1981), pp. 19-45; "Rao Bahadur Mr. K. Virasalingam Pantulu and His Wife," *ILM*, 2 (September 1902), pp. 84-5.

50. Leonard and Leonard, "Social Reform," p. 36.

51. Heimsath, *Indian Nationalism*, p. 179.

52. Ramabai Ranade, *Himself, The Autobiography of a Hindu Lady* (New York, Longman, Green and Co., 1938).

53. Heimsath, *Indian Nationalism*, p. 181.

54. *Ibid.*, p. 187.

55. Ramabai Ranade, *Himself*, ch. 5.

56. Sumit Sarkar, "The 'Women's Question' in Nineteenth Century Bengal," *Women and Culture*, ed. Kumkum Sangari and Sudesh Vaid (Bombay, Research Center for Women's Studies, 1994), p. 106.

57. Shudha Mazumdar, *Memoirs of an Indian Woman*, ed. Geraldine Forbes (New York, M. E. Sharpe, 1989), pp. 43-4.

58. Ghulam Murshid, *Reluctant Debutante* (Rajshahi, Bangladesh, Rajshahi University, 1983), "Introduction."

59. Brajendra Nath De, "Reminiscences of an Indian Member of the Indian Civil Service," *The Calcutta Review*, 127 (1953); 128 (1953); 129 (1953); 130 (1954); 131 (1954); 132 (1954); 136 (1955).

60. Meredith Borthwick, *The Changing Role of Women in Bengal, 1849-1905* (Princeton,

Princeton University Press, 1985), ch. 5.

61. Malavika Karlekar, *Voices from Within: Early Personal Narratives of Bengali Women* (Delhi, Oxford University Press, 1991), p. 11.

62. Borthwick, *The Changing Role of Women*, pp. 131-3; "Saraladevi Chaudhurani," *DNB*, vol. I, ed. S. P. Sen (Calcutta, Institute of Historical Studies, 1972), pp. 289-91.

63. M. K. Haldar, *Renaissance and Reaction in Nineteenth Century Bengal: Bankim Chandra Chatterjee* (Columbia, South Asia Books, 1977), p. 188.

64. Raychaudhuri, *Europe Reconsidered*, p. 338.

65. 빠르타 채떠르지에 따르면 민족주의자들은 '여성 문제'를 정신의 영역으로 분리해 해결하고자 했다. *Recasting Women*, pp. 233-53.

66. Janaki Nair, "Reconstructing and Reinterpreting the History of Women in India," *JWH*, 3, no. 1 (spring, 1991), p. 132.

제2장 여성교육

1. *Women Writing in India*, vol. I, ed. Tharu and Lalita, p. 199.

2. *The Memoirs of Dr. Haimabati Sen: From Child Widow to Lady Doctor*, trans. Tapan Raychaudhuri, ed. Geraldine Forbes and Tapan Raychaudhuri (New Delhi, Roli Books Pvt. Ltd., 2000). [역자주: 해당 저서는 포브스의 원서가 나온 후에 출간되어 미주 내용을 수정하였다.]

3. Nicol Macnicol, *Pandita Ramabai* (Calcutta, Association Press, 1926), pp. 11-3; "Ramabai Pandita," *DNB*, vol. III, pp. 457-9.

4. Syed Nurullah and J. P. Naik, *History of Education in India: During the British Period* (Bombay, Macmillan, 1943), p. 21; Meredith Borthwick, *The Changing Role of Women*, pp. 60-1.

5. Aparna Basu, "Mary Ann Cooke to Mother Theresa: Christian Missionary Women and the Indian Response," *Women and Missions: Past and Present: Anthropological and Historical Perceptions*, ed. Fiona Bowie, Deborah Kirkwood, and Shirley Ardener (Providence, Oxford, BERG, 1993), p. 190.

6. Sonia Nishat Amin, "The Early Muslim Bhadramahila: The Growth of Learning and Creativity, 1876-1939," *From the Seams of History*, p. 112.

7. Usha Chakraborty, *Condition of Bengali Women Around the Second Half of the Nineteenth Century* (Calcutta, Usha Chakraborty, 1963), p. 52.

8. Aparna Basu, *Essays in the History of Indian Education* (New Delhi, Concept Publishing Co., 1982), pp. 31-2; Nurullah and Naik, *History of Education in India*, pp. 12-3.

9. Basu, *Essays*, p. 33.
10. Kalikinkar Datta, *Survey of India's Social Life and Economic Condition in the Eighteenth Century* (*1707-1813*) (Calcutta, Firma K. L. Mukhopadhyay, 1961), pp. 23-4.
11. Basu, *Essays*, pp. 7-9.
12. *Ibid*., p. 14.
13. Harihar Das, *Life and Letters of Toru Dutt* (London, Humphrey Milford, 1921), p. 8.
14. Geraldine Forbes, "In Search of the 'Pure Heathen': Missionary Women in Nineteenth Century India," *EPW*, 21, no. 17 (April 26, 1986), pp. ws2-ws8.
15. Glendora B. Paul, "Emancipation and Education of Indian Women Since 1829," Ph.D. dissertation, University of Pittsburgh (1970).
16. Dr. (Mrs.) R. Vishalakshmi Nedunchezíar, "Education of Girls and Women in Tamilnadu," *Status of Women Souvenir 1973* (Madras, Task Force Sub-Committee on Education, Tamilnadu, 1975), n.p.
17. J. C. Bagal, *Women's Education in Eastern India: The First Phase* (Calcutta, The World Press Private Ltd., 1956), pp. 77-95; N. S. Bose, *The Indian Awakening and Bengal* (Calcutta, Firma K. L. Mukhopadhyay, 1969), pp. 188-9; "Hindoo Women," *Calcutta Review*, 40 (1864), pp. 80-101; "The Bethune Female School," *The Bengalee* (January 13, 1863), p. 13; Borthwick, *Changing Role*, pp. 73-7.
18. Y. B. Mathur, *Women's Education in India, 1813-1966* (Bombay, Asia Publishing, 1973), p. 25.
19. *Ibid*., p. 29.
20. *Ibid*., p. 26.
21. Sumantha Banerjee, "Marginalization of Women's Popular Culture in Nineteenth Century Bengal," *Recasting Women: Essays in Colonial History*, pp. 130-1.
22. Borthwick, *Changing Role*, p. 291.
23. Mary Carpenter, *Six Months in India*, 2 vols. (London, Longman, Green and Co., 1868), vol. II, pp. 142-5.
24. Lord Beveridge, *India Called Them* (London, George Allen and Unwin, 1947), p. 83.
25. David Kopf, "The Brahmo Idea of Social Reform and the Problem of Female Emancipation in Bengal," *Bengal in the Nineteenth and Twentieth Century*, ed. J. R. McLane (East Lansing, Asian Studies Center, 1975), pp. 47-50.
26. Annie Besant, *The Political Status of Women*, 2nd edn. (London, C. Watts, 1885), pp. 1-11 (pamphlet).
27. H. P. Blavatsky, "Hindu Widow-Marriage," *A Modem Panarion: A Collection of Fugitive Fragments* (London, T. S. Publishing Society, 1895), vol. 1, p. 243.
28. "Mrs. Besant on Indian Womanhood," *ILM*, I, no. 7 (January 1902), pp. 195-7; "Indian

Women," *MR*, 25 (1919), pp. 271-2.

29. Arthur H. Nethercot, *The Last Four Lives of Annie Besant* (Chicago, University of Chicago Press, 1963), pp. 17, 55, 73; "Annie Besant," *DNB*, vol. I, pp. 51-3.
30. Kenneth W. Jones, *Arya Dharma: Hindu Consciousness in Nineteenth Century Punjab* (Delhi, Manohar, 1976), pp. 104-5.
31. Madhu Kishwar, "Arya Samaj and Women's Education: Kanya Mahavidyalaya," *EPW*, 21, no. 17 (April 16, 1986), pp. ws9-ws24; Kumari Lajjavati, "A Pioneer in Women's Education," *ISR*, 45 (June 1, 1945), pp. 134-5.
32. Premila Thackersey, *Education of Women: A Key to Progress* (New Delhi, Ministry of Education and Youth Services, 1970), p. 6.
33. Thackersey, *Education of Women*, pp. 1-11; Mathur, pp. 40-4.
34. Jyotsna Kapur, "Women and the Social Reform Movement in Maharashtra," M.Phil thesis, Delhi University (1989), p. 79.
35. *The Letters and Correspondence of Pandita Ramabai*, compiled by Sister Geraldine, ed. A. B. Shah (Bombay, Maharashtra State Board of Literature and Culture, 1977), pp. 15-8; Rajas Krishnarao Dongre and Josephine F. Patterson, *Pandita Ramabai: A Life of Faith and Prayer* (Madras, Christian Literature Society, 1969), pp. 6-10; Muriel Clark, *Pandita Ramabai* (London, Paternoster Bldg., 1920), pp. 24-5; "Pandita Ramabai," *Men and Women of India*, 1, no. 6 (June 1905), pp. 316-9; Meera Kosambi, "Women, Emancipation and Equality: Pandita Ramabai's Contribution to Women's Cause," *EPW*, 23, no. 44 (October 29, 1988), pp. ws38-ws49; Meera Kosambi, *At the Intersection of Gender Reform and Religious Belief* (Bombay, SNDT, Research Center for Women's Studies, Gender Series, 1993).
36. *Letters and Correspondence*, p. 14.
37. *Ibid.*, pp. xx-xxi.
38. *Ibid.*, pp. 257-362.
39. *Ibid.*, pp. 342-416.
40. *Ibid.*, p. 412.
41. *Ibid.*, p. 257.
42. *Ibid.*, p. 257; Kosambi, "Women, Emancipation and Equality," pp. ws44-ws45.
43. Minna S. Cowan, *The Education of the Women of India* (Edinburgh, Oliphant, Anderson and Ferrier, 1912), p. 113.
44. Tanika Sarkar, "Rhetoric Against the Age of Consent," *EPW*, 28, no. 36 (September 4, 1993), pp. 1869-78.
45. M. M. Kaur, *The Role of Women in the Freedom Movement* (*1857-1947*) (New Delhi, Sterling, 1968), p. 85. 까우르는 마하라니 따빠스위니가 잔시Jhansi의 왕비의 조카였다고

주장하고 있다. [제7장 292쪽 역자주 참조]

46. Kaur, *The Role of Women*, p. 145.
47. "The Mahakali Pathshala," *The Statesman* (February 3, 1985), p. 7.
48. Latika Ghose, "Social and Educational Movements for Women and by Women, 1820-1950," *Bethune School and College Centenary Volume, 1849-1949*, ed. Dr. Kalidas Nag (Calcutta, S. N. Guha Ray, 1950), p. 146; Cowan, *The Education of Women in India*, p. 113; "The Mahakali Pathshala," p. 7.
49. *ILM*, 3, no. 1 (July 1903), p. 16; *ILM*, 3, no. 6 (December 1903), pp. 194-5.
50. D. D. Karve, ed. and trans., *The New Brahmins: Five Maharashtrian Families*, ed. assistance, Ellen E. McDonald (Berkeley, University of California Press, 1963), p. 79.
51. "(Maharshi) Dhondo Keshav Karve," *DNB*, vol. I, pp. 299-301.
52. D. D. Karve, *The New Brahmins*, p. 51에서 인용.
53. Parvati Athavale, *My Story, The Autobiography of a Hindu Widow*, trans. Revd. Justin E. Abbott (New York, G. P. Putnam, 1930), p. 30.
54. Dhondo Keshav Karve, *Looking Back* (Poona, Hinge Stree-Shikshan Samastha, 1936), p. 75.
55. Athavale, *My Story*, p. 133.
56. *Ibid.*, p. 30.
57. Karve, *Looking Back*, pp. 77-82.
58. *Ibid.*, p. 104.
59. *Ibid.*, pp. 95-106; D. D. Karve, *The New Brahmins*, p. 56.
60. G. L. Chakravarkar, *Dhondo Keshav Karve* (New Delhi, Publications Division, Government of India, 1970), pp. 169-87.
61. Basu, *Essays*, p. 14.
62. "Thackesay [*sic*] Women's University Convocation," Sir Visvesvaraya's convocation address, June 29, 1940, *IAR*, 1 (January-June 1940) (Calcutta, Annual Register, n.d.), p. 438.
63. 베굼 로께야에 대한 자료는 다음 참조. *Inside Seclusion: The Avarodhbasini of Rokeya Sakhawat Hossain*, ed. and trans. Roshan Jahan (Dhaka, Bangladesh, BRAC Printers, 1981); Ghulam Murshid, *Reluctant Debutante* (Rajshahi, Bangladesh, Rajshahi University, 1983); Amin, "The Early Muslim Bhadramahila," pp. 107-48; Sonia Nishat Amin, "The World of Muslim Women in Colonial Bengal: 1876-1939," Ph.D. dissertation, University of Dhaka (1993); Sonia Nishat Amin, "Rokeya Sakhawat Hossain and the Legacy of the 'Bengal' Renaissance," *Journal of Asiatic Society of Bangladesh*, 34, no. 2 (December 1989), pp. 185-92; Sonia Nishat Amin, "The New Woman in Literature and the Novels of Nojibur Rahman and Rokeya Sakhawat Hossain," *Infinite Variety: Women in Society and Literature*, ed. Firdous Azim and Niaz Zaman (Dhaka, University Press Limited, 1994), pp. 119-41.

64. Gail Minault, "Purdah's Progress: The Beginnings of School Education for Indian Muslim Women," *Individuals and Ideals in Modern India*, ed. J. P. Sharma (Calcutta, Firma K. L. Mukhopadhyaya, 1982), pp. 76-97.
65. Jahan, *Inside Seclusion*, pp. 33-5.
66. *Ibid.*, p. 20.
67. Monica Felton, *A Child Widow's Story* (London, Victor Gollancz, 1966); *Women Pioneers in Education* (*Tamilnadu*) (Madras, Society for the Promotion of Education in India, 1975); interview with Mrs. Soundarain, Madras (January 22, 1976); Rabindranath Tagore, letter to Miss M. F. Prager, Eur. Mss., B 183, IOOLC; interview with Sister Sublakshami [*sic*] (December 10, 1930), RWC, box 28; Malathi Ramanathan, *Sister R. Subbalakshmi: Social Reformer and Educationalist* (Bombay, Lok Vangmaya Griha, 1989).
68. Sister Subbalakshmi, n.d. enclosed in a letter from R. Tagore, Eur. Mss., B 183, IO-OLC.
69. *Ibid.*

제3장 여성단체의 등장

1. Manmohini Zutshi Sahgal, *An Indian Freedom Fighter Recalls her Life*, ed. Geraldine Forbes (New York, M. E. Sharpe, 1994), p. 33.
2. Sivanath Sashtri, *History of the Brahmo Samaj*, 2nd edn. (Calcutta, Sadharan Brahmo Samaj, 1974), pp. 105-64.
3. "Arya Mahila Samaj," *Directory of Women's Institutions*, ed. K. J. Chitalia, vol. 1, *Bombay Presidency* (Bombay, Servants of India Society, 1936), p. 6.
4. "Arya Mahila Samaj" (n.d.), notes by Mrs. Leela Joshi (received from the author); "Arya Mahila Samaj: An Appeal" (n.d.), cyclostyled sheet received from Sarojini Pradhar; "Pandita Ramabai Saraswati," *Women's Forum* (March-April 1972), n.p.
5. "The Indian Social Conference," *ILM*, 3 (1904), p. 225.
6. "Mrs. Ranade's Address," *ILM*, 3 (1904), p. 259.
7. "The Ladies Gathering," *ILM*, 4 (1905), pp. 219-20.
8. "The Indian National Social Conference," *ILM*, 5 (1906), pp. 230-2; "Ladies Gathering at Surat," *ILM*, 6 (1907), p. 380; "The Ladies Social Conference," *ILM*, 8 (1908), pp. 227-8.
9. *Golden Jubilee Stri Zarthosti Mandal, 1903-1953, and Silver Jubilee Sir Ratan Tata Industrial Institute, 1928-1953 Volume* (Bombay, 1953), pp. 5-7.
10. Gail Minault, ed., "Sisterhood or Separation? The All-India Muslim Ladies' Con-

ference and the Nationalist Movement," *The Extended Family* (Columbus, South Asia Books, 1981), pp. 83-108; Jahan Ara Shahnawaz, *Father and Daughter: A Political Autobiography* (Lahore, Nigarishat, 1971), pp. 13-23, 42-50.

11. *The Memoirs of Dr. Haimabati Sen,* trans. Raychaudhuri, ed. Forbes and Raychaudhuri.
12. *Golden Jubilee Stri Zarthosti Mandal*, pp. 25-6.
13. Meera Kosambi, "Women, Emancipation and Equality: Pandita Ramabai's Contribution to the Women's Cause," *EPW*, 23, no. 44 (October 1988), p. ws44; C. Heimsath, *Indian Nationalism and Hindu Social Reform* (Princeton, Princeton University Press, 1964), pp. 170-1; Dagmar Engels, "The Limits of Gender Ideology," *WSIQ*, 12, no. 4 (1989), pp. 428-9; Ruth Woodsmall, Notebooks, 1916-1917, box 3, Diaries, 1913-1917, RWC.
14. *Letters and Correspondence of Pandita Ramabai*, ed. A. B. Shah (Bombay, Maharashtra State Board of Literature and Culture, 1977), pp. 175-8.
15. Woodsmall, Notebooks, 1916-1917, RWC.
16. Saraladevi, "A Women's Movement," *MR* (October 1911), p. 345.
17. *Ibid.*
18. J. C. Bagal, "Sarala Devi Chaudhurani," *Sahitya Sadhak Charitmala*, no. 99 (Calcutta, Bangiya Sahitya Parishad, 1964), p. 24; Saraladevi, "A Women's Movement," p. 348.
19. "An Account of the Work Among Women in Calcutta," *ILM*, 8 (May-June 1935), p. 176; "The Bharat Stree Mahamandal," *MR* (September 1912), p. 312; Saraladevi, *Jibaner Jharapata* (Kalikata, Sahitya Samsad, 1958), pp. 196-7; Saraladevi, "A Women's Movement," p. 348; Ghose, "Social and Educational Movements for Women by Women, 1820-1950," pp. 150-1.
20. Kamala Bai L. Rau, *Smrutika: The Story of My Mother as Told by Herself*, trans. Indirabai M. Rau (Pune, Dr. Krishnabai Nimbkar, 1988), pp. 26-32.
21. "Report of the Madanapalli Branch of the WIA, 1916-1937," WIA Papers.
22. "A New Society for Indian Ladies," *New India* (May 10, 1917), p. 9.
23. Mrs. D. Jinarajadasa, "The Emancipation of Indian Women," *Transactions of the Eighth Congress of the Federation of European National Societies of the Theosophical Society*, held in Vienna, July 21-26, 1923, ed. C. W. Dijkgraat (Amsterdam, 1923), p. 86.
24. Women's Indian Association, *Quinquennial Report, 1917-1922*, WIA Papers.
25. WIA, *Quinquennial Report, 1917-1922.*
26. S. Kamakshi to Dear Sister (August 10, 1924), file no. 3, DRP.
27. Chhanganram Mehta, letter to D. Jinarajadasa (March 27, 1918), DRP.
28. Chhanganram Mehta to D. Jinarajadasa (May 2, 1918); C. Mehta to M. Cousins (June

17, 1919); C. Mehta, letter to Dear Sister (September 12, 1919, July 28, 1920, April 10, 1921); Kanuben Mehta, letter to Dear Sister (April 10, 1921, December 1, 1921); K. Mehta, letter to Jinarajadasa (February 9, 1922); K. Mehta, letter to M. Cousins (March 23, 1922, April 11, 1922); DRP.

29. Prabha Rani, "Women's Indian Association and the Self-Respect Movement in Madras, 1925-1936: Perceptions on Women," paper delivered at the Women's Studies Conference, Chandigarh (October 1985); C. S. Lakshmi, "Mother, Mother-Community and Mother-Politics in Tamil Nadu," *EPW*, 25, nos. 42 and 43 (October 20-27, 1990), pp. ws72-ws83.

30. BPWC, *First Annual Report*, BPWC Papers, BPWC Library, Bombay; "History of the Council Movement," *Bulletin* (January 1932), p. 4, Premchand Papers.

31. Veronica Strong-Boag, *The Parliament of Women* (Ottawa, National Museum of Canada, 1976), pp. 72-3.

32. BPWC, *Fifth Report*, p. 4; BPWC, *Sixth Report*, p. 8, BPWC Papers.

33. Lady Tata, A *Book of Remembrance* (Bombay, J. B. Dubash, 1933), pp. 12-3.

34. Lady Tata, letter to Miss Serenbai Maneckjee Cursetjee (March 3, 1931), *A Book of Remembrance*, pp. 138-9.

35. Lady Tata, "An Address Delivered by Lady Tata to the Battle Creek College, USA" (November 29, 1927), *A Book of Remembrance*, pp. 100-3.

36. Douglas E. Haynes, "From Tribute to Philanthropy: The Politics of Gift Giving in a Western Indian City," *JAS*, 46, no. 2 (May 1987), p. 341.

37. NCWI, *Third Biennial Report*, 1930-2, NMML.

38. Antoinette Burton, "Empire, Oxford, and Imperial Culture: Cornelia Sorabji at Somerville College, 1889-1892," *At the Heart of the Empire: Indians and the Colonial Encounter in Late-Victorian Britain* (Berkeley: University of California Press, 1998). [역자주: 해당 저서는 포브스의 원서가 나온 후에 출간되어 미주 내용을 수정했다.]

39. Bengal Provincial Council Report, *NCWI Report*, 1928-9.

40. NCWI, *Biennial Report*, 1938-40, p. 7.

41. "Life Sketch of Maniben Kara" (unpublished), received from Western Railway Employees Union (Bombay, 1979).

42. Interview with Maniben Kara (Bombay, April 24, 1976); "Maniben Kara," s-14 (September 17, 1969), South Asian Archive, Centre for South Asian Studies, Cambridge.

43. Aparna Basu and Bharati Ray, *Women's Struggle: A History of the All India Women's Conference 1927-1990* (New Delhi, Manohar, 1990).

44. M. Cousins, "How the Conference Began," *Roshni*, special number (1946), p. 14.

45. AIWC on Educational Reform, Poona (January 1927), pp. 28-32, AIWC Library, New

Delhi.

46. *Ibid.*, pp. 32-42.

47. AIWC, Eleventh Session, Ahmedabad (December 23-27, 1936), pp. 23-5.

48. Hilla Rustomji Faridoonji, letter to Mrs. S. C. Mukherjee (April 4, 1936), AIWC Files.

49. Mrs. Dina Asana, letter to the honorary general secretary (November 11, 1944), AIWC Files, no. 326.

50. AIWC Files, no. 374; Kolaba Women's Association, AIWC Konkan Constituency half-yearly report for January-June 1936, AIWC Files, no. 136; AIWC Circular no. 6 (May 8, 1939), AIWC Files, no. 203.

51. Geraldine Forbes, "Women and Modernity: The Issue of Child Marriage in India," *WSIQ*, 2, no. 4 (1979), pp. 407-19.

52. Tanika Sarkar, "Rhetoric against Age of Consent, Resisting Colonial Reason and Death of a Child-Wife," *EPW*, 28, no. 36 (September 4, 1993), p. ws1870.

53. Barbara N. Ramusack, "Women's Organizations and Social Change: The Age-of-Marriage Issue in India," *Women and World Change: Equity Issues in Development*, ed. Naomi Black and Ann Baker Cottrell (Beverly Hills, Sage Publications, 1981), p. 201.

54. 인도에서 활동하기 이전 메이오에 대한 자료를 충실히 담은 저술로 다음 참조. Gerda W. Ray, "Colonialism, Race, and Masculinity: Katherine Mayo and the Campaign for State Police" (unpublished paper, 1992). [역자주: Gerda W. Ray, "From Cossack to Trooper: Manliness, Police Reform, and the State," *Journal of Social History*, 28, no. 3 (1995), pp. 565-86 참조 가능.]

55. Mrinalini Sinha, "Reading *Mother India*: Empire, Nation, and the Female Voice," *JWH*, 6, no. 2 (1994), pp. 6-44.

56. Katherine Mayo, *Mother India* (New York, Harcourt Brace, 1927), p. 32.

57. J. T. Sunderland, "Miss Katherine Mayo's 'Mother India' Weighed in the Balance, What is the Verdict?" *MR*, 16 (1929), pp. 1-6.

58. GOI, Home Dept., Judicial (July 11, 1927), file no. 382/27, p. 8.

59. *Ibid.*

60. *Report of the Age of Consent Committee, 1928-1929* (Calcutta, 1929), p. 3.

61. Speech by Smt. Akilabai, "Child Marriage Bill," *The Hindu* (clipping, n.d.), DRP.

62. *Ibid.*

63. *The Indian Quarterly Register*, 2, nos. 3 and 4 (July-December 1929) (Calcutta, n.d.), pp. 395-6.

64. AIWC, 1929, p. 95.

65. *Legislative Assembly Debates*, January 29, 1929, vol. I, p. 197; September 10, 1929, vols. IV and V, pp. 679-80; September 19, 1929, vols. IV and V, p. 1110.

66. NCWI, 1928-9, p. 20.
67. WIA, *Golden Jubilee Celebration Volume* (Madras, 1967), p. 5.
68. AIWC, 1930, pp. 12, 24.
69. GOI, Home Dept., Judicial 1929, file no. 561/29.
70. "Civil Disobedience Movement in Delhi," GOI, Home Dept., Political, file no. 256/I/1930.
71. GOI, Home Dept., Judicial, file nos. 272/31, F73/31, 793/32, 76/32.
72. AIWC, 1931, p. 43.
73. WIA Appendix D, "Muslim Ladies Defend Sarda Act," Report, 1930-1.
74. GOI, Home Dept., Judicial, file nos. 269/31, 65/30.
75. GOI, Home Dept., Judicial, file nos. 818/33, 65/30.
76. Samuel Hoare, letter to E. Rathbone (November 7, 1933), RP, folder no. 6.
77. Margot Badran, "Dual Liberation: Feminism and Nationalism in Egypt, 1870s-1925," *Feminist Issues*, 8, no. 1 (1988), pp. 15-34.

제4장 여성의 권리를 위한 운동

1. "Ladies' Deputation," *ISR*, 28 (November 11, 1917), p. 121.
2. "A Ladies' Deputation to Mr. Montagu," *NI* (October 25, 1917), p. 5; "Women's Deputation to Mr. Montagu," *NI* (December 13, 1917), p. 5; Dr. (Mrs.) Muthulakshmi Reddi, *Mrs. Cousins and her Work in India* (Madras, Women's Indian Association, 1956), pp. 1-5; J. H. and Mrs. Cousins, *We Two Together* (Madras, Ganesh and Co., n.d.), p. 310; "A Copy of the Address Presented by the All-India Women's Deputation to Lord Chelmsford (Viceroy) and Rt. Hon'ble E. S. Montagu (Secretary of State)," pamphlet, Suffrage-India, FC.
3. Report on Indian Constitutional Reform, *Parliamentary Papers*, vol. VIII (Cmd. 91091), p. 116.
4. *Ibid.*, pp. 116, 151; Judith M. Brown, *Modern India* (Delhi, Oxford University Press, 1985), p. 152.
5. *Report of the Special Session of the Indian National Congress*, Bombay, August 19-31 and September 1, 1918 (Bombay, 1918), pp. 109-10.
6. *Report of the Thirty-Third Session of the Indian National Congress*, Delhi, December 26-31, 1918 (Delhi, 1918), pp. 118-21.
7. D. Jinarajadasa and Meenakshi Ammal Mahadeva Sastri, letter to "Dear Madam" (November 14, 1918), box 70, FC.

8. M. Cousins, letter to A. Besant (June 4, 1919), Theosophical Society Archives, Madras.
9. Mrs. Herabai Tata, "A Short Sketch of Indian Women's Franchise Work," pamphlet (n.d.), Suffrage-India, FC.
10. M. Cousins, letter to "My Dear Sisters" (May 28, 1919), AIWC Files.
11. Tata, "A Short Sketch."
12. Mithan Lam, "Autumn Leaves: Some Memoirs of Yesteryear," an unpublished memoir, p. 7; correspondence of Mrs. Herabai A. Tata to Mrs. Jaiji J. Petit, chairman [*sic*] of the Bombay Women's Committee for Women's Suffrage. 인도개혁법이 제정될 당시(1919년 12월) 잉글랜드에서 헤라바이 따따의 활동에 대해서는 다음 자료 참조. Account no. 612, AIWC Files.
13. Lam, "Autumn Leaves," pp. 4-12.
14. Correspondence from H. Tata to J. J. Petit 참조.
15. Joint Select Committee on Government of India Bill, *Parliamentary Papers*, 1919, vol. II, Minutes of Evidence (Cmd. 203), p. 75.
16. *Ibid.*, pp. 131-2.
17. 코넬리아 소랍지는 마침내 1919년 변호사 자격을 얻었다. 영국 제정법에 따르면 이때서야 여성들이 변호사 자격을 얻을 수 있게 되었다. 다음 참조. Burton, *At the Heart of the Empire*.
18. Cornelia Sorabji, "Some Experiences" (March 1, 1931), newspaper clipping, "Gham-Khwar-i-Hind of Lahore writes" (n.d.), CS Papers, Eur. Mss., F/165/5, IOOLC.
19. Sir Campbell Rhodes, letter to Lady Malcolm (March 13, 1929) and C. Sorabji to Lady Stanfordham (March 13, 1929), Social Service File; Cornelia Sorabji Diaries, CS Papers, Eur. Mss., F/165/5, IOOLC.
20. C. Sorabji, "Note on a Social Settlement for the Service of Women" (n.d.) and "Note on the Possibility Appertaining to a Social Service Institute" (n.d.), CS Papers, Eur. Mss., F/165/5, IOOLC.
21. Confidential memorandum, "The Montagu-Chelmsford Reforms," CS Papers, Eur. Mss., F/165/13, IOOLC.
22. From an Indian correspondent, "The Position of Women II," *Common Cause* (May 9, 1919), pp. 36-7.
23. H. Tata, letter to J. J. Petit (December 7, 1919), AIWC Files; Joint Select Committee on Government of India Bill, vol. 1, Report and Proceedings of the Committee, *Parliamentary Papers* 1919, vol. IV, Part 1 of the Preamble (Cmd. 203).
24. M. Cousins, letter to Mrs. Fawcett (October 30, 1918), box 90, FC.
25. "Franchise for Indian Women," *MR*, 26 (1919), p. 549.
26. "Madam Bhikaji Cama," *DNB*, vol. I, pp. 240-2.

27. Lam, "Autumn Leaves," p. 12.

28. M. K. Gandhi, "Women and the Vote," *Young India* (November 24, 1920), p. 2. 간디는 1921년 여성참정권에 찬성하는 의견을 밝혔다.

29. Barbara Southard, "Colonial Politics and Women's Rights: Woman Suffrage Campaigns in Bengal, British India in the 1920s," *Modern Asian Studies,* 27, no. 2 (1993), pp. 397-439.

30. "Number of Women Voters in India," GOI, Public Home Dept., file no. 25/3/1929.

31. 이러한 태도에 대한 논의는 다음 참조. Dipesh Chakrabarty, "The Difference-Deferral of (A) Colonial Modernity: Public Debates on Domesticity in British Bengal," *History Workshop Journal*, 36 (autumn, 1993), pp. 9-13.

32. "What Will Women Do with the Vote?" *MR,* 30 (1921), p. 493.

33. GOI, Public Home Dept., 1926, file no. 28.

34. GOI, Home Dept., file no. 212/1929.

35. Mrinalini Sen, "Indian Reform Bill and Women of India" (first published in *Africa and the Orient Reviews*, 1920), *Knocking at the Door* (Calcutta, Samir Dutt, 1954), pp. 68-9.

36. 무투락슈미는 Reddi와 Reddy 두 가지를 혼용하여 썼다. 본문에서는 Reddy를 사용했으나 그녀가 쓴 편지나 글에서는 원문의 철자를 따랐다.

37. Muthulakshmi Reddi, "Dear Friends" speech (n.d.), file no. 11, DRP; 무투락슈미 레디에 대한 정보는 대부분 다음에서 참조했다. *Autobiography of Dr. (Mrs.) Muthulakshmi Reddy* (Madras, M. Reddi, 1964)-인용문은 p. 18 참조; Dr. (Mrs.) S. Muthulakshmi Reddy, *My Experiences As a Legislator* (Madras, Current Thought Press, 1930); 그리고 interview, Dr. (Mrs.) Muthulakashami [*sic*] Reddi, Layman's Foreign Mission Inquiry, 1928-30, box 28, RWC.

38. C. S. Lakshmi, *The Face Behind the Mask: Women in Tamil Literature* (Delhi, Vikas Publishing House, 1984), pp. 16-7.

39. *Ibid.*

40. *Autobiography,* pp. 1-17.

41. *Ibid.*, p. 18.

42. 제3차 인도결혼법Native Marriage Act III은 1872년 3월 19일에 통과되었다. 이전에는 시민결혼법Civil Marriage Act과 브라흐모결혼법Brahmo Marriage Act이 있었으나, 제3차 인도결혼법은 힌두가 아니거나 다른 종교를 따르는 이들에게만 적용되었다. 이에 따르면 여성과 남성의 결혼 최소연령은 각각 14세, 18세였으며, 이혼이 가능했고 힌두 의례를 생략했다. 새로운 결혼법에 따라 무투락슈미와 닥터 레디와 같이 서로 다른 종교공동체에서 만난 남녀의 결혼이 합법화될 수 있었다.

43. *Autobiography,* p. 22.

44. *My Experiences*, p. 4.

45. 데바다시는 사원에 소속된 여성으로 신들을 위해 노래하고 춤추며 대신 토지소유권을 부여받았다. 영국인들과 몇몇 개혁가들은 이들을 성매매 여성과 거의 동일시했다. 데바다시의 딸은 사원에서의 공연 여부를 떠나 데바다시로 여겨졌다.
46. *My Experiences*, p. 58.
47. *Annual Report*, AIWC, Seventh Session, 1933, p. 30.
48. "Indian Statutory Commission," *IAR*, 1, nos. 1 and 2 (January-June 1929), pp. 54-6.
49. Reddi, *Mrs. Cousins and her Work in India*, p. 79.
50. WIA Report, 1931-2, pp. 3-4.
51. Mrs. P. Subbarayan, *The Political Status of Women Under the New Constitution* (Madras, n.p., n.d.), pp. 2-3; Indian Round Table Conference, November 12, 1930-January 19, 1931, *Parliamentary Papers*, 1930-1, vol. XII (Cmd. 3772), pp. 113-6; IRTC (Sub-Committee Reports), *Parliamentary Papers*, 1930-1, vol. XII (Cmd. 3772), p. 47.
52. "Reservations of Seats for Women," *The Hindu* (November 17, 1931), p. 5.
53. Mrs. P. N. Sirur, letter to R. Subbarayan (April 22, 1931), R. Subbarayan to E. Rathbone (May 1, 1931), folder no. 5, RP; E. Rathbone to M. Reddi (March 12, 1931), M. Reddi to E. Rathbone (March 9, 1931), E. Rathbone to M. Reddi (May 1, 1931), M. Reddi to E. Rathbone (May 6, 1931), folder no. 1, RP.
54. Subbarayan, *Political Status*, p. 16; M. Reddi, letter to "Dear Madam" (November 16, 1936), AIWC Files, no. 135.
55. Barbara N. Ramusack, "Cultural Missionaries, Maternal Imperialists, Feminist Allies: British Women Activists in India, 1865-1945," *Western Women and Imperialism: Complicity and Resistance*, ed. Nupur Chaudhuri and Margaret Strobel (Bloomington, Indiana University Press, 1992), pp. 126-8.
56. "Memorandum of the All-India Women's Conference," 1932, AIWC Files, no. 95.
57. Amrit Kaur, letter to Miss Dass (January 23, 1932), AIWC Files, no. 95.
58. Pickford, letter to Dorothy (January 19-April 12, 1932), Pickford Papers, Eur. Mss., D. 1013, IOOLC.
59. Report of the Indian Franchise Committee, 1932, *Parliamentary Papers*, 1931-1932, vol. VIII (1) (Cmd. 4086), pp. 16, 82-7.
60. WIA, 1932; AIWC Files, no. 20.
61. "Women and the Communal Decision," *ILM*, 5 (September-October 1932), p. 510.
62. Dr. Reddi (February 13, 1933), AIWC Files, no. 95.
63. Rameshwari Nehru, letter to M. Reddi (March 1933), AIWC Files, no. 95.
64. Mrs. Huidekoper, letter to Rani Rajwade (May 20, 1933), AIWC Files, no. 37; A. Kemcharar, letter to Hon'ble Organizing Secretary of the AIWC (May 31, 1933), AIWC Files, no. 34.

65. *Stri Dharma*, 16 (September 1933), p. 549; "Memorandum II on the Status of Women in the Proposed New Constitution of India," addressed to the members of the Joint Select Committee, June 1933, pamphlet, Suffrage, FC; Minutes of Evidence given before the Joint Select Committee on Indian Constitutional Reform, 1934, *Parliamentary Papers*, 1932-3, vol. VIII (11c), pp. 1617-22.
66. Press Agency (April 22, 1933), RP, folder 8; British Committee for Indian Women's Franchise Press Correspondence, House of Commons (May 5, 1933), RP, file no. 311; Rathbone, letter to Reddi (February 9, 1933), RP, file no. 11.
67. "Women and Reform," *The Hindu* (February 23, 1932), p. 9.
68. M. Reddi, letter to E. Rathbone (March 31, 1933), RP, file no. 1.
69. E. Rathbone, letter to R. Subbarayan (May 27, 1933 and June 23, 1933), RP, file no. 5; Mrs. P. K. Sen, "Supplementary Memorandum on the Franchise of Women," pamphlet, Suffrage, FC.
70. Minutes of Evidence.
71. Joint Committee on Indian Constitutional Reform (Session 1933-4), vol. 1, Report 1934, *Parliamentary Papers*, 1933-4, vol. VI.
72. *Annual Report*, AIWC Ninth Session, 1934, Karachi, pp. 17-31, 70-1.
73. Renuka Ray, "Legal Disabilities of Indian Women," reprint from *MR* (November 1934); "Women's Movement in India," *Manchester Guardian* (August 15, 1935), AIWC Files, no. 84.
74. *Annual Report*, AIWC, Tenth Session, 1935.
75. "The Hindu Woman's Right to Property Act, 1937," GOI, Home Dept., Judicial 1938, file no. 28/25/38.
76. Bhagini Samaj, letter to Secretary/Govt. of Bombay/Home Dept. (July 3, 1936), Hansa Mehta Papers, folder no. 119, file no. 2, NMML.
77. M. Reddi, "A Plea for Marriage Reform," *ISR*, 46 (August 1936), p. 790.
78. GOI, Home Dept., Judicial and K. W. 1938, file no. 28/9/38, p. 16.
79. AIWC Files, no. 64 (215).
80. Harold Levy, "Indian Modernization by Legislation: The Hindu Code Bill," Ph.D. thesis, University of Chicago (1973), p. 220.
81. *Annual Report*, AIWC, Fourteenth Session, 1940, pp. 106-7; WIA, Twenty-Third Annual Report, 1939-49, p. 12, WIA Papers; half-yearly report of the member in charge of legislation (February 3, 1939), AIWC Files, no. 214.
82. Delhi Women's League, letter to Mrs. Sukthankar (April 14, 1939), AIWC Files, no. 215.
83. Begum Hamid Ali, presidential speech, *Annual Report*, AIWC, Fourteenth Session,

1940, pp. 20-1.

84. *Annual Report*, AIWC, Fourteenth Session, 1940, p. 80.

85. *Annual Report*, AIWC, Sixteenth Session, 1942, pp. 36-7.

86. *Ibid.*; NCWI, *Eighth Biennial Report*, 1940-2, Bombay, p. 9.

87. Levy, "Indian Modernization," p. 20.

88. National Planning Sub-Committee of Women's Role in the Planned Economy, All-India Congress Committee Files, no. G-23/1640; "Scheme of the Work of the Women's Department," All-India Congress Committee Files, no. Wd-2, 1940-2; Sucheta Devi, secretary, Women's Department, All-India Congress Committee, "The Aims of the Women's Department of the AICC," All-India Congress Committee Files, no. Wd-9, NMML.

89. AIWC, 1941, file no. 265.

90. Mridula Sarabhai to S. Kripalani, honorary general secretary, AICC (March 14, 1941), AICC Files, no. P-9/1941, NMML.

91. *Annual Report*, AIWC, Sixteenth Session, 1942, pp. 37-9.

92. *Annual Report*, AIWC, Seventeenth Session, 1944; "A Note on the Hindu Law Code," AIWC Files, no. 369; "All-India Women's Conference Evidence Before the Hindu Law Committee," 1943, AIWC Files, no. 314; NCWI, "A Brief Report on the Law Committee" (November 15, 1943), T. Premchand Papers; Mr. D. G. Dalvi, "Note on the Bill for the Enactment of the Hindu Code," pamphlet (n.d.), Hansa Mehta Papers, file no. 32, NMML.

93. Dalvi, "Note."

94. Report of the Hindu Law Committee, B. N. Rau Papers, file 11, pp. 7-9, NMML.

95. Levy, "Indian Modernization," pp. 272, 335.

제5장 민족주의 운동의 여성

1. Helena Dutt, interview (Calcutta, September 25, 1975).

2. Latika Ghosh, interview (Calcutta, February 29, 1978).

3. Manmohini Zutshi Sahgal, *An Indian Freedom Fighter Recalls her Life,* ed. Geraldine Forbes (New York, M. E. Sharpe, 1994), p. 78.

4. From *Banga Mahila,* I (May 1875), Meredith Borthwick, *The Changing Role of Women*, p. 337에서 인용.

5. Aparna Basu, "The Role of Women in the Indian Struggle for Freedom," *Indian Women: From Purdah to Modernity*, ed. B. R. Nanda (New Delhi, Vikas, 1976), p. 17;

Bimanbehari Majumdar and B. P. Majumdar, *Congress and Congressmen in the Pre-Gandhian Era, 1885-1917* (Calcutta, Firma K. L. Mukhopadhyay, 1967), pp. 128-9.

6. Nirad C. Chaudhuri, *The Autobiography of an Unknown Indian* (Berkeley, University of California Press, 1968), pp. 224-5.
7. J. C. Bagal, *Jattiya Bangla Nari* (Calcutta, Vishva-Bharati, Bhadra 1361 [1954]), p. 15.
8. "Nanibala Devi," *DNB,* vol. I, p. 446.
9. M. K. Gandhi, *Women and Social Injustice,* 4th edn. (Ahmedabad, Navajivan Publishing House, 1954), pp. 4-5; Jaisree Raiji, interview (Bombay, May 2, 1976).
10. M. K. Gandhi, "Speech at Ladies Protest Meeting," *Collected Works of Mahatma Gandhi,* 90 vols. (Delhi, Publications Division, Ministry of Information and Broadcasting, 1958-84), vol. XV, p. 89.
11. Gandhi, "Speech at Women's Meeting Bombay," *CWMG,* vol. XV, pp. 290-2; "Speech at Women's Meeting, Surat," *CWMG,* vol. XV, pp. 322-6; "Speech at Women's Meeting, Dohad," *CWMG,* vol. XVI, pp. 79-80; "Speech at Women's Meeting, Godhra," *CWMG,* vol. XVI, p. 168.
12. Gandhi, "Duty of Women," *CWMG,* vol. XVIII, pp. 57-8; "Speech at Women's Meeting at Dakor," *CWMG,* vol. XVIII, pp. 391-5.
13. Gandhi, "Speech at Women's Meeting Patna," *CWMG,* vol. XIX, pp. 67-8.
14. Gandhi, "Speech at Meeting of Muslim Women," *CWMG,* vol. XX, p. 397.
15. S. Ambujammal, interview (Madras, January 19, 1976).
16. Smt. Sucheta Kripalani, Oral History Transcripts, NMML.
17. Gail O. Pearson, "Women in Public Life in Bombay City with Special Reference to the Civil Disobedience Movement," Ph.D. thesis, Jawaharlal Nehru University (1979), pp. 175-84.
18. *IAR,* 2 (1922), p. 320.
19. Gail Minault, "Purdah Politics: The Role of Muslim Women in Indian Nationalism, 1911-1924," *Separate Worlds,* ed. Hannah Papanek and G. Minault (Delhi, Chanakya Publications, 1982), pp. 245-61; *IAR*, 1 (1922), p. 454.
20. K. Sreeranhani Subba Rao, "Women and Indian Nationalism: A Case Study of Prominent Women Freedom Fighters of the East Godavari District of Andhra Pradesh," paper given at the Third National Conference of Women's Studies, Chandigarh (1985), pp. 6-7.
21. *We Greet You Brother,* Andhra Mahila Sabha souvenir commemorating the Shasthi Abdi Poorthi [Completion of the Sixtieth Year] of Sri V. V. D. Narayana Rao, July 2, 1972 (Hyderabad, Andhra Mahila Sabha, 1972), p. 3.
22. Sandip Bandhyopadhyay, "The 'Fallen' and Non-Cooperation," *Manushi*, 53 (July-Au-

gust 1989), pp. 18-21. 반드요빠드에는 이 책의 저자에 대한 논란을 언급하고 있는데, 마나다 데비가 실존 인물이었다고 주장하는 이들도 있는 반면, 남성 작가가 이 작품을 쓴 것으로 믿는 이들도 있다. [역자주: 최근 이 책의 영어 번역본이 새로 출간되었다. Manada Devi, trans. Arunava Sinha, *An Educated Woman in Prostitution: A Memoir of Lust, Exploitation, Deceit* (New Delhi, Simon and Schuster, 2021).]

23. M. K. Gandhi, "The Position of Women," *Young India* (July 21, 1921), pp. 228-9.
24. Gandhi, letters to Saraladevi, from Deepak Chaudhury, Saraladevi's son.
25. M. K. Gandhi, "Untouchability, Women and Swaraj," *ISR*, 37 (March 26, 1927), p. 465; M. K. Gandhi, "Speech at Women's Meeting," Coimbatore, October 16, 1927, *CWMG*, vol. XXV, p. 148.
26. Amrit Kaur in foreword to Gandhi's *Women and Social Injustice*, p. iii.
27. Dr. Sushila Nayar, interview (New Delhi, April 6, 1976).
28. Sahgal, *An Indian Freedom Fighter*, p. 15.
29. *BC* (July 23, 1930), p. 4; booklet from Gandhi Seva Sena (Bombay, n.p., n.d.), pp. 1-3.
30. *BC* (March 11, 1930), p. 1; *BC* (November 31, 1930), p. 1; Vijay Agnew, *Elite Women in Indian Politics* (New Delhi, Vikas, 1979), p. 39.
31. GOI, Home Dept., Political, file no. 247/II/1930.
32. M. K. Gandhi, "Speech at Gujarat Women's Conference, Dandi," *CWMG*, vol. XLIII, pp. 251-2; "Special Task Before Women," *CWMG*, vol. XLIII, pp. 271-5.
33. Kamaladevi Chattopadhyay, *Inner Recesses/Outer Spaces: Memoirs* (New Delhi, Navrang, 1986), pp. 152-3.
34. *BC* (April 14, 1930), p. 1.
35. *BC* (April 16, 1930), p. 1, (April 17, 1930), p. 1, (April 18, 1930), p. 1, (April 30, 1930), p. 1.
36. *BC* (July 23, 1930), p. 5; Report of the Desh Sevika Sangha, Bombay, 1930-1, p. 5. 이 보고서는 봄베이의 다스뚜르 양Miss N. J. Dastur이 필자에게 제공했다.
37. Appendix 6, The Constitution of the Desh Sevika Sangha as amended May, 1931, AICC Files, no. G-8/1929; Goshiben Captain, interview (May 16, 1970), s-22, South Asian Archive, Centre for South Asian Studies, Cambridge.
38. C. Sorabji, "Prison Detenus and Terrorists in India," *National Review*, 102, no. 6 (January 11, 1934), CS Papers, Eur. Mss., F165/11, IOOLC.
39. *BC* (May 19, 1920), p. 3.
40. Dagmar Engels, "The Limits of Gender Ideology," *WSIQ*, 12, no. 4 (1989), pp. 425-37.
41. Report of the Desh Sevika Sangh, 1930-1 (n.d.), p. 7.
42. *BC* (June 23, 1930), p. 1.
43. *BC* (October 4, 1930), p. 1.
44. 라띠까 보세(이혼 후 라띠까는 결혼 전의 성인 고쉬를 다시 사용하기 시작했으며 라띠까 고쉬라

는 이름으로 알려지는 것을 선호했다)의 글 참조. Latika Bose, "Mahila Rashtriya Sangha," *Banglar Katha* (Ashwin 1335 [1928]), p. 5; *Banglar Katha* (Jaistha 1335 [1929]), p. 7.

45. L. Ghosh, interview (Calcutta, February 29, 1976).
46. "Rally of Lady Volunteers," *Forward* (December 20, 1928), p. 7.
47. Santi Das Kabir, interview (New Delhi, March 25, 1976).
48. *ABP* (July 24, 1930), p. 3, (July 26, 1930), p. 5.
49. 『우선권』*Pather Dabi*은 1923년에서 1926년 사이에 처음 연재되었으며, 독립운동에 대해 벵골어로 쓰인 최초의 대중소설이었다. [역자주: 채떠르지는 차또빠드예Chattopadhyay로도 표기되었다.]
50. 라티는 나무로 만든 곤봉으로, 금속으로 끝을 마감해 무기로 사용한다. [역자주: 라티 켈라*lathi khela*는 이러한 라티를 이용한 무술로, 벵골에서는 전통적으로 축제나 결혼식에서 라티 켈라 공연을 볼 수 있었다.]
51. Transcript of interview with Kamala Das Gupta, Oral History Project, NMML; Kamala Das Gupta, interview (Calcutta, July 12, 1973).
52. Kamala Das Gupta, *Swadinata Sangrame Banglar Nari* [독립운동의 벵골 여성들], (Calcutta, Basudhara Prakashani, 1970), pp. 36-44.
53. Kalyani Das Bhattacharjee, "A Short Life Sketch of Kalyani Bhattacharjee," unpublished; *ABP* (April 17, 1930), p. 6.
54. K. Bhattacharjee, "A Short Life Sketch"; Kalyani Bhattacharjee, interview (Calcutta, March 14, 1976); Smt. Kalyani Bhattacharjee, transcript of taped interview, from K. Bhattacharjee; *ABP* (July 17, 1930), p. 3 (July 19, 1930), p. 3 (July 23, 1930), p. 3.
55. Engels, "The Limits of Gender Ideology," pp. 433-5.
56. Ishanee Mukherjee, "Women and Armed Revolution in Late Colonial Bengal," National Conference of Women's Studies, Chandigarh (1985), p. 8.
57. *Terrorism in India, 1917-1936*, compiled in the Intelligence Bureau (GOI, Home Dept., 1936, reprinted Delhi, 1974), p. 34.
58. Bhattacharjee, "A Short Life Sketch."
59. Akhil Chandra Nandy, "Girls in India's Freedom Struggle," *The Patrika Sunday Magazine* (Calcutta, September 2, 1973), pp. 1-2.
60. Santi Das Ghosh, interview (Calcutta, February 24, 1976); Tirtha Mandal, *Women Revolutionaries of Bengal, 1905-1939* (Calcutta, Minerva, 1991).
61. "The Case of Bina Das," *ISR*, 42 (February 20, 1932), p. 387.
62. Bina Das, "Confession," 필자 개인 소장.
63. *Terrorism in India, 1917-1936*, p. 50; Kali Charan Ghosh, *The Roll of Honour, Anecdotes of Indian Martyrs* (Calcutta, Vidya Bharati, 1965), pp. 483-4.
64. Mandal, *Women Revolutionaries*, p. 4에서 인용.

65. 활동이 대부분 비밀리에 이루어졌기 때문에 정확한 숫자는 알려져 있지 않다. 어떤 이들은 독립운동가라는 사실조차 알려지지 않은 경우도 있다.
66. Geraldine H. Forbes, "Goddesses or Rebels? The Women Revolutionaries of Bengal," *The Oracle,* 2, no. 2 (April 1980), pp. 1-15.
67. Miss J. Ganguli, "The Day of Crucifixion," *MR,* 47 (May 1930), pp. 621-2.
68. Engels, "The Limits of Gender Ideology," p. 434.
69. *Legislative Assembly Debates,* vol. VII (GOI, 1932), p. 3107.
70. "Future of Indian Womanhood," *ABP* (April 29, 1931), p. 6.
71. "Srimati Saraladevi Chaudhurani's Speech at the Bengal Women's Congress," *Stri Dharma,* 14 (August 1931), pp. 506-10; "Women's Congress," *ABP* (May 3, 1931), p. 7.
72. "Bengal Women's Conference," *The Hindu* (May 3, 1931), p. 9.
73. Transcript of interview with Mrs. S. Ambujammal, Oral History Project, NMML; Smt. S. Ambujammal, interviews (Madras, January 19, 1976, January 25, 1976); S. Ambujammal, "Face to Face," lecture delivered at Max Mueller Bhavan, Madras (January 22, 1976).
74. "Independence Day," *The Hindu* (January 27, 1931), p. 2.
75. Kamala Bai L. Rau, *Smrutika: The Story of My Mother as Told By Herself,* trans. Indirabai Rau (Pune, Dr. Krishnabai Nimbkar, 1988), p. 47.
76. *Smrutika,* p. 48.
77. "Rukmini Ammal Lakshmipathi," *DNB,* vol. II, p. 401.
78. Durgabai Deshmukh, *Chintaman and I* (New Delhi, Allied, 1980), p. 10; "Lady Satyagrahis Welcomed," *The Hindu* (March 11, 1931), p. 5; "Ladies Conference," *The Hindu* (June 9, 1931), p. 9; transcript of an interview with Smt. Durgabai Deshmukh, Oral History Project, NMML.
79. David Arnold, *The Congress in Tamilnadu* (New Delhi, Manohar, 1977), p. 125.
80. Geeta Anand, "Appeal of the Indian Nationalist Movement to Women," senior thesis, Dartmouth College (1989); *ABP* (April 20, 1930), p. 6, (November 7, 1930), p. 4, (November 23, 1930), p. 5; *BC* (July 14, 1930), p. 4, (November 7, 1930), p. 1, (December 1, 1930), p. 1, (January 3, 1931), p. 1; *The Tribune* (August 7, 1930), p. 9.
81. Sahgal, *An Indian Freedom Fighter*, ch. 5.
82. Bimla Luthra, "Nehru's Vision of Indian Society and the Place of Women in it," unpublished paper (n.d.), NMML.
83. Sahgal, *An Indian Freedom Fighter,* ch. 6, p. 73.
84. "Munshi Ram Shraddhanand," *DNB,* vol. IV, pp. 185-7.
85. *BC* (May 28, 1930), p. 7.
86. Anand, "Appeal of the Indian Nationalist Movement," p. 41.

87. M. Kaur, *The Role of Women in the Freedom Movement* (*1857-1947*) (New Delhi, Sterling, 1968), p. 196.
88. "Civil Disobedience in Delhi," GOI, Home Dept., Political, file no. 256/I/1930.
89. Ambujammal, interview (Madras, January 19, 1976).
90. M. Kaur, *The Role of Women*, Appendix G, pp. 259-62.
91. *BC* (October 29, 1930), p. 1.
92. *BC* (October 30, 1930), p. 7.
93. *BC* (October 31, 1930), p. 1.
94. *BC* (November 4, 1930), p. 4.
95. *BC* (January 26, 1931), p. 7, (February 3, 1931), p. 7.
96. "Allegations that the police at Andra, Madras stripped and flogged women arrestees. Enquires into ill-treatment of women volunteers by the police of Dasaswamedh [*sic*], Benares," GOI, Home Dept., Political, file no. IV/1932.
97. "Thali Snatching in Court," *ISR*, 42 (February 6, 1932), p. 363.
98. GOI, Home Dept., Political, file no. 14/4/1932.
99. GOI, Home Dept., Political, file no. 40/XII, 1932.
100. GOI, Home Dept., Political, file no. 253/30/1930.
101. Tamil Nad Women's Conference, Erode, *Stri Dharma*, 14, no. 12 (October 1931), p. 563. [역자주: 필자는 사랄라데비 차우두라니라고 서술했으나 이 연사는 성이 불분명한 다른 사랄라데비로 보인다.]
102. Ambabai, interview (Udipi, May 24, 1976).
103. Rabindranath Tagore, *Four Chapters*, translation of *Char Adhyaya* (1934) by Surendranath Tagore (Calcutta, Visva-Bharati, 1950), p. 13.

제6장 식민 치하 인도의 여성노동

1. *The Memoirs of Dr. Haimabati Sen*, trans. Raychaudhuri, ed. Forbes and Raychaudhuri 참조.
2. Jaipal P. Ambannavar, "Changes in Economic Activity of Males and Females in India: 1911-1961," *Demography India*, 4, no. 2 (1975), pp. 362-4. 인도 센서스를 근거로 삼았다고 하는 다른 자료는 [데이터상 이와] 약간의 편차가 보인다. 이는 대략적인 수치를 따르면서 생긴 차이로 추정된다.
3. A. R. Caton, ed., *The Key of Progress* (London, Humphrey Milford, 1930), pp. 155-7.
4. "Bombay Prostitution Committees Report," *ISR* (August 27, 1922), p. 2.
5. Evelyn C. Gedge and Mithan Choksi, ed., *Women in Modern India* (Bombay, D. B.

Taraporewala Sons and Co., 1929), foreword.

6. Gedge and Choksi, *Women in Modern India*, p. 4.
7. AIWC, Fourth Session, Bombay, 1930, p. 21.
8. Mukul Mukherjee, "Impact of Modernization on Women's Occupations," *IESHR*, 20, no. 1 (1983), pp. 27-45.
9. Ambujammal, interview (Madras, January 19, 1976).
10. Malavika Karlekar, "Kadambini and the Bhadralok," *EPW*, 21, no. 19 (April 26, 1986), pp. ws25-ws31; Karlekar, *Voices from Within: Early Personal Narratives of Bengali Women* (Delhi, Oxford University Press, 1991), pp. 175-82.
11. David Kopf, *The Brahmo Samaj and the Shaping of the Modern Indian Mind* (Princeton, Princeton University Press, 1979), pp. 124-6; Karlekar, "Kadambini," p. ws27.
12. 그는 여러 글에 Anandabai와 Anandibai로 표기되었으며 성姓 역시 서로 다른 철자로 표기되기도 했다.
13. Mrs. Caroline Healey Doll, *The Life of Anandabai Joshee* [*sic*] (Boston, Roberts Brothers, 1888). 아난디바이의 생애에 대한 픽션 역시 존재한다. S. J. Joshi, *Anandi Gopal*, translated by Asha Damle (Calcutta, Stree, 1992).
14. *The Life of Anandabai Joshee*, pp. 85-6.
15. *The Letters and Correspondence of Pandita Ramabai*, compiled by Sister Geraldine, ed. A. B. Shah (Bombay, Maharashtra State Board of Literature and Culture, 1977), pp. 171-5; "Dr. Anandibai Joshee," *ILM*, 7 (January 1934), pp. 315-6; Maud Diver, *The Englishwoman in India* (Edinburgh and London, William Blackwood and Sons, 1909), pp. 220-8.
16. *Autobiography of Hilda Lazarus* (Vizagapatnam, SFS Printing, n.d.), pp. 1-5.
17. Hilda Lazarus, "Sphere of Indian Women in Medical Work," *Women in Modern India*; Hilda Lazarus, interview (Vizagapatnam, January 30, 1976).
18. Calcutta University Commission, 1917-1919, *Women's Education* (Calcutta, Superintendent Government Printing, 1919), p. 28.
19. Hilda Lazarus, "Sphere of Indian Women in Medical Work," *Women in Modern India*, p. 51. 의학칼리지들은 대학교university 졸업장을 수여할 수 있었다. 의학교medical school는 대부분 병원에 부속된 교육기관으로 실습과 훈련을 하는 곳으로 여겨졌으며 수료증certificate만 발급할 수 있었다.
20. *Autobiography of Dr.* (*Mrs.*) *S. Muthulakshmi Reddy* (Madras, M. Reddi, 1964), pp. 12-8.
21. "Professional Women and Professional Standards," *ISR*, 41 (August 1, 1931), p. 761.
22. David Arnold, *Colonizing the Body* (Berkeley, University of California Press, 1993), pp. 265-6; Dagmar Engels, "The Politics of Child Birth: British and Bengali Women in Contest, 1890-1930," *Society and Ideology: Essays in South Asian History Presented to Professor Kenneth Ballhatchet*, ed. P. Robb (Delhi, Oxford University Press, 1993), p. 222-

46; "Rules for the Women's Medical Service for India," *Thirty-third Annual Report of the National Association for Supplying Medical Aid to the Women of India for the Year 1917*, appendix III, IOOLC.

23. *Report of the Textile Factories Labour Committee* (Bombay 1907), v/26/670/4, IOOLC.
24. Janet Harvey Kelman, *Labour in India* (London, George Allen and Unwin, 1923), pp. 219-22.
25. J. C. Kydd, *A History of Factory Legislation in India* (Calcutta, University of Calcutta, 1920), pp. 35-64.
26. Kelman, *Labour in India*, pp. 54, 222-3.
27. Morris D. Morris, *The Emergence of An Industrial Labour Force in India* (Berkeley, University of California Press, 1965), pp. 53-68; Radha Kumar, "Family and Factory: Women in the Bombay Cotton Textile Industry, 1919-1939," *IESHR*, 20, no. 1 (1983), pp. 81-110.
28. Dr. A. C. Roy Choudhury, *Report on an Enquiry into the Standard of Living of Jute Mill Workers in Bengal* (Calcutta, Bengal Secretariat Books Depot, 1930), pp. 6-7.
29. Dagmar Engels, "The Changing Role of Women in Bengal, c. 1890-c. 1930, with Special Reference to British and Bengali Discourse on Gender," Ph.D. dissertation, SOAS, University of London (1987), ch. 6; Kelman, *Labour in India*, pp. 80-9.
30. Kelman, *Labour in India*, p. 110; B. Joardar, *Prostitution in Nineteenth and Early Twentieth Century Calcutta* (New Delhi, Inter-India Publications, 1985), p. 21.
31. J. H. Whitley, chair, *Report of the Royal Commission on Labour in India* (Whitley Report), *Parliamentary Papers*, 1930-1, vol. XI (Cmd. 3883).
32. Kelman, *Labour in India*, p. 136; Roy Choudhury, *Report on an Enquiry*, pp. 7-22.
33. Miss G. Pimpalkchare, research worker with industrial department, government of Bombay, interview (n.d.), RWC, box 28.
34. BPWC, *Fifteenth Report*, 1933, p. 26.
35. *Ibid.*, pp. 26-9.
36. AIWC, Ninth Session, Karachi, 1934, p. 31.
37. AIWC, Eleventh Session, Ahmedabad, 1936, pp. 74-8.
38. BPWC, *Twenty-second Report*, 1940, p. 36.
39. *Ibid.*, p. 39.
40. Engels, "Changing Role," p. 241.
41. Radha Kumar, *The History of Doing: An Illustrated Account of Movements for Women's Rights and Feminism in India, 1800–1990* (New Delhi, Kali for Women, 1993), p. 69.
42. Samita Sen, "Women Workers in the Bengal Jute Industry, 1890-1940: Migration, Motherhood and Militancy," Ph.D. dissertation, Trinity College, Cambridge (1992),

p. 218.

43. 때로 스와미나단Swaminadhan으로 기록되기도 했다.

44. A. Swaminathan, letter to Mrs. Winifred Le Sveur (April 1, 1936), AIWC Files, no. 10.

45. Godavari Parulekar, interview (Bombay, February 24, 1980).

46. Shyam Kumari Nehru, ed., *Our Cause: A Symposium of Indian Women* (Allahabad, Kitabistan, 1938), p. 138.

47. "Distribution of Labour in Mines 1922" (September 10, 1928), WBA, file no. 1-M-26.

48. 자민다리*zamindari*는 자민다르*zamindar*가 관리하는 땅을 뜻한다. 자민다르는 실제 땅 주인이 아니고 단지 소출을 거두어들이는 역할을 했으나 1793년 영구정액제Permanent Settlement가 실시됨에 따라 소유권을 확보했다. 이들은 자신의 자민다리에 정착한 농부들로부터 소작료를 받아 정부에 세금을 냈다.

49. Engels, "Changing Role," pp. 211-40.

50. Commerce, Government of Bengal, no. 15 (July 30, 1927), WBA, file no. 1-R-5(3).

51. Commerce, Government of Bengal, no. 14 (July 28, 1927), WBA, file no. 1-R-5(3).

52. Commerce, Government of Bengal, no. 13 (May 20, 1927), WBA, file no. 1-R-5(1).

53. Whitley Report, p. 127.

54. Aparna Basu and Bharati Ray, *Women's Struggle: A History of the All-India Women's Conference 1927–1990* (New Delhi, Manohar, 1990), pp. 58-62.

55. AIWC, Ninth Session, Karachi, 1934.

56. AIWC, Eleventh Session, Ahrnedabad, 1936, pp. 50, 74-8; AIWC, Twelfth Session, Nagpur, 1937, p. 140; AIWC, Thirteenth Session, Delhi, 1938, p. 71; letter from legal convenor, Delhi (April 21, 1936), AIWC Files, no. 139.

57. Renuka Ray, *Women in Mines*, tract no. 2, AIWC (Arunch, India, AIWC, 1945), p. 17.

58. 이 주제에 대한 본격적인 연구로 다음을 꼽을 수 있다. Swapna Banerjee, "Middle Class Women and Domestics in Colonial Calcutta, 1900-1947," Ph.D. thesis, Temple University (1998). [역자주: 해당 논문은 포브스의 원서가 나온 후에 출간되어 미주 내용을 수정하였다.]

59. D. D. Karve, ed. and trans., *The New Brahmins: Five Maharashtrian Families*, ed. assistance, Ellen E. McDonald (Berkeley, University of California Press, 1963), p. 65.

60. Shudha Mazumdar, *Memoirs of an Indian Woman*, ed. Geraldine Forbes (New York, M. E. Sharpe, 1989), pp. 32-6, 81.

61. Malavika Karlekar, *Poverty and Women's Work: A Study of Sweeper Women in Delhi* (New Delhi, Vikas Publishing, 1982) 참조.

62. Dr. (Mrs.) Usha Chrakraborty, *Condition of Bengali Women around the Second Half of the Nineteenth Century* (Calcutta, Usha Chakraborty, 1963), pp. 25-7; Sumanta Banerjee, "Marginalization of Women's Popular Culture in Nineteenth Century Bengal," *Re-*

casting Women*, p. 143.

63. "Bombay Prostitutes Committee's Report," *ISR* (August 27, 1922), p. 2; B. Joardar, *Prostitution*, p. 21.

64. Veena Talwar Oldenburg, "Lifestyle as Resistance: The Case of the Courtesans of Lucknow," *Contesting Power*, ed. Douglas Haynes and Gyan Prakash (Delhi, Oxford University Press, 1991), pp. 23-61.

65. Amrit Srinivasan, "Reform and Revival: The Devadasi and Her Dance," *EPW*, 20, no. 44 (November 2, 1985), p. 1869.

66. *Ibid.*, pp. 1869-75; B. Kesavanarayana, *Political and Social Factors in Andhra, 1900-1952* (Vijayawada, Narodaya Publishers, 1976), p. 226.

67. Oldenburg, "Lifestyle as Resistance," p. 48.

68. Srinivasan, "Reform and Revival," pp. 1869-70.

69. "Binodini Dasi," *Women Writing in India, 600 BC to the Present*, vol. 1, *600 BC to the Early Twentieth Century*, ed. Susie Tharu and K. Lalita (New York, The Feminist Press, 1991), pp. 292. [역자주: 비노디니의 자서전은 영어로 번역되었다. *Binodini Dasi: My Story and My Life as an Actress*, ed. and trans. Rimli Bhattacharya (New Delhi: Kali for Women, 1998) 참조.]

70. Dr. (Miss) Jerbanoo E. Mistri, "Economic and Basic Course of Prostitution," Bombay Social Service Conference (Second Session) Papers (Bombay, 1928), JBC, Box-Bombay, FL.

71. SPL, *First Annual Report* (Bombay, 1929), pp. 3-8; SPL, *Second Annual Report* (Bombay, 1930), pp. 9-12; BVA, *Annual Report*, 1930, pp. 11-3; "Cases of Prostitution in Bombay," BVA (August 9, 1926), JBC, Box-Bombay, FL.

72. Letter from Miss Dickenson to Miss Neilans, BVA (August 9, 1928), JBC, Box-Bombay, FL.

73. *Ibid.*

74. Supplement, *ISR* (August 22, 1922), n.p.

75. GOI, Home Dept., file no. 24/XII/31.

76. M. Reddi, letter to E. Rathbone (February 2, 1929), RP, folder no. 1.

77. 이는 데바다시들의 다양한 출신 카스트의 이름이다. 데바다시는 직종(사원 무희)뿐 아니라 카스트를 뜻하기도 한다.

78. Kesavanarayana, *Political and Social Factors*, p. 229.

79. D. R. Gadgil, *Women in the Working Force in India* (Bombay, Asia Publishing House, 1965), p. 27.

80. M. N. Roy, "The Ideal of Indian Womanhood," *Fragments of a Prisoner's Diary*, 2 vols. (Calcutta, Renaissance Publishers Private Ltd., 1957), vol. 1, pp. 168-71.

81. "Suppression of Traffic in Women and Children and Bengal Discussions," *Stri Dharma*, 15, no. 12 (October 1932), p. 662.
82. Lakshmi N. Menon, "Traffic in Women and Children," *Our Cause*, p. 191.
83. *Ibid.*, pp. 197-8.

제7장 변화의 시대

1. Survey of Women's Interests and Distinctive Activities, 1930-2, RWC, box 33.
2. Sumit Sarkar, *Modern India, 1885–1947* (New Delhi, Macmillan India, 1983), pp. 350-1.
3. Manifesto issued on behalf of the AIWC to "Candidates for the Coming Election" (Waltair [Vizagapatnam], July 26, 1936), JN, file no. G 48, 1936.
4. A. Swaminadhan, letter to J. Nehru (August 22, 1936), AIWC Files, no. 130.
5. J. Nehru, letter to A. Swaminadhan (September 2, 1936), JN, G 48, 1936.
6. M. K. Gandhi, letter to J. Nehru (May 29, 1936), JN, G 48, 1936.
7. J. Nehru, "Women and the Freedom Movement," *The Hindu* (October 6, 1936), *Selected Works*, 15 vols. (New Delhi, Orient Longman, 1972-82), vol. VII, pp. 482-3.
8. "Against Separate Electorates," speech by M. Reddy, DRP, file no. 11.
9. "Moslem Women's League," clipping from Shah Nawaz (June 19, 1936), RP, file no. 10.
10. "Congress and its Sense of Chivalry," *Justice* (October 19, 1934); "Mr. Rajagopalachariar Explains," *Justice* (October 19, 1934); "Mrs. Subbarayan's Reply to Mr. C. R. Chariar," *The Hindu* (n.d.); "Why She Withdrew," *Justice* (n.d.); "Mrs. Subbarayan Withdraws," *Madras Mail* (n.d.), RP, file no. 5.
11. Jana M. Everett, *Women and Social Change in India* (New Delhi, Heritage, 1979), p. 136.
12. "Report of the Franchise Sub-Committee for the Period Ending July, 1936," AIWC Files, no. 118; M. Kamalamma, letter to secretary, Madras Parliamentary Committee (September 14, 1936), AIWC Files, no. 130; M. Reddi, letter to Mrs. Y. Hasan, Mrs. P. Iyer, and Mrs. Chabra, AIWC Files, no. 135; "An Appeal to Women who are Qualified to Vote" (WIA flier), AIWC Files, no. 135.
13. M. Reddi, letter to "Dear Friend" (n.d.) and M. Reddi, "Women and Congress" (n.d.), RP, file no. 11; M. Kamadami, letter to Mrs. S. C. Mukherjee (n.d.), AIWC Files, no. 119; S. M. Reddi, letter to Madam (November 16, 1936), AIWC Files, no. 135.
14. Everett, *Women and Social Change*, p. 138.
15. WIA Report, 1936-8, p. 27; "Women's Franchise in the New Constitution," *ISR*, 47 (April 24, 1937), p. 529; Kaur, *The Role of Women in the Freedom Movement (1857-1947)*(New Delhi, Sterling, 1968), pp. 204-5.

16. Shah Nawaz, letter to E. Rathbone (September 17, 1934), RP, folder no. 10.
17. Shahida Lateef, *Muslim Women in India: Political and Private Realities, 1890–1980s* (London, Zed Books, 1990), p. 94.
18. Begum Shah Nawaz, "Women's Movement in India," Indian paper no. 5 at the Eighth Conference of Pacific Relations (New York, International Secretariat, Institute of Pacific Relations, 1942), pp. 1-12; Jahan Ara Shahnawaz, *Father and Daughter: A Political Autobiography* (Lahore, Nigarishat, 1971), p. 94.
19. Shah Nawaz, "Women's Movement," p. 6; "Punjab Assembly Electoral Machinery" (June 19, 1936), "Moslem Women's League" (June 19, 1936), clippings sent to E. Rathbone, RP, folder no. 10.
20. Shahnawaz, *Father and Daughter*, p. 165.
21. *Ibid.*, pp. 150-3, 165, 185-8.
22. "Notes on Jahanara Shah Nawaz," RWC, box 69.
23. 울라마*ulama*는 사회를 바른 방향으로 이끌 사명을 지닌 무슬림 종교학자들의 집단이다. 파뜨와*fatwah*는 종교적인 칙령을 뜻한다.
24. "Begum Aizaz Rasul," RWC, box 68, pp. 1-3.
25. *Ibid.*, pp. 3-9.
26. "Mrs. Sharifah Hamid Ali (1884)," AIWC Files (unnumbered).
27. Lateef, *Muslim Women in India*, p. 94.
28. National Planning Committee, sub-committee on women's role in the planned economy, AICC, file no. G-23 (1940).
29. Begum Hamid Ali, letter to Jawaharlal Nehru (April 1, 1940), JN, part 1, vol. XXXI, 1937.
30. Series of letters between Begum Hamid Ali and Jawaharlal Nehru and from Nehru to Rani Rajwade, JN, part 1, vol. CXXXVI, 1940.
31. Rani Rajwade, letter to J. Nehru (March 31, 1940), JN, part 1, vol. CXXXVI, no. 5006.
32. Interview with Kulsum Sayani (January 4, 1957), RWC, box 68, pp. 1-2.
33. Kulsum Sayani, "My Experiences and Experiments in Adult Education," unpublished paper, p. 2.
34. Sayani, "My Experiences," pp. 1-4.
35. Interview with Kulsum Sayani (July 30, 1970), p. 16, South Asian Archive, Centre for South Asian Studies, Cambridge.
36. Interview with Sayani (RWC), pp. 2-3; interview with Sayani (Cambridge), pp. 17-8.
37. Hajrah Begum, letter to Lakshmi Menon (July 26, 1940), AIWC Files (unnumbered).
38. Hajrah Begum, letter to Lakshmi Menon (August 15, 1940), AIWC Files (unnumbered).
39. Hajrah Begum, "Women in the Party in the Early Years," *New Age* (December 14,

1975), pp. 11-2.

40. Hajrah Begum, interview (New Delhi, April 2, 1976).
41. Geraldine Forbes, "From Purdah to Politics," *Separate Worlds*, ed. Hannah Papanek and Gail Minault (Delhi, Chanakya Publications, 1982), pp. 236-8.
42. S. Sarkar, *Modern India*, pp. 381-3.
43. Aruna Asaf Ali, *The Resurgence of Indian Women* (New Delhi, Radiant Publishers, 1991), pp. 136-7; S. Sarkar, *Modern India*, p. 388.
44. Aruna Asaf Ali, *The Resurgence*, p. 136.
45. S. Sarkar, *Modern India*, pp. 389-91.
46. Kaur, *The Role of Women*, pp. 228-9; Dr. (Miss) Usha Mehta, Oral History Transcripts, NMML.
47. Kaur, *The Role of Women*, p. 215; "Matangini Hazra," *DNB*, vol. II, pp. 159-61; Sarkar, *Modern India*, pp. 401-2.
48. "Aruna Asaf Ali," *Roshni*, 1, no. 1 (February 1946).
49. Dhan, *Aruna Asaf Ali* (Lahore, New Indian Publications, 1947), pp. 1-8; "Aruna Asaf Ali," *DNB*, vol. I, pp. 70-1.
50. Aruna Asaf Ali, *The Resurgence*, p. 138.
51. *Ibid.*, p. 140.
52. "Aruna Asaf Ali," *DNB*, vol. I, p. 70.
53. Aruna Asaf Ali, *The Resurgence*, pp. 141-2.
54. *Ibid.*, p. 140.
55. Dhan, *Aruna Asaf Ali*, p. 27.
56. Aruna Asaf Ali, *The Resurgence*, pp. 142-3.
57. R. Palme Dutt, *India Today*, 2nd edn. (Calcutta, Manisha, 1946), reprinted 1970, pp. 572-3.
58. G. Ramachandra의 부고, "Her Memory Will Live," in *Sucheta: An Unfinished Autobiography*, ed. K. N. Vasvani (Ahmedabad, Navajivan Publishing House, 1978), pp. 238-9.
59. "Sucheta Kripalani," *DNB*, vol. II, pp. 364-5.
60. "The Aims of the Women's Department of the AICC," AICC, file no. WD-7, p. 1.
61. *Ibid.*
62. *Ibid.*
63. "Scheme of the Work of the Women's Department," AICC, file no. WD-2, p. 1.
64. Ramachandra, *Sucheta*, p. 32.
65. *Ibid.*, pp. 32-7.
66. Circular no. 1 (November 17, 1945), AICC, file no. WD-9; Sucheta Devi, letter to secretaries, Provincial Congress Committees (February 5, 1946), AICC, file no. 6-22.

67. Sucheta Devi, "Women and Satyagraha," AICC, file no. 9.
68. 벵골 대기근에 대해서는 다음 참조. Paul R. Greenough, *Prosperity and Misery in Modern Bengal* (Oxford, Oxford University Press, 1982); Amartya Sen, *Poverty and Famines* (Delhi, Oxford University Press, 1981).
69. Sen, *Poverty and Famines*, p. 72; Renu Chakravartty, *Communists in the Indian Women's Movement, 1940-1950* (New Delhi, People's Publishing House, 1980), p. 32.
70. Renu Chakravartty, *Communists in the Indian Women's Movement*, p. 28.
71. *Ibid.*, p. 18.
72. *Ibid.*, pp. 20-9.
73. *Ibid.*, pp. 34-5.
74. *Ibid.*, p. 39.
75. *Ibid.*, pp. 36-7.
76. Kalyani Das Bhattacharjee, "A Short Life Sketch of Kalyani Bhattacharjee," unpublished, p. 5.
77. Aparna Basu and Bharati Ray, *Women's Struggle: A History of the All India Women's Conference 1927-1990* (New Delhi, Manohar, 1990), pp. 74-5.
78. AIWC, minutes of the half-yearly meeting of the standing committee (June 1942), p. 6; Renu Chakraborty, "New Perspectives for Women's Movement after Twenty-Five Years of Drift," *Link* (August 15, 1972), pp. 177-81.
79. Renu Chakravartty, interviews (Calcutta, July 23, 1972, August 15, 1972).
80. 인도국민군에 대해서는 다음 참조. Peter Ward Fay, *The Forgotten Army* (New Delhi, Rupa and Co., 1994).
81. 수바스 보세에 대해 가장 철저한 연구로 다음 참조. Leonard A. Gordon, *Brothers Against the Raj* (New York, Columbia University Press, 1990).
82. M. Gopal, ed. *The Life and Times of Subhas Chandra Bose* (Delhi, Vikas, 1978), p. 280.
83. Gordon, *Brothers Against the Raj*, p. 496.
84. Krishna Bose, "Women's Role in the Azad Hind Movement," unpublished paper, p. 4.
85. 암무 스와미나탄의 딸로, 스와미나단Swaminadhan이라고도 표기했다.
86. Gordon, *Brothers Against the Raj*, p. 497에서 인용.
87. Lakshmi Swaminathan Sahgal, interviews (Kanpur, March 19, 20, and 21, 1976).
88. Arun, ed., *Testament of Subhas Bose* (Delhi, Rajkamal Publications, 1946), pp. 193-4.
89. Peter Ward Fay, *The Forgotten Army*, p. 220에서 인용.
90. Sahgal, interviews.
91. K. Bose, *Women's Role*, p. 7; Geraldine Forbes, "Mothers and Sisters: Feminism and Nationalism in the Thought of Subhas Chandra Bose," *Asian Studies*, 2, no. 1 (1984),

pp. 23-30.

92. Gordon, *Brothers against the Raj*, p. 497.

93. Geeta Anand, "The Feminist Movement in India: Legacy of the Quit India Movement of 1942," senior thesis, Dartmouth College (1989), pp. 8-15.

94. S. Sarkar, *Modern India*, pp. 439-41.

95. Peter Custers, "Women's Role in the Tebhaga Movement," *EPW*, 21, no. 43 (October 25, 1986), pp. ws97-ws104.

96. Renu Chakravartty, interviews.

97. Manikuntala Sen, interview (Calcutta, February 21, 1976).

98. Custers, "Women's Role," p. ws100.

99. *Ibid.*, p. ws101.

100. *Ibid.*, p. ws102.

101. 제6장 참조.

102. 고다바리 빠룰레까르가 왈리족과 일한 내용에 대해서는 다음 참조. Godavari Parulekar, *Adivasis Revolt* (Calcutta, National Book Agency Private Ltd., 1975); Godavari Parulekar, interview (Bombay, February 24, 1980); Renu Chakravartty, *Communists*, pp. 162-9.

103. Godavari Parulekar, interview.

104. Vasantha Kannabiran and K. Lalita, "That Magic Time: Women in the Telangana People's Struggle," *Recasting Women*, p. 182.

105. Renu Chakravartty, *Communists*, pp. 121-2.

106. Kannabiran and Lalita, "That Magic Time," pp. 182-3.

107. *Ibid.*, p. 187.

108. Stree Shakti Sanghatana, "*We Were Making History*": *Life Stories of Women in the Telangana People's Struggle* (New Delhi, Kali for Women, 1989), p. 63.

109. "*We Were Making History*," pp. 15-7.

제8장 독립 인도의 여성

1. *An Inheritance: the Memoirs of Dhanvanthi Rama Rau* (Bombay, Allied Publishers Private Limited, 1978), pp. 227-8.

2. Ritu Menon and Kamla Bhasin, "Recovery, Rupture, Resistance: Indian State and Abduction of Women During Partition," *EPW*, 28, no. 17 (April 24, 1993), p. ws2.

3. *Ibid.*, pp. ws3-ws4.

4. *Ibid.*, pp. ws2-ws11.

5. *EPW* 28권 17호(April 24, 1993) 중 "여성연구 리뷰Review of Women's Studies"는 이 주제

를 다루었다. 이 특집에는 다음 논문이 실렸다. Ritu Menon and Kamla Bhasin, "Recovery, Rupture, Resistance," pp. ws2-ws11; Urvashi Butalia, "Community, State and Gender," pp. ws12-ws24; Karuna Chanana, "Partition and Family Strategies," pp. ws25-ws34; Ratna Kapur and Brenda Crossman, "Communalising Gender/Engendering Community," pp. ws35-ws44.

6. M. Mathew and M. S. Nair, *Women's Organizations and Women's Interests* (New Delhi, Ashish Publishing House, 1986), pp. 35-7.
7. 술라바 브라흐메Sulabha Brahme의 말을 다음에서 인용. Neera Desai, "From Articulation to Accommodation: Women's Movement in India," *Visibility and Power*, ed. Leela Dube, Eleanor Leacock, and Shirley Ardener (Delhi, Oxford University Press, 1986), p. 294.
8. Patricia Caplan, *Class and Gender in India* (London, Tavistock Publications, 1985) 참조.
9. *Tenth Congress of the National Federation of Indian Women*, Trivandrum, December 1980 (Delhi, NFIW, 1980), p. 3.
10. *Ibid.*, p. 3.
11. Geeta Anand, "The Feminist Movement in India: Legacy of the Quit India Movement of 1942," senior thesis, Dartmouth College (1989), p. 21.
12. Neera Desai and Vibhuti Patel, *Change and Challenge in the International Decade, 1975-1985* (Bombay, Popular Prakashan, 1985), pp. 68-9.
13. Dr. (Mrs.) Krishnabai Nimbkar, letter to G. Forbes (August 12, 1992).
14. *Toward Equality*, report of the Committee on the Status of Women in India (New Delhi, Government of India Ministry of Education and Social Welfare, 1974), p. xii.
15. *Toward Equality*, p. 359.
16. *Femina*, 14, no. 17 (August 17, 1973), p. 5.
17. Shanta Serbjeet Singh, "Shakti in Modern India," *Femina*, 14, no. 17 (August 17, 1973), p. 47.
18. 미국 오하이오 케니언대학Kenyon College 정치학과 웬디 싱어Wendy Singer는 "인도의 '여성'과 선거: 1936-1996"이라는 연구를 진행했다. 이는 최초로 여성을 유권자나 후보, 캠페인 수사의 대상으로서 연구한 것이다.
19. Marie-Jose Ragab, "Women in Parliaments," *National NOW (National Organization of Women) Times* (June 1991), p. 8.
20. Anand, "The Feminist Movement," p. 31.
21. Elisabeth Bumiller, *May You Be the Mother of a Hundred Sons* (New York, Random House, 1990), p. 137에서 인용.
22. Wendy Singer, "Women's Politics and Land Control in an Indian Election: Lasting Influences of the Freedom Movement in North Bihar," *India Votes*, ed. Harold Gould

and Sumit Ganguly (Boulder, Westview Press, 1993), p. 182.

23. Rajeswari Sunder Rajan, *Real and Imagined Women* (London and New York, Routledge, 1993), p. 115.

24. 시리마보 반다라나이께 여사Mrs. Sirimavo Bandaranaike는 1960년부터 1965년까지 스리랑카(당시에는 실론으로 불렸다)의 총리를 역임했다.

25. Paul R. Brass, *The Politics of India Since Independence* (Cambridge, Cambridge University Press, 1990), p. 321.

26. Indira Gandhi, "What Does 'Modern' Mean?" Speech, Miranda House, New Delhi (March 1993), *Great Women of Modern India*, vol. VII, *Indira Gandhi*, ed. Verinder Grover and Ranjana Arora (New Delhi, Deep and Deep Publications, 1993), p. 169.

27. Indira Gandhi, "India's Programme for International Women's Year," Speech, Lok Sabha (April 1975), *Indira Gandhi*, p. 137.

28. Indira Gandhi, "Equality-An Indian Tradition," interview (March 1968), *Indira Gandhi*, p. 142.

29. *The Asian Student* (November 23, 1974), p. 5.

30. Indira Gandhi, "Women's Power," Speech, YWCA, Bombay (February 1975), *Indira Gandhi*, p. 153.

31. Meher Pestonji, "All Eyes on Mrs. G!" *Eve's Weekly* (October 27-November 2, 1979), p. 12.

32. Indira Gandhi, "All Women are Teachers," Speech, Lady Irwin College, New Delhi (November 1967), *Indira Gandhi*, p. 141.

33. "All Eyes on Mrs. G!" p. 15.

34. Indira Gandhi, "Tasks Before Indian Women," Speech, SNDT Women's University, Bombay (June 1968), *Indira Gandhi*, pp. 162-83.

35. "All Eyes on Mrs. G!" p. 15.

36. Rajeswari Ranjan, "Gender, Leadership and Representation," *Real and Imagined Women*, pp. 103-28.

37. Joanna Liddle and Rama Joshi, *Daughters of Independence* (London, Zed Books, 1986).

38. Sara S. Mitter, *Dharma's Daughters* (New Brunswick, Rutgers University Press, 1991), p. 80.

39. *Toward Equality*, p. 297.

40. Ashis Nandy, "Woman Versus Womanliness: An Essay in Speculative Psychology," *Indian Women: From Purdah to Modernity*, ed. B. R. Nanda (New Delhi, Vikas Publishing, 1976), p. 158.

41. Susan S. Wadley, "Introduction," *The Powers of Tamil Women*, ed. Susan S. Wadley (Syracuse, Maxwell School, 1980), pp. ix-xv 참조.

42. Gerald D. Berreman, "Women's Roles and Politics: India and the United States," *Readings in General Sociology*, ed. Robert W. O'Brien, *et. al.*, 4th edn. (Boston, Houghton Mifflin Co., 1969), pp. 68-71; Gerald D. Berreman, "Race, Caste and Other Invidious Distinctions in Social Stratification," *Race*, 13 (July 1971-April 1972), pp. 386-414.
43. Imtiaz Ahmed, "Women in Politics," *Indian Women*, ed. Devika Jain (New Delhi, Government of India, Ministry of Information and Broadcasting, 1975), pp. 301-12.
44. Mary Fainsod Katzenstein, "Toward Equality? Cause and Consequence of the Political Prominence of Women in India," *Asian Survey*, 18, no. 5 (May 1978), p. 483.
45. Binoy Thomas, "Mrinal Gore: 'Paaniwalibai,' Watered Down," *Society* (March 1980), pp. 20-7; Mrinal Gore, interview (Bombay, March 18, 1980).
46. Bumiller, *May You Be the Mother*, p. 151.
47. Leela Gulati, "Devaki, the Construction Worker," ch. 5, *Profiles in Female Poverty* (Delhi, Hindustan Publishing, 1981).
48. Devaki Jain, "Milk Producers of Kaira," *Women's Quest for Power* (Sahibabad, Vikas Publishing, 1980).
49. Barbara D. Miller, *The Endangered Sex* (Ithaca, Cornell University Press, 1981); Amartya Sen, "More Than 100 Million Women Are Missing," *The New York Review* (December 20, 1990), pp. 61-6.
50. Bina Agarwal, "Rural Women, Poverty and Natural Resources: Sustenance, Sustainability and Struggle for Change," *EPW*, 24, no. 43 (October 28, 1989), p. ws47.
51. Amartya Sen, "More Than 100 Million Women Are Missing," p. 66.
52. Jocelyn Kynch and Amartya Sen, "Indian Women: Well-being and Survival," *Cambridge Journal of Economics*, 7, no. 3/4 (September/December 1983), p. 371.
53. *Toward Equality*, p. 153.
54. *Ibid.*, pp. 149-50.
55. Madhu Kishwar, "Sex Harassment and Slander as Weapons of Subjugation," *Manushi*, 68 (January-February 1992), pp. 2-15.
56. 예를 들어 다음 특집호의 논문들 참조. *EPW*, 24, no. 17 (April 29, 1989), pp. ws1-ws44: C. Sridevi, "The Fisherwoman Financier"; Nirmala Banerjee, "Trends in Women's Employment, 1971-1981"; Jeemoi Unni, "Changes in Women's Employment in Rural Areas, 1961-1983"; Roger Jeffrey, Patricia Jeffrey, and Andrew Lyon, "Taking Dung-Work Seriously"; Miriam Sharma, "Women's Work is Never Done."
57. Prayag Mehta, "We Are Made to Mortgage Our Children-Interviews With Women Workers of Vellore," *Manushi*, 22 (1985), pp. 14-7.
58. Amartya Sen, *Commodities and Capabilities* (Amsterdam, North Holland, 1985), pp. 88-95.

59. Uma Arora and Amrapali Desai, "Sex Determination Tests in Surat," *Manushi*, 60 (September-October 1990), pp. 37-8; Manju Parikh, "Sex-Selective Abortion in India: Parental Choice or Sexist Discrimination," *Feminist Issues* (fall, 1990), pp. 19-32; Vibhuti Patel, "Sex-Determination and Sex Preselection Tests in India: Recent Techniques in Femicide," *Reproductive and Genetic Engineering*, 2, no. 2 (1989), pp. 111-9.
60. Geraldine Forbes, "Caged Tigers: First Wave Feminists in India," *WSIQ*, 5, no. 6 (1979), pp. 525-36.
61. Neera Desai, ed., *A Decade of Women's Movement in India* (Bombay, Himalaya Publishing House, 1988), p. vii.
62. Gail Omvedt, *Reinventing Revolution* (Armonk, M. E. Sharpe, 1993), pp. 76-7.
63. Bumiller, *May You Be the Mother*, p. 124에서 인용.
64. A. R. Desai, "Women's Movement in India: An Assessment," *EPW*, 20, no. 23 (June 8, 1985), p. 992.
65. Bumiller, *May You Be the Mother*, p. 126에서 인용.
66. Mary Fainsod Katzenstein, "Organizing Against Violence: Strategies of the Indian Women's Movement," *Pacific Affairs*, 62, no. 1 (spring, 1989), p. 54.
67. *Ibid.*, p. 54.
68. Omvedt, *Reinventing Revolution*, p. 82.
69. *Ibid.*, p. 83.
70. A. R. Desai, "Women's Movement," p. 992.
71. Subhadra Butalia, "The Rape of Mathura," *Eve's Weekly* (March 8-14, 1980), pp. 10-13.
72. "The Rape Rap," *India Today* (June 30, 1983), p. 44.
73. *Ibid.*, p. 44.
74. "The Raped Still Tremble," *Probe India* (March 1983), p. 53; Vibhuti Patel, "Recent Communal Carnage and Violence Against Women in Connivance with the State Machinery," 영국 하원에 제공한 자료(February 2, 1993).
75. Suaina Low, "The Gentle Stirrings of their Discontent," *Imprint* (May 1983), p. 38.
76. "지참금 살인"에 대한 연구는 다수 이루어졌다. 다음 참조. Chairanya Kalbag, "Until Death Do Us Part," *India Today* (July 15, 1981), pp. 52-3; *Saheli Newsletter*, 1, no. 2 (June 1984); Lotika Sarkar, "Feeble Laws Against Dowry," *Facets*, 3, no. 3 (May-June 1984), pp. 2-5; Sevanti Ninan, "At the Crossroads of the Courts," *Express Magazine* (November 27, 1983); Vimla Farooqui, "Dowry as a Means of Acquiring Wealth and Status," *HOW* (May 1983), pp. 11-12, 16; "Daughters, Dowry and Deaths," *Newsletter, Research Unit on Women's Studies*, SNDT Women's University, 4, no. 4 (November 1983), pp. 1-2; Law Commission of India, *Ninety-first Report on Dowry Deaths and Law Reform* (August 10, 1983). 이 외에도 『마누시』에 다수의 기사가 실렸다.

77. 이 수치는 뉴델리의 단체인 사헬리로부터 입수한 것으로, 이들은 경찰 기록을 인용하고 있다.
78. *Saheli Newsletter*, I, no. 2 (June 1984); *Saheli Report* (November 25, 1983). 두 개의 자료 모두 개인적으로 유통되었다.
79. Report of the Joint Committee of the Houses to Examine the Question of the Working of the Dowry Prohibition Act, 1961, C.B. (II), no. 333 (New Delhi, Lok Sabha Secretariat, 1982).
80. Flavia Agnes, "Protecting Women Against Violence? Review of a Decade of Legislation, 1980-1989," *EPW*, 27, no. 17 (April 5, 1992), pp. ws19-ws33.
81. Veena Talwar Oldenburg, "The Roop Kanwar Case: Feminist Responses," *Sati, the Blessing and the Curse*, ed. John S. Hawley (New York, Oxford University Press, 1994), p. 102.
82. "A Pagan Sacrifice," *India Today* (October 15, 1987), pp. 58-63.
83. "Sati-Cold Blooded Murder," *Research Center Women's Studies Newsletter* 8, nos. 3 and 4 (December 1987), pp. 1-14.
84. Oldenburg, "The Roop Kanwar Case," p. 126.
85. Saumitra Banerjee, "Women against Rape," *Sunday* (March 30, 1980), pp. 40-3; Subhadra Butalia, "Taking it to the Streets," *The Times of India* (March 2, 1980), p. III.
86. Agnes, *Protecting Women*, p. ws19.
87. *Ibid.*
88. Zoya Hasan, "Communalism, State Policy, and the Question of Women's Rights in Contemporary India," *Bulletin of Concerned Scholars*, 25, no. 4 (October-December 1993), pp. 9-10; Zoya Hasan, "Minority Identity, State Policy and the Political Process," *Forging Identities*, ed. Zoya Hasan (New Delhi, Kali for Women, 1993), pp. 59-73.
89. Hasan, "Communalism," p. 11.
90. *Ibid.*; Madhu Kishwar, "Pro Women or Anti Muslim? The Shahbano Controversy," *Manushi*, 32 (January-February 1986), pp. 4-13.
91. Rita Manchanda, "Women in Parliament," *Manushi*, no. 47 (July-August 1988), p. 29.
92. Hasan, "Communalism," p. 14.
93. 이 주제를 연구한 최초의 학술적인 논문으로 다음 참조. Tanika Sarkar, "The Woman as Communal Subject: Rashtrasevika Samiti and Ram Janambhoomi Movement," *EPW*, 26, no. 35 (August 31, 1991), pp. 2057-62. 1993년에 아므리따 바수Amrita Basu는 인도의 여성과 종교민족주의에 대한 특별호*Bulletin of Concerned Scholars* (October-December 1993)를 맡아서 편집했으며, 이 특별호는 조야 하산과 따니까 사르까르, 아므리따 바수, 파올라 바체따Paola Bacchetta의 논문을 실었다.
94. Amrita Basu, "Feminism Inverted: The Real Women and Gendered Imagery of Hin-

du Nationalism," *Bulletin of Concerned Scholars*, p. 26.

95. Basu, "Feminism Inverted," p. 29.
96. Tanika Sarkar, "The Women of the Hindutva Brigade," *Bulletin of Concerned Scholars*, p. 20.
97. Basu, "Feminism Inverted," p. 36.
98. Sarkar, "The Women," p. 23.
99. *Ibid.*

역자 후기

사반세기가 지난 후

숨 가쁘게 달려오던 인도의 여성들은 그 이후 어떤 변화를 겪었을까? 이 책이 처음 출간되었던 1996년, 인도는 정치·경제·사회적으로 큰 변화를 겪고 있었다. 1984년 인디라 간디 총리가 암살당한 후 정치적 혼란과 경기 침체가 이어지면서 독립 후 추구해 왔던 세속주의가 실패한 듯, 이 책의 마지막 장에 언급된 힌두민족주의가 급성장하기 시작했다. 이러한 문화적 민족주의는 역사적으로 반영 독립운동에서 비롯되었으나, 여성이나 소수자의 목소리를 무마하고 억압하는 역할도 맡으며 1970년대 말부터 인도국민당(이하 BJP)의 성장과 함께 점차 힌두뜨와, 즉 힌두의 원리, 힌두성性을 강조하는 운동으로 변모하기 시작했다.* 극단적인 힌두교도들은 마침내 1992년 아요디야의 모스크를 파괴한 데 이어 여러 도시에서 무슬림에 대한 폭력을 주도했고 여성계도

* 힌두뜨와에 대해서는 다음 참조. 정채성, 「'힌두성Hindutva'의 개념 규정과 문화민족주의 간의 상관관계 연구: 1980년대 이후 인도 사회의 변화를 중심으로」, 『인도연구』, 18권 1호(2013): 39-81 외.

당시 일어난 사태로 큰 충격을 받았다.* 힌두뜨와 담론과 행동에 가담했던 여성들은 대부분 교육받은 중산층 이상의 상층카스트로, 가정에 대한 의무를 수행하며 남편과 아버지에게 순종적이었던 동시에 '여성'보다 '힌두 공동체의 일원'으로서의 정체성을 중시하는 성향을 보였다. 이들은 힌두 공동체를 위한 대외활동을 하며 집안 남성들로부터 인정받고 무슬림 여성들보다 자신들의 인권과 지위가 높음을 부각하고자 했다. 결과적으로 인도 여성들은 각자 처한 억압적인 상황이 동일하지 않다는 고통스러운 현실을 다시금 인식하게 되었다.**

이처럼 1990년대 이후 힌두민족주의가 크게 성장한 데는 경제적인 변화도 한몫을 했다. 1991년 인도는 경제 위기를 맞이해 세계은행과 국제통화기구International Monetary Fund의 구제를 받는 대신 경제 구조조정과 개방을 선언했고, 자와할랄 네루와 인디라 간디 치하에서 유지되었던 국가 주도 경제가 빠른 속도로 변화하기 시작했다. 동시에 인

* 제8장에서 언급된 바와 같이 아요디야의 바브리 마스지드Babri Masjid는 무굴제국의 바부르 황제 때 지어진 모스크로, 식민 통치하 『라마야나』의 주인공이자 힌두신의 화현인 라마가 태어난 곳을 기린 사원터에 지어졌다는 주장이 제기되었다. 이로 인해 영국 식민 통치 중에도 힌두와 무슬림 간 갈등이 수차례 발생했고, 결국 식민정부는 모두 출입할 수 있도록 조정안을 내놓기도 했다. 그러나 독립 후 갈등이 이어지다가 1992년 극단적인 성향의 세계힌두협회Vishva Hindu Parishad의 주도로 모스크가 파괴되었고, 이로 인해 인도 전역에서 2,000여 명 이상이 사망하는 폭력 사태가 연이어 일어났다. 비어 있던 터에 모스크와 힌두사원을 재건하겠다는 주장이 팽팽하게 맞서면서 우따르 쁘라데시주州 고등법원은 근처 대지까지 포함해 모스크와 사원을 나란히 짓도록 명령했으나, BJP가 집권하면서 2019년 대법원은 이전 판결을 뒤집어 파괴된 모스크 부지에 힌두사원만 짓는 대신 10여 킬로미터 떨어진 곳에 새로운 모스크를 짓도록 명령했다.

** 힌두문화와 힌두뜨와 여성운동에 대해서는 다음 참조. 김우조, 김주희, 류경희, 「인도문화와 이중적 여성상(II)」, 『인도연구』, 5권(2000), pp. 265-320; 김주희, 김우조, 류경희, 「힌두근본주의와 인도의 여성: 여성 정체성 정책과 사회문화적 적용」, 『한국여성학』, 제18권 2호(2002), pp. 167-199; 김주희, 김우조, 류경희, 「힌두 근본주의와 인도의 여성: 힌두 근본주의의 부상이 진보와 우익 여성계에 미친 영향」, 『인도연구』, 9권 1호(2004), pp. 1-46 외.

도 여성들의 삶도 크게 변화하기 시작했다. 세계 굴지의 제조업체나 IT 기업들이 영어로 소통이 가능한 인도에 진출해 공장이나 콜센터를 가동하기 시작했고 높은 수준의 교육을 받은 인도 여성들은 이러한 일자리를 통해 새로운 삶의 방식에 적응했다. 교육받은 여성의 취업이 늘면서 사회적 변화도 일부 뒤따랐으나, 여전히 대다수 여성은 농업이나 가사 등 집계되지 않는 저임금 노동에 종사하면서 빈부격차가 극심해지는 상황에 놓이기도 했다. 경제 개방 이후 세계 각국의 자본과 기업뿐 아니라 위성방송과 MTV 등 서구 문화와 신자유주의적인 태도가 침투하면서 인도 사회는 '국가정체성'의 잠식을 우려하며 전통과 힌두교에 대한 의존도가 높아졌고 결국 힌두뜨와가 성장했다고 볼 수 있다.

21세기 들어 인도 여성의 사회적 지위와 성평등 인식에 대한 문제들이 더욱더 적극적으로 제기되기도 했다. 특히 중요한 계기로 귀가하던 여성이 뉴델리의 버스에서 집단강간을 당하고 사망한 사건을 꼽을 수 있다.* 범인들에 대한 조사와 체포, 재판, 처벌까지 빠른 속도로 진행되었지만, 이후 조사위원회는 정부와 경찰의 안이한 대처가 결국 여성에 대한 범죄를 조장한다는 결론을 발표했다. 마투라 사건 이후 1980년대와 마찬가지로 새로운 법안과 인식 변화를 이끌어 내기 위해 수많은 대규모 집회가 일어났으며 결국 니르바야법(2013)이 제정되었고 이 사건의 경과를 다룬 다큐멘터리도 만들어졌다.** 그리고 2018년

* 이 사건은 피해자의 이름을 밝히지 않는 인도 법정의 원칙에 따라 '두려움이 없는 자'라는 의미의 '니르바야Nirbhaya 사건'으로 널리 불리기도 한다.

** 인권운동가 레슬리 어드윈Leslee Udwin이 감독하고 BBC가 제작한 〈인도의 딸〉India's Daughter은 2015년 유엔 세계 여성의 날에 맞추어 개봉할 예정이었으나 인도에서는 상영이 금지되었다. 인도

에는 인도 언론계와 학계, 영화계를 중심으로 여성 인권에 대한 침해를 '나도 고발한다'는 미투 운동Me Too Movement이 일어나면서 사회적으로 큰 파장을 일으키기도 했다.*

인도에 대한 인식을 물었을 때 많이 나오는 대답 중 하나로 '여성에게 위험한 국가'를 꼽을 수 있다. 그 이유는 무엇인가? 실제로 인도는 성불평등지수Gender Inequality Index가 세계에서 가장 나쁜 범주에 속하며,** 여성에 대한 폭력이 3분에 한 건씩 일어나는 것으로 집계되었다. 1990년 10,068건 신고되었던 강간은 2020년 28,153건으로 증가했고*** 그 외에도 지참금 살인, 명예살인, 태아 살해, 여아 살해, 가정폭력, 조혼, 염산 테러, 납치 및 성매매 등 여성을 대상으로 하는 범죄가 지속적으로 증가하고 있다. 여성의 사회진출이 급증하면서 일하는 여성에 대한 폭력도 크게 늘었고, 이전 같았으면 신고되지 않았을 사건들이 보고되기 시작한 것도 폭력 집계 증가의 원인으로 꼽을 수 있다. 이 외에도 지역에 따라 극단적으로 벌어지고 있는 남녀 간 성비를 원인으로 꼽는 학자도 있으나,**** 무엇보다도 1990년대 이후 여성의 사

정부의 대처와 사회적 반향에 집중했던 이 작품 외에도 니르바야 사건을 다룬 영화와 다큐멘터리가 다수 제작되었다.

* 인도의 미투 운동은 SNS를 중심으로 빠르게 확산되었으며 가해자에 대한 파면이나 지위 박탈을 가지고 온 경우도 많았다. 다만 무고죄를 물을 수 있는 인도 법률에 따라 해결되지 않은 채 끝난 경우도 있는 것으로 알려져 있다. 일반 직장에서 일어나는 성희롱과 성폭력에 대한 미투 운동도 다수 보고되었다. 이와 관련한 최근 연구로 다음 참조. Rahul Sambaraju, "'I Would Have Taken This to My Grave, Like Most Women': Reporting Sexual Harassment during the #MeToo Movement in India," *Journal of Social Issues*, 76, no. 3 (2020), pp. 603-631 외.

** 2022년 유엔 세계개발보고서 참조.

*** National Crime Records Bureau (NCRB) 통계 참조.

**** Valerie M. Hudson and Andrea Den Boer, "A Surplus of Men, A Deficit of Peace," *Inter-*

회진출이 증가했음에도 불구하고 여성교육의 필요성을 비롯해 사회적 인식이 변화하지 않은 점을 꼽아야 할 것이다.

2023년 오늘, 인도의 여성주의자들은 다양한 운동을 펼치면서도 딜레마에 빠져 있다고 할 수 있다. 언론이나 대중매체뿐 아니라 여성단체가 주도하는 운동은 여전히 농촌이나 기층 여성에게 만연한 일상적인 억압과 폭력보다 도시의 엘리트 여성이 경험하는 인권 침해나 성폭력 사건을 중점적으로 다루며 대다수 여성의 삶과는 유리되는 모습이다. 또한 코로나19-감염증 사태로 수개월 간 통행 제한이 이어지면서 여성의 돌봄 노동과 가사, 취업 등에 어려움이 급증했으며, 대규모 사회봉쇄 등으로 인해 비공식적 노동을 담당하던 다수 기층 여성이 일자리를 잃기도 했다. 경제 개방과 서구의 자본을 환영하는 대신 인도의 '정신'을 수호하기 위해 문화적 민족주의가 부상하면서, 여성운동의 입지도 좁아진 모습이다. 한편으로 힌두뜨와 여성주의에 반대하는 여성운동은 '서구지향적'이라는 비판으로 동력을 잃기도 했으며, 다른 한편으로는 힌두나 무슬림 등 종교 중심의 여성운동을 비판하는 분위기가 일어나면서 여성들이 가장 쉽게 접근할 수 있는 사회문화적 공간과 활동을 부인하는 결과를 가지고 오기도 했다. 이에 따라 많은 비정부기구NGO가 여성운동에 뛰어들면서 성공적인 전략을 보여 주기도 한 반면,● 비정부기구와 정부기관과의 협력 가능성에 대해 회의를 느끼거나 비정부기구를 통한 글로벌 자금의 유입으로 여성단체의 자주성이 훼손되는 것은 아닌지 의문이 제기되기도 했다.

national Security, no. 4 (2002), pp. 5-38 외 참조.

● Patrick Kilby, *NGOs in India: The Challenges of Women's Empowerment and Accountability* (New

이러한 상황에서 여성운동과 여성 연구는 그래도 한 발자국씩 나아가는 모습을 보였다. 1986년 인도여성학회Indian Association of Women's Studies가 설립된 후 대학 정책을 주도하는 대학지원금위원회University Grants Commission 역시 고등교육에서 여성학이 자리매김하는 데 큰 역할을 했다. 관련 연구소가 다수 설립되면서 여성학은 여성운동을 보조하는 학문으로서 행동주의적인 모습을 보이기도 했고, 국가여성위원회National Women's Commission(1990년 설립)를 통해 여성의 정치 참여나 여성 관련 법률에 대한 담론도 활발해졌다. 그러나 무엇보다도 여성학이나 여성사가 탈식민주의postcolonialism와 만나면서 큰 변화가 일어날 수 있었다. 이는 인도뿐 아니라 서아시아와 동남아시아, 남아메리카 등 여러 지역에서 볼 수 있었던 현상으로, 식민 지배의 영향으로 현재까지 억압과 수탈이 구조화된 다양한 방식과 과정을 비판적으로 발굴하며 연구와 사회운동에도 활기를 불어넣었다. 다양한 분야에서 식민 통치하 여성을 분석한 상가리와 바이드의 저서 등이 출간되었으며,● 여성 외에 인종과 계급, 젠더, 섹슈얼리티, 그리고 제국주의가 지식을 생산하는 데 어떤 역할을 했는지 짚어 내는 저술도 이어졌다.●● 빠르타 채떠르지는 식민 통치하 새로운 독립 국가의 정체성을 구축하는 과정에서 인도 여성들이 서구의/외부의/물질세계의 남성과 달리 인도의/내적인/정신세계의 중추를 담당하면서 '인도성Indianness'을 담은

Delhi, Routledge, 2011) 외 참조.

● Kumkum Sangari and Sudesh Vaid, *Recasting Women: Essays in Indian Colonial History* (New Brunswick, Rutgers University Press, 1990).

●● Chandra T. Mohanty, Ann Russo and Lourdes Torres, ed., *Third World Women and the Politics of Feminism* (Bloomington, Indiana University Press, 1991) 외 참조.

존재로 변모하는 과정을 제시했으며,[●] 라따 마니는 19세기 초반 영국인 관료들과 인도의 남성 개혁가들이 가장 중요한 문제로 꼽았던 사띠에 대한 담론을 분석하면서 민족주의적 태도가 여성들의 지위와 여성해방에 어떤 영향을 끼쳤는지 짚기도 했다.[●●] 인도의 근대화를 이끌었던 중산층 부르주아가 이상적인 인도 여성상을 구축한 과정을 분석한 디뻬쉬 차끄라바르띠의 연구 역시 유사한 맥락에서 읽을 수 있다.[●●●] 또한 인도뿐 아니라 동남아시아 등에서 유럽 제국주의자들이 지배자와 피지배자의 정체성을 확립하기 위해 젠더와 인종을 이용한 과정을 분석한 앤 스톨러의 연구도 중요한 예로 꼽아야 할 것이다.[●●●●] 역사학과 인류학 외에도 문학 분야에서 억압받는 인도의 여성이 '말할 수' 있는지 묻는 가야뜨리 스삐박의 에세이를 거론하지 않을 수 없다.[●●●●●] 최근에는 종교, 카스트, 계층 등이 교차하는 인도사의 맥락을 고려하는 다양한 개설서와 연구서가 출간되면서 인도 여성운동의 역사를 담고자 하는 노력이 이어지고 있다.[●●●●●●]

● Partha Chatterjee, *The Nation and Its Fragments: Colonial and Postcolonial Histories* (Princeton, Princeton University Press, 1993).

●● Lata Mani, *Contentious Traditions: The Debate on Sati in Colonial India* (Berkeley, University of California Press, 1998).

●●● Dipesh Chakrabarty, *Provincializing Europe: Postcolonial Thought and Historical Difference* (Princeton, Princeton University Press, 2000).

●●●● Ann Stoler, *Carnal Knowledge and Imperial Power: Race and the Intimate in Colonial Rule* (Berkeley, University of California Press, 2002).

●●●●● Gayatri Spivak, "Can the Subaltern Speak?"는 1983년 이후 여러 차례 재출간되었으며, 얼마전 이를 회고하며 정리하는 책도 출간되었다. Rosalind C. Morris, ed., *Can the Subaltern Speak? Reflections on the History of an Idea* (New York, Columbia University Press, 2010).

●●●●●● 예를 들어 Padma Anagol, *The Emergence of Feminism in India, 1850-1920* (New Delhi, Routledge, 2017) 외.

역자는 식민 통치하 인도 여성의 건축과 회화 후원을 연구하면서 인도의 여성사와 여성운동에 관심을 갖기 시작했다. 국내에 학생이나 일반인들이 쉽게 참조할 수 있는 자료가 없는 것을 깨닫고는 수많은 여성의 목소리를 직접 담아내면서 수월하게 읽을 수 있었던 포브스의 글을 번역할 생각을 했다. 강요된 근대화와 독립운동에 적극적으로 참여하면서 동시에 여성의 권리와 지위를 위해 노력해야 했던 인도 여성들의 모습에서 일제 강점기 우리나라 여성들의 모습을 떠올릴 수 있었다. 그들이 벌였던 독립운동이나 무력 항쟁, 혹은 독립 이후 여성운동의 변화, 풀뿌리 운동의 성장과 현재 여러 어려움에 처한 모습 역시 우리와 유사한 점이 많다. 지금 인도와 한국의 여성운동은 '여성'의 입장만 다루는 것이 아니라, 젠더와 함께 경제·사회적 불평등 문제를 포함해 세계화와 관련된 모든 문제를 종합해서 다뤄야 한다는 인식이 확산되고 있다. 서구 중심의 여성사나 여성 연구의 시각을 주로 받아들이며 독자적으로 성장해 온 국내 여성 연구자들이 인도 여성의 역사에 대해 조금이라도 접하며 관심 갖게 된다면, 보다 다양한 담론으로 우리 스스로가 처한 자리를 이해하는 데 도움이 될 것으로 기대한다.

번역일 뿐인데 너무 많은 분에게 빚을 진 듯하다. 우선 은퇴 후 바쁜 일정 중에도 한국어판 서문을 작성해 주시고 원서에 포함되었던 '참고문헌에 대한 에세이Bibliographic essay'의 삭제에 동의해 주신 제럴딘 포브스 교수님께 감사드린다. 대부분의 참고문헌은 미주에 상세하게 표기되어 참고문헌 목록 역시 따로 작성하지 않았으나, 관련 연구에 대해 더 궁금한 독자는 원서를 참고할 수 있을 것으로 기대한다.

여성학과 여성운동에 대해 모르는 것이 너무 많았던 역자를 위해 서울대학교 여성학협동과정 김수아 선생님께서는 팀티칭으로 진행하는 〈여성학핵심연구〉를 청강할 수 있도록 배려해 주셨다. 3년간 〈여성학핵심연구〉에서 만난 대학원생들은 인도 여성에 대한 수업도 한 주씩 들으며 번역문 초고를 같이 읽고 질문이나 중요한 문제를 제기했고, 우리나라 여성사와의 유사성 등을 제시해 주었다. 대학원생들과 김수아 선생님뿐 아니라 여성학협동과정을 같이 이끌어 주시는 배은경 선생님, 그리고 여성학 고전에 대한 해박한 지식으로 조언해 주시고 역자의 수업에도 참여해 주신 한정숙 선생님, 청강을 허락해 주신 선생님들, 여성학협동과정과 여성연구소에서 늘 열성을 다해 봉사하시는 다른 선생님들께도 큰 감사를 드린다. 한 학기동안 국사학도의 입장에서 번역원고의 문제나 의문을 제기했던 전혜린 씨, 그리고 마무리 과정에서 원고를 정리하고 행정업무를 능숙하게 처리한 전민규 씨에게도 감사를 드린다.

2000년대 초반부터 국내 어려운 여건에서도 인도 여성에 대한 연구를 시작하고 기반을 닦아 주신 김주희 선생님, 김우조 선생님, 류경희 선생님, 이옥순 선생님께도 감사를 표하고 싶다. 그리고 2020년 서울대학교 인문학연구원을 통해 역자가 진행한 인도 여성 연구에 대한 집담회에 같이 참여해 주신 박금표 선생님, 이동원 선생님, 이지은 선생님께도 감사를 드린다. 코로나 시국으로 교육과 연구에 많은 어려움을 겪고 있었을 당시 세 분은 서로 힘내도록 격려하고 식민 치하 여성 연구에 대해 다양한 이야기와 경험을 나누면서 결국 『인문논총』에 관련 논문까지 투고하고 게재해 주셨다.• 박금표 선생님께서는 책 번역

• 다음 네 편의 논문이 『인문논총』 제78권 제2호(2021)에 "인도 여성에 대한 연구"라는 기획특집으로 실렸다. 구하원, 「식민 통치하 자이나교도 여성의 사원 건축 후원: 인도 서부 구자라트를 중심으

말미에 역사적 용어나 인물에 대한 감수를 맡아 주시면서 여러 오류에 대해서도 짚어 주셨기에 이에 감사드린다. 이에 불구하고 남아 있는 오류는 모두 역자의 몫임을 밝힌다.

드라마나 영화를 함께 볼 때 여성에 대한 부당한 묘사나 억압상황을 비판하며 감상의 몰입을 깨 버리는 아내와 엄마를 이해하는 가족에게도 감사의 마음을 전하고 싶다. 인도 여성들, 그리고 우리나라 여성들, 이 세상 여성들의 이야기를 담은 이 책이 멀리서 스스로의 삶을 일구어 나가는 딸 혜진이에게 조금이라도 도움이 되기를 바란다.

2023년 10월

로」; 박금표, 「까말라데비 연구: 도전적 젠더 의식과 간디와의 양가적 관계」; 이동원, 「데바다시의 자전적 글쓰기에 나타난 식민지 인도 여성 개혁 담론」; 이지은, 「브라흐만적 가부장제와 카스트: 인도 식민지시대 하층카스트 남성 개혁가의 여성 문제」.

찾아보기

※ 여성의 경우, 결혼하기 전의 성은 이름 뒤쪽에 [ ]로 표기함. 다른 이름으로 알려진 경우도 뒤쪽에 [ ]로 표기함(예: 간디, 모한다스 까람찬드[마하뜨마]).

ㄴ

ㅅ

ㅈ

ㅊ

ㅋ

ㅌ

ㅍ

ㅎ

지은이 **제럴딘 포브스**Geraldine Forbes

뉴욕주립대학교 오스웨고의 역사학과와 여성-젠더학 과정 소속 명예교수Distinguished Teaching Professor Emerita다. 알베르타대학교와 일리노이대학교에서 학위를 받은 후 50여 년 전부터 인도 연구를 시작했다. 그의 첫 저서 『벵골의 실증주의』(1976)는 벵골 문화를 알린 공로로 라빈드라 뿌라스까르Rabindra Puraskar상을 받기도 했다. 포브스는 식민 지배하 인도 여성의 역사를 연구하고 저술한 개척자로, *Shudha Mazumdar: Memoirs of an Indian Woman* (1989), *Manmohini Zutshi Sahagal* (1994), *Women in Modern India* (1996), *Indian Women and the Freedom Movement* (1997), *Women in Colonial India* (2005), *Because I am a Woman* (2010), *Lost Letters and Feminist History* (2021) 등 다수의 논저가 있다. 정년퇴임 후 그는 가족사진에 나타나는 여성의 표상表象, 19세기 말과 20세기 초반 나가Naga 산지에서 활동한 미국인 침례교 선교사에 대해 연구하고 있다. 연구와 행동을 접목하는 데 관심이 많아 현재 청소년과 젊은 여성들을 대상으로 일하는 비영리단체를 지원하는 글로벌 네트워크인 여성창업자단체Women Founders Collective의 상무이사를 맡고 있다.

옮긴이 **구하원**

서울대학교 고고미술사학과를 졸업한 후 미국 미네소타대학교에서 19세기 자이나교 성지聖地에서 일어난 변화에 대한 연구로 박사학위를 받았다. 한국외국어대학교 인도어과 전임강사와 조교수로 재직한 후 2015년부터 서울대학교 아시아언어문명학부에서 인도 전공주임을 맡고 있으며, 인도와 남아시아, 이슬람 세계의 예술과 문화를 가르치고 있다. 식민 통치하 인도 아대륙에서 건축과 회화가 변모하는 과정을 탐구하며, 이를 폭넓게 이해하기 위해 윌리엄 존스와 제임스 밀 등 영국의 인도학 연구자들, 영국의 식민지 교육과 대학 정책, 영국과 인도 여성들의 개혁운동과 예술 후원에 대한 연구를 진행하고 있다. 다양한 공동 연구에 참여하면서 볼리우드에 관심을 갖게 되었으며 힌디어 대중영화에 나타나는 교육과 여성에 대한 논문도 출간했다. 최근에는 18세기 말 캘커타의 여성 후원자 메리 임피Mary Impey 및 19세기 여성 자이나교도들의 사원 건축에 대한 연구를 진행 중이다.